Völkerrecht

(Ohne Internationale Organisationen und Kriegsvölkerrecht)

in programmierter Form
mit Vertiefungshinweisen

von

Dr. Ingo von Münch
o. Professor an der Ruhr-Universität Bochum

unter Mitarbeit von
Dr. Detlev Chr. Dicke, Dr. Ferdinand Matthey, Fritz Meyer,
Gabriele Neuberg, Josef Schärli, Manfred Schunk,
Dr. Michael Schweitzer, Hans-Heinrich Volkenborn

1971

Walter de Gruyter · Berlin · New York

ISBN 311 002162 5

HANS-JÜRGEN SCHLOCHAUER

gewidmet

VORWORT

1. Dieses erste programmierte Völkerrechtslehrbuch versucht, die Vorteile des programmierten Lernmaterials mit den Vorteilen des herkömmlichen Lehrbuches zu verbinden und die Nachteile beider zu vermeiden. Der Vorzug des programmierten Lernmaterials liegt darin, daß die jeweiligen Lernziele rationell, sicher und nachprüfbar erreicht werden: Der in überschaubare Kapitel gegliederte und in kleine Lernschritte (Lernelemente) aufgeteilte Lernstoff wird in einem Wechsel von Information, Beispiel, Frage und Antwort für den Benutzer rückmeldbar gemacht, womit eine hohe Lernmotivation erreicht werden soll. Negativ wirkt sich demgegenüber aus (und dies erklärt berechtigte Skepsis und weit verbreitete Vorurteile gegen die programmierte Lernmethode), daß der Lernstoff zugunsten einer klaren und logischen Programmfolge vereinfacht und verkürzt werden muß. Das herkömmliche Lehrbuch hat also den Vorteil größerer Vollständigkeit, was aber zugleich wieder sein Nachteil ist; denn nicht selten glaubt der Leser in der Fülle des behandelten Stoffes zu ertrinken, ganz abgesehen davon, daß häufig die Zeit fehlt, um umfangreiche Völkerrechtslehrbücher vollständig durchzuarbeiten.

2. Um die Vorteile des programmierten Lernmaterials und die des konventionellen Lehrbuches zu verbinden und die Nachteile beider zu vermeiden, ist das vorliegende Lehrbuch in einem kombinierten System verfaßt. Grundlage der Wissensvermittlung bildet das (linear) programmierte Material, das mit an die Informationen anknüpfenden Fragen und an jeden Abschnitt anschließenden Wiederholungsfragen die Selbstkontrolle des Benutzers ermöglicht. Das programmierte Material ist mit Vertiefungshinweisen zu den einzelnen Abschnitten verbunden, die im herkömmlichen Lehrbuchstil geschrieben sind. Die Vertiefungshinweise haben einmal die lernpsychologische Funktion der Auflockerung, Abwechselung und teilweisen Wiederholung; zum anderen vermitteln sie erläuternde Informationen, die – wie z. B. rechtshistorische, rechtspolitische, rechtssoziologische und rechtsphilosophische Aussagen – sich nicht programmieren lassen. Auch sind in den Vertiefungshinweisen völkerrechtliche Dokumente, statistische Angaben und Kartenmaterial abgedruckt, um den Stoff zu veranschaulichen und dem Leser eigene Schlußfolgerungen zu ermöglichen. Nicht programmiert ist schließlich die Problemskizze, die anhand eines exemplarischen Falles in die Technik der Lösung völkerrechtlicher Fälle einführen soll.

3. Das Lernprogramm des vorliegenden Buches ist in einem intensiven, aus Mitteln der VW-Stiftung unterstützten Validierungs- und Testverfahren erprobt worden. Programmautor und Mitarbeiter waren bestrebt, ein – vor allem für

Studenten – brauchbares juristisches Lernmaterial zu schaffen; dagegen war es nicht unser Ehrgeiz, alle einzelnen Regeln der Programmiertechnik unbedingt und konzessionslos einzuhalten. Wir wollten nicht Programmierfetischisten sein; deshalb haben wir jene Regeln nur insoweit eingehalten, als dies unter der speziellen Aufgabenstellung eines völkerrechtlichen Lernmaterials sinnvoll erschien.

4. Programmautor und Mitarbeiter haben vielfache Hilfe erhalten. Den Professoren Hans-Uwe Erichsen (Bochum) und Dietrich Rauschning (Göttingen) hat das Manuskript zur Begutachtung unter didaktischen und methodischen Gesichtspunkten vorgelegen; beide Gutachter haben, ohne sich mit dem Inhalt in allen Einzelheiten und mit dem Projekt der Programmierbarkeit des Völkerrechts zu identifizieren, wichtige Hinweise gegeben. Die organisatorische Betreuung des Projektes lag in den Händen von Herrn Dr. Ferdinand Matthey.
Herr Dipl.-Psychologe Rolf-Martin Glaser hat uns lernpsychologisch beraten. Mitglieder der Testgruppen waren die Studenten Adolf Cohausz, Gönna Finger, Arnjo Kerstingtombroke, Manfred Klein-Ilbeck, Hajo Knöll, Detlev Koch, Manfred Krümpelmann, Karl-Heinz Lenkaitis, Wolfgang Meyer, Wilfried Prätzel, Dagmar Rautenberg, Rosemarie Schatter, Rainer Schwarzberg und Eberhard Wolter. Die Schreibarbeiten erledigten Christa Benölken und Edda Heene; die Korrekturen haben Angelika Herdemerten und Hildegard Niemöhlmann gelesen. Ihnen allen sei herzlich gedankt.

Bochum, im Frühjahr 1971 I. v. M.

HINWEISE FÜR DEN LESER

1. Der Stoff des Buches gliedert sich in Informationen (I), Beispiele (B), Fragen (F), Antworten (A), Übersichten (Ü), Wiederholungsfragen (WF), Antworten auf Wiederholungsfragen (AWF), Vertiefungshinweise (V), Literaturhinweise (L) und eine Problemskizze (P).

2. Die am Ende einer Seite stehende Frage bezieht sich auf die Informationen und Beispiele, die auf der betreffenden Seite gegeben sind. Bei gründlicher Durcharbeitung müssen Sie daher in der Lage sein, die Frage zu beantworten. Die richtige Antwort finden Sie auf der nächsten Seite; ehe Sie dort nachschauen, sollten Sie unbedingt versuchen, auf dem freien Platz unter der Frage die Antwort selbst zu formulieren. Sind Sie dazu nicht in der Lage, so arbeiten Sie die entsprechenden Informationen und Beispiele noch einmal durch. Der Lernerfolg ist nur dann gewährleistet, wenn es Ihnen gelingt, eine sinngemäß richtige Antwort schriftlich niederzuschreiben. Der Schwierigkeitsgrad der Fragen ist so angelegt, daß er sich langsam steigert.

3. Die Wiederholungsfragen am Ende eines Abschnittes erfassen nicht den Lernstoff im einzelnen, sondern wollen noch einmal die Basisinformationen verdeutlichen. Hinsichtlich der Beantwortung gilt das gleiche, was oben zur Beantwortung der an die Informationen in den Abschnitten anknüpfenden Fragen empfohlen wurde. Die in Klammern angegebenen (abschnittweise bezifferten) Informationen und Beispiele sollten noch einmal nachgelesen werden, wenn Sie eine Antwort nicht finden können.

4. Die Übersichten wollen Probleme graphisch verdeutlichen. Schauen Sie sich die Übersichten gründlich an und zeichnen Sie sie danach selbst aus dem Gedächtnis auf. Auch hier ist der Lernerfolg nur garantiert, wenn Sie die Übersicht ohne Vorlage selbständig darstellen können.

5. Die Vertiefungshinweise sind eine notwendige Ergänzung des programmierten Lernmaterials. Arbeiten Sie daher die Vertiefungshinweise genauso gründlich durch wie die programmierten Teile des Buches. Huschen Sie auch nicht über die abgedruckten Dokumente und Zahlenangaben hinweg, sondern überlegen Sie, welchen Sinn die Dokumente haben und welche rechtlichen oder rechtspolitischen Schlüsse aus dem Zahlenmaterial zu ziehen sind.

6. Am Beginn der Literaturhinweise finden Sie die jeweiligen Abschnitte in den gängigen deutschsprachigen Völkerrechtslehrbüchern; anschließend sind Monographien und Abhandlungen zu Einzelthemen angegeben. Je mehr Sie von der zitierten Literatur lesen, um so besser ist es. Sollten Sie zeitlich beengt sein, so empfiehlt es sich, zumindest einen der angegebenen Lehrbuchabschnitte und wenigstens einen Aufsatz zu lesen; Sie gewinnen dadurch die Möglichkeit, das vorliegende Lernprogramm zu überprüfen und zu vertiefen. Im übrigen sind die Literaturhinweise nur als ein erster Einstieg gedacht, der Ihnen – z. B. für Zwecke der Anfertigung eines völkerrechtlichen Seminarreferates oder einer völkerrechtlichen Hausarbeit – das Auffinden weiterer Literatur ermöglicht; bei Anfertigung solcher Arbeiten sollten Sie auch ein so grundlegendes Werk wie das Völkerrechtslehrbuch von Wilhelm Wengler und fremdsprachige Völkerrechtslehrbücher zu Rate ziehen.

7. Die Problemskizze soll Ihnen zeigen, wie die Bearbeitung eines völkerrechtlichen Falles anzufassen ist, insbesondere auch, wie sie zu gliedern ist. Die Lösung ist auf die Erörterung der wichtigsten Argumente beschränkt und verzichtet auf Fußnoten.

8. Es empfiehlt sich, höchstens einen Abschnitt oder eine Problemskizze pro Tag durchzuarbeiten.

9. Das vorliegende Lehrbuch soll nicht nur Wissen vermitteln, sondern will zu exemplarischem Lernen und kritischem Nachdenken anregen. Nehmen Sie daher den Text des Lehrbuches nicht als Gesetz, sondern problematisieren Sie ihn ständig. Für Anregungen und Verbesserungsvorschläge wären Programmautor und Mitarbeiter dankbar.

(Anschrift: Prof. v. Münch, 463 Bochum, Ruhr-Universität, Postfach 2148).

INHALTSVERZEICHNIS

ABKÜRZUNGSVERZEICHNIS

A	Antwort
AdG	Archiv der Gegenwart
AF	Annuaire francais de Droit international
AJIL	American Journal of International Law
ArchVR	Archiv des Völkerrechts
AWF	Antworten auf Wiederholungsfragen
B	Beispiel
BAnz.	Bundesanzeiger
BayerVGH	Bayerischer Verwaltungsgerichtshof
Berichte	Berichte der Deutschen Gesellschaft für Völkerrecht
BGB	Bürgerliches Gesetzbuch
BGBl.	Bundesgesetzblatt
BGH	Bundesgerichtshof
BGHSt.	Entscheidungen des Bundesgerichtshofs in Strafsachen
BGHZ	Entscheidungen des Bundesgerichtshofs in Zivilsachen
Bulletin	Bulletin des Presse- und Informationsamtes der Bundesregierung
BV	Schweizer Bundesverfassung
BVerfG E	Bundesverfassungsgerichtsentscheidungen
BVerwG E	Bundesverwaltungsgerichtsentscheidungen
BVG	Bundesverfassungsgesetz (Österreich)
BYIL	British Yearbook of International Law
COMECON	Rat für gegenseitige Wirtschaftshilfe
DIR	Deutsches Institut für Rechtswissenschaft (DDR)
Dokumente	Dokumente, Herausgegeben von der Forschungsstelle für Völkerrecht und ausländisches öffentliches Recht der Universität Hamburg, vom Institut für Internationales Recht an der Universität Kiel und vom Institut für Völkerrecht der Universität Göttingen
EA	Europa-Archiv
EFTA	Europäische Freihandelszone
EGBGB	Einführungsgesetz zum BGB
EKGS	Europäische Gemeinschaft für Kohle und Stahl
ELDO	Europäische Organisation für die Entwicklung und den Bau von Raumfahrzeugträgern
Elysée-Vertrag	Vertrag zwischen der BRD und Frankreich über die deutsch-französische Zusammenarbeit von 1963

Abkürzungsverzeichnis

EMRK	Europäische Menschenrechtskonvention
ESRO	Europäische Weltraumforschungs-Organisation
EUGH	Europäischer Gerichtshof
EURATOM	Europäische Atomgemeinschaft
EUROFIMA	Europäische Gesellschaft für die Finanzierung von Eisenbahnmaterial
EVG	Europäische Verteidigungsgemeinschaft
EWG	Europäische Wirtschaftsgemeinschaft
F	Frage
GATT	Allgemeines Zoll- und Handelsabkommen
GBl. DDR	Gesetzblatt der DDR
GewO	Gewerbeordnung
GG	Grundgesetz
GVBl. NRW	Gesetz- und Verordnungsblatt Nordrhein-Westfalen
I	Information
ICJ	International Court of Justice
IGH	Internationaler Gerichtshof
ILC	International Law Commission
ILO	Internationale Arbeitsorganisation
ILM	International Legal Materials
ILR	International Law Reports
Jb.	Jahrbuch
JIR	Jahrbuch für Internationales Recht
JR	Juristische Rundschau
L	Literaturhinweise
NATO	Nordatlantische Verteidigungsgemeinschaft
NJW	Neue Juristische Wochenschrift
OAU	Organisation für Afrikanische Einheit
OECD	Organisation für wirtschaftliche Zusammenarbeit und Entwicklung
Österr. BGBl.	Österreichisches Bundesgesetzblatt
Österr. ZöR	Österreichische Zeitschrift für öffentliches Recht
OLG	Oberlandesgericht
PCIJ	Ständiger internationaler Gerichtshof (Permanent Court of International Justice)

Rev. gén.	Revue générale de Droit international public
RG	Reichsgericht
RGBl.	Reichsgesetzblatt
RGSt.	Entscheidungen des Reichsgerichts in Strafsachen
Schweiz. Jb.	Schweizerisches Jahrbuch für internationales Recht
SEATO	Südostasienpakt
StGB	Strafgesetzbuch
Suppl.	Supplement
Ü	Übersicht
UNO	Vereinte Nationen
UN–Review	United Nations Review
UNTS	United Nations Treaty Series
UN-Yearbook	Yearbook of the United Nations
V	Vertiefungshinweise
VG	Verwaltungsgericht
VwGO	Verwaltungsgerichtsordnung
WEU	Westeuropäische Union
WF	Wiederholungsfragen
WHO	Weltgesundheitsorganisation
ZaöRV	Zeitschrift für ausländisches öffentliches Recht und Völkerrecht
ZLR	Zeitschrift für Luftrecht und Weltraumrechtsfragen
ZPO	Zivilprozeßordnung
ZRP	Zeitschrift für Rechtspolitik

I. ALLGEMEINES VÖLKERRECHT

Einführung

In diesem Abschnitt soll die Frage behandelt werden, wer Völkerrechtssubjekt ist, d. h. wer Träger völkerrechtlicher Rechte und Pflichten sein kann.
Völkerrechtsfähigkeit, völkerrechtliche Geschäftsfähigkeit, völkerrechtliche Deliktsfähigkeit und völkerrechtliche Prozeßfähigkeit werden hier vorgestellt und voneinander abgegrenzt. Im Anschluß daran folgt eine Erörterung der Arten der Völkerrechtssubjekte; da die Völkerrechtssubjekte von sehr unterschiedlicher Art sind, werden Einteilungskriterien zur Diskussion gestellt.

GLIEDERUNG

des 1. Abschnittes

1.1 Begriff des Völkerrechtssubjektes

I_1 Das Völkerrecht regelt die hoheitlichen (d. h. nichtprivatrechtlichen) Beziehungen zwischen den Völkerrechtssubjekten.

Völkerrechtssubjekt ist,
wer **Völkerrechtsfähigkeit** besitzt, d. h. wer
Träger völkerrechtlicher Rechte und Pflichten ist.

B_1 Die Europäische Gemeinschaft für Kohle und Stahl (EGKS) ist Völkerrechtssubjekt, da sie aufgrund ihres Gründungsvertrages bestimmte völkerrechtliche Rechte und Pflichten hat.

I_2 Die Völkerrechtsfähigkeit kann
unbeschränkt oder **beschränkt** sein.

Die Völkerrechtsfähigkeit ist **unbeschränkt,**
wenn das Völkerrechtssubjekt Träger **aller** völkerrechtlichen Rechte und Pflichten sein kann.

Die Völkerrechtsfähigkeit ist **beschränkt,**
wenn das Völkerrechtssubjekt nur Träger **einzelner** völkerrechtlicher Rechte und Pflichten sein kann.

B_2 Die Europäische Gemeinschaft für Kohle und Stahl ist beschränkt völkerrechtsfähig, weil sie z. B. keine Kulturabkommen und keine Landwirtschaftsabkommen schließen kann.

F_2 Bedeutet das Fehlen des aktiven und passiven Gesandtschaftsrechtes, d. h. des Rechtes, eigene Diplomaten zu entsenden und fremde Diplomaten zu empfangen, eine beschränkte Völkerrechtsfähigkeit?

A_2 Ja. Das Fehlen des aktiven und passiven Gesandtschaftsrechtes bedeutet eine beschränkte Völkerrechtsfähigkeit: Wer eigene Diplomaten nicht entsenden und fremde Diplomaten nicht empfangen darf, kann nicht alle völkerrechtlichen Rechte und Pflichten wahrnehmen.

I_3 Von der Völkerrechtsfähigkeit ist die **völkerrechtliche Handlungsfähigkeit** zu unterscheiden.

Die völkerrechtliche Handlungsfähigkeit umfaßt

1. die **völkerrechtliche Geschäftsfähigkeit**, d. h. die Fähigkeit, am völkerrechtlichen Rechtsverkehr durch Abgabe und Empfang völkerrechtlicher Willenserklärungen teilzunehmen;
2. die **völkerrechtliche Deliktsfähigkeit**, d. h. die Fähigkeit, Subjekt oder Objekt eines völkerrechtlichen Deliktes zu sein;
3. die **völkerrechtliche Prozeßfähigkeit**, d. h. die Fähigkeit, vor internationalen Rechtsprechungsinstanzen zu klagen und verklagt zu werden.

Im Normalfall besitzt ein Völkerrechtssubjekt nicht nur die Völkerrechtsfähigkeit, sondern auch die völkerrechtliche Handlungsfähigkeit und damit auch die völkerrechtliche Geschäftsfähigkeit, die völkerrechtliche Deliktsfähigkeit und die völkerrechtliche Prozeßfähigkeit.
In Ausnahmefällen kann aber einem Völkerrechtssubjekt die völkerrechtliche Handlungsfähigkeit oder die völkerrechtliche Geschäftsfähigkeit oder die völkerrechtliche Deliktsfähigkeit oder die völkerrechtliche Prozeßfähigkeit ganz oder teilweise fehlen.
Die Rechtslage im Völkerrecht entspricht also insoweit derjenigen im Zivilrecht, wo ebenfalls eine rechtsfähige Person nicht notwendig geschäftsfähig, deliktsfähig und prozeßfähig sein muß (z. B. Minderjährige, Entmündigte).

F_3 a) Muß ein Völkerrechtssubjekt notwendigerweise völkerrechtlich handlungsfähig sein?

b) Setzt die völkerrechtliche Handlungsfähigkeit die Völkerrechtsfähigkeit voraus?

A_3 a) Nein. Ein Völkerrechtssubjekt muß nicht notwendigerweise auch völkerrechtlich handlungsfähig sein: Rechtsfähigkeit bedeutet nicht stets auch zugleich Handlungsfähigkeit.

b) Ja. Die völkerrechtliche Handlungsfähigkeit setzt die Völkerrechtsfähigkeit voraus: Rechtshandlungen kann nur vornehmen, wer rechtsfähig ist.

B_3 Das Deutsche Reich bestand nach überwiegender Auffassung nach der Kapitulation am 7./8. Mai 1945 und nach der Verhaftung der Regierung Dönitz am 23. Mai 1945 als Völkerrechtssubjekt weiter, war aber damals infolge kriegerischer Besetzung (occupatio bellica) durch die Alliierten nicht völkerrechtlich handlungsfähig.

WF 1. Völkerrechtssubjekt ist, wer ....
besitzt, d. h. wer Träger völkerrechtlicher ....
und .... sein kann.

2. Die Völkerrechtsfähigkeit ist unbeschränkt,
wenn das Völkerrechtssubjekt Träger ....
völkerrechtlichen Rechte und Pflichten sein kann.

3. Die Völkerrechtsfähigkeit ist beschränkt,
wenn das Völkerrechtssubjekt nur Träger ....
völkerrechtlicher Rechte und Pflichten sein kann.

4. Die völkerrechtliche Handlungsfähigkeit umfaßt
1. die völkerrechtliche ....
2. die völkerrechtliche ....
3. die völkerrechtliche ....

5. Setzt die Völkerrechtsfähigkeit
die völkerrechtliche Handlungsfähigkeit voraus?

Ja ☐ Nein ☐

6. Setzt die völkerrechtliche Handlungsfähigkeit
die Völkerrechtsfähigkeit voraus?

Ja ☐ Nein ☐

AWF 1. Völkerrechtssubjekt ist, wer Völkerrechtsfähigkeit besitzt, d. h. wer Träger völkerrechtlicher **Rechte** und **Pflichten** sein kann. (I_1)

2. Die Völkerrechtsfähigkeit ist unbeschränkt, wenn das Völkerrechtssubjekt Träger **aller** völkerrechtlichen Rechte und Pflichten sein kann. (I_2)

3. Die Völkerrechtsfähigkeit ist beschränkt, wenn das Völkerrechtssubjekt nur Träger **einzelner** völkerrechtlicher Rechte und Pflichten sein kann. (I_2)

4. Die völkerrechtliche Handlungsfähigkeit umfaßt
   1. die völkerrechtliche **Geschäftsfähigkeit**
   2. die völkerrechtliche **Deliktsfähigkeit**
   3. die völkerrechtliche **Prozeßfähigkeit** (I_3)

5. Setzt die Völkerrechtsfähigkeit die völkerrechtliche Handlungsfähigkeit voraus?

   Ja [ ] Nein [×] (A_{3a})

6. Setzt die völkerrechtliche Handlungsfähigkeit die Völkerrechtsfähigkeit voraus?

   Ja [×] Nein [ ] (A_{3b})

1.2 Arten der Völkerrechtssubjekte

I_5 Der Kreis der Völkerrechtssubjekte umfaßt Gebilde, deren soziologische Struktur sehr unterschiedlich ist.

B_5 USA – Liechtenstein – UdSSR – Heiliger Stuhl – NATO.

I_6 Die Arten der Völkerrechtssubjekte lassen sich nach verschiedenen Kriterien einteilen:
a) Ursprung,
b) Gesellschaftliche Struktur,
c) Umfang der Völkerrechtsfähigkeit,
d) Geltung der Völkerrechtsfähigkeit im Verhältnis zu anderen,
e) Zeitdauer.

I_7 Nach dem **Ursprung**, d. h. nach der Art der Entstehung des Völkerrechtssubjektes, kann man unterscheiden zwischen Völkerrechtssubjekten, deren Völkerrechtsfähigkeit aus eigenem Recht besteht, die sich also **selbst konstituieren** (**„geborene“**, „notwendige“, „originäre“ Völkerrechtssubjekte), und solchen, die **von anderen Völkerrechtssubjekten geschaffen sind** (**„gekorene“**, „abgeleitete“, „sekundäre“ Völkerrechtssubjekte).

B_7 Geborene Völkerrechtssubjekte sind die Staaten.
Gekorene (nämlich von den Staaten durch Gründungsvertrag geschaffene) Völkerrechtssubjekte sind die Internationalen Organisationen.

I_8 Die völkerrechtliche Anerkennung eines geborenen Völkerrechtssubjekts durch die bereits bestehenden Völkerrechtssubjekte hat nur feststellende (deklaratorische) Wirkung (**deklaratorische Anerkennungstheorie**, h. L.).
Nach anderer Ansicht wird die Völkerrechtsfähigkeit eines neu entstandenen Staates erst durch die Anerkennung seitens bereits bestehender Völkerrechtssubjekte begründet (**konstitutive Anerkennungstheorie**).

F_8 Ein Staat ist neu entstanden. Wie begründet sich seine Völkerrechtsfähigkeit
a) nach der deklaratorischen Anerkennungstheorie? ,
b) nach der konstitutiven Anerkennungstheorie?

A_8 a) Die Völkerrechtsfähigkeit eines neu entstandenen Staates begründet sich nach der deklaratorischen Anerkennungstheorie durch seine Konstituierung, da die Anerkennung nur feststellende (deklaratorische) Wirkung hat.

b) Die Völkerrechtsfähigkeit eines neu entstandenen Staates begründet sich nach der konstitutiven Anerkennungstheorie durch die Anerkennung seitens bereits bestehender Völkerrechtssubjekte.

I_9 Nach der **gesellschaftlichen Struktur** wird zwischen **staatlichen** und **nichtstaatlichen** Völkerrechtssubjekten differenziert.

Für den Normalfall (Staaten einerseits – Internationale Organisationen andererseits) ist diese Einteilung brauchbar. Es gibt aber Völkerrechtssubjekte, deren gesellschaftliche Struktur schwierig zu bestimmen ist.

B_9 Der Heilige Stuhl, der mit dem Vatikanstaat oder mit der Katholischen Kirche identifiziert werden kann.

F_9 a) Ist der Heilige Stuhl staatliches Völkerrechtssubjekt, wenn er mit dem Vatikanstaat identifiziert wird?

b) Ist der Heilige Stuhl staatliches Völkerrechtssubjekt, wenn er mit der Katholischen Kirche identifiziert wird?

A_9 a) Ja. Der Heilige Stuhl ist staatliches Völkerrechtssubjekt, wenn er mit dem Vatikanstaat identifiziert wird.

b) Nein. Der Heilige Stuhl ist kein staatliches Völkerrechtssubjekt, wenn er mit der Katholischen Kirche identifiziert wird.

I_{10} Nach dem **Umfang ihrer Völkerrechtsfähigkeit** können die Völkerrechtssubjekte in **unbeschränkt** völkerrechtsfähige („generelle“) und **beschränkt** völkerrechtsfähige („partielle“) Völkerrechtssubjekte eingeteilt werden.

B_{10} Der Weltpostverein ist nur beschränkt völkerrechtsfähig, weil er nur auf dem Gebiet des Postwesens tätig werden kann.

F_{10} Ist die Völkerrechtsfähigkeit beschränkt, wenn das Völkerrechtssubjekt Träger aller völkerrechtlichen Rechte und Pflichten ist?

A_{10} Nein. Die Völkerrechtsfähigkeit ist nicht beschränkt, wenn das Völkerrechtssubjekt Träger aller völkerrechtlichen Rechte und Pflichten ist: Die Völkerrechtsfähigkeit ist nur dann beschränkt, wenn das Völkerrechtssubjekt Träger nur einzelner Rechte und Pflichten ist.

I_{11} **Staaten sind in der Regel unbeschränkt völkerrechtsfähig; Gliedstaaten im Bundesstaat sind** – wenn überhaupt – **nur beschränkt völkerrechtsfähig.**

I_{12} Wie weit die Völkerrechtsfähigkeit der Gliedstaaten im Bundesstaat beschränkt ist, richtet sich nach dem **innerstaatlichen Verfassungsrecht** des betreffenden Bundesstaates.
Durch die völkerrechtliche Anerkennung eines Bundesstaates akzeptieren die ihn anerkennenden Völkerrechtssubjekte zugleich seine bundesstaatliche Struktur, also auch die Beschränkung der Völkerrechtsfähigkeit der Gliedstaaten durch die bundesstaatliche Verfassung.

B_{12} Die BRD ist unbeschränkt völkerrechtsfähig; nach dem Verfassungsrecht der BRD sind ihre Länder nur beschränkt völkerrechtsfähig.
Die Pflege der auswärtigen Beziehungen ist Sache des Bundes (Art. 32 I GG); soweit die Länder für die Gesetzgebung zuständig sind (z. B. in Ausübung der Kulturhoheit, nicht aber in Verteidigungsangelegenheiten), können die Länder mit Zustimmung der Bundesregierung Verträge mit auswärtigen Staaten schließen (Art. 32 III GG).

F_{12} Könnte

a) das Land Bayern in Spanien eine Botschaft errichten?

b) das Land Nordrhein-Westfalen mit dem Heiligen Stuhl ein Konkordat schließen?

c) das Land Schleswig-Holstein mit Dänemark einen militärischen Beistandspakt schließen?

A_{12} a) Nein. Das Land Bayern könnte in Spanien keine Botschaft errichten, weil die Pflege der auswärtigen Beziehungen Sache des Bundes ist.

b) Ja. Das Land Nordrhein-Westfalen könnte mit dem Heiligen Stuhl ein Konkordat schließen, weil die Kulturhoheit bei den Ländern liegt.

c) Nein. Das Land Schleswig-Holstein könnte mit Dänemark keinen militärischen Beistandspakt schließen, weil Verteidigungsangelegenheiten nicht in die Gesetzgebungszuständigkeit der Länder fallen.

I_{13} Nach der **Geltung (Wirkung) ihrer Völkerrechtsfähigkeit** im Verhältnis zu anderen können die Völkerrechtssubjekte eingeteilt werden in solche, die im Verhältnis zu **allen** Völkerrechtssubjekten völkerrechtsfähig sind („allgemeine" Völkerrechtssubjekte),
und solche,
die nur im Verhältnis zu **einigen** Völkerrechtssubjekten völkerrechtsfähig sind („partikuläre" Völkerrechtssubjekte).

Die Staaten sind – wenn man der Ansicht folgt, daß die Anerkennung von Staaten nur deklaratorisch, nicht konstitutiv wirkt – als „geborene" Völkerrechtssubjekte völkerrechtsfähig im Verhältnis zu allen Völkerrechtssubjekten; Staaten sind also „allgemeine" Völkerrechtssubjekte.

Dagegen wirkt die Völkerrechtsfähigkeit „gekorener" Völkerrechtssubjekte nur im Verhältnis zu den sie anerkennenden Völkerrechtssubjekten. Deshalb sind Internationale Organisationen „partikuläre" Völkerrechtssubjekte.

B_{13} Organisation des Nordatlantikpaktes (NATO).
Organisation des Südostasienpaktes (SEATO).

F_{13} Kann ein partikuläres Völkerrechtssubjekt zu einem allgemeinen Völkerrechtssubjekt werden?

A_{13} Ja. Ein partikuläres Völkerrechtssubjekt kann zu einem allgemeinen Völkerrechtssubjekt werden, wenn es von allen Völkerrechtssubjekten anerkannt wird.

I_{14} Die Völkerrechtssubjekte können schließlich nach der **Zeitdauer** ihrer Existenz eingeteilt werden in solche, die auf **unbefristete** Zeit und in solche, die auf **befristete** (vorübergehende) Zeit angelegt sind.

Auf unbefristete Zeit sind die „geborenen" Völkerrechtssubjekte – die Staaten – angelegt; ihre Völkerrechtsfähigkeit kann jedoch entweder durch Zerfall eines Staates in mehrere neue Staaten (Dismembration) oder durch freiwilligen Zusammenschluß zu einem anderen (neuen) Staat oder durch gewaltsame Einverleibung (Annexion) durch einen anderen Staat enden.

B_{14} Für einen freiwilligen Zusammenschluß:
Ägypten und Syrien zur Vereinigten Arabischen Republik 1958–1961.
Für eine gewaltsame Einverleibung:
Hannover in Preußen 1866; Tibet in Volksrepublik China 1950.

I_{15} „Gekorene" Völkerrechtssubjekte können unbefristet oder befristet angelegt sein; bei Internationalen Organisationen wird die zeitliche Dauer im Gründungsvertrag geregelt.

B_{15} Für auf unbefristete Zeit angelegte Organisation: UNO.
Für auf befristete Zeit angelegte Organisation: EGKS (50 Jahre).

I_{16} Durch einverständliche Handlung (actus contrarius) aller Vertragspartner kann der Gründungsvertrag einer Internationalen Organisation aufgehoben oder verlängert werden.

F_{16} Kann

a) die Völkerrechtsfähigkeit eines Staates enden?

b) die Völkerrechtsfähigkeit einer auf befristete Zeit angelegten Internationalen Organisation enden?

c) die Völkerrechtsfähigkeit einer auf unbefristete Zeit angelegten Internationalen Organisation enden?

A_{16} a) Ja. Die Völkerrechtsfähigkeit eines Staates kann enden: durch Zerfall eines Staates in mehrere neue Staaten (Dismembration) oder durch freiwilligen Zusammenschluß oder durch gewaltsame Einverleibung in einen anderen Staat (Annexion).

b) Ja. Die Völkerrechtsfähigkeit einer auf befristete Zeit angelegten Internationalen Organisation kann enden: durch Zeitablauf oder durch einverständliche Aufhebung des Gründungsvertrages durch alle Vertragspartner (actus contrarius).

c) Ja. Die Völkerrechtsfähigkeit einer auf unbefristete Zeit angelegten Internationalen Organisation kann enden: durch einverständliche Aufhebung des Gründungsvertrages durch alle Vertragspartner (actus contrarius).

Ü: Einteilung der Arten der Völkerrechtssubjekte

1. Ursprung
   - Geborene
   - Gekorene
2. Gesellschaftliche Struktur
   - Staatliche
   - Nichtstaatliche
3. Umfang der Völkerrechtsfähigkeit
   - Generelle
   - Partielle
4. Geltung im Verhältnis zu anderen
   - Allgemeine
   - Partikuläre
5. Zeitdauer
   - Befristete
   - Unbefristete

WF 1. Sind Staaten

geborene ☐ oder gekorene ☐ Völkerrechtssubjekte?

2. Sind Internationale Organisationen

geborene ☐ oder gekorene ☐ Völkerrechtssubjekte?

3. Sind Staaten in der Regel

unbeschränkt ☐ oder beschränkt ☐ völkerrechtsfähig?

4. Sind die Gliedstaaten in der BRD

unbeschränkt ☐ oder beschränkt ☐ völkerrechtsfähig?

5. Kann die Völkerrechtsfähigkeit eines Staates enden?

Ja ☐ Nein ☐

6. Kann die Völkerrechtsfähigkeit einer Internationalen Organisation enden? Ja ☐ Nein ☐

7. Wie kann die Völkerrechtsfähigkeit eines Staates enden?

. . . .

. . . .

. . . .

8. Wie kann die Völkerrechtsfähigkeit einer auf befristete Zeit angelegten Internationalen Organisation enden?

. . . .

. . . .

9. Wie kann die Völkerrechtsfähigkeit einer auf unbefristete Zeit angelegten Internationalen Organisation enden?

. . . .

. . . .

AWF 1. Sind Staaten

geborene [x] oder gekorene [ ] Völkerrechtssubjekte?

(B_7)

2. Sind Internationale Organisationen

geborene [ ] oder gekorene [x] Völkerrechtssubjekte?

(B_7)

3. Sind Staaten in der Regel

unbeschränkt [x] oder beschränkt [ ] völkerrechtsfähig?

(I_{11})

4. Sind die Gliedstaaten in der BRD

unbeschränkt [ ] oder beschränkt [x] völkerrechtsfähig?

(I_{11})

5. Kann die Völkerrechtsfähigkeit eines Staates enden?

Ja [x] Nein [ ]

(I_{14})

6. Kann die Völkerrechtsfähigkeit einer Internationalen Organisation enden? Ja [x] Nein [ ]

(I_{15})

7. Wie kann die Völkerrechtsfähigkeit eines Staates enden?
Durch Zerfall eines Staates in mehrere neue Staaten oder durch freiwilligen Zusammenschluß mit einem anderen Staat oder durch gewaltsame Einverleibung in einen anderen Staat (Annexion). (A_{16a})

8. Wie kann die Völkerrechtsfähigkeit einer auf befristete Zeit angelegten Internationalen Organisation enden?
Durch Zeitablauf oder durch einverständliche Aufhebung des Gründungsvertrages (actus contrarius). (A_{16b})

9. Wie kann die Völkerrechtsfähigkeit einer auf unbefristete Zeit angelegten Internationalen Organisation enden?
Durch einverständliche Aufhebung des Gründungsvertrages (actus contrarius). (A_{16c})

1. Das Individuum im Völkerrecht

V Die Lehre von der Völkerrechtssubjektivität hat mehrfach Wandlungen erfahren. Dies aufzuzeigen ist das Anliegen der nachfolgenden Vertiefungshinweise.

Die naturrechtlich geprägte ältere Völkerrechtslehre faßte zum Teil das **Individuum** (d. h. die einzelne menschliche Person) als Träger völkerrechtlicher Rechte und Pflichten auf. Die seit der Mitte des 18. Jahrhunderts einsetzende Zurückdrängung des Individuums aus der Völkerrechtsordnung hatte zur Folge, daß von der Mitte des 19. Jahrhunderts an die souveränen Staaten als alleinige Völkerrechtssubjekte angesehen wurden, was wiederum zu der Schwierigkeit führte entscheiden zu müssen, wann ein Staat souverän ist bzw. ob ihm ein Rest von Völkerrechtsfähigkeit geblieben war.

Die alte Lehre von der Völkerrechtsfähigkeit des Individuums erfuhr zu Beginn dieses Jahrhunderts eine Renaissance insofern, als vor allem in Frankreich von der sog. **rechtssoziologischen Schule** die Ansicht vertreten wurde, daß **nur** die Menschen Völkerrechtssubjekte seien. Obwohl daran richtig ist, daß das Völkerrecht letztlich den Beziehungen der Menschen untereinander dient, entspricht diese Lehre nicht der Realität des heutigen internationalen Lebens. Der völkerrechtliche Verkehr findet in der Gegenwart nur zwischen Organisationen und den übrigen oben erwähnten Völkerrechtssubjekten statt; Individuen sind daran lediglich als Organwalter beteiligt.

Es ist jedoch nicht zu verkennen, daß gerade in neuerer Zeit **Ansätze** vorhanden sind, die **völkerrechtliche Stellung des Individuums zu verstärken.** Das Statut des von 1907 bis 1917 existenten Zentralamerikanischen Gerichtshofes, das (nicht in Kraft getretene) Abkommen über die Errichtung eines über die Rechtmäßigkeit der Aufbringung von Handelsschiffen im Kriege („Prisen“) entscheidenden Internationalen Prisenhofes von 1907 und die Bestimmungen des Versailler Vertrages von 1919 über Wiedergutmachungsansprüche von Privatpersonen vor gemischten Schiedsgerichten sahen prozessuale Rechte von Einzelpersonen vor internationalen Gerichten vor. Auch der Ausbau des Minderheitenschutzes nach dem ersten Weltkrieg verstärkte die völkerrechtliche Stellung des Individuums. Nach dem zweiten Weltkrieg hat sich diese Tendenz mit der Auferlegung völkerrechtlicher Pflichten und Verbote (Kriegsverbrechen, Völkermord) und der Gewährung von Rechten (Europäische Menschenrechtskonvention) fortgesetzt. Das Individuum ist also heute in beschränktem Maße Völkerrechtssubjekt; die gegenteilige Ansicht, daß als Völkerrechtssubjekte nur **Normsetzungssubjekte** (Völkerrechtssetzungssubjekte), nicht dagegen auch

Normadressaten in Betracht kommen, oder daß ein Völkerrechtssubjekt generell Prozeßfähigkeit besitzen müsse, übersieht, daß die Fähigkeit, Normen zu setzen oder einen Prozeß zu führen, nicht zum Wesen eines Rechtssubjektes gehört.

2. Nationen als Völkerrechtssubjekte?

Zwischen der Lehre von den Individuen als alleinigen Völkerrechtssubjekten und der Lehre von den Staaten als den alleinigen Völkerrechtssubjekten stand die während des italienischen Freiheitskrieges in der Mitte des vorigen Jahrhunderts von Mancini vertretene Lehre, derzufolge die Nationen (unabhängig von den Staatsgrenzen) Völkerrechtssubjekte seien. Diese Ansicht entspricht jedoch **nicht** der Realität des internationalen Lebens, und zwar auch dann nicht, wenn Staaten selbst am Begriff der Nation festhalten (so – sinngemäß – Satz 3 der Präambel des GG: „Das gesamte Deutsche Volk bleibt aufgefordert, in freier Selbstbestimmung die Einheit und Freiheit Deutschlands zu vollenden“, und ausdrücklich Art. 1 Satz 1 DDR-Verfassung von 1968: „Die DDR ist ein sozialistischer Staat deutscher Nation“).

3. Der Ausdruck „Völkerrecht“

Da das Völkerrecht die Rechtsbeziehungen zwischen den Staaten und den anderen Völkerrechtssubjekten regelt, ist der Ausdruck „Völkerrecht“ (= ius gentium) nicht exakt. Es ist daher vorgeschlagen worden, ihn durch den Ausdruck „Internationales Recht“ (ius inter gentes) zu ersetzen. Jedoch hat sich dieser Ausdruck nicht eingebürgert, vermutlich wegen der Verwechslungsgefahr mit dem Ausdruck „Internationales Privatrecht“, das in Wahrheit kein internationales, sondern ein nationales Recht ist.

4. Anknüpfung der Völkerrechtsfähigkeit an die Haftungsfähigkeit?

Eine neuere, von Wilhelm Wengler vertretene Auffassung knüpft die Völkerrechtsfähigkeit an die **Haftungsfähigkeit** an. Die Haftungsfähigkeit ist ein Unterfall der völkerrechtlichen Deliktsfähigkeit und bedeutet die Fähigkeit, für die Folgen eines völkerrechtlichen Deliktes einzustehen. Nach Wengler ist die Frage der Völkerrechtsfähigkeit „nur ein anderer Aspekt des wichtigsten materiellen Teils des Völkerrechts, nämlich seiner Vorschriften über den Rechtszwang und die Schadenshaftung. Die Völkerrechtssubjekte sind sozusagen die Personifizierung des jeweiligen Sanktionsrechtes und des jeweiligen Haftungsrechtes“ (aaO.

S. 141f.). Folglich trete „an Stelle der alleinigen Völkerrechtssubjektivität der Staaten, wie sie das klassische Völkerrecht kennt, . . . heute die Völkerrechtssubjektivität aller international aktionsfähigen Verbände einerseits und der einzelnen in der Politik effektiv tätigen Individuen andererseits." Als Beispiel solcher international aktionsfähiger nichtstaatlicher Verbände nennt Wengler Staatsteile, Kirchen, Gewerkschaften und die internationalen politischen Parteien.

Diese Ansicht hat sich jedoch nicht durchgesetzt. Rechtsdogmatisch ist sie nicht haltbar, weil die Haftungsfähigkeit an die Völkerrechtsfähigkeit anknüpft, aber nicht umgekehrt die Völkerrechtsfähigkeit sich nach der Haftungsfähigkeit richten kann. In der Praxis würde die Wenglersche These dazu führen, daß ein völkerrechtlich nicht anerkanntes Gebilde sich durch Begehung von Unrecht die Völkerrechtsfähigkeit zulegen könnte. Nach geltendem Völkerrecht gibt es also entgegen der Ansicht von Wengler nur die staatlichen Völkerrechtssubjekte und die völkerrechtlich anerkannten nichtstaatlichen Völkerrechtssubjekte.

5. Staaten und Gliedstaaten im Bundesstaat

Die Zahl der **staatlichen Völkerrechtssubjekte** hat sich seit Beginn dieses Jahrhunderts, vor allem aber nach dem zweiten Weltkrieg, sprunghaft vergrößert. Die UNO umfaßt derzeit (Stand: 1. März 1971) 127 Mitgliedstaaten; hinzu kommt eine Reihe weiterer Staaten, die aus verschiedensten Gründen nicht Mitglieder der UNO sind (z. B. die geteilten Staaten Deutschland, Korea und Vietnam; die Volksrepublik China; die Schweiz; Liechtenstein; Monaco; San Marino; der Vatikan; Bhutan; Nauru; Westsamoa).

Die **Gliedstaaten eines Bundesstaates** sind dann Völkerrechtssubjekte, wenn ihnen das **Verfassungsrecht und die Verfassungspraxis des Bundesstaates** die **erforderliche Selbständigkeit** zur Teilnahme am internationalen Rechtsverkehr **einräumen** und wenn sie von der Völkerrechtsgemeinschaft **anerkannt sind**; die Anerkennung braucht nicht durch Einzelakt erfolgen, d. h. durch die einzeln ausgesprochene Anerkennung jedes einzelnen Gliedstaates, sondern es genügt die in der Anerkennung des Gesamtstaates mit seiner bundesstaatlichen Struktur implizierte Anerkennung.

In den meisten Bundesstaaten (Argentinien, Australien, Brasilien, Indien, Jugoslawien, Kanada, Österreich, Mexiko, Pakistan, Venezuela) haben die Gliedstaaten keine völkerrechtlichen Kompetenzen; sie sind „abgeriegelt" und daher keine Völkerrechtssubjekte. Bundesstaaten, in denen die Gliedstaaten völkerrechtliche Kompetenzen haben, d. h. nicht „abgeriegelt" werden, sind die BRD, die Schweiz und die Sowjetunion.

In bezug auf die **Rechtsnatur der Beziehungen zwischen den Gliedstaaten untereinander und zwischen den Gliedstaaten und der Zentralgewalt** (dem Bund) werden drei Theorien vertreten:

a) es handele sich dabei um ein spezielles Völkerrecht (sog. **völkerrechtliche Theorie**);

b) es handele sich dabei um Staatsrecht (sog. **staatsrechtliche Theorie** [h. L. in der BRD]);

c) es handele sich um Staatsrecht, doch sei Völkerrecht anwendbar, wenn eine Frage bundes- oder landesrechtlich nicht geregelt ist (sog. **gemischte Theorie** [h. L. in der Schweiz und früher im Deutschen Reich]).

Hinsichtlich der Gliedstaaten der Sowjetunion erscheint es angesichts der sowjetischen Verfassungswirklichkeit zweifelhaft, ob die Gliedstaaten ihre auswärtigen Befugnisse selbständig ausüben können. Nach sowjetischer Auffassung ist sowohl die UdSSR als auch jede Unionsrepublik Völkerrechtssubjekt. Die Ukraine und Weißrußland sind sogar Mitglieder der UNO.

6. Commonwealth und Communauté française

Keine Völkerrechtsfähigkeit besitzen das Commonwealth of Nations und die Communauté française; sie sind **Staatenverbindungen besonderer Art**, deren **Mitglieder** ihrerseits Völkerrechtssubjekte sind.

7. Protektorate, Kolonien, Treuhandgebiete, Strategische Zonen

Die Zahl der Protektorate und Kolonien hat sich immer mehr verringert. Als **Protektorate** bezeichnet man Staaten, die Völkerrechtssubjekte sind, deren völkerrechtliche Handlungsfähigkeit aber zugunsten des Protektorstaates eingeschränkt ist; so war Tunis früher ein französisches, Marokko z. T. französisches, z. T. spanisches Protektorat. Nach Auffassung der UNO sind z. B. Angola, Mozambique, Portugiesisch-Guinea und die Antillen Protektorate. In der Praxis ist es allerdings oft schwierig festzustellen, ob es sich um ein Protektorat oder um eine Kolonie handelt.

Besondere Gebilde sind die in Art. 75ff. der UNO-Satzung genannten **Treuhandgebiete** und **Strategischen Zonen.**

Die Idee der Treuhandgebiete knüpft an die Einrichtung der **Mandatsgebiete** in Art. 22 der Völkerbundsatzung an. Die Siegermächte des ersten Weltkrieges waren sich darüber einig, daß das Deutsche Reich alle seine Kolonien und die Türkei bestimmte Gebiete in Vorderasien verlieren sollten; die Siegermächte wollten jedoch diese Gebiete nicht annektieren. Als Lösung schuf man das Mandatssystem, d. h. eine Art Vormundschaft, die im Auftrage des Völkerbundes von entwickelten Staaten über jene Gebiete bis zur Erreichung der Staatsreife ausgeübt werden sollte. Entsprechend dem unterschiedlichen Reifegrad wurden die Mandate unterteilt in A-Mandate (Irak; Palästina und Transjordanien; Syrien und Libanon), B-Mandate (Kamerun; Togo; Tanganjika; Ruanda-Urundi) und C-Mandate (Südwestafrika; Westsamoa; Nauru). Der Status von Südwestafrika ist noch heute umstritten. Die Generalversammlung der UNO und der IGH haben sich mehrfach damit beschäftigt. Der IGH hat in seinem Rechtsgutachten vom 11. Juli 1950 (ICJ Reports 1950, S. 128ff.) festgestellt, daß das Mandat über Südwestafrika auch nach Auflösung des Völkerbundes fortbestehe, und daß die Südafrikanische Union nicht einseitig, sondern nur im Zusammenwirken mit der UNO den völkerrechtlichen Status Südwestafrikas ändern könne, es also insbesondere nicht einseitig annektieren dürfe. Der IGH hat dabei die unorganisierte Bevölkerung Südwestafrikas als aus den mandatsrechtlichen Bestimmungen unmittelbar berechtigt angesehen – ein interessanter Aspekt zur Stellung des Individuums im Völkerrecht, da die Bevölkerung Südwestafrikas hiernach Rechtsträger, aber – da unorganisiert – nicht zugleich Pflichtträger ist. Einzelheiten zur Berichtspflicht der Südafrikanischen Union und zur Entgegennahme von Petitionen aus Südwestafrika behandeln die Rechtsgutachten vom 7. Juni 1955 (ICJ Reports 1955, S. 67ff.) und vom 1. Juni 1956 (ICJ Reports 1956, S. 23ff.). Mit Urteil vom 18. Juli 1966 (ICJ Reports 1966, S. 6ff.) wies der IGH eine von Äthiopien und Liberia gegen die Republik Südafrika erhobene Klage wegen Vernachlässigung der Mandatspflicht in Südwestafrika ab, weil die Kläger keine eigene Rechts- oder Interessenverletzung geltend machen könnten.

Treuhandgebiete waren 1945 Britisch-Kamerun, Britisch-Togo, Französisch-Kamerun, Französisch-Togo, Tanganjika, Ruanda-Urundi, Westsamoa, Neuguinea, Nauru, Italienisch-Somaliland; strategische Zone waren die Pazifischen Inseln. Heute gibt es nur noch ein Treuhandgebiet (Neuguinea) und eine strategische Zone (die bis 1945 unter japanischem Mandat befindlichen ehemaligen deutschen Südseekolonien im Pazifik [Pazifische Inseln]). Die Frage nach der Art der Völkerrechtsfähigkeit der in der Satzung der Vereinten Nationen erwähnten Treuhandgebiete wird unterschiedlich beantwortet; teils wird staatliche, teils nichtstaatliche Völkerrechtsfähigkeit angenommen; eine dritte Ansicht meint, sie seien Völkerrechtssubjekte eigener Art mit eigenen Rechten und Pflichten.

8. Aufständische (Insurgenten)

Der Entstehung eines neuen Staates geht häufig eine Aufstandsbewegung innerhalb des alten Staates voraus. Eine Aufstandsbewegung hat (beschränkte) Völkerrechtsfähigkeit, wenn sie völkerrechtlich anerkannt ist.

9. Internationale und Supranationale Organisationen

Die Internationalen Organisationen sind Völkerrechtssubjekte, wenn sie als solche **anerkannt** sind. Nur die UNO bedarf wegen ihres universalen Charakters keiner Anerkennung, um Völkerrechtsfähigkeit zu erlangen; sie besitzt – wie der IGH in seinem Rechtsgutachten betreffend Schadensersatzansprüche wegen der Ermordung des UNO-Vermittlers Graf Bernadotte in Palästina ausgeführt hat (ICJ Reports 1949, S. 179) – eine „objektive Rechtspersönlichkeit".

Bei den Internationalen Organisationen ist im übrigen die Völkerrechtsfähigkeit **beschränkt**, nämlich auf den **Funktionsbereich** der betreffenden Organisation. Wieweit der Funktionsbereich geht, ergibt sich aus dem Statut (Gründungsvertrag) der Organisation. Schweigt das Statut über die Fähigkeit der Organisation, Träger völkerrechtlicher Rechte und Pflichten zu sein, so kann der Umfang der Völkerrechtsfähigkeit mittelbar aus dem im Statut niedergelegten Zweck und Wirkungsgrad der Organisation entnommen werden.

Die sowjetische Völkerrechtsauffassung verneint die Völkerrechtsfähigkeit internationaler Organisationen: „Internationale Organisationen . . . sind keine Völkerrechtssubjekte. Internationale Organisationen können – wieweit auch ihre Befugnisse reichen sollten, und wenn sie auch manchmal gewisse Eigenschaften von Rechtssubjekten erhalten mögen – nicht den Staaten, die sie geschaffen haben, gleichgestellt werden; die Rechte der Staaten und die Rechte der zwischenstaatlichen Organisationen sind ganz anderer Natur und beruhen auf qualitativ verschiedenen Grundlagen. Die Rechte der Staaten sind auf ihre Souveränität, diejenigen der internationalen Organisationen auf zwischenstaatliche Vereinbarungen gegründet und somit von den souveränen Rechten der Staaten abgeleitet" (Akademie der Wissenschaften der UdSSR, Völkerrecht, S. 87f.). In der Völkerrechtspraxis zieht die Sowjetunion jedoch daraus keine für die Internationalen Organisationen nachteiligen Folgerungen.

Für die Völkerrechtsfähigkeit **Supranationaler Organisationen** (EWG, EGKS, EURATOM), d. h. der Organisationen, die infolge umfassenderer Sachkompetenz und infolge der Möglichkeit, für Individuen direkt verbindliche Anordnungen zu erlassen, die Souveränität der Staaten stärker beschränken als die Internationalen Organisationen, gelten die gleichen Regeln wie für die Internationalen Organisationen.

10. Nichtstaatliche Internationale Organisationen

Umstritten ist die Frage, ob auch sog. nichtstaatliche Internationale Organisationen (Non-governmental Organisations), d. h. Organisationen, die – wie z. B. die Internationale Handelskammer, die Internationale Konföderation freier Gewerkschaften und der Weltfrontkämpferverband – nicht auf der Grundlage eines zwischenstaatlichen Abkommens entstanden, Völkerrechtssubjekte sind. Die Frage ist vor allem im Zusammenhang mit Art. 71 der UNO-Satzung von Belang, demzufolge der Wirtschafts- und Sozialrat der UNO geeignete Abmachungen zwecks Konsultation mit nichtstaatlichen Internationalen Organisationen treffen kann. Unter Berufung auf diesen sog. **Konsultativ-Status** wird von einem Teil der Lehre eine beschränkte Völkerrechtsfähigkeit angenommen. Die gegenteilige Auffassung verneint die Völkerrechtsfähigkeit dieser Organisationen mit der Begründung, sie hätten keine völkerrechtlichen Pflichten, und die Rechtsbeziehungen innerhalb einer Internationalen Organisation – hier: innerhalb der UNO – gehörten als sog. **internes Gemeinschaftsrecht** nicht dem Völkerrecht an.

Entscheidend dürfte sein, daß die Möglichkeit, Anregungen vorzutragen oder sonstwie gehört zu werden, allein noch keine Völkerrechtsfähigkeit begründen kann. Der unterschiedlichen Bedeutung der nichtstaatlichen Internationalen Organisationen wird dadurch Rechnung getragen, daß man den Organisationen in abgestufter Form die Konsultation ernöglicht, je nachdem, ob sie in die Kategorie A, B oder C eingereiht werden. Die Kategorie A umfaßt 12 Organisationen (darunter die oben genannten), die Kategorie B 143 (darunter z. B. die International Air Transport Association [IATA], die Internationale Kriminalpolizei-Organisation [INTERPOL], die Heilsarmee, die Internationale Föderation weiblicher Juristinnen, die Welt-Mütter-Bewegung und Rotary International), die Kategorie C 222 (z. B. das Institut de Droit international, die Internationale Schiffahrtskammer, das Internationale Komitee katholischer Krankenschwestern, die Internationale Liga gegen Rheumatismus, die Internationale Jugendherbergsföderation und der World University Service [WUS]; Stand: 1968 [UN Yearbook 1968, S. 636]).

Eine Sonderstellung nimmt das **Internationale Komitee vom Roten Kreuz** ein. Es ist das Aktionszentrum des Gesamtwerkes Internationales Rotes Kreuz und steht neben der Internationalen Rotkreuz-Konferenz (einem Beratungsorgan) und der Liga der Rotkreuzgesellschaften (dem Zusammenschluß der nationalen

Rotkreuz-Gesellschaften). Dem Internationalen Komitee vom Roten Kreuz sind durch die Genfer Abkommen von 1949 völkerrechtliche Rechte und Pflichten (z. B. Durchführung von Rotkreuz-Transporten, Besuch von Kriegsgefangenenlagern) eingeräumt und auferlegt. Das Komitee ist daher Völkerrechtssubjekt (str.; a. A.: das Gesamtwerk), obwohl es seiner Rechtsform nach nur ein nach Schweizer Zivilrecht gebildeter Verein von Schweizer Bürgern ist.

Die Völkerrechtsfähigkeit des Internationalen Komitees vom Roten Kreuz zeigt, daß auch eine nach **innerstaatlichem Zivilrecht** organisierte juristische Person Völkerrechtssubjekt sein kann. Umgekehrt kann eine juristische Person aufgrund völkerrechtlichen Vertrages gegründet werden, ohne Völkerrechtssubjekt zu sein; ein Beispiel hierfür ist die aufgrund eines völkerrechtlichen Vertrages, aber in Form einer Schweizer Aktiengesellschaft gegründete Europäische Gesellschaft für die Finanzierung von Eisenbahnmaterial (EUROFIMA).

11. Der Heilige Stuhl

Eine Sonderstellung unter den Völkerrechtssubjekten hat auch der Heilige Stuhl. Als denkbare Völkerrechtssubjekte kommen hier in Betracht:
1. der Papst; 2. die Katholische Kirche; 3. der Staat der Vatikanstadt; 4. der Heilige Stuhl.

Der **Papst** ist nicht Völkerrechtssubjekt (str.). Die gegenteilige Ansicht führt dazu, daß er „damit entweder als Relikt einer Epoche verstanden wird, in der noch Fürsten und Dynastien statt der Staaten als Subjekte des Völkerrechts angesehen wurden, oder in die Reihe jener von einigen Autoren mit Völkerrechtsfähigkeit ausgestatteten Individuen gestellt wird, unter denen man Piraten, Blockadebrecher oder Konterbandeführer findet“ (J. Kaiser, aaO, S. 781).

Die **Katholische Kirche** ist ebenfalls kein Völkerrechtssubjekt (str.). Nach ihrem Selbstverständnis ist sie göttliche Stiftung (corpus mysticum); als solche kann sie mit völkerrechtlichen Kategorien nicht angemessen definiert werden. Der in den Lateranverträgen von 1929 geschaffene und dem Papst als Oberhaupt unterstehende **Staat der Vatikanstadt** ist als Staat ein staatliches Völkerrechtssubjekt.

Neben dem Staat der Vatikanstadt wird auch der **Heilige Stuhl** als ein vom Staat der Vatikanstadt getrenntes, selbständiges Völkerrechtssubjekt angesehen. Der Begriff „Heiliger Stuhl“ umfaßt den Papst (als Person), sein Amt (das Papsttum) und die römische Kurie (die Kongregationen, Gerichtshöfe und Ämter, durch die der Papst die katholische Kirche leitet). Für diese Ansicht spricht zwar, daß der Heilige Stuhl in der Zeit zwischen 1870 (dem Jahr der Annexion des Kirchenstaates durch Italien) und 1929 als Völkerrechtssubjekt behandelt wurde, obwohl er in dieser Zeit kein Staatsgebiet besaß. Aber im internationalen Rechtsverkehr treten Heiliger Stuhl und Vatikanstadt als ein einheitliches Völkerrechtssubjekt auf. Aus diesem Grund und wegen der engen Verbindung zwischen Heiligem Stuhl und Staat der Vatikanstadt erscheint es daher richtiger, beide als ein einheitliches Völkerrechtssubjekt aufzufassen (str.).

12. Malteser-Ritterorden

Eine besondere Art von Völkerrechtssubjektivität besitzt auch der souveräne Malteser-Ritterorden. Der Orden wurde zur Zeit der Kreuzzüge unter der Bezeichnung „Johanniter-Orden" zum Zweck der Krankenpflege gegründet; er hatte zunächst seinen Sitz in Akkon, verlegte ihn 1291 nach Zypern und 1310 nach Rhodos; 1522 wurde er von dort durch die Türken vertrieben und 1530 mit der Insel Malta belehnt. Nachdem Malta 1798 von Frankreich besetzt und 1800 von Großbritannien annektiert wurde, hat der Orden kein eigenes Staatsgebiet mehr; sein Sitz ist heute in Rom. Die Aufgabe des Ordens legt Art. 2 § 1 seiner Verfassung von 1961 dahin fest, er habe „die Ehre Gottes zu mehren . . . durch den Einsatz für den Glauben und den Heiligen Stuhl und durch den Dienst am Nächsten." Der Orden umfaßt heute rund 8 000 Mitglieder; er trägt insbesondere Krankenhäuser und Sanitätsdienste. Er unterhält diplomatische Beziehungen zum Heiligen Stuhl, zu Italien, Spanien, Portugal, Österreich und zu rund 25 anderen (vor allem lateinamerikanischen) Staaten. Der Orden ist ein historisch zu erklärendes (nichtstaatliches) partikuläres Völkerrechtssubjekt.

L F. Berber, Völkerrecht, Bd. 1, 1960, S. 110–178;
G. Dahm, Völkerrecht, Bd. 1, 1958, S. 70–190;
E. Menzel, Völkerrecht, 1965, S. 108–134;
A. Ross, Lehrbuch des Völkerrechts, 1951, S. 94–131;
I. Seidl-Hohenveldern, Völkerrecht, 2. Aufl., 1969, S. 113–147;
A. Verdroß, Völkerrecht, 5. Aufl., 1964, S. 188–222;
W. Rudolf, Zum Begriff des Völkerrechts, Festschrift für H. Kraus, 1964, S. 257–277;
R. Knubben, Die Subjekte des Völkerrechts, 1928;
H. Mosler, Die Erweiterung des Kreises der Völkerrechtssubjekte, ZaöRV 22 (1962), S. 1–48;
W. Wengler, Der Begriff des Völkerrechtssubjektes im Lichte der politischen Gegenwart, Friedenswarte 51 (1951/53) S. 113ff.;

Völkerrechtssubjekte

H. Kipp-K. Zweigert, Verträge zwischen staatlichen und nichtstaatlichen Partnern. Berichte 5 (1964), S. 133ff.;

K.-H. Böckstiegel, Der Staat als Vertragspartner ausländischer Privatunternehmen, 1971;

G. Dahm, Die Stellung des Menschen im Völkerrecht unserer Zeit, 1961;

St. Glaser, Der einzelne vor dem Völkerrecht, Österr. ZöR 16 (1966), S. 111–127;

E. Grassi, Die Rechtsstellung des Individuums im Völkerrecht, 1955;

H. Meyer-Lindenberg, Die Menschenrechte im Völkerrecht, Berichte 4 (1961), S. 84–122;

J. Dugard, The Revocation of the Mandate for South West Afrika, AJIL 62 (1968), S. 78–97;

W. Mallmann, Völkerrecht und Bundesstaat, in: Strupp-Schlochauer, Wörterbuch des Völkerrechts, Bd. 3, 1962, S. 640ff.:

W. Rudolf, Internationale Beziehungen der Deutschen Länder, ArchVR 13 (1966/67), S. 53–74;

J. J. Lador-Lederer, Nichtstaatliche Organisationen und die Frage der Erweiterung des Kreises der Völkerrechtssubjekte, ZaöRV 23 (1963), S. 657–678;

P. Schneider, Die Rechtsstellung des Internationalen Roten Kreuzes, ArchVR 5 (1955/56), S. 257;

J. H. Kaiser, Heiliger Stuhl, in: Strupp-Schlochauer, Wörterbuch des Völkerrechts, Bd. 1, 1960, S. 780ff.

G. B. Hafkemeyer, Der Rechtsstatus des Souveränen Malteser-Ritter-Ordens als Völkerrechtssubjekt ohne Gebietshoheit, 1955.

Einführung

Nachdem im vorangegangenen Abschnitt die Völkerrechtssubjekte vorgestellt worden sind, soll nun das Verhältnis von Völkerrecht und Politik erörtert werden. Den Abschluß des Abschnittes bildet die Abgrenzung des Völkerrechts von der sog. Courtoisie, d. h. den Gebräuchen internationaler Höflichkeit.

GLIEDERUNG

des 2. Abschnittes

2.1 Völkerrecht und Politik

I_1 Gegenstand des Völkerrechts sind die **internationalen Beziehungen**, d. h. insbesondere Fragen der Außenpolitik.
Infolge dieser Zweckbestimmung hat das Völkerrecht in besonders starkem Maße politische Bezüge.

Das Völkerrecht ist ein **hochpolitisches Recht**,
weil es die Rechts- und Machtpositionen der größten organisierten gesellschaftlichen Gruppen, der Staatenverbindungen und Staaten, regelt, d. h. deren Interessen zu koordinieren versucht.

I_2 Für die Beziehungen der Völkerrechtssubjekte – vor allem der Staaten – untereinander werden häufig **politische Doktrinen** aufgestellt, die bestimmte Grundsätze der Außenpolitik aufstellen und Konsequenzen für den Fall der Zuwiderhandlung androhen.
Politische Doktrinen sind nicht immer zugleich Völkerrechtsnormen, es sei denn, daß sie in einem völkerrechtlichen Vertrag fixiert oder zu Völkergewohnheitsrecht werden.

B_2 Die Monroe-Doktrin (Inhalt: den europäischen Mächten wird Erwerb von Kolonien in der amerikanischen Hemisphäre und Einmischung in die inneren Streitigkeiten amerikanischer Staaten untersagt [1823]).

Die Hallstein-Doktrin (Inhalt: die Anerkennung der DDR durch einen dritten Staat bedeutet einen unfreundlichen Akt gegenüber der BRD mit der Konsequenz des Abbruches der diplomatischen Beziehungen zum anerkennenden Staat [1955]).

Die Breshnev-Doktrin (Inhalt: Die UdSSR kann in die inneren Angelegenheiten der anderen Ostblockstaaten eingreifen, weil im Interesse des proletarisch-sozialistischen Internationalismus die Souveränität der sozialistischen Staaten beschränkt ist [Einmarsch in die CSSR 1968]).

F_2 Kann eine politische Doktrin zu einer Völkerrechtsnorm werden?

A_2 Ja. Eine politische Doktrin kann zu einer Völkerrechtsnorm werden: indem die Doktrin entweder vertraglich festgelegt wird oder ein entsprechendes Völkergewohnheitsrecht entsteht.

I_3 Vermag die politische Doktrin sich in keiner der genannten Weisen durchzusetzen, so ermangelt sie des völkerrechtlichen Normcharakters;
sie ist dann also kein Völkerrecht, sondern nur politische Verhaltensregel.

I_4 Das Völkerrecht regelt nicht nur hochpolitische Fragen. Völkerrechtlich geregelt werden auch wirtschaftspolitische, sozialpolitische, kulturelle und technische Fragen, die zwar auch – wie jedes Recht – politischen Bezug haben, aber nicht hochpolitischer Art sind.

B_4 Deutsch-schweizerischer Handelsvertrag.

Konvention betreffend die Freizügigkeit der Arbeitnehmer im EWG-Bereich.

Konvention der Europarat-Staaten betreffend die gegenseitige Anerkennung von Reifezeugnissen.

Deutsch-französisches Abkommen betreffend die Kanalisierung der Mosel.

I_5 Unter besonderen Umständen kann jedoch ein „normaler" völkerrechtlicher Vertrag, der „nur" wirtschaftspolitische, sozialpolitische, kulturelle oder technische Fragen regelt, zu einem Politikum ersten Ranges werden.

B_5 Handelsvertrag zwischen Frankreich und der DDR von 1970.

2.2 Abgrenzung zur Courtoisie

I_6 Akte der Courtoisie (Völkersitte; comitas gentium; comity) sind Verhaltensweisen, die zwar im internationalen Verkehr beachtet werden, aber keine rechtlichen Verpflichtungen darstellen.
Die **Akte der Courtoisie** haben also **keinen Rechtscharakter,** sondern sind **nur Höflichkeitsformen.**

B_6 Protokollarische Ehren beim Staatsbesuch eines ausländischen Staatsoberhauptes.
Nichtveröffentlichung einer diplomatischen Note vor Zugang beim Empfänger.

I_7 Die Frage, ob ein bestimmtes Verhalten als Akt der Courtoisie oder als Völkerrechtsnorm zu qualifizieren ist, hängt davon ab, **ob eine Rechtspflicht besteht oder nicht.**

Ist eine Rechtspflicht gegeben, so scheidet die Annahme einer Courtoisie in jedem Fall aus, gleichgültig, ob die Rechtspflicht auf Vertrag oder auf Völkergewohnheitsrecht beruht.
Ebenso wie die Rechtspflicht durch den Abschluß eines völkerrechtlichen Vertrages oder durch Bildung von Völkergewohnheitsrecht geschaffen werden kann, so kann sie durch Beendigung des Vertrages oder durch Außerkrafttreten des Gewohnheitsrechtes auch wieder aufgehoben werden und damit zur Courtoisie absinken oder gänzlich untergehen.

B_7 Befreiung ausländischer Diplomaten von der Besteuerung:
früher Courtoisie, heute vertraglich festgelegt in der Wiener Diplomatischen Konvention von 1961.
Flaggenzeremoniell auf See („dippen" der Flagge bei Begegnung mit einem fremden Kriegsschiff):
früher Gewohnheitsrecht, heute nur noch Courtoisie.

F_7 Wie kann

a) eine Regel der Courtoisie zu einer Völkerrechtsnorm werden?

b) Wie kann eine Völkerrechtsnorm zu einer Regel der Courtoisie absinken?

A_7 a) Eine Regel der Courtoisie kann zu einer Völkerrechtsnorm werden, indem sie entweder vertraglich festgelegt wird oder eine entsprechende Norm des Völkergewohnheitsrechts entsteht.

b) Eine Völkerrechtsnorm kann zu einer Regel der Courtoisie absinken, indem die vertragliche oder gewohnheitsrechtliche Regelung außer Kraft tritt.

I_8 Der Unterschied zwischen einer Völkerrechtsnorm und einer Regel der Courtoisie hat praktische Bedeutung für die **Folgen der Verletzung**:
Wird eine **Norm des Völkerrechts** verletzt,
so liegt eine **völkerrechtswidrige Handlung** (d. h. ein völkerrechtliches Delikt) vor, das zur Wiedergutmachung (Genugtuung, Schadensersatz) verpflichtet.
Wird dagegen nur eine **Regel der Courtoisie** verletzt,
so liegt ein **unfreundlicher Akt** vor, der mangels Völkerrechtswidrigkeit keinen Wiedergutmachungsanspruch auslöst.

WF 1. Warum hat das Völkerrecht in besonders starkem Maße politische Bezüge? . . . .

. . . .

. . . .

2. Skizzieren Sie eine bestimmte politische Doktrin, die bestimmte Grundsätze der Außenpolitik aufstellt:

. . . .

. . . .

. . . .

. . . .

. . . .

. . . .

. . . .

. . . .

. . . .

. . . .

3. Wie kann eine politische Doktrin zu einer Völkerrechtsnorm werden?

. . . .

. . . .

4. Regelt das Völkerrecht neben hochpolitischen Fragen auch andere Fragen? Ja ☐ Nein ☐

5. Sind Akte der Courtoisie

Rechtsregeln? Ja ☐ Nein ☐

Höflichkeitsformeln? Ja ☐ Nein ☐

6. Wie kann eine Regel der Courtoisie zu einer Völkerrechtsregel werden?

. . . .

. . . .

. . . .

7. Wie kann eine Völkerrechtsnorm zu einer Regel der Courtoisie absinken? . . . .

. . . .

8. Löst die Verletzung einer Völkerrechtsnorm eine Wiedergutmachungspflicht aus? Ja ☐ Nein ☐

9. Löst die Verletzung einer Regel der Courtoisie eine Wiedergutmachungspflicht aus? Ja ☐ Nein ☐

Rechtsnatur des Völkerrechts

AWF 1. Warum hat das Völkerrecht in besonders starkem Maße politische Bezüge? **Weil es die Rechts- und Machtpositionen der größten organisierten gesellschaftlichen Gruppen der Staatenverbindungen und Staaten regelt.** (I_1)

2. Skizzieren Sie eine bestimmte politische Doktrin, die bestimmte Grundsätze der Außenpolitik aufstellt:
Monroe-Doktrin: Verbot für die europäischen Mächte, Kolonien in der amerikanischen Hemisphäre zu erwerben und sich in inneramerikanische Angelegenheiten einzumischen.
Hallstein-Doktrin: Anerkennung der DDR durch dritten Staat ist unfreundlicher Akt gegenüber der BRD mit Konsequenz des Abbruches der diplomatischen Beziehungen zu diesem Staat.
Breshnev-Doktrin: Befugnis der UdSSR zum Eingreifen in die inneren Angelegenheiten der anderen Ostblockstaaten, weil im Interesse des proletarisch-sozialistischen Internationalismus die Souveränität der sozialistischen Staaten beschränkt ist. (B_2)

3. Wie kann eine politische Doktrin zu einer Völkerrechtsnorm werden? **Durch vertragliche Festlegung oder durch Entstehung von entsprechendem Völkergewohnheitsrecht.** (A_2)

4. Regelt das Völkerrecht neben hochpolitischen Fragen auch andere Fragen? Ja [×] Nein [ ] (I_4)

5. Sind Akte der Courtoisie

Rechtsregeln? Ja [ ] Nein [×]

Höflichkeitsformeln? Ja [×] Nein [ ] (I_6)

6. Wie kann eine Regel der Courtoisie zu einer Völkerrechtsregel werden? **Eine Regel der Courtoisie kann zu einer Völkerrechtsnorm werden, indem sie entweder vertraglich festgelegt wird oder eine entsprechende Norm des Völkergewohnheitsrechts entsteht.** (A_{7a})

7. Wie kann eine Völkerrechtsnorm zu einer Regel der Courtoisie absinken? **Indem die vertragliche oder gewohnheitsrechtliche Regelung außer Kraft tritt.** (A_{7b})

8. Löst die Verletzung einer Völkerrechtsnorm eine Wiedergutmachungspflicht aus? Ja [×] Nein [ ] (I_8)

9. Löst die Verletzung einer Regel der Courtoisie eine Wiedergutmachungspflicht aus?

Ja [ ] Nein [×] (I_8)

1. Fehlen eines zentralen Gesetzgebungsorgans

V Das Völkerrecht weist mehrere Schwächen auf, die dazu geführt haben, daß die Rechtsnatur des Völkerrechts bestritten wurde und auch heute noch skeptisch beurteilt wird. Die Schwächen des Völkerrechts resultieren vor allem aus dem Fehlen einer zentralen Gesetzgebungsinstanz und der mangelnden gerichtlichen Erzwingbarkeit völkerrechtlicher Verpflichtungen.

Die Setzung des Völkerrechts ist nur schwach entwickelt, weil ein zentrales Gesetzgebungsorgan fehlt; die Setzung des Völkerrechts ist daher **dezentralisiert.** Die Internationalen Organisationen (z. B. UNO, NATO) setzen nur in beschränktem Umfang Recht. Die Rechtssetzungsbefugnis der Supranationalen Organisationen (EWG, EGKS, EURATOM), die im Unterschied zu den Internationalen Organisationen stärkere Eingriffsrechte gegenüber den Mitgliedstaaten besitzen und wegen der größeren Integration als supranationale („überstaatliche") Gemeinschaften bezeichnet werden, ist stärker entwickelt, doch ist dies eine Ausnahmeerscheinung.

Es gibt nur ganz **wenige Völkerrechtsnormen,** die als sog. **universales Völkerrecht** für alle Völkerrechtssubjekte gelten (Beispiel: die Freiheit der Hohen See). Selbst die Satzung der UNO bindet – soweit sie nicht nur Gewohnheitsrecht kodifiziert hat – nur die Mitgliedstaaten, wie es überhaupt zur Zeit keinen völkerrechtlichen Vertrag gibt, der universal gilt. Der Universalität am nächsten kommen (Stand: 1. März 1971) die Satzungen des Weltpostvereins (142 Mitglieder), der Internationalen Fernmeldeunion (137 Mitglieder), der Weltorganisation für Meteorologie (132 Mitglieder), der Weltgesundheitsorganisation (128 Mitglieder) und der UNO (126 Mitglieder); das Moskauer Atomteststopabkommen von 1963, das Kernwaffenversuche in der Atmosphäre, im Weltraum und unter Wasser verbietet sowie in jedem anderen Bereich, wenn ein Kernwaffenversuch Radioaktivität außerhalb der Grenzen des testenden Staates verursacht, ist bisher von 85 Staaten unterzeichnet worden. Wirklich universales Völkerrecht ist daher nur in einigen wenigen Normen des Völkergewohnheitsrechtes vorhanden.

Infolge der Dezentralisation der völkerrechtlichen Rechtsetzung gibt es auch nur verhältnismäßig wenige Normen, die als sog. **allgemeines Völkerrecht** zwar nicht universal, aber für die Mehrzahl der Staaten gelten (Beispiele: die Satzung der UNO und die Haager Landkriegsordnung).

Der weitaus größte Teil der Völkerrechtsnormen ist sog. **partikulares Völkerrecht,** d. h. Völkerrecht, das nur zwischen einigen Staaten gilt (Beispiel: die Rechtsbeziehungen zwischen den Mitgliedern der NATO, des Rates für gegenseitige Wirtschaftshilfe der Ostblockstaaten [COMECON], der EWG, der EFTA). Diese Normen haben also nur einen begrenzten persönlichen und räumlichen Geltungsbereich. Ist das partikulare Völkerrecht darüberhinaus auf einen regionalen Raum beschränkt, der starke kulturelle, wirtschaftliche oder sonstige Gemeinsamkeiten aufweist, oder soll es regional raumintegrierend wirken, so bezeichnet man das in diesem Raum geltende Völkerrecht als **regionales Völkerrecht.** Das partikulare Völkerrecht kann aber auch regionale Raumgrenzen überspringen und sich an historischen, sprachlichen und vor allem an rechtlichen Gemeinsamkeiten orientieren; dann spricht man von einem sog. **Völkerrechtskreis.** Regionales Völkerrecht und Recht eines Völkerrechtskreises unterscheiden sich dadurch, daß das regionale Völkerrecht an einen zusammenhängenden geographischen Raum gebunden ist, nicht aber unbedingt an bestimmte historische, sprachliche oder rechtliche Gemeinsamkeiten, während umgekehrt das Völkerrecht eines Rechtskreises nicht an einen zusammenhängenden geographischen Raum gebunden ist, wohl aber an bestimmte historische, sprachliche oder rechtliche Gemeinsamkeiten. Beispiele für regionales Völkerrecht sind das europäische Völkerrecht im 19. Jahrhundert, das südamerikanische Völkerrecht, das Recht der Nordseeküstenstaaten; Beispiele für das Völkerrecht eines Rechtskreises ist das sog. sozialistische Völkerrecht, das geographisch so entfernte Gebiete wie Kuba und die UdSSR erfaßt, oder das anglo-amerikanische Völkerrecht, das im Seerecht Bedeutung hat.

Die Grenzen zwischen regionalem Völkerrecht und dem Recht eines Völkerrechtskreises lassen sich nicht immer scharf ziehen; sie können verwischen, wenn Elemente sowohl eines regionalen Völkerrechts als auch eines Völkerrechtskreises vorhanden sind (Beispiel: das Völkerrecht der Ostblockstaaten).

Das Fehlen einer zentralen Gesetzgebungsinstanz hat zwangsläufig eine **Langsamkeit der Rechtssetzung** im Völkerrecht zur Folge.

Diese Langsamkeit ergibt sich zunächst aus der Tatsache, daß die Normen des Völkerrechts zu einem nicht unerheblichen Teil auf Völkergewohnheitsrecht beruhen. Die Entstehung von Völkergewohnheitsrecht setzt jedoch – ebenso wie die Entstehung von Gewohnheitsrecht im innerstaatlichen Recht – das Vorhandensein einer langjährigen Übung und einer gemeinsamen Rechtsüberzeugung voraus (str.).

Auch die **vertragliche** Setzung von Völkerrechtsnormen dauert regelmäßig sehr viel länger als der Abschluß von Verträgen im innerstaatlichen Recht. Zunächst müssen die völkerrechtlichen Verträge auf der internationalen Ebene von Sachverständigen und Regierungsdelegationen ausgehandelt werden. Schon in diesem Stadium kann es geschehen, daß viele Jahre verhandelt werden muß, bis ein unterzeichnungsreifer Vertragstext erstellt wird. Es können aber auch jahrzehntelange Bemühungen ohne jedes Ergebnis bleiben: so ist z. B. bereits auf der vom Völkerbund einberufenen Kodifikationskonferenz in Den Haag im Jahre 1930 eine Kodifikation der völkerrechtlichen Haftung bei Schädigungen von Ausländern angestrebt und seit 1949 im Rahmen der Völkerrechtskommission der UNO weiterverfolgt worden, ohne daß bisher eine diesbezügliche Konvention zustande gekommen ist.

Selbst wenn aber auf der internationalen Ebene eine Einigung erreicht wurde, so muß der Vertrag zusätzlich noch von den zuständigen nationalen Instanzen gebilligt werden (in der BRD vom Bundestag; vgl. Art. 59 II Satz 1 GG) und vom Staatsoberhaupt bestätigt („ratifiziert") werden (in der BRD vom Bundespräsidenten; vgl. Art. 59 I S. 1 GG). So kann es geschehen, daß das Parlament eines Staates seine Zustimmung zu einem von der eigenen Regierung ausgehandelten Vertrag verweigert (Beispiele: die Nichtratifizierung der Völkerbundssatzung durch Senat und Kongreß der USA 1919/20 und die Verwerfung des Vertrages über die Gründung der Europäischen Verteidigungsgemeinschaft [EVG] durch das französische Parlament 1954). Als weiteres Hemmnis für die Vertragssetzung kommt hinzu, daß in multilateralen (= mehrseitigen) Verträgen, d. h. in Verträgen, an denen mehr als zwei Vertragspartner beteiligt sind, häufig bestimmt wird, daß der Vertrag erst dann in Kraft tritt, wenn eine größere Zahl von Staaten ihn ratifiziert hat; z. B. ist der Vertrag über die Nichtweiterverbreitung von Kernwaffen vom 1. Juli 1968 (Atomwaffensperrvertrag), der die sog. Kernwaffenstaaten (= Staaten, die vor dem 1. Januar 1967 eine Kernexplosion durchgeführt haben – USA, UdSSR, Großbritannien; Frankreich und die Volksrepublik China haben den Vertrag nicht unterzeichnet) verpflichtet, keine Kernwaffen abzugeben und die kernwaffenlosen Staaten verpflichtet, keine Kernwaffen zu erwerben, erst nach der Ratifikation durch 43 Staaten – unter ihnen die Kernwaffenstaaten USA, Großbritannien und UdSSR – am 5. März 1970 in Kraft getreten (Text des Vertrages: EA 14. Jg. [1968] D 321ff.).

Immerhin ist es schon ein Fortschritt, wenn überhaupt der Abschluß eines völkerrechtlichen Vertrages vereinbart wird; denn häufig verhindern die **unterschiedlichen Interessen** der einzelnen Staaten ein vertragliches Übereinkommen. Unterschiedliche Interessenlagen bestehen zwischen den Großmächten (z. B. USA, Volksrepublik China) und den Zwergstaaten (z. B. Andorra, Liechtenstein, San Marino), den Staaten des Ostblocks und den Staaten des Westblocks, den Industrienationen (z. B. Japan, Großbritannien, Schweden) und den Agrarstaaten (z. B. Neuseeland, Paraguay), den ehemaligen Kolonialmächten (z. B. Frankreich, Großbritannien, Belgien, Niederlande) und den jungen Staaten (z. B. Indonesien, Kongo, Madagaskar), den Entwicklungshilfe gewährenden Staaten (z. B. BRD) und den Entwicklungshilfe nehmenden Staaten (z. B.

Indien), den maritimen Staaten (z. B. USA, Japan, Großbritannien, Norwegen, Island) und den nicht-maritimen Staaten (den „land-locked states", z. B. Luxemburg, Österreich, Schweiz). Allerdings kann eine unterschiedliche Interessenlage zuweilen auch dazu führen, daß Staaten, die kein besonderes eigenes Interesse an der betreffenden Materie haben, die Entstehung von Völkerrecht nicht verhindern, indem sie entweder gegen die Bildung von Gewohnheitsrecht nicht einschreiten oder sogar Verträgen beitreten.

Die unterschiedliche Interessenlage hat zur Folge, daß im Völkerrecht nur **wenige abstrakte Regeln** bestehen. Das Völkerrecht ist weitgehend ein **konkretes Recht**, d. h. die völkerrechtliche Rechtssetzung betrifft konkrete spezielle Einzeltatbestände (z. B. deutsch-japanische Vereinbarung über die vorübergehende Beschäftigung japanischer Bergarbeiter im Ruhrkohlenbergbau von 1956; Text: BAnz 6/1957, S. 1 f.).

Das Völkerrecht ist also kein „Massenrecht", weil es in der Regel keine typisierten Tatbestände abstrakt regelt. Der Mangel an abstrakten Regeln zeigt, daß das Völkerrecht in gewisser Weise ein **primitives Recht** ist.

Da die Rechtssetzung im Völkerrecht häufig sehr lange dauert und das Völkerrecht zu einem großen Teil aus völkergewohnheitsrechtlichen Normen besteht, ist das Völkerrecht weitgehend ein **konservatives Recht**. Andererseits beruht es auf dem Grundsatz der formalen Gleichheit der Staaten. Von Ausnahmefällen (wie z. B. Friedensverträgen nach einem siegreichen Krieg) abgesehen, kann selbst ein politisch und wirtschaftlich stärkerer Staat einem schwächeren Staat keine Völkerrechtsnorm aufzwingen. Es gibt im Völkerrecht – anders als im Zivilrecht – keine „allgemeinen Geschäftsbedingungen", denen sich der schwächere Vertragspartner unterwerfen muß; insofern ist das Völkerrecht in gewisser Weise ein konservatives und ein **demokratisches Recht.**

Da es nicht nur im Völkerrecht, sondern auch in anderen Rechtsgebieten Normen gibt, die – wie das vertragliche Recht und das Gewohnheitsrecht – nicht im Wege der Gesetzgebung entstehen, ist es jedenfalls nicht richtig, wenn die Rechtsnatur des Völkerrechts (wie im Mittelalter durch den Völkerrechtsgelehrten von Pufendorf) wegen des Fehlens eines zentralen Gesetzgebungsorgans verneint wird.

2. Völkerrecht als Koordinationsrecht

Die Rechtsnatur des Völkerrechts ist zuweilen mit der fehlenden Unterordnung (Subordination) der Staaten untereinander geleugnet worden. So geht die sog.

imperative Rechtstheorie (John Austin) davon aus, Recht sei Befehlsgewalt („laws are commands"); diese Befehlsgewalt fehle im Völkerrecht, das Völker-„recht" sei deshalb nur eine internationale Moral.

In der Tat gilt im Völkerrecht der Grundsatz der **rechtlichen Gleichheit der Staaten.** Ein Staat kann zwar auf einen anderen Staat politischen Druck ausüben, aber kein Staat kann einem anderen unabhängigen Staat rechtlich bindende einseitige Befehle erteilen. Wünscht ein Staat von einem anderen Staat eine Regelung, so muß er sich mit ihm arrangieren, z. B. den Abschluß eines völkerrechtlichen Vertrages anstreben.

Das Völkerrecht ist also ein Koordinationsrecht, d. h. es beruht auf rechtlicher Gleichordnung. Koordinationsrechtliche Normen (z. B. öffentlichrechtliche Verträge) gibt es aber auch im innerstaatlichen Recht; deshalb ist es nicht richtig, die Rechtsnatur des Völkerrechtes mit der fehlenden Subordination zu leugnen.

3. Mangelnde Erzwingbarkeit des Völkerrechts

Die Schwäche des Völkerrechts liegt aber nicht nur in der Problematik der Setzung des Rechts, sondern auch in der mangelnden Erzwingbarkeit der Verhaltensregeln des Völkerrechts.

Die Schwierigkeit liegt zunächst darin, daß eine **obligatorische internationale Gerichtsbarkeit fehlt,** der sich alle Staaten in vollem Umfang unterwerfen müssen. Das führt dazu, daß die Staaten sich häufig entweder überhaupt keiner internationalen Gerichtsbarkeit unterwerfen oder bestimmte Fragen, die besondere Interessen berühren, von der Unterwerfung unter die internationale Gerichtsbarkeit ausnehmen.

Viele – vor allem gerade die politisch wichtigen – internationalen Streitfälle (z. B. der Vietnam-Krieg; der israelisch-arabische Konflikt; die Behinderungen des Berlin-Verkehrs) werden nicht vor ein internationales Gericht gebracht.

Aber selbst wenn ein Streitfall vor ein internationales Gericht gebracht wird und die Begründetheit eines völkerrechtlichen Anspruches gerichtlich festgestellt worden ist, so kann der unterlegene Staat nicht zur Erfüllung des Gerichtsurteils gezwungen werden, weil ein **effektiver Vollstreckungszwang fehlt.** Das Zwangssystem (Sanktionssystem) des Völkerrechts ist unvollkommen.

Trotz dieser negativen Ausgangslage darf andererseits nicht verkannt werden, daß zahlreiche völkerrechtliche Streitfälle gerichtlich, schiedsgerichtlich oder auf andere friedliche Weise entschieden worden sind, und daß z. B. die Urteile des Internationalen Gerichtshofes bisher befolgt worden sind (Ausnahme: das Verhalten Albaniens nach den Urteilen des IGH von 1949 im Korfu-Kanal-Fall: Albanien hatte unter Verletzung des Grundsatzes der freien Durchfahrt durch internationale Wasserstraßen im Korfu-Kanal Minen gelegt; zwei britische Zerstörer liefen auf die Minen; 44 britische Matrosen wurden getötet, und an den Schiffen entstand ein beträchtlicher Sachschaden. Der IGH verurteilte Albanien zur Zahlung von Schadensersatz in Höhe von 843 947 £ [ICJ Reports 1949, S. 4, 244]. Albanien zahlte jedoch nicht).

Im übrigen ist es auch rechtstheoretisch nicht richtig, die Rechtsnatur des Völkerrechts mit der mangelnden gerichtlichen Erzwingbarkeit völkerrechtlicher Verpflichtungen zu leugnen; denn auch im innerstaatlichen Recht gibt es rechtliche Verpflichtungen, die nicht gerichtlich erzwingbar sind (Beispiele: Unzulässigkeit der Zwangsvollstreckung in Gegenstände, die für die Erfüllung öffentlicher Aufgaben unentbehrlich sind [§§ 882 a ZPO, 170 III VwGO]; Pflicht zur Eingehung der Ehe und zur Herstellung der ehelichen Lebensgemeinschaft ist nicht erzwingbar [§ 888 II ZPO]).

4. Häufigkeit von Völkerrechtsverletzungen

Dennoch ist nicht zu verkennen, daß häufig die Auffassung vertreten wird, es gäbe gar kein Völkerrecht; im internationalen Bereich gehe Macht vor Recht. Daran ist richtig, daß Völkerrechtsverletzungen oft vorkommen. Beispiele hierfür sind die Verletzung der völkerrechtlichen Pflicht zur Schonung der Zivilbevölkerung im Kriege und die Verletzung der völkerrechtlichen Pflicht zum Schutze ausländischer Diplomaten vor Entführung.

Darüber darf jedoch nicht vergessen werden, daß die Zahl der täglich eingehaltenen Völkerrechtsverpflichtungen bei weitem die Zahl der Verletzungen überwiegt. Selbst im Kriegsfall werden die Regeln des Völkerrechts (z. B. das Verbot der Tötung von Kriegsgefangenen) überwiegend eingehalten.

Schließlich sind Rechtsverletzungen nicht auf den Bereich des Völkerrechts beschränkt. Auch im innerstaatlichen Bereich wird – wie das Beispiel der Straßenverkehrsdelikte zeigt – häufig gegen Rechtsnormen verstoßen. Die Natur des Rechts als Recht hängt nicht grundsätzlich davon ab, wie oft dagegen verstoßen wird, da ein zahlenmäßiger Beweis allein wenig aussagekräftig ist.

5. Verrechtlichung der Politik und Politisierung des Rechts

Die zukünftige Entwicklung des Völkerrechts hängt einmal davon ab, ob die **internationale Politik verrechtlicht oder das Völkerrecht politisiert** wird. Im angelsächsischen Schrifttum ist auf die Zusammenhänge zwischen Politik und Völkerrecht besonders hingewiesen worden (internationale Phänomene als ein System verschleierter Machtpolitik – „Power Politics" [Schwarzenberger]; Völkerrecht als verhüllte Interessendurchsetzung – „New Realism", „Behaviourism" [Morgenthau, Kennan, McDougal]).

Es unterliegt keinem Zweifel, daß das Völkerrecht stets als ein Mittel zur **Durchsetzung von Interessen** benutzt werden wird. Das entspricht dem Wesen des Rechts und muß keine schädlichen Folgen haben. Die entscheidende Frage ist jedoch, ob zwischen den Mitgliedern der Völkerrechtsgemeinschaft (oder – wie einige Autoren sagen – der Völkerrechtsgesellschaft) gewisse gemeinsame ethische, moralische und rechtliche Grundvorstellungen bestehen, die das Machtstreben einzelner Staaten oder Staatengruppen bändigen können, und ob rechtliche Verpflichtungen grundsätzlich als bindend angesehen werden.

Bedeutende Rechtsphilosophen haben den Rechtscharakter des Völkerrechts unter Berufung auf sein Verhältnis zur Macht verneint: Politische Notwendigkeiten („Staatsräson") hätten den Vorrang vor rechtlichen Verpflichtungen (Macchiavelli); das Recht der Staaten reiche so weit wie ihre Macht, und sie stehen sich im Naturzustand, d. h. als Feinde, gegenüber (Spinoza; ähnlich auch Hobbes); die ausschließliche Geltungsgrundlage des Völkerrechts sei die Macht, aber Macht allein könne niemals Recht sein oder Recht schaffen (J. Binder); es gebe überhaupt keine Rechtsgemeinschaft der Staaten (Husserl).

Demgegenüber nimmt die heutige Völkerrechtstheorie überwiegend und zutreffend an, daß die Normen des Völkerrechts **echtes Recht** sind. Dies entspricht auch der **Praxis der Staaten** und der anderen Völkerrechtssubjekte, die davon ausgehen, daß ihre Beziehungen rechtlich geregelt sind und die sich dazu rechtlicher Instrumente, insbesondere völkerrechtlicher Verträge, bedienen. Das gilt auch für Staaten mit unterschiedlichen Gesellschaftssystemen; so ist z. B. der Atomwaffensperrvertrag bisher (Stand 1. März 1971) von über 90 Staaten – darunter die USA, die UdSSR, der Vatikanstaat, die DDR – unterzeichnet worden.

Die Entwicklung des Völkerrechts steht dabei in unlösbarer **Beziehung zum weltpolitischen Klima.** Je gespannter die politische Atmosphäre ist, um so mehr wird das Völkerrecht in die Ecke gedrängt; seinen Platz nehmen dann unvorhersehbare und nicht nachprüfbare politische Ermessensentscheidungen ein. In Zeiten eines dauernden „Kalten Krieges“ oder eines nahe vor dem Ausbruch von offenen Feindseligkeiten („short of war“) stehenden Spannungszustandes kann das Völkerrecht nicht gedeihen. Eine **Desintegration der Völkerrechtsgemeinschaft** verhindert universale oder allgemeine Regelungen und wirft die Entstehung neuer Völkerrechtsnormen und die Praktizierung alter Normen auf Teilbereiche zurück. Umgekehrt sind Zeiten der Entspannung oder der gemeinsamen Sorge vor alle Staaten schädigenden technischen und wirtschaftlichen Entwicklungen für die Situation des Völkerrechts günstig, vor allem dann, wenn ein über die Praktizierung bloßer friedlicher Koexistenz hinausgehendes gemeinschaftliches Handeln geboten erscheint.

Zum Verhältnis von Völkerrecht und innerstaatlicher Politik kann die Feststellung getroffen werden, daß in der Regel demokratische Staaten sich völkerrechtsfreundlicher verhalten als diktatorisch regierte Staaten. Diktatorisch regierte Staaten neigen zum Nationalismus und Chauvinismus und ermangeln der – was für Diktaturen von rechts wie von links gleichermaßen gilt – Kontrolle durch eine staatlich nicht gelenkte öffentliche Meinung.

6. Sowjetische Völkerrechtslehre

Die zukünftige Entwicklung des Völkerrechts wird auch davon abhängen, wie die Staaten des Ostblocks und China sich in Zukunft zum Völkerrecht stellen.

Die sowjetische Völkerrechtslehre muß zunächst auf dem Hintergrund des **Verhältnisses von Marxismus-Leninismus und Recht im allgemeinen** gesehen werden.

Ausgangspunkt des Marxismus ist seine **philosophische Theorie**: Eigentliches und primäres Sein ist nur die materielle Wirklichkeit, alles Geistige ist ihr gegenüber akzessorisch; d. h.: Primär ist die materielle Wirklichkeit (Materialismus), das Geistige ist nur ihr Reflex.

Die Anwendung dieser philosophischen Aussage ist die **Sozialtheorie**: Grundlage jeder Gesellschaft ist ihre materielle Basis; daraus ergibt sich als Spiegelung und Reflex der geistige Überbau.

Die Basis besteht aus den Produktivkräften (Menschen, Land, Bodenschätzen, Produktionsmitteln [Maschinen]) und den Produktionsverhältnissen (d. h. den ökonomischen Beziehungen der Menschen untereinander, wie z. B. Arbeitsform und Eigentumsverhältnisse). Die Produktionsverhältnisse hängen vom Entwicklungsstand der Produktionsmittel ab, sind also nicht frei wählbar.

Der Überbau (Staat, Parteien, Recht, Moral, Religion, Kunst) spiegelt die Basis wieder.

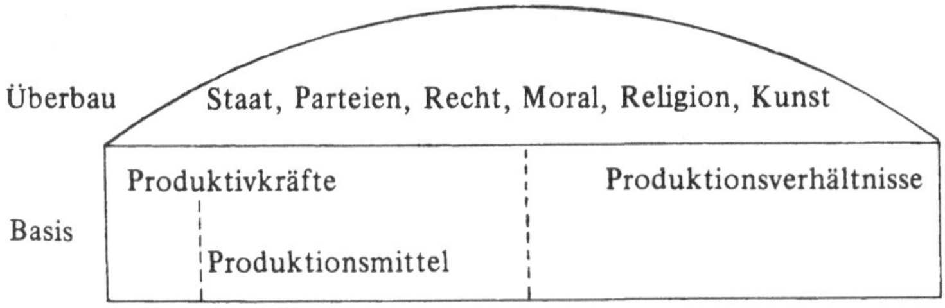

Die **Geschichtstheorie** besagt, daß die Basis sich ständig verändert und dadurch ein dialektischer (= Wechselwirkung ausübender) Prozeß entsteht: Primär verändern sich die Produktivkräfte (technischer Fortschritt, Maschinenzeitalter); das wirkt auf die Produktionsverhältnisse zurück (z. B. Wechsel vom Handwerksbetrieb zur Fabrik); der Überbau entspricht nicht mehr der Basis; neue Bewußtseinsformen entstehen und lassen schließlich den veralteten Überbau einstürzen, eventuell durch Revolution.

Der Urkommunismus bildet die These, der Kapitalismus die Antithese und der Kommunismus die Synthese. Endzustand ist die klassenlose Gesellschaft, in der der Staat abstirbt, da er nicht mehr erforderlich ist.

Von Lenin stammt die Revolutionslehre und die Auffassung, daß nicht der Nicht-Staat die Antithese zum Kapitalismus ist, sondern der sozialistische Staat. Seit Mao wird auch die „aktive Rolle" des Überbaues betont: Das Verhältnis von Basis und Überbau wird als ein ständiges Umschlagen von Ursache in Folge und von Folge in Ursache gesehen.

Staat und Recht sind Teile des Überbaues; sie sind nicht absolut, sondern es gibt nur einen Staat und ein Recht der jeweiligen ökonomischen Epoche (kein Naturrecht, Relativierung des Rechts). **Staat und Recht sind Machtinstitution bzw. Machtinstrument der herrschenden Klasse.**

Die Antithese „zum kapitalistischen Recht" ist der Zustand, in dem nicht mehr Recht, sondern nur noch Moral gilt (Paschukanis: Vorstellung eines „proletarischen" oder „sozialistischen Rechts" ist unmöglich.).

Rechtsnatur des Völkerrechts

Für das heutige kommunistische Rechtsverständnis ist wichtig der Wandel in der Auffassung vom Verhältnis Basis-Überbau (vgl. Stalin, „Der Marxismus und die Frage der Sprachwissenschaft") und der Wandel in der Auffassung vom Absterben des Staates. Antithese des „kapitalistischen Rechts" ist jetzt nicht das „Nicht-Recht", sondern das „sozialistische Recht". „Das Recht ist die Gesamtheit der Verhaltensregeln, die den Willen der herrschenden Klasse ausdrücken und auf gesetzgeberischem Wege festgelegt sind sowie der Gebräuche und Regeln des Gemeinschaftslebens, die von der Staatsgewalt sanktioniert sind. Die Anwendung dieser Regeln wird durch die Zwangsgewalt des Staates gewährleistet zwecks Sicherung, Festigung und Entwicklung der gesellschaftlichen Verhältnisse und Zustände, die der herrschenden Klasse genehm und vorteilhaft sind" (Wyschinskij).

Die **sowjetische Völkerrechtslehre** hat sich mehrfach gewandelt. Zunächst wurde die Koexistenz eines „kapitalistischen" und eines „sozialistischen" Völkerrechts abgelehnt; das tatsächlich vorhandene Völkerrecht könne nur ein **„Völkerrecht der Übergangszeit"** sein, d. h. ein Recht, das den Idealzustand des „intersowjetischen" Völkerrechts vorbereitet („Das Völkerrecht der Übergangszeit", 1924 [Korowin]). Diese Auffassung wurde später als „normativistisch" kritisiert und von einer anderen Ansicht abgelöst, derzufolge es weder ein einheitliches „bürgerliches" noch ein einheitliches „sozialistisches" Völkerrecht gebe, sondern **nur politische Verhaltensregeln**; alle Begriffe und Vorstellungen des Völkerrechts seien für den außenpolitischen Kampf nutzbar zu machen („Umrisse des Völkerrechts", 1935 [Paschukanis]). Auch diese Lehre wurde wenig später verworfen. Paschukanis wurde als „Rechtsnihilist" und „Saboteur" bezeichnet (1937 [Wyschinski; Koschewnikow; Krylow]) und liquidiert. Heute bejaht die gesamte sowjetische Völkerrechtswissenschaft die **allgemein-verbindliche Geltung des Völkerrechts,** und zwar mit der Begründung, die allgemein anerkannten Normen des Völkerrechts seien **Teil sowohl des sozialistischen als auch des bürgerlichen Überbaus.** Das Völkerrecht wird jetzt definiert als der „Inbegriff der Normen, welche die Beziehungen zwischen den Staaten im Verlauf ihres Kampfes und ihrer Zusammenarbeit regeln, auf Sicherung ihrer friedlichen Koexistenz abzielen, den Willen der herrschenden Klassen dieser Staaten zum Ausdruck bringen und notfalls durch einen von den Staaten individuell oder kollektiv ausgeübten Zwang durchgesetzt werden" (Akademie der Wissenschaften der UdSSR, Völkerrecht, S. 1).

Bemerkenswert – wenn auch nicht überraschend – ist daran der Hinweis auf den **Klassencharakter** und die Betonung der **zwangsweisen Durchsetzung.** Da das Völkerrecht die Beziehungen zwischen bürgerlichen und sozialistischen Staaten regelt, kann es keine einheitliche Klassenstruktur haben; die in dieser unterschiedlichen Klassenstruktur liegenden rechtsdogmatischen Schwierigkeiten löst die sowjetische Völkerrechtsauffassung mit der Formulierung: „Obwohl das Völkerrecht wie jedes andere Recht einen klassenbezogenen Überbaucharakter hat, so drückt es jedoch nicht den Willen der herrschenden Klasse eines beliebigen einzelnen Staates aus und kann auch dieses nicht ausdrücken. Es ist vielmehr der Ausdruck der Übereinstimmung des Willens einer Reihe von Staaten in Form eines völkerrechtlichen Vertrages oder einer aus dauernder Anwendung entstandenen Gewohnheit" (Akademie der Wissenschaften der UdSSR, Völkerrecht, S. 5). Die Betonung der zwangsweisen Durchsetzung ist für die sowjetische Völkerrechtsauffassung begrifflich unumgänglich; denn „das Recht ist nichts ohne einen Apparat, der zur Einhaltung der Rechtsnormen zwingen kann" (Lenin).

Neuerdings wird ein **„neues sozialistisches Völkerrecht"** propagiert, das zwischen den sozialistischen Staaten gelten soll: „Als Resultat der Zusammenarbeit der sozialistischen Staaten entstehen Grundlagen eines neuen Völkerrechts, das vom Prinzip des proletarischen Internationalismus beherrscht wird . . . In den Beziehungen der sozialistischen Staaten kommt die Politik der brüderlichen Freundschaft und der uneigennützigen gegenseitigen Hilfe klar zum Vorschein . . . Vom Gesichtspunkt der rechtlichen Qualifikation aus darf man diese neue Form als Teile eines im Entstehen begriffenen sozialistischen Völkerrechts betrachten, dem eine große Zukunft bevorsteht" (Akademie der Wissenschaften der UdSSR, Völkerrecht, S. 16).

Die sowjetische Völkerrechtslehre ist im übrigen dadurch gekennzeichnet, daß sie in einer für westliche Betrachter ungewöhnlichen Weise die jeweiligen Interessen des Staates unterstützt.

L F. Berber, Lehrbuch des Völkerrechts, Bd. 1, 1960, S. 9–36;
G. Dahm, Völkerrecht, Bd. 1, 1958, S. 1–14;
E. Menzel, Völkerrecht, 1962, S. 6–13, S. 41;
I. Seidl-Hohenveldern, Völkerrecht, 2. Aufl., 1969, S. 3–13, S. 31–34;
A. Verdroß, Völkerrecht, 5. Aufl., 1964, S. 94–136;
A. Nussbaum, Geschichte des Völkerrechts, 1960;
V. Bruns, Völkerrecht als Rechtsordnung, ZaöRV 1 (1929) S. 1–56;
J. Kunz, Völkerrecht, allgemein, in: Strupp-Schlochauer, Wörterbuch des Völkerrechts, Bd. 3, 1962, S. 612–617 (Abschn. B und C);
H. Blomeyer, Courtoisie, in: Strupp-Schlochauer, Wörterbuch des Völkerrechts, Bd. 1, 1960, S. 301–302;
M. S. McDougal, International Law, Power and Policy, RC 82 (1953 I), S. 165–226;

G. Schwarzenberger, Machtpolitik, 1960;
Ch. De Visscher, Théories et Réalités en Droit international Public, 1953;
W. Wengler, Prolegomena zu einer Lehre von den Interessen im Völkerrecht, Friedenswarte 50 (1950/51), S. 108–129;
R. L. Bindschedler, Illusion und Wirklichkeit; Gegenwart und Zukunft des Völkerrechts, JIR 8 (1957/58) S. 1–22;
O. Kimminich, Völkerrecht im Atomzeitalter. Der Atomsperrvertrag und seine Folgen, 1969;
U. Scheuner, 50 Jahre Völkerrecht, JIR 12 (1965), S. 11–41;
H. Steinberger, Bemühungen zur Kodifizierung und Weiterbildung des Völkerrechts im Rahmen der Organisation der Vereinten Nationen, ZaöRV 28 (1968), S. 617–644;
Akademie der Wissenschaften der UdSSR, Völkerrecht (deutsche Übersetzung [Hamburg]), 1960, S. VI–XXVII, 1–5, 14–16;
R. Maurach–B. Meißner (Hrsg.), Völkerrecht in Ost und West, 1967;
H. A. Reinkemeyer, Völkerrechtsauffassung, sowjetische, in: Strupp-Schlochauer, Wörterbuch des Völkerrechts, Bd. 3, 1962, S. 662–664.

Einführung

Nach der Erörterung der Völkerrechtssubjekte und der Rechtsnatur des Völkerrechts soll nunmehr der Frage nachgegangen werden, welches die Rechtsquellen des Völkerrechts sind. Das Statut des Internationalen Gerichtshofes nennt in Artikel 38 Abs. I die vom Gerichtshof anzuwendenden Rechtsquellen und die Hilfsmittel zur Feststellung von Rechtsnormen. In diesem Abschnitt wird daher diskutiert, welche Bedeutung Art. 38 Abs. I des Statuts des Internationalen Gerichtshofes allgemein hat und was speziell unter den darin genannten Rechtsquellen und Hilfsmitteln zu verstehen ist.

GLIEDERUNG

des 3. Abschnittes

3.1 Arten der Völkerrechtsquellen

I_1 Art.38 Abs. I des Statuts des Internationalen Gerichtshofes, der das Hauptorgan der Rechtsprechung der UNO ist und der die Aufgabe hat, die ihm unterbreiteten Streitfälle nach Völkerrecht zu entscheiden, nennt als die vom IGH anzuwendenden Rechtsquellen:

a) die **völkerrechtlichen Verträge,**
b) das **Völkergewohnheitsrecht,**
c) die **allgemeinen Rechtsgrundsätze**

sowie

d) als **Hilfsmittel zur Feststellung von Rechtsnormen, Gerichtsentscheidungen** und die **Lehren** der anerkanntesten Völkerrechtsautoren.

I_2 Art. 38 Abs. I des IGH-Statuts setzt also die völkerrechtlichen Verträge, das Völkergewohnheitsrecht und die allgemeinen Rechtsgrundsätze als eigentliche Völkerrechtsquellen deutlich von den Gerichtsentscheidungen und den Lehren der anerkanntesten Völkerrechtsautoren ab.
Gerichtsentscheidungen und Lehren werden vom IGH nur als Hilfsmittel zur Feststellung (d. h. zur Auffindung) von Rechtsnormen verwendet.

F_2 Haben die in Art. 38 Abs. I IGH-Statut genannten völkerrechtlichen Verträge, Völkergewohnheitsrecht und allgemeinen Rechtsgrundsätze einerseits und die Gerichtsentscheidungen und Lehren andererseits gleichen Rang?

A_2 Nein. Die in Art. 38 Abs. I des IGH-Statuts genannten völkerrechtlichen Verträge, Völkergewohnheitsrecht und allgemeinen Rechtsgrundsätze einerseits und die Gerichtsentscheidungen und Lehren andererseits haben nicht gleichen Rang: Völkerrechtliche Verträge, Völkergewohnheitsrecht und allgemeine Rechtsgrundsätze sind echte Völkerrechtsquellen, während Gerichtsentscheidungen und Lehren nur Hilfsmittel zur Feststellung von Völkerrechtsnormen sind.

I_3 Das Statut des IGH – ein völkerrechtlicher Vertrag – ist ein integrierender Bestandteil der UNO-Satzung;
alle Mitglieder der UNO haben daher zugleich das Statut des IGH angenommen (Art. 93 Abs. I UNO-Satzung).
Staaten, die nicht Mitglieder der UNO sind, können unter Bedingungen, die auf Empfehlung des Sicherheitsrates durch die Generalversammlung festzulegen sind, das Statut ebenfalls annehmen (Art. 93 Abs. II UNO-Satzung);
sie werden damit Vertragspartner des Statuts.
Staaten, die weder Mitglieder der UNO sind noch das Statut angenommen haben, können sich für Einzelfälle, für Gruppen von Fällen oder ganz allgemein der Gerichtsbarkeit des IGH unterwerfen (Art. 35 Abs. II des IGH-Statuts).

B_3 Österreich ist als Mitglied der UNO zugleich Vertragspartner des IGH-Statuts.
Die Schweiz ist nicht Mitglied der UNO, hat jedoch das IGH-Statut angenommen.
Die BRD ist weder Mitglied der UNO noch hat sie das IGH-Statut angenommen; sie hat sich jedoch für Einzelfälle und für Gruppen von Fällen der Gerichtsbarkeit des IGH unterworfen.
Die Volksrepublik China ist weder Mitglied der UNO noch hat sie das IGH-Statut angenommen noch hat sie sich sonstwie der Gerichtsbarkeit des IGH unterworfen.

F_3 Bindet die Aufzählung der Völkerrechtsquellen in Art. 38 Abs. I des IGH-Statuts auch Staaten, die nicht Vertragspartner des IGH-Statuts und nicht an einem Verfahren vor dem IGH beteiligt sind?

A_3 Nein. Die Aufzählung der Völkerrechtsquellen in Art. 38 Abs. I des IGH-Statuts bindet Staaten, die nicht am IGH-Statut und nicht an einem Verfahren vor dem IGH beteiligt sind, nicht: Das IGH-Statut ist ein völkerrechtlicher Vertrag und bindet daher – wie jeder Vertrag – nur die Vertragspartner und die an einem Verfahren vor dem IGH Beteiligten.

I_4 Das Statut regelt nur Verfahren vor dem IGH,
nicht aber Verfahren vor anderen Gerichten.

Die in Art. 38 Abs. I des IGH-Statuts vorgenommene Aufzählung der Völkerrechtsquellen ist also **nicht autoritativ** (d. h. nicht allgemein rechtlich verbindlich).

Tatsächlich nennt jedoch die Aufzählung in Art. 38 Abs. I des IGH-Statuts die in der Völkerrechtspraxis hauptsächlich angewendeten Völkerrechtsquellen und ist insoweit Ausdruck allgemeiner Auffassung im Völkerrecht.

3.1.1 Völkerrechtliche Verträge

I_5 Völkerrechtliche Verträge können **allgemeines** Völkerrecht, **partikulares** Völkerrecht, **regionales** Völkerrecht oder das Recht eines **Völkerrechtskreises** begründen.

B_5 Für allgemeines Völkerrecht:	UNO-Satzung
Für partikulares Völkerrecht:	NATO-Vertrag
Für regionales Völkerrecht:	BENELUX-Verträge
Für Recht eines Völkerrechtskreises:	„Sozialistisches Völkerrecht"

I_6 Nach der Zahl der am Vertrag beteiligten Partner unterscheidet man zwischen **bilateralen (zweiseitigen)** und **multilateralen (mehrseitigen)** völkerrechtlichen Verträgen.

B_6 Für einen bilateralen Vertrag:
Deutsch-französischer Auslieferungsvertrag.

Für einen multilateralen Vertrag:
EWG-Vertrag.

I_7 Unabhängig davon, ob ein völkerrechtlicher Vertrag allgemeines Völkerrecht, partikulares Völkerrecht, regionales Völkerrecht oder das Recht eines Völkerrechtskreises begründet, und unabhängig davon, ob er ein bilateraler oder ein multilateraler Vertrag ist, bleibt der Rechtsquellencharakter der gleiche.

F_7 Welche Völkerrechtsquelle müßte der IGH anwenden, wenn er einen Streit zwischen der Bundesrepublik Deutschland und Frankreich über eine Auslieferungsfrage zu entscheiden hätte?

A_7 Der IGH müßte in dem Streit zwischen der Bundesrepublik Deutschland und Frankreich über eine Auslieferungsfrage entweder einen bilateralen oder einen multilateralen Auslieferungsvertrag, an dem beide Staaten beteiligt sind, anwenden: hier den deutsch-französischen Auslieferungsvertrag.

I_8 Der Abschluß völkerrechtlicher Verträge wird gelegentlich als „internationale Gesetzgebung“ bezeichnet.

Da ein Vertrag nur die Vertragspartner, nicht – wie das Gesetz – alle Rechtsgenossen bindet, ist diese Bezeichnung nicht zutreffend. Nur bei universalen völkerrechtlichen Verträgen wäre eine Bindung aller Völkerrechtssubjekte und damit eine quasi-gesetzliche Wirkung vorhanden; es gibt jedoch keine wirklich universalen völkerrechtlichen Verträge.

3.1.2 Völkergewohnheitsrecht

I_9 Völkergewohnheitsrecht **entsteht** in der Regel durch

langandauernde gleichartige Übung (consuetudo)

und eine sie tragende

Rechtsüberzeugung (opinio iuris sive necessitatis).

I_{10} Eine **langandauernde gleichartige Übung** liegt vor, **wenn die Praxis der beteiligten Staaten oder Internationalen Organisationen konstant und einheitlich ist (Konstanz und Uniformität),**
d. h. wenn die Praxis von einer gewissen Dauer war und nicht durch gegenteiliges Verhalten unterbrochen wurde.

B_{10} Die Jahrhunderte lang gewährte Unverletzlichkeit fremder Gesandter bis zur vertraglichen Festlegung in der Wiener Konvention über die diplomatischen Beziehungen von 1961.

I_{11} Ein **einmaliges** Verhalten eines Völkerrechtssubjektes läßt allenfalls dann Völkergewohnheitsrecht entstehen, wenn darin die **stillschweigend übernommene Verpflichtung** dieses Völkerrechtssubjektes **zu künftig gleichartigem Verhalten** liegt.

F_{11} Begründet regelmäßig schon ein einmaliges Verhalten Völkergewohnheitsrecht?

A_{11} Nein. Ein einmaliges Verhalten begründet in der Regel kein Völkergewohnheitsrecht, sondern nur ausnahmsweise dann, wenn darin die stillschweigend übernommene Verpflichtung zu künftig gleichartigem Verhalten liegt.

I_{12} Völkergewohnheitsrecht kann sowohl unter vielen als auch unter wenigen Völkerrechtssubjekten entstehen, und es kann sowohl global als auch regional gelten.

Es gibt daher

1. Universales Völkergewohnheitsrecht.
2. Partikulares Völkergewohnheitsrecht.
3. Regionales Völkergewohnheitsrecht.
4. Völkergewohnheitsrecht eines Völkerrechtskreises.

B_{12} Für universales Völkergewohnheitsrecht:
Die Unverletzlichkeit fremder Staatsoberhäupter auf Staatsbesuchen.

I_{13} Für die Entstehung von Völkergewohnheitsrecht braucht nicht notwendig eine langandauernde gleichartige Übung (Tun oder Unterlassen) **aller** beteiligten Völkerrechtssubjekte nachgewiesen zu werden, sondern **es genügt die Praxis der überwiegenden Mehrzahl der sachlich beteiligten Staaten.**

Wollen Völkerrechtssubjekte sich **gegen die Entstehung von Völkergewohnheitsrecht** wehren,
so müssen sie entweder **eine andersartige Übung praktizieren oder sich dagegen verwahren (protestieren).**

F_{13} Kann eine gewohnheitsrechtsbegründende Übung
auch in einem Unterlassen liegen?

A_{13} Ja. Eine gewohnheitsrechtsbegründende Übung kann auch in einem Unterlassen liegen: Tun und Unterlassen sind, wenn sie rechtlichen Gehalt haben, gleichermaßen Rechtshandlungen.

I_{14} Umstritten ist, ob zur Feststellung von Gewohnheitsrecht nur die Praxis der für die auswärtigen Beziehungen zuständigen Organe herangezogen werden darf oder auch die Praxis anderer staatlicher Organe.

B_{14} Für Organe, die für die auswärtigen Beziehungen zuständig sind: Regierung; Außenministerium; diplomatische Vertretungen.
Für andere Organe: Parlament; Gerichte; Verwaltungsbehörden.

I_{15} Nach überwiegender Ansicht kann die **Praxis aller staatlichen Organe zur Feststellung von Gewohnheitsrecht herangezogen werden.**

Diese Ansicht ist zutreffend, weil alle staatlichen Organe an der staatlichen Willensbildung beteiligt sind.

I_{16} Die **Rechtsüberzeugung ist die Überzeugung der Völkerrechtssubjekte, daß ihr Verhalten (die Übung) Recht ist.**

F_{16} Die beiden Voraussetzungen für die Entstehung von Völkergewohnheitsrecht werden auch als objektives und subjektives Merkmal bezeichnet.

Welches ist das objektive Merkmal, und welches das subjektive Merkmal?

A_{16} Das objektive Merkmal ist die langandauernde gleichartige Übung, das subjektive Merkmal ist die Rechtsüberzeugung.

I_{17} Die Geltung des Völkergewohnheitsrechts **endet** dadurch, daß **entweder die langandauernde gleichartige Übung oder die Rechtsüberzeugung aufgegeben wird oder sich entgegenstehendes Völkergewohnheitsrecht bildet.**

Wird eine Regel des Völkergewohnheitsrechtes vertraglich festgelegt,
so endet sie für die Vertragspartner als Gewohnheitsrecht, gilt für sie aber als Vertragsrecht weiter.

B_{17} Der Grundsatz der Freiheit der Hohen See:
Früher Gewohnheitsrecht, seit dem Genfer Abkommen über die Hohe See von 1958 Vertragsrecht.

Die Unverletzlichkeit fremder Gesandter:
Früher Gewohnheitsrecht, seit der Wiener Diplomatischen Konvention von 1961 Vertragsrecht.

I_{18} Umgekehrt kann eine vertragliche Regelung nach Auslaufen des Vertrages (z. B. durch Zeitablauf) als Gewohnheitsrecht weitergelten.

3.1.3 Allgemeine Rechtsgrundsätze

I_{19} Art. 38 Abs. I des IGH-Statuts nennt als Völkerrechtsquelle auch die von den zivilisierten Staaten anerkannten allgemeinen Rechtsgrundsätze.

Allgemeine Rechtsgrundsätze können **Grundsätze** sein, **die in allen innerstaatlichen Rechtsordnungen enthalten sind.**

B_{19} Verjährung; Ersitzung; Schadensersatz;
Verbot des Rechtsmißbrauches.

I_{20} Allgemeine Rechtsgrundsätze können aber auch Grundsätze sein, die – ohne in den innerstaatlichen Rechtsordnungen ausdrücklich enthalten zu sein – **der Rechtsidee schlechthin entsprechen.**

B_{20} Verbot des Völkermordes; Verbot der Sklaverei.

I_{21} Die allgemeinen Rechtsgrundsätze unterscheiden sich vom universalen Völkergewohnheitsrecht dadurch, daß das **Völkergewohnheitsrecht nur spezielle völkerrechtliche Regeln** enthält, d. h. Regeln, welche die hoheitlichen Beziehungen der Völkerrechtssubjekte untereinander betreffen,
während **die allgemeinen Rechtsgrundsätze nicht auf das Völkerrecht beschränkt sind**, sondern Gedanken der Rechtsordnung überhaupt enthalten.

F_{22} Kann ein Rechtsgrundsatz, der nur für ein einzelnes Gesellschaftssystem oder in einer einzelnen Region gilt, ein allgemeiner Rechtsgrundsatz im Sinne des Art. 38 Abs. I IGH-Statut sein?

A_{22} Nein. Ein Rechtsgrundsatz, der nur für ein einzelnes Gesellschaftssystem oder in einer einzelnen Region gilt, kann kein allgemeiner Rechtsgrundsatz im Sinne des Art. 38 Abs. I IGH-Statut sein: Er ist nicht allgemein anerkannt.

I_{23} Die von den zivilisierten Staaten anerkannten allgemeinen Rechtsgrundsätze sind wegen ihrer Unbestimmtheit eine verhältnismäßig vage Völkerrechtsquelle.
Gelegentlich werden sie in der Völkerrechtstheorie auch als „**Naturrecht**" bezeichnet, wodurch sie mit weiteren, ideologisch bedingten Unsicherheiten belastet werden.

3.1.4 Beschlüsse Internationaler Organisationen

I_{24} Die Aufzählung der Völkerrechtsquellen in Art. 38 Abs. I IGH-Statut erwähnt **nicht** die von Internationalen und Supranationalen Organisationen gefaßten Beschlüsse.

Die Beschlüsse Internationaler und Supranationaler Organisationen sind jedoch **ebenfalls eine Völkerrechtsquelle**, allerdings **eigener Art.**

Die Befugnis, solche Beschlüsse zu fassen, beruht auf dem **Gründungsvertrag** (der Satzung) der betreffenden Organisation. Ob und inwieweit die Beschlüsse verbindliche Wirkung für die Mitglieder der Organisation haben, ergibt sich aus dem Gründungsvertrag (der Satzung) der Organisation.

B_{24} Die UNO-Satzung (Art. 48) bestimmt die Verbindlichkeit von Beschlüssen des Sicherheitsrates bei Friedensbedrohung, Friedensbruch und Angriffshandlungen.
Der EWG-Vertrag (Art. 189) bestimmt die Verbindlichkeit von Verordnungen, Richtlinien und Entscheidungen des Rates und der Kommission der EWG.

F_{24} Binden Beschlüsse einer Internationalen oder einer Supranationalen Organisation auch einen Staat, der nicht Mitglied der betreffenden Organisation ist?

A_{24} Nein. Beschlüsse einer Internationalen oder Supranationalen Organisation binden nicht einen Staat, der nicht Mitglied der betreffenden Organisation ist: Der Gründungsvertrag (die Satzung) einer Internationalen oder Supranationalen Organisation bindet – wie jeder völkerrechtliche Vertrag – nur die Vertragspartner.

I_{25} Auch die Frage, ob Organe Internationaler und Supranationaler Organisationen **Mehrheitsbeschlüsse** fassen können, welche die überstimmten Mitglieder binden, richtet sich nach dem Gründungsvertrag (der Satzung) der betreffenden Organisation.

B_{25} Pakt der Liga der Arabischen Staaten (§ 7): „Die Entscheidungen des Rates der Liga, die einstimmig angenommen wurden, sind für alle Mitgliedstaaten bindend. Diejenigen Entschlüsse, die durch einen Mehrheitsbeschluß angenommen wurden, sind nur für die Staaten bindend, die für sie gestimmt haben."

I_{26} Einige Verträge lassen Mehrheitsbeschlüsse zu,
fordern aber für besonders wichtige Beschlüsse **Einstimmigkeit.**

B_{26} NATO-Vertrag erfordert für Aufnahme neuer Mitglieder Einstimmigkeit (Art. 10).

I_{27} Andere Verträge lassen Mehrheitsbeschlüsse zu, räumen aber dem überstimmten Mitglied die Möglichkeit ein, durch Abgabe einer einseitigen Erklärung innerhalb einer bestimmten Frist die verbindliche Wirkung auszuschließen.

B_{27} Satzung der Weltgesundheitsorganisation (WHO) betr. gesundheitspolizeiliche Bestimmungen für den internationalen Personen- und Warenverkehr (Art. 21, 22).

I_{28} Andere Verträge setzen eine bestimmte Mehrheit (Quorum) fest.

B_{28} UNO-Satzung (Art. 27 Abs. II und III): „Beschlüsse des Sicherheitsrates über Verfahrensfragen werden mit Zustimmung von neun (von insgesamt fünfzehn) Mitgliedern gefaßt. Beschlüsse des Sicherheitsrates über alle anderen Fragen werden mit Zustimmung von neun Mitgliedern gefaßt, inbegriffen die Zustimmung aller ständigen Mitglieder" (Vetorecht der Großmächte).

3.2 Hilfsmittel

3.2.1 Gerichtsentscheidungen

I_{29} Art. 38 Abs. I des IGH-Statuts nennt Gerichtsentscheidungen und Lehren der anerkanntesten Völkerrechtsautoren ein **„Hilfsmittel"** zur **Feststellung von Völkerrechtsnormen.**

Gerichtsentscheidungen sind also **keine Völkerrechtsquelle**; sie unterstützen nur den Richter eines internationalen Gerichtes bei der Findung der Völkerrechtsnormen.

Mit „Gerichtsentscheidungen" sind in Art. 38 Abs. I des IGH-Statuts nicht nur Entscheidungen internationaler Gerichte gemeint, sondern es fallen darunter auch Entscheidungen **nationaler** Gerichte, die sich zu Völkerrechtsfragen äußern.

B_{29} Entscheidungen alliierter Militärgerichte und deutscher Strafgerichte in Kriegsverbrecherprozessen.

I_{30} Die Entscheidungen aller internationalen und nationalen Gerichte haben, da sie nicht Völkerrechtsquelle sind, **keine Präzedenzwirkung.** Das gilt selbst für den IGH, da Art. 59 des IGH-Statuts, auf den Art. 38 Abs. I Bezug nimmt, bestimmt, daß die Entscheidungen des IGH nur für den entschiedenen Fall und nur zwischen den Streitbeteiligten bindende Wirkung besitzen.

F_{30} Könnte

a) ein anderes internationales Gericht von der Rechtsauffassung des IGH abweichen?
b) ein nationales Gericht von der Rechtsauffassung des IGH abweichen?
c) der IGH selbst in einer späteren Entscheidung von seiner früheren Entscheidung eines anderen Verfahrens abweichen?

A_{30} a) Ja. Ein anderes internationales Gericht könnte von der Rechtsauffassung des IGH abweichen: die Entscheidungen des IGH sind keine Völkerrechtsquelle.

b) Ja. Ein nationales Gericht könnte von der Rechtsauffassung des IGH abweichen: die Entscheidungen des IGH sind keine Völkerrechtsquelle.

c) Ja. Der IGH selbst kann in einer späteren Entscheidung von einer früheren Entscheidung eines anderen Verfahrens abweichen: die Entscheidungen binden nur die Streitparteien und auch diese nur für den entschiedenen Fall.

3.2.2 Völkerrechtslehre

I_{31} Art. 38 Abs. I des IGH-Statuts nennt neben den Gerichtsentscheidungen noch die Völkerrechtslehre („die Lehren der anerkanntesten Autoren der verschiedenen Nationen") als **„Hilfsmittel" zur Feststellung von Völkerrechtsnormen.**

Die Völkerrechtslehre ist also – ebenso wie die Gerichtsentscheidungen – **keine Völkerrechtsquelle**;
andernfalls könnte der einzelne Völkerrechtslehrer selbst Völkerrecht setzen, er wäre also Völkerrechts-Normsetzungssubjekt.

Die Völkerrechtslehre spielt jedoch eine nicht unerhebliche Rolle bei der Bildung der Rechtsüberzeugung der Organe der Völkerrechtssubjekte.
Auffassungen der Völkerrechtslehre finden deshalb häufig Eingang in völkerrechtliche Verträge oder in Völkergewohnheitsrecht.

B_{31} Der von Hugo Grotius in seinem Buch „Mare liberum" im Jahre 1609 vertretene Grundsatz der Freiheit der Meere fand Eingang in die zunächst völkergewohnheitsrechtlich, seit 1958 vertraglich festgelegte Norm von der Freiheit der Hohen See.

F_{31} Bleibt der Inhalt einer völkerrechtlichen Lehre, der in einen völkerrechtlichen Vertrag oder in Völkergewohnheitsrecht Eingang gefunden hat, nur ein Hilfsmittel zur Feststellung der Völkerrechtsnormen?

A_{31} Nein. Der Inhalt einer völkerrechtlichen Lehre, der in einen völkerrechtlichen Vertrag oder in Völkergewohnheitsrecht Eingang gefunden hat, bleibt nicht nur Hilfsmittel zur Feststellung von Völkerrechtsnormen: mit der vertraglichen oder gewohnheitsrechtlichen Normierung wird der Inhalt der betreffenden Völkerrechtslehre zur Völkerrechtsnorm und damit zur Völkerrechtsquelle.

I_{32} Das Völkerrecht wird gelegentlich als ein „Gelehrtenrecht" bezeichnet.
Diese Bezeichnung ist jedoch nur insoweit richtig, als Auffassungen der Völkerrechtslehre in Rechtsnormen aufgenommen werden.

WF 1. Art. 38 Abs. I IGH-Statut nennt drei Völkerrechtsquellen, nämlich
a) . . . .
b) . . . .
c) . . . .

2. Welche Völkerrechtsquelle ist in Art. 38 Abs. I IGH-Statut nicht erwähnt?
. . . .

3. Art. 38 Abs. I IGH-Statut nennt als Hilfsmittel zur Feststellung von Völkerrechtsnormen
a) . . . .
b) . . . .

4. Ist die in Art. 38 Abs. I IGH-Statut vorgenommene Aufzählung der Völkerrechtsquellen und der Hilfsmittel zur Feststellung der Völkerrechtsnormen autoritativ (allgemein rechtlich verbindlich)?

Ja ☐ Nein ☐

5. Völkergewohnheitsrecht entsteht durch
. . . .

6. Ist ein Rechtsgrundsatz, der nur für ein einzelnes Gesellschaftssystem oder in einer einzelnen Region gilt, ein allgemeiner Rechtsgrundsatz?

Ja ☐ Nein ☐

7. Binden Beschlüsse Internationaler und Supranationaler Organisationen auch Nichtmitglieder?

Ja ☐ Nein ☐

8. Sind die Hilfsmittel zur Erkenntnis des Völkerrechts Völkerrechtsquellen?

Ja ☐ Nein ☐

9. Kann ein anderes internationales Gericht von der Rechtsauffassung des IGH abweichen?

Ja ☐ Nein ☐

10. Kann ein nationales Gericht von der Rechtsauffassung des IGH abweichen?

Ja ☐ Nein ☐

11. Kann der IGH selbst in einer späteren Entscheidung von seiner früheren Entscheidung eines anderen Verfahrens abweichen?

Ja ☐ Nein ☐

12. Warum kann der Inhalt einer Völkerrechtslehre keine Völkerrechtsquelle sein sondern nur ein Hilfsmittel zur Erkenntnis des Völkerrechts?
. . . .
. . . .

Völkerrechtsquellen – Arten

AWF 1. Art. 38 Abs. I IGH-Statut nennt drei Völkerrechtsquellen, nämlich
a) **Völkerrechtliche Verträge**
b) **Völkergewohnheitsrecht**
c) **Allgemeine Rechtsgrundsätze**
(I_1)

2. Welche Völkerrechtsquelle ist in Art. 38 Abs. I IGH-Statut nicht erwähnt?
Beschlüsse Internationaler und Supranationaler Organisationen (I_{24})

3. Art. 38 Abs. I IGH-Statut nennt als Hilfsmittel zur Feststellung von Völkerrechtsnormen
a) **Gerichtsentscheidungen**
b) **Lehren der anerkanntesten Völkerrechtsautoren**
(I_1)

4. Ist die in Art. 38 Abs. I IGH-Statut vorgenommene Aufzählung der Völkerrechtsquellen und der Hilfsmittel zur Feststellung der Völkerrechtsnormen autoritativ (allgemein rechtlich verbindlich)?
Ja [ ] Nein [×]
(I_4)

5. Völkergewohnheitsrecht entsteht durch
langdauernde gleichartige Übung und Rechtsüberzeugung (I_9)

6. Ist ein Rechtsgrundsatz, der nur für ein einzelnes Gesellschaftssystem oder in einer einzelnen Region gilt, ein allgemeiner Rechtsgrundsatz?
Ja [ ] Nein [×] (A_{22})

7. Binden Beschlüsse Internationaler und Supranationaler Organisationen auch Nichtmitglieder?
Ja [ ] Nein [×] (A_{24})

8. Sind die Hilfsmittel zur Erkenntnis des Völkerrechts Völkerrechtsquellen?
Ja [ ] Nein [×] (I_{29})

9. Kann ein internationales Gericht von der Rechtsauffassung des IGH abweichen?
Ja [×] Nein [ ] (A_{30a})

10. Kann ein nationales Gericht von der Rechtsauffassung des IGH abweichen?
Ja [×] Nein [ ] (A_{30b})

11. Kann der IGH selbst in einer späteren Entscheidung von seiner früheren Entscheidung eines anderen Verfahrens abweichen?
Ja [×] Nein [ ] (A_{30c})

12. Warum kann der Inhalt einer Völkerrechtslehre keine Völkerrechtsquelle sein sondern nur ein Hilfsmittel zur Erkenntnis des Völkerrechts?
Weil sonst die einzelnen Autoren Völkerrechtsnormsetzungssubjekte würden
(I_{31})

1. Der Begriff der Völkerrechtsquelle

V Die Feststellung, welche Rechtsnormen die internationalen Beziehungen der Völkerrechtssubjekte regeln, ist ungleich schwieriger zu treffen als die Feststellung des geltenden Rechtes im innerstaatlichen Recht. Für die internationalen Beziehungen gibt es keine umfassenden Normengeflechte, die den innerstaatlichen Gesetzbüchern vergleichbar sind. Deshalb spielt die Frage der Völkerrechtsquellen eine große Rolle.

Der juristische Sprachgebrauch verwendet den Ausdruck „Völkerrechtsquelle" für die **Erscheinungsform der Völkerrechtsnormen** (Völkerrechtsquelle im formellen Sinn), für die **Herkunft des materiellen Inhalts der Völkerrechtsnormen** (Völkerrechtsquelle im materiellen Sinn) und – nicht ganz korrekt– auch für die **Erkenntnisquelle der Völkerrechtsnormen** (Hilfsmittel zur Auffindung von Völkerrecht).

Gelegentlich wird auch zwischen **primären** und **sekundären** Völkerrechtsquellen unterschieden: Primäre Völkerrechtsquellen sind danach diejenigen, bei denen die Erscheinungsform als solche bereits unmittelbar Völkerrechtsquelle ist (die völkerrechtlichen Verträge, das Völkergewohnheitsrecht, die allgemeinen Rechtsgrundsätze); sekundäre Völkerrechtsquellen sind diejenigen, bei denen die Rechtserzeugung erst aufgrund einer primären Rechtsquelle ermöglicht wird (Entscheidungen internationaler Gerichte und Beschlüsse internationaler Organisationen aufgrund des Gerichtsstatuts bzw. des Gründungsvertrages).

2. Frage der Rangordnung

Die Aufzählung der einzelnen Völkerrechtsquellen und Erkenntnisquellen in Art. 38 Abs. I des IGH-Statuts wirft die Frage auf, ob zwischen ihnen eine **Rangordnung** in dem Sinne besteht, daß eine Quelle einer anderen vorgeht.

Die Frage ist einfach zu beantworten für die Rangordnung zwischen den Völkerrechtsquellen (völkerrechtliche Verträge, Völkergewohnheitsrecht, allgemeine Rechtsgrundsätze) einerseits und den Erkenntnisquellen (Gerichtsentscheidungen; Völkerrechtslehre) andererseits: Da letztere keine echten Rechtsquellen sind, sondern nur Hilfsmittel zur Auffindung der Völkerrechtsnormen, stehen sie in **keiner** Rangkonkurrenz zu den Völkerrechtsquellen; die Erkenntnisquellen haben also im Verhältnis zu den Völkerrechtsquellen nur **subsidiäre** Bedeutung.

Eine Rangkonkurrenz besteht dagegen zwischen den einzelnen Völkerrechtsquellen, also zwischen dem Vertragsrecht, dem Gewohnheitsrecht und den allgemeinen Rechtsgrundsätzen. Die Reihenfolge der Aufzählung dieser Völkerrechtsquellen in Art. 38 Abs. I des IGH-Statuts (nämlich 1. Verträge, 2. Gewohnheitsrecht, 3. allgemeine Rechtsgrundsätze) bedeutet **keine** Festlegung einer bindenden Rangordnung (str.); die Aufzählung entspricht vielmehr nur der Reihenfolge, wie sie sich in der Praxis am ehesten anbietet.

Für die Rangordnung zwischen völkerrechtlichen Verträgen und Gewohnheitsrecht gelten die Regeln **„lex specialis derogat legi generali“** und **„lex posterior derogat legi priori“**. In der Praxis führen diese Regeln **meistens** zu einem **Vorrang des Vertrages vor dem Gewohnheitsrecht**, da im Normalfall die vertragliche Regelung im Verhältnis zur gewohnheitsrechtlichen die speziellere und spätere Regelung ist.

Vertragsrecht kann Gewohnheitsrecht nur dann **nicht** verdrängen, wenn die betreffende Gewohnheitsrechtsnorm dem **ius cogens** angehört, d. h. **zwingendes** (im Gegensatz zum nicht zwingenden [nachgiebigen] Recht nicht abdingbares und nicht derogierbares) **Recht** ist. Zwingende Völkergewohnheitsrechtsnormen sind allerdings selten: „Nur einige elementare Rechtsgebote werden als vertraglich unabdingbare Regeln des Völkergewohnheitsrechts anzusehen sein. Die Qualität solcher zwingender Normen wird nur jenen in der Rechtsüberzeugung der Staatengemeinschaft fest verwurzelten Rechtssätzen zuerkannt werden können, die für den Bestand des Völkerrechts als einer internationalen Rechtsordnung unerläßlich sind und deren Beachtung alle Mitglieder der Staatengemeinschaft verlangen können“ (BVerfG E 18, S. 448–449).

Ebenso wie normales (d. h. nicht zwingendes) Gewohnheitsrecht durch Vertragsrecht derogiert werden kann, kann umgekehrt auch **Vertragsrecht durch Gewohnheitsrecht derogiert werden.** Da Gewohnheitsrecht regelmäßig allgemeiner als Vertragsrecht ist, wird diese Derogation des Vertragsrechtes durch das Gewohnheitsrecht normalerweise nicht wegen des Vorranges der speziellen vor der allgemeinen Norm erfolgen, sondern wegen des Vorranges der späteren Norm vor der früheren. Beispiele für eine solche Aufhebung früherer vertraglicher Regelungen durch spätere gewohnheitsrechtliche Regelungen sind die gewohnheitsrechtliche Aufhebung des Art. 18 der Völkerbundssatzung, der bestimmte, daß nur beim Völkerbund registrierte Verträge rechtsverbindliche Kraft haben sollten (also nicht Geheimverträge), und die gewohnheitsrechtliche Aufhebung zahlreicher vertraglicher Regelungen auf dem Gebiet des Kriegsrechtes (z. B. des im VIII. Haager Abkommen von 1907 über die Legung von unterseeischen selbsttätigen Kontaktminen ausgesprochenen Verbotes bestimmter Arten der Minenlegung). Eine **Ausnahme** von der Möglichkeit der Derogation von Vertragsrecht durch Gewohnheitsrecht wird jedoch dann angenommen, wenn es sich um **zwingendes Vertragsrecht** (ius cogens) handelt.

Zwingendes Vertragsrecht ist im Völkerrecht selten. Beispiele für zwingende Vertragsrechtsnormen sind der **Grundsatz der souveränen Gleichheit der Staaten** (Art. 2 Ziff. 1 UNO-Satzung), das **Verbot des Angriffskrieges** (Art. 2 Ziff. 4 UNO-Satzung), das **Verbot des Völkermordes** (Abkommen zur Verhütung und Bestrafung des Verbrechens des Völkermordes [Genocid-Abkommen] von 1948 [BGBl. 1954 II, S. 729]) und der Grundsatz der **Freiheit der Hohen See** (Art. 2 des Genfer Abkommens über die Hohe See von 1958).

Gewohnheitsrecht kann durch vertragliche Normierung in Vertragsrecht umgewandelt werden. Tatsächlich ist der Boden des Vertragsrechtes häufig durch gewohnheitsrechtliche Regelungen schon vorbereitet (Bsp.: gewohnheitsrechtliche Regelungen des Gesandtschaftsrechtes vor der Wiener Diplomatischen Konvention; gewohnheitsrechtliche Regelungen der Freiheit der Hohen See vor der Genfer Konvention über die Freiheit der Hohen See).

Umgekehrt **können** aber auch **vertragliche Regelungen mit der Zeit Gewohnheitsrecht bilden,** vor allem, wenn es sich um multilaterale Verträge handelt (Bsp.: das Angriffsverbot des Briand-Kellogg-Paktes von 1928 [RGBl. 1929 II, S. 97] das zunächst nur zwischen den Vertragspartnern [Belgien, Deutschland, Frankreich, Großbritannien, Italien, Japan, Polen, Tschechoslowakei, USA] galt, später aber zu einer Norm des Völkergewohnheitsrechtes mit über den Kreis der Vertragspartner hinausreichender Geltung wurde [str.]). Im einzelnen ist stets zu untersuchen, ob die vertragliche Regelung eine **deklaratorische Bestätigung** einer gemeinsamen Übung und Rechtsüberzeugung ist (dann ist ein Umschlag in Gewohnheitsrecht – z. B. nach Auslaufen eines zeitlich befristeten Vertrages – wahrscheinlich), oder ob es sich um eine **konstitutive Regelung** handelt (dann ist ein Umschlag in Gewohnheitsrecht selten). Die Tatsache der **häufigen Wiederkehr bestimmter Regelungen** in völkerrechtlichen Verträgen (z. B. häufig vereinbarte Landerechte ausländischer Fluggesellschaften) bedeutet jedenfalls noch **keine automatische Entstehung von Völkergewohnheitsrecht.**

Bei der Frage nach der Rangordnung zwischen den völkerrechtlichen Verträgen und dem Völkergewohnheitsrecht einerseits und den allgemeinen Rechtsgrundsätzen andererseits wird unterschieden: Grundsätze, die der Rechtsidee entsprechen, sollen gegenüber dem Vertragsrecht und Gewohnheitsrecht gleichrangig oder sogar höherrangig sein, übereinstimmende Rechtsgrundsätze der innerstaatlichen Rechtsordnungen dagegen nur subsidiär gelten (str.). Es liegt nahe, für Grundsätze der Rechtsidee Höherrangigkeit, für Rechtsgrundsätze der innerstaatlichen Rechtsordnungen dagegen Gleichrangigkeit mit dem völkerrechtlichen Vertragsrecht und dem Völkergewohnheitsrecht anzunehmen.

3. Bedeutung der Völkerrechtsquellen in der Praxis

Betrachtet man die Bedeutung der Völkerrechtsquellen in der Praxis, so ist festzustellen, daß die **völkerrechtlichen Verträge heute die wichtigste Rechtsquelle sind.** Das Vertragsrecht verdrängt mehr und mehr das Gewohnheitsrecht, weil die wachsende Zwischenabhängigkeit (Interdependenz) der Völkerrechtssubjekte voneinander ein immer engeres Netz von vertraglichen Regelungen erfordert. Im Bereich der neuen technischen Entwicklungen (Weltraumfahrt; Nutzung von Kernenergie, z. B. durch kernenergiebetriebene Schiffe; Nutzung des Festlandsockels) fehlen gewohnheitsrechtliche Regelungen.

Auch gebieten **Rechtsklarheit und Rechtssicherheit** mehr und mehr eine Abkehr vom Gewohnheitsrecht bei gleichzeitiger Hinwendung zum Vertragsrecht, weil das subjektive Merkmal der Entstehung von Gewohnheitsrecht (die Rechtsüberzeugung) oft schwer festzustellen ist, aber auch keine festen Regeln darüber bestehen, wieviel Jahre (50? , 100?) vergangen sein müssen, um eine langjährige Übung zu begründen.

Vereinzelt (z. B. von Guggenheim) wird deshalb die Ansicht vertreten, daß die Rechtsüberzeugung als ein Element psychologisch-subjektiver Natur überflüssig sei, weil die Völkerrechtsorgane sich mit der Prüfung des Vorhandenseins einer Übung begnügten und nicht prüften, ob sie selbst den Glauben an deren rechtsverbindlichen Charakter besitzen, wie vereinzelt (z. B. von Bin Cheng) umgekehrt die Übung für überflüssig und die opinio iuris als allein maßgeblich angesehen wird (sog. monistische Theorien zur Entstehung des Völkergewohnheitsrechts). Diese monistischen Theorien sind jedoch bedenklich, weil sie leicht zur Manipulierbarkeit des Völkergewohnheitsrechts führen können; deshalb ist der h. L., die beide Merkmale für erforderlich hält **(dualistische Theorie)**, der Vorrang zu geben.

Schließlich kann nicht ignoriert werden, daß die Sowjetunion und die jungen afro-asiatischen Staaten dem Völkergewohnheitsrecht skeptisch gegenüberstehen. Die sowjetische Völkerrechtsauffassung weist überwiegend dem Vertragsrecht absoluten Vorrang vor dem Gewohnheitsrecht zu und kritisiert die angeblich „bei vielen Vertretern der bürgerlichen Rechtswissenschaft" sich zeigende „verächtliche Haltung gegenüber dem völkerrechtlichen Vertragsrecht und eine Überbetonung der völkerrechtlichen Gewohnheit"; diese entspreche „der Politik der imperialistischen Staaten, die die vereinbarten Verpflichtungen verletzten und ihre völkerrechtswidrige Praxis unter der Bezeichnung „völkerrechtliche Gewohnheit" zum Gesetz erheben" (Akademie-Lehrbuch, S. 6). Den jungen afro-asiatischen Staaten erscheint das Völkergewohnheitsrecht, das vor Erlangung ihrer staatlichen

Unabhängigkeit („vorkonstitutionell“) entstanden ist, als Teil einer „kolonialistischen“ und „ausbeuterischen“ Vergangenheit.

4. Kodifikation des Völkerrechts

Mehr und mehr gewinnt daher auch der Gedanke einer Kodifikation einzelner Völkerrechtsfragen durch multilaterale Verträge Raum; sie wird insbesondere von der Völkerrechtskommission der Vereinten Nationen (International Law Commission), einem Organ der UNO, betrieben. Wie jede Kodifikation, so hat auch die Kodifikation im Völkerrecht Vorteile und Nachteile.

Die **Vorteile** liegen insbesondere in der **Klarheit** und **Rechtssicherheit**, die **Nachteile** in der – unter Umständen durch augenblickliche Machtkonstellationen bedingten – **Fixierung eines status quo**, der eine Rechtsentwicklung hemmt; auch kann die lange Zeitdauer, die häufig bis zum Abschluß und Inkrafttreten eines multilateralen völkerrechtlichen Vertrages vergeht, dazu führen, daß die Kodifikation schon bei Inkrafttreten zumindest teilweise wieder überholt ist.
Je mehr die Zahl der Völkerrechtssubjekte zunimmt, je komplizierter die Sachverhalte in der modernen Industriegesellschaft und je stärker technische und wirtschaftliche Sachzwänge werden, um so größer wird das Bedürfnis nach Kodifizierung im Völkerrecht. Beispiele solcher Kodifikationen sind aus dem allgemeinen Völkerrecht die Wiener Vertragskonvention von 1968, aus dem besonderen Völkerrecht die Wiener Diplomatische Konvention von 1961 und die Wiener Konsularische Konvention von 1963. Kodifikationsarbeiten laufen auf den Gebieten der Haftung für völkerrechtliche Delikte und Fragen der Staatsangehörigkeit.

5. Beschlüsse internationaler und supranationaler Organisationen

Eine erhebliche Bedeutung als Völkerrechtsquelle werden mehr und mehr die Beschlüsse Internationaler und Supranationaler Organisationen erlangen. Wenn überhaupt von einer in Entstehung sich befindenden **„internationalen Gesetzgebung“** die Rede sein kann, dann gilt dies für den Bereich der Supranationalen Organisationen; so hat die EWG ein weitgehendes Recht, Verordnungen zu setzen, die unmittelbare Wirkungen auch gegenüber den Bürgern in den Mitgliedstaaten entfalten.

6. Erkenntnisquellen

Im Verhältnis zu den Völkerrechtsquellen sind die Erkenntnisquellen nur von **untergeordneter Bedeutung**, wenn auch das Gewicht der internationalen Rechtsprechung, vor allem des IGH, nicht verkannt werden darf. Die Erkenntnisquellen sind insbesondere dann von Belang, wenn eine sog. **Lücke im Völkerrecht** besteht. Im übrigen gilt für „Lücken im Völkerrecht" das gleiche wie für Lücken im innerstaatlichen Recht: es gibt keinen rechtsleeren Raum, und wo keine Rechtsgrundlage vorhanden ist, besteht kein Rechtsanspruch (str.).

7. Technische Hilfsmittel

Als sog. technisches Hilfsmittel wird das sachliche Instrumentarium für die Völkerrechtsfindung bezeichnet, also z. B. Vertragssammlungen, Entscheidungssammlungen, Sammlungen von diplomatischen Aktenstücken usw.

8. Grund der Verbindlichkeit von Völkerrechtsnormen

Str. ist die rechtsphilosophische Frage nach dem Grund der Verbindlichkeit des Völkerrechts, d. h. warum Völkerrechtsnormen überhaupt gelten.

Hinsichtlich der **völkerrechtlichen Verträge** besagt eine (z. B. von Kelsen vertretene) Auffassung, der Geltungsgrund liege in dem völkergewohnheitsrechtlichen Satz **„pacta sunt servanda"**; Geltungsgrund der völkerrechtlichen Verträge sei also letztlich das **Völkergewohnheitsrecht.** Eine andere (z. B. von G. Jellinek vertretene) Auffassung sieht den Geltungsgrund der völkerrechtlichen Verträge in dem jedem Vertragsschluß innewohnenden **Willen der Vertragspartner, sich zur Einhaltung des Vertrages zu verpflichten (Selbstbindungstheorie).**

Zum Geltungsgrund des **Völkergewohnheitsrechtes** gibt es drei Ansichten:

a) Die **Willenstheorien** gehen von einer **Selbstbindung der Staaten** durch freiwillige einseitige Willensakte (so z. B. Bergbohm und Erich Kaufmann), von einer **Übereinstimmung der Staaten** (so z. B. Triepel) oder von einem **stillschweigenden Vertrag** aus (so z. B. die sowjetische Völkerrechtswissenschaft);

b) die **normativistische Theorie** (Kelsen) sieht den Geltungsgrund in der sog. Grundnorm (Gewohnheitsrecht verpflichtet);

c) die **objektivistisch-soziologische Theorie** (h. L.) vertritt die Auffassung, die Frage nach dem Geltungsgrund des Völkerrechts sei kein juristisches, sondern ein soziologisches Problem: eine Staatengemeinschaft treibe ohne Rechtsordnung dem Chaos zu.

L F. Berber, Lehrbuch des Völkerrechts, Bd. 1, 1960, S. 37–79;
G. Dahm, Völkerrecht, Bd. 1, 1958, S. 7–52;
P. Guggenheim, Lehrbuch des Völkerrechts, 1947, S. 45–159;
E. Menzel, Völkerrecht, 1962, S. 45–49, S. 90–108;
I. Seidl-Hohenveldern, Völkerrecht, 2. Aufl., 1969, S. 86–100;
A. Verdroß, Völkerrecht, 5. Aufl., 1964, S. 137–155;
G. Jaenicke, Völkerrechtsquellen, in: Strupp-Schlochauer, Wörterbuch des Völkerrechts, Bd. 3, 1962, S. 766–774;
C.-J. Duisberg, Das Völkergewohnheitsrecht nach der Rechtsprechung der internationalen Gerichte, 1963;
P. Guggenheim, Lokales Gewohnheitsrecht, Österr. ZöR 11 (1961), S. 327–334;
H. Günther, Zur Entstehung von Völkergewohnheitsrecht, 1970;
M. Hagemann, Die Gewohnheit als Völkerrechtsquelle in der Rechtsprechung des Internationalen Gerichtshofes, Schweiz. Jb 10 (1953), S. 61ff.;
M. Schweitzer, Das Völkergewohnheitsrecht und seine Geltung für neuentstehende Staaten, 1969;
A. Verdroß, Entstehungsweisen und Geltungsgrund des universellen völkerrechtlichen Gewohnheitsrechts, ZaöRV 29 (1969), S. 635–653;
E. Schwelb, Some Aspects of International Jus Cogens as Formulated by the International Law Commission, AJIL 61 (1967), S. 946–975;
A. Verdroß, Jus Dispositivum and Jus Cogens in International Law, AJIL 60 (1966), S. 55–63;
Bin Cheng, General Principles of Law as applied by the International Courts and Tribunals, 1953;
W. Friedmann, The Uses of "General Principles" in The Development of International Law, AJIL 57 (1963), S. 279–299;
J. Spiropoulos, Die allgemeinen Rechtsgrundsätze im Völkerrecht, 1928;
P. G. Vallindas, General Principles of Law and the Hierarchy of the Sources of International Law, Festschrift für J. Spiropoulos, 1957, S. 425–431.

Einführung

An die Erörterung der Völkerrechtsquellen schließt sich nun der wichtigste und umfangreichste Abschnitt an, nämlich die Erörterung der völkerrechtlichen Handlungen. Dieser Abschnitt soll zeigen, in welchen Formen die Völkerrechtssubjekte die internationalen Beziehungen gestalten.
Zunächst werden dabei die allgemeinen Voraussetzungen völkerrechtlicher Handlungen untersucht, um dann die einzelnen Völkerrechtshandlungen – getrennt nach einseitigen und mehrseitigen – zu diskutieren.

GLIEDERUNG

des 4. Abschnittes

4.1 Allgemeine Voraussetzungen

I_1 Das Völkerrecht kennt – wie das Zivilrecht – **einseitige** und **mehrseitige Rechtshandlungen.**

Einseitige völkerrechtliche Handlungen sind die **völkerrechtlichen Erklärungen** (Notifikation, Anerkennung, Versprechen, Verzicht, Protest)
und die **völkerrechtlichen Realakte (Tathandlungen)** (Okkupation, Annexion, Dereliktion).

B_1

Für eine Notifikation:	Noten der Westmächte und der UdSSR betreffend die Beendigung des Kriegszustandes mit Deutschland (1951).
Für eine Anerkennung:	Anerkennung der DDR durch Ägypten (1969).
Für ein Versprechen:	Versprechen Ägyptens, den Suez-Kanal auch nach der Verstaatlichung für die internationale Schiffahrt offenzuhalten (1957).
Für einen Verzicht:	Verzicht Japans auf Formosa (1951).
Für einen Protest:	Protest der Westmächte gegen den Bau der Berliner Mauer (1961).
Für eine friedliche Okkupation:	Besetzung Grönlands durch Dänemark (seit 1721).
Für eine gewaltsame Annexion:	Annexion der Baltischen Staaten durch die UdSSR (1940).
Für eine Dereliktion:	Aufgabe der Gebietshoheit über Palästina durch Großbritannien (1948).

I_2 **Mehrseitige völkerrechtliche Handlungen** sind die **völkerrechtlichen Verträge.**

I_3 Erste Voraussetzung für die Wirksamkeit einseitiger und mehrseitiger völkerrechtlicher Handlungen ist die **Völkerrechtsfähigkeit** des Handelnden.

F_3 Ist auch die völkerrechtliche Handlungsfähigkeit Voraussetzung einer wirksamen völkerrechtlichen Handlung?

A_3 Ja. Die völkerrechtliche Handlungsfähigkeit ist Voraussetzung einer wirksamen Völkerrechtshandlung: eine Rechtshandlung kann nur vornehmen, wer rechtlich handlungsfähig ist.

I_4 Neben der **Völkerrechtsfähigkeit** und der **völkerrechtlichen Handlungsfähigkeit**
ist ferner Voraussetzung für eine wirksame völkerrechtliche Handlung die
Zuständigkeit des handelnden Organs (str.).

Die Zuständigkeit des handelnden Organs **richtet sich nach innerstaatlichem Recht.**

B_4 Zuständigkeit des Bundespräsidenten gemäß Art. 59 Abs. I GG.

Zuständigkeit des Bundeskanzlers gemäß Art. 65 Satz 1 GG.

Zuständigkeit des Bundesaußenministers gemäß Art. 65 Satz 2 GG, 87 Abs. I Satz 1 GG.

I_5 War das Organ nach innerstaatlichem Recht **unzuständig,** so wird die Frage nach der völkerrechtlichen Wirksamkeit seiner Handlung unterschiedlich beantwortet:

a) Die **absolute Relevanztheorie** hält die innerstaatliche Ungültigkeit für absolut relevant; die Handlung ist also auch völkerrechtlich unwirksam.
b) Die **Irrelevanztheorie** hält die innerstaatliche Ungültigkeit für irrelevant; die Handlung ist also völkerrechtlich wirksam.
c) Die **modifizierte Relevanztheorie** hält die innerstaatliche Ungültigkeit dann für relevant, wenn der fremde Staat die Unzuständigkeit des Organs erkennen konnte. War dies nicht der Fall, so bleibt die Handlung völkerrechtlich wirksam (h. L.).

F_5 Welche dieser Theorien enthält einen Kompromiß zwischen den Interessen des Staates, dessen unzuständiges Organ eine völkerrechtliche Handlung vorgenommen hat, und den Interessen des Staates, dem gegenüber diese Handlung vorgenommen worden ist?

A_5 Die modifizierte Relevanztheorie enthält einen Kompromiß zwischen den Interessen des Staates, dessen unzuständiges Organ eine völkerrechtliche Handlung vorgenommen hat, und den Interessen des Staates, dem gegenüber diese Handlung vorgenommen worden ist.

B_5 Der norwegische Außenminister Ihlen erklärte im Jahre 1919 in Überschreitung seiner Kompetenzen, daß Norwegen keine Gebietsansprüche in Grönland geltend mache. Die norwegische Regierung und das norwegische Parlament stellten später fest, Ihlen habe eine solche Erklärung nicht abgeben dürfen. Dänemark konnte diese Unzuständigkeit nicht erkennen. Die Erklärung Ihlens war daher völkerrechtlich wirksam.

I_6 Völkerrechtliche Handlungen sind an **keine bestimmte Form** gebunden.

Sie können schriftlich, mündlich, telefonisch, telegraphisch, durch Funk oder durch symbolische Handlungen (z. B. Zeigen der weißen Fahne als Zeichen der militärischen Kapitulation) vorgenommen werden.
In der Praxis überwiegt, insbesondere bei mehrseitigen völkerrechtlichen Handlungen (Verträgen), die Schriftform.

F_6 Können völkerrechtliche Handlungen durch konkludentes Verhalten vorgenommen werden?

A_6 Ja. Da völkerrechtliche Handlungen an keine bestimmte Form gebunden sind, können sie auch konkludent erfolgen.

I_7 Hinsichtlich der Wirksamkeitsvoraussetzungen der völkerrechtlichen Handlungen ist zu unterscheiden:

Empfangsbedürftige völkerrechtliche Erklärungen
bedürfen des Empfanges (Zugangs), wobei es auf die tatsächliche Kenntnisnahme nicht ankommt;

Annahmebedürftige völkerrechtliche Erklärungen
bedürfen des Zuganges und der Annahme, d. h. der offiziellen Kenntnisnahme;

Völkerrechtliche Realakte
bedürfen der tatsächlichen Vornahme.

B_7 Für eine empfangsbedürftige völkerrechtliche Erklärung: Diplomatische Note.

Für eine annahmebedürftige völkerrechtliche Erklärung: Vertragsangebot.

Für einen völkerrechtlichen Realakt: Besetzung (Okkupation) eines Gebietes.

F_7 Kann eine empfangsbedürftige völkerrechtliche Erklärung vor Zugang beim Empfangsstaat vom Absendestaat zurückgenommen werden?

A_7 Ja. Eine empfangsbedürftige völkerrechtliche Erklärung kann vor Zugang beim Empfangsstaat vom Absendestaat zurückgenommen werden, da sie erst mit dem Zugang wirksam wird.

I_8 Verweigert der Empfangsstaat den Empfang der Erklärung, so kann in der Empfangsverweigerung ein Protest des Empfangsstaates gegen die Erklärung gesehen werden.

B_8 Zurückweisung von diplomatischen Noten der BRD durch die UdSSR wegen angeblich verleumderischen Inhalts (1960).

I_9 Voraussetzung für die Wirksamkeit einer völkerrechtlichen Handlung ist schließlich,
daß das handelnde Organ in **freier Willensentschließung** gehandelt hat (also nicht auf Grund physischer oder psychischer Bedrohung der Unterhändler),
und daß **kein Verstoß gegen zwingende Völkerrechtsnormen** vorliegt.

B_9 Für einen unter Zwang gegen die Unterhändler geschlossenen Vertrag:
Japanisch-koreanischer Protektoratsvertrag von 1905
(Physischer Zwang Japans gegen die koreanischen Unterhändler).

Für eine zwingende Völkerrechtsnorm:
Verbot des Völkermordes und des Sklavenhandels.

I_{10} **Täuschung und Tatsachenirrtum** sind rechtlich **beachtlich** und rechtfertigen eine Anfechtung;
dagegen ist in der Regel der **Irrtum hinsichtlich der Rechtslage unbeachtlich.**

B_{10} Nach tschechoslowakischer Ansicht hatte Hitler beim Abschluß des Münchner Abkommens eine Täuschung begangen, indem er seine Kriegspläne verschwieg.

4.2 Einseitige völkerrechtliche Handlungen

4.2.1 Notifikation

I_{11} Unter Notifikation versteht man die meistens durch diplomatische Note erfolgende **amtliche Mitteilung einer völkerrechtserheblichen Tatsache.**

B_{11} Notifikation eines Gebietserwerbs,
einer Annahme eines Vertrages,
eines Kriegsbeginns,
einer Blockade,
einer Beendigung des Kriegszustandes.

I_{12} Die Notifikation kann entweder auf Grund **völkerrechtlicher Verpflichtung (obligatorisch) oder freiwillig** erfolgen.

B_{12} Für eine obligatorische Notifikation:
Mitteilung des Kriegszustandes an die Neutralen.

Für eine freiwillige Notifikation:
Mitteilung über den Wechsel des Regierungschefs.

I_{13} Will der Empfänger einer Notifikation die darin enthaltene Ansicht oder Tatsache nicht akzeptieren, so muß er **Protest** oder **Rechtsverwahrung** einlegen.

F_{13} Kann die Verweigerung des Empfangs einer Notifikation als Protest oder als Rechtsverwahrung gedeutet werden?

A_{13} Ja. Die Verweigerung des Empfanges der Notifikation kann als Protest oder als Rechtsverwahrung gedeutet werden: Mit der Verweigerung des Empfanges gibt der Staat, an den die Notifikation übermittelt worden ist, zu erkennen, daß er den Inhalt der Notifikation nicht billigt.

B_{13}

Beispiel einer Notifikation

Note der britischen Regierung an den Bundeskanzler betr. die Beendigung des Kriegszustandes vom 9. Juli 1951

"His Majesty's Government in the United Kingdom, bearing in mind that on 3rd September, 1939 a state of war was notified with the German Reich, that active hostilities were ended by the Declaration regarding the Surrender of the German Reich issued on the 5th June, 1945, but nevertheless the formal state of war with Germany has continued to subsist so far as the municipal law of the United Kingdom is concerned, and will so continue until the appropriate action is taken by His Majesty's Government to terminate it,

that through circumstances beyond German control it has as yet proved impossible to conclude a treaty which would dispose of questions arising out of the state of war with the German Reich, have determined that, without prejudice to the Occupation Statute, or to the decision of question the settlement of which must await the conclusion of a treaty, the formal state of war between the United Kingdom and Germany shall be immediately terminated.

A **notification** is, therefore, being published that the formal state of war with Germany has terminated as from four o'clock p.m. on the 9th July, 1951."

Abdruck nach Suppl. to the London Gazette vom 6. Juli 1951 Nr. 39279

4.2.2 Anerkennung

I_{14} Die Anerkennung ist die
Erklärung eines Völkerrechtssubjektes,
durch die eine Situation oder ein Anspruch
eines anderen Völkerrechtssubjektes
als völkerrechtlich wirksam akzeptiert wird.

Die wichtigsten **Erscheinungsformen** der Anerkennung sind:
die **Anerkennung eines Staates,**
die **Anerkennung einer Regierung,**
die **Anerkennung einer Internationalen Organisation,**
die **Anerkennung als kriegführende Partei,**
die **Anerkennung als Aufständische,**
die **Anerkennung eines Gebietserwerbs,**
oder anderer Rechtstitel (z. B. finanzieller Forderungen).

B_{14} Beispiel für die Anerkennung eines Staates:
Anerkennung Madagaskars durch die BRD 1960.

Beispiel für die Anerkennung einer Regierung:
Anerkennung der Exilregierungen vom Deutschen Reich besetzter Staaten durch die Westmächte im 2. Weltkrieg.

Beispiel für die Anerkennung als kriegführende Partei:
Anerkennung des Franco-Regimes durch das Deutsche Reich und Italien im Spanischen Bürgerkrieg 1937–1939.

Beispiel für die Anerkennung als Aufständische:
Anerkennung des Franco-Regimes durch Großbritannien im Spanischen Bürgerkrieg 1937–1939.

Beispiel für die Anerkennung eines Gebietserwerbs:
Anerkennung der Oder-Neiße-Linie durch die DDR 1950.

I_{15} Außerdem unterscheidet man zwischen
der **de jure-Anerkennung**, d. h. der **endgültigen** Anerkennung,
und
der **de facto-Anerkennung**, d. h. der **vorläufigen** Anerkennung.

F_{15} Wird ein Gebilde, das von anderen Staaten anerkannt werden will, mehr auf eine de jure-Anerkennung drängen oder mehr auf eine de facto-Anerkennung?

A_{15} Das Gebilde wird mehr auf eine de jure-Anerkennung drängen als auf eine de facto-Anerkennung: die de facto-Anerkennung ist nur eine vorläufige, die de jure-Anerkennung dagegen eine endgültige Anerkennung.

I_{16} In bezug auf die Rechtswirkung der **Anerkennung von Staaten** gibt es drei Theorien:

a) Nach der **konstitutiven Theorie** wirkt die Anerkennung **rechtsbegründend**, d. h. der Staat wird erst durch die Anerkennung staatliches Völkerrechtssubjekt. Für diese Theorie spricht, daß häufig nicht leicht festzustellen ist, ob ein Gebilde überhaupt ein Staat ist, und daß die Völkerrechtsgemeinschaft darüber bestimmen können muß, wer ihre Mitglieder sein sollen.

b) Nach der **deklaratorischen Theorie** (h. L.) wirkt die Anerkennung **rechtsfeststellend**, d. h. der Staat ist vom Zeitpunkt der faktischen Staatswerdung an bereits staatliches Völkerrechtssubjekt; die Anerkennung stellt diesen Zustand nur fest. Für diese Theorie spricht, daß ein Gebilde, das alle Merkmale des Staatsbegriffes erfüllt, ein Staat ist, auch wenn die völkerrechtliche Anerkennung fehlt.

c) Eine **vermittelnde** (gemischte) **Theorie** weist der Anerkennung eine deklaratorische Wirkung insoweit zu, als es um das Faktum Staat geht, dagegen konstitutive Wirkung insoweit, als es um die Bereitschaft geht, rechtliche Beziehungen zu dem neuen Staat aufzunehmen. Sie vermittelt zwischen den Extremen der konstitutiven und der deklaratorischen Theorie.

F_{16} Welche dieser Theorien ist am günstigsten

a) für die neu entstandenen Staaten im Verhältnis zu den schon bestehenden Staaten?

b) für die schon bestehenden alten Staaten im Verhältnis zu den neu entstandenen Staaten?

A_{16} a) Für die neu entstandenen Staaten ist die deklaratorische Theorie am günstigsten: Nach dieser Theorie sind sie auch ohne Anerkennung Völkerrechtssubjekte.

b) Für die bereits bestehenden alten Staaten ist die konstitutive Theorie am günstigsten: Nach dieser Theorie können sie entscheiden, ob sie den neuen Staat in die Völkerrechtsgemeinschaft aufnehmen wollen oder nicht.

I_{17} In der Völkerrechtslehre ist umstritten, ob ein neu entstandener Staat einen **Rechtsanspruch auf völkerrechtliche Anerkennung** hat.
Für einen solchen Anspruch könnte die deklaratorische Theorie sprechen. Andererseits läßt sich aber auch dagegen einwenden, daß nach der deklaratorischen Theorie ein Rechtsanspruch auf Anerkennung eigentlich überflüssig ist, weil der Staat auch ohne Anerkennung schon Völkerrechtssubjekt ist.
Die Staatenpraxis und die überwiegende Auffassung in der Völkerrechtslehre **verneinen** einen solchen Anspruch.

I_{18} Die Anerkennung ist **nicht formgebunden,**
d. h. sie kann **ausdrücklich** erfolgen (so die Regel) oder **stillschweigend.**
Eine ausdrückliche Anerkennung ist die formelle Anerkennungserklärung.

B_{18} Für die ausdrückliche Anerkennung:
Die Erklärung der Anerkennung des Staates Madagaskar durch die BRD 1960.

I_{19} Eine stillschweigende Anerkennung ist der Abschluß eines völkerrechtlichen Vertrages oder die Aufnahme diplomatischer Beziehungen, nicht dagegen technische Kontakte auf unterer Ebene.

F_{19} Bedeutete die Zusammenarbeit von Verkehrs- und Baubehörden der BRD und der DDR beim Bau der Autobahnbrücke über die Saale (1968) eine stillschweigende völkerrechtliche Anerkennung der DDR durch die BRD?

A_{19} Nein. Die Zusammenarbeit von Verkehrs- und Baubehörden der BRD und der DDR beim Bau der Autobahnbrücke über die Saale bedeutete keine stillschweigende völkerrechtliche Anerkennung der DDR: Es handelte sich dabei um technische Kontakte auf unterer Ebene.

I_{20} Die Frage der Anerkennung stellt sich bei der **Entstehung eines neuen Staates.**

Ein neuer Staat kann entstehen:

a) durch **Zerfall (Dismembration)** eines Staates in mehrere neue Staaten,

b) durch **Zusammenschluß mehrerer Staaten** zu einem neuen Staat,

c) durch **Verselbständigung** (Separation, Sezession, Dekolonialisierung) **eines Staatsteiles** bei Bestehenbleiben des alten Staates.

B_{20} Beispiel für Zerfall:

Österreich-Ungarn 1918 in Österreich, Ungarn, Tschechoslowakei.
Vereinigte Arabische Republik 1961 in VAR (das alte Ägypten) und Syrien.

Beispiel für Zusammenschluß:

Norddeutscher Bund mit Baden, Hessen, Bayern und Württemberg zum Deutschen Reich 1871.
Ägypten und Syrien zur Vereinigten Arabischen Republik 1958.

Beispiel für Verselbständigung:

Belgien 1830 von den Niederlanden.
Die ehemaligen Kolonien in Afrika und Asien 1945.

B_{21} Beispiel der Anerkennung eines Staates nach Verselbständigung

– Anerkennung der Republik Madagaskar 1960 nach Ausscheiden aus dem französischen Kolonialreich –

Telegramm von Bundeskanzler Dr. Adenauer an Präsident Tsiranana

„Exzellenz! Ich beehre mich Ihnen mitzuteilen, daß die Bundesrepublik Deutschland die Republik Madagaskar als unabhängigen und souveränen Staat anerkennt.

Die Bundesrepublik begrüßt den Schritt der Republik Madagaskar in die Gemeinschaft freier und unabhängiger Staaten der Welt und gibt der Überzeugung Ausdruck, daß das Volk und die Regierung der Republik Madagaskar dem friedlichen Zusammenwirken aller Völker einen wertvollen Beitrag leisten werden. Gestützt auf die Sympathien des deutschen Volkes für das Volk der Republik Madagaskar, ist es das Anliegen der Bundesregierung, freundschaftliche Bande zwischen unseren beiden Ländern aufzubauen und zu vertiefen.

Ich beehre mich daher, Ihnen, Herr Präsident, gleichzeitig mitzuteilen, daß die Bundesregierung als die frei gewählte und legitime Vertretung des deutschen Volkes beabsichtigt, diplomatische Beziehungen mit der Republik Madagaskar aufzunehmen. Dem Volk der Republik Madagaskar und Euerer Exzellenz spreche ich des deutschen Volkes und meine besten Wünsche für Ihre Regierung und Ihr Wohlergehen und eine glückliche und friedvolle Zukunft Ihres Landes aus.

Genehmigen Sie, Herr Präsident, den Ausdruck meiner ausgezeichneten Hochachtung.

A d e n a u e r
Bundeskanzler der Bundesrepublik Deutschland“

Abdruck nach Bulletin 1960, S. 1152.

I_{22} Wird im Fall der Verselbständigung eines Staatsteiles das neue Gebilde **vorzeitig**, d. h. vor endgültiger Staatswerdung oder in einem noch unbeendeten Bürgerkrieg von anderen Staaten anerkannt, so kann dies als unzulässige Intervention in die inneren Angelegenheiten des alten Staates ein völkerrechtliches Delikt gegenüber diesem sein, und zwar gleichgültig, ob die Anerkennung endgültig oder vorläufig erklärt wird.

B_{22} Anerkennung Biafras im Nigeria-Bürgerkrieg durch Tansania, Gabun, Elfenbeinküste, Sambia 1968 und Haiti 1969.

F_{22} Ist im Falle der Verselbständigung eines Staatsteiles nicht nur die vorzeitige de jure-Anerkennung des neuen Gebildes, sondern auch die vorzeitige de facto-Anerkennung durch einen dritten Staat ein völkerrechtliches Delikt gegenüber dem alten Staat?

A_{22} Ja. Im Fall der Verselbständigung eines Staatsteiles ist auch die vorzeitige de facto-Anerkennung ein völkerrechtliches Delikt gegenüber dem alten Staat: für die Charakterisierung als unzulässige Intervention in die inneren Angelegenheiten des alten Staates ist es gleichgültig, ob diese Intervention mit endgültiger oder nur mit provisorischer Wirkung erfolgt.

I_{23} Die **Anerkennung eines Staates** ist nicht zu verwechseln mit der **Anerkennung einer Regierung,** d. h. der Erklärung, daß eine Regierung als **völkerrechtliche Repräsentanz** des betreffenden staatlichen Völkerrechtssubjektes **akzeptiert** wird.

Ein Staat kann als Staat völkerrechtlich anerkannt sein, ohne daß seine Regierung völkerrechtlich anerkannt ist.
Handlungen einer völkerrechtlich nicht anerkannten Regierung werden nicht als völkerrechtlich wirksame Handlungen angesehen.

B_{23} Anerkennung der Sowjetunion als Staat bei fehlender Anerkennung der sowjetischen Regierung seitens der USA (bis 1933) und der Schweiz (bis 1946).

I_{24} Ob eine Regierung die völkerrechtliche Repräsentanz des Staates bildet,
richtet sich grundsätzlich nach dem **innerstaatlichen Recht.**

Problematisch sind die Fälle der **gewaltsamen** (d. h. verfassungswidrigen) **Machtergreifung** durch eine neue Regierung und der Exilregierungen kriegerisch besetzter Staaten.

B_{24} Staatsstreiche in Südamerika.

Belgische, niederländische, polnische Exilregierung in London im 2. Weltkrieg.

F_{25} Kann eine Regierung völkerrechtlich anerkannt werden, ohne daß der von ihr regierte Staat völkerrechtlich anerkannt ist?

A_{25} Nein. Eine Regierung kann nicht völkerrechtlich anerkannt werden, wenn nicht auch der von ihr regierte Staat völkerrechtlich anerkannt ist: die Regierung wird nur als völkerrechtlich anerkannte Repräsentanz des von ihr regierten Staates anerkannt.

I_{26} Internationale und Supranationale Organisationen sind gekorene Völkerrechtssubjekte, d. h. sie erlangen ihre Völkerrechtsfähigkeit erst durch Anerkennung seitens anderer (bestehender) Völkerrechtssubjekte.
Die völkerrechtliche Anerkennung hat daher **in bezug auf Internationale Organisationen** (mit Ausnahme der UNO, der wegen ihres fast universalen Charakters und ihrer besonderen Bedeutung „allgemeine Rechtspersönlichkeit" beigelegt wird) **und in bezug auf Supranationale Organisationen konstitutive Wirkung** (str.).

Die Anerkennung kann unter anderem **im Abschluß des Gründungsvertrages** (der Satzung) der Organisation oder **im späteren Beitritt** zu dem Gründungsvertrag liegen.

B_{26} Anerkennung der EWG seitens der Mitgliedstaaten durch den Abschluß des EWG-Vertrages.

I_{27} Der Gründungsvertrag bindet nur die Mitgliedstaaten.
Die Völkerrechtsfähigkeit der betreffenden Organisationen wirkt also zunächst nur gegenüber den Mitgliedstaaten des Gründungsvertrages.

F_{27} Wie kann eine Internationale oder Supranationale Organisation im Verhältnis zu Nichtmitgliedstaaten Völkerrechtsfähigkeit erlangen?

A_{27} Durch völkerrechtliche Anerkennung kann eine Internationale oder Supranationale Organisation im Verhältnis zu Nichtmitgliedstaaten Völkerrechtsfähigkeit erlangen.

I_{28} Die Anerkennung braucht nicht ausdrücklich, sondern sie kann auch durch konkludente Handlung erfolgen.

B_{28} Anerkennung der EWG seitens der USA durch Entsendung einer diplomatischen Mission zur EWG.

I_{29} Die **Anerkennung als kriegführende Partei** im Bürgerkrieg hat die Anwendbarkeit **aller** völkerrechtlichen Regeln des Kriegsrechtes (z. B. der Regeln über Neutralität und über kriegerische Blockade) zur Folge.

Wird eine Aufstandsbewegung nicht als kriegführende Partei, sondern **nur als „Aufständische"** anerkannt, so hat das zur Folge, daß die Aufständischen **nur teilweise** den Schutz des Kriegsrechtes in Anspruch nehmen können (z. B. Schutz von Gefangenen und Verwundeten).

B_{29} Die Regierung Franco wurde bis zum Ende des spanischen Bürgerkrieges (1937) von Deutschland und Italien als kriegführende Partei, von Großbritannien als Aufständische anerkannt.

F_{29} Ist es für eine Aufstandsbewegung (Bürgerkriegspartei) völkerrechtlich vorteilhafter als kriegführende Partei anerkannt zu sein oder nur als Aufständische?

A_{29} Die Anerkennung als kriegführende Partei ist völkerrechtlich vorteilhafter: als kriegführende Partei haben die Aufständischen in vollem Umfang Anspruch auf Schutz des Kriegsrechtes, als bloße Aufständische stehen ihnen nur einige kriegsrechtliche Rechte zu.

I_{30} Die Anerkennung kann schließlich auch in bezug auf einen **Gebietserwerb** ausgesprochen werden.

Ein Gebietserwerb kann – abgesehen von der noch zu behandelnden friedlichen Okkupation eines neu entdeckten oder bisher herrenlosen Gebietes – stattfinden:

a) durch **Naturvorgang** im Hoheitsgebiet des Staates,
b) durch **Abtretung**,
c) durch **Ersitzung**,
d) durch **Adjudikation**, d. h. durch gerichtliche, schiedsgerichtliche oder quasirichterliche Zusprechung.

B_{30} Für Naturvorgang:
Anschwemmung des Po-Deltas.

Für friedliche Okkupation:
Grönland durch Dänemark ab 1721.

Für Abtretung:
Kauf Alaskas durch die USA von Rußland für 7,2 Millionen Dollar 1867.
Tausch Helgolands gegen Sansibar durch deutsch-britischen Vertrag von 1890.

Für Ersitzung:
Erwerb des Gebietes um den Tempel von Preah Vihear durch Kambodscha 1904–1962.

Für Adjudikation:
Åaland-Inseln an Finnland durch Entscheidung des Völkerbundrates von 1921.

Ü

Arten der völkerrechtlichen Anerkennung

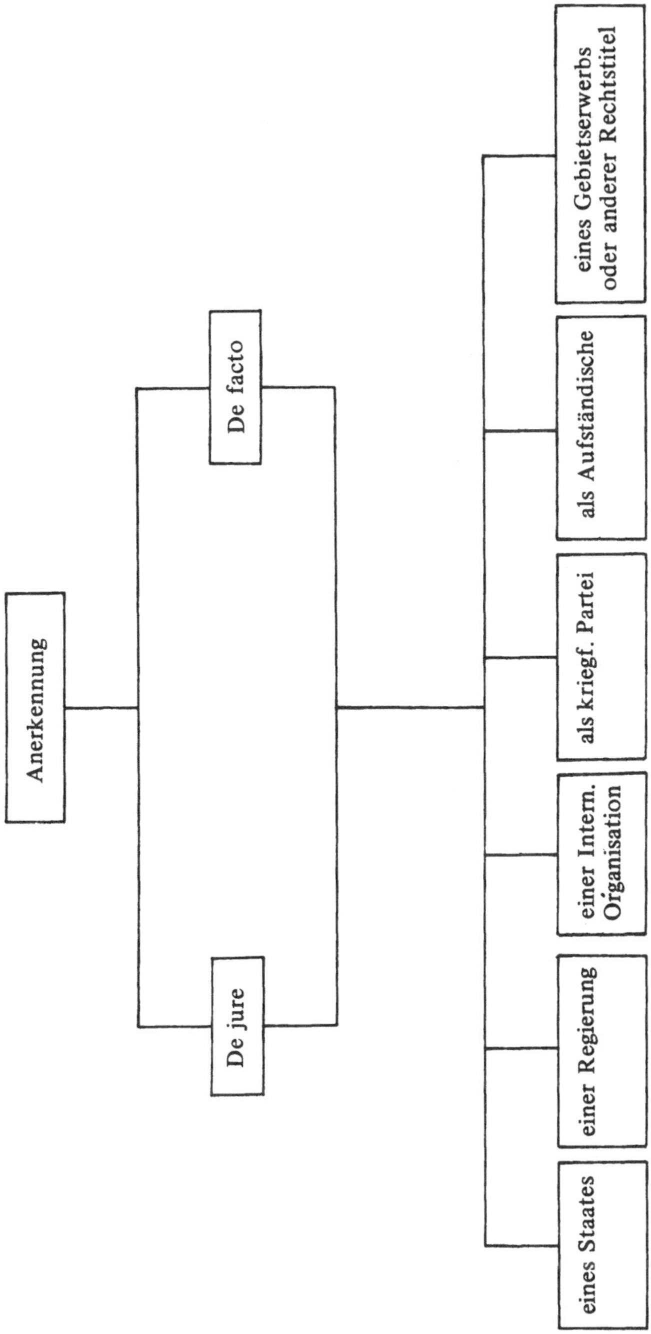

4.2.3 Versprechen

I_{31} Das völkerrechtliche Versprechen ist die einem oder mehreren anderen Völkerrechtssubjekten gegenüber abgegebene **Erklärung, sich einseitig zu einem bestimmten Verhalten zu verpflichten.**

Das Wesen des völkerrechtlichen Versprechens liegt also in der **einseitig den Versprechenden bindenden Übernahme einer völkerrechtlichen Verpflichtung.**

I_{32} Das Versprechen wird den Völkerrechtssubjekten, die es angeht, notifiziert.

F_{32} Wodurch unterscheidet sich das völkerrechtliche Versprechen

a) von der Notifikation?

b) von der Verpflichtung in einem völkerrechtlichen Vertrag?

A_{32} Das völkerrechtliche Versprechen unterscheidet sich

a) von der Notifikation dadurch, daß das völkerrechtliche Versprechen stets die Übernahme einer Verpflichtung enthält, die Notifikation dagegen eine solche rechtliche Verpflichtung nicht enthalten muß, sondern nur die Mitteilung einer irgendwie gearteten rechtserheblichen Tatsache ist;

b) von der Verpflichtung in einem völkerrechtlichen Vertrag dadurch, daß das Versprechen eine einseitige bindende Verpflichtung, die vertragliche Verpflichtung dagegen eine zwei- oder mehrseitige Verpflichtung ist.

B32 Beispiel eines Versprechens

Versprechen der ägyptischen Regierung, den Suez-Kanal auch nach der Verstaatlichung für die internationale Schiffahrt offenzuhalten (1957).

„1. Bekräftigung der Konvention
Es bleibt das grundsätzliche Ziel der Politik Ägyptens, die Konvention von Konstantinopel vom Jahre 1888 und die Satzung der Vereinten Nationen nach dem Geiste zu respektieren sowie die sich daraus ergebenden Rechte und Pflichten unverändert einzuhalten und auszuführen.

2. Einhaltung der Konvention von 1888 nach der UN-Charta
In Bekräftigung ihrer Entschlossenheit, Buchstaben und Geist der Konvention von Konstantinopel zu respektieren und an die Grundsätze und Ziele der UN-Satzungen gebunden zu sein, hegt Ägypten die Überzeugung, daß die Signatarstaaten dieser Konvention und alle betroffenen Länder vom gleichen Geist inspiriert sein werden.

3. Freiheit der Schiffahrt, Kanalgebühren und Ausbau des Kanals
Die ägyptische Regierung hat insbesondere beschlossen:
1. Dauernde Gewährung freier Durchfahrt der Schiffe aller Nationen in den Grenzen der und gemäß den Bestimmungen der Konvention von Konstantinopel vom Jahre 1888.
2. Die Zahlung von Gebühren soll auch weiterhin gemäß dem Abkommen erfolgen, das am 28. April 1936 zwischen der ägyptischen Regierung und der Allgemeinen Suez-Kanal-Gesellschaft abgeschlossen wurde. Eine Erhöhung der Gebühren soll im Verlauf von 12 Monaten nicht mehr als 1% betragen. Eine Erhöhung, die dieses Ausmaß übersteigt, soll auf Grund von Verhandlungen erfolgen. Sollte auf diesem Wege ein Abkommen nicht erreicht werden, so soll die Frage gemäß Punkt 7 b einer Schiedsinstanz zwecks Regelung vorgelegt werden.
3. Der Kanal soll in Übereinstimmung mit den Erfordernissen moderner Schiffahrt aufrechterhalten und entwickelt werden.
...
10. Der Status der Deklaration

Diese Erklärung, die die vollständige und unbedingte Zustimmung Ägyptens zur Konvention von Konstantinopel bekräftigt, spiegelt das Verlangen und die Entschlossenheit der ägyptischen Regierung wider, aus dem Suez-Kanal einen Wasserweg zu machen, der den Erfordernissen der internationalen Schiffahrt Genüge zu leisten vermag. Die ägyptische Regierung wünscht ferner, daß der Suez-Kanal ein Bindeglied zwischen den Völkern der Welt zugunsten des Friedens und des internationalen Wohlstandes werde.

Diese Erklärung wird beim Sekretariat der Vereinten Nationen deponiert und registriert. Diese Erklärung stellt mit den Verpflichtungen, die sie enthält, ein internationales Instrument dar.“

Abdruck nach ArchVR 7 (1958/59) S. 150–152

I_{33} Verzicht ist die **Erklärung,**
durch die ein Völkerrechtssubjekt **völkerrechtliche Rechte aufgibt.**

I_{34} Der Verzicht kann entweder durch einseitige Handlung
oder durch vertragliche Vereinbarung erklärt werden.

B_{34} Beispiel für eine einseitige Verzichtserklärung:

Verzicht Japans auf Formosa in der Kapitulation von 1945 (wenn eine Kapitulation als einseitige völkerrechtliche Erklärung aufzufassen ist).

Beispiel für eine vertragliche Verzichtserklärung:

Verzicht Japans auf Formosa in der Kapitulation von 1945 (wenn eine Kapitulation als völkerrechtlicher Vertrag aufzufassen ist; so h. L., aber str.).

I_{35} Voraussetzung eines Verzichts ist,
daß der Verzichtende ein Recht aufgeben **will**
(subjektive Verzichtsvoraussetzung, Verzichtswille),

und daß er das betreffende Recht aufgeben **kann**
(objektive Verzichtsvoraussetzung, Verzichtsmöglichkeit).

Für den (einseitigen) Verzicht gilt
– wie für alle einseitigen völkerrechtlichen Erklärungen –
kein bestimmtes Formerfordernis.

F_{35} Kann ein Verzicht stillschweigend (konkludent) erklärt werden?

A_{35} Ja. Ein Verzicht kann stillschweigend (konkludent) erklärt werden: Da für den Verzicht kein bestimmtes Formerfordernis gilt, kann der Verzichtswille in jeder Form geäußert werden.

I_{36} Ein stillschweigender Verzicht darf aber **nicht vermutet** werden.

Die **Nichtausübung eines Rechtes ist** für sich allein noch **kein stillschweigender Verzicht.**

I_{37} Da ein Staat durch Zusammenschluß mit einem anderen Staat sogar seine Existenz aufgeben kann, sind theoretisch kaum Rechte denkbar, auf die ein Staat nicht verzichten könnte.

B_{37} **Beispiel einer Verzichtserklärung**

Verzicht Japans auf Formosa
in der Kapitulationsurkunde vom 2. September 1945

"September 2, 1945 (Tokyo Time)

We, acting by command of and in behalf of the Emperor of Japan, the Japanese Imperial General Headquarters, hereby accept the provisions set forth in the declaration issued by the heads of the Governments of the United States, China and Great Britain on July 1945, at Potsdam, and subsequently adhered to by the Union of Soviet Socialist Republics, which four powers are hereafter referred to as the Allied Powers."

Abdruck nach JIR 1948, S. 425.

(Die den Verzicht betreffende Bestimmung der Potsdamer Deklaration lautete: "(8) The terms of the Cairo Declaration shall be carried out and Japanese sovereignty shall be limited to the islands of Honshu, Hokkaido, Kyushu, Shikoku and such minor islands as we determine").

Abdruck nach JIR 1948, S. 428.

4.2.5 Protest

I_{38} Protest ist die **einseitige Erklärung,**
mit der ein Völkerrechtssubjekt (in der Regel ein Staat)
gegen das deliktische oder unfreundliche Verhalten
eines anderen Völkerrechtssubjektes (in der Regel ebenfalls ein Staat) **Widerspruch erhebt.**

B_{38} Protest der Westmächte gegen den Bau der Berliner Mauer 1961.

I_{39} Mit dem Protest erklärt der protestierende Staat,
daß er das Verhalten, gegen das er protestiert,
rechtlich und politisch scharf mißbilligt.

Die Wirkung des Protestes liegt in der
Wahrung der Rechte des protestierenden Völkerrechtssubjektes
und der Nichtanerkennung einer rechtlichen Wirkung des Verhaltens,
gegen das Protest erhoben worden ist.

F_{39} Ein Staat wird in einem Recht verletzt, protestiert dagegen aber nicht.

Als was könnte das Unterlassen des Protestes gedeutet werden?

A_{39} Das Unterlassen des Protestes könnte als eine stillschweigende Billigung gedeutet werden: Wenn ein an sich zu erwartender Protest ausbleibt, gibt der verletzte Staat stillschweigend zu erkennen, daß er die Verletzung ohne Einwände hinnimmt.

I_{40} Der Protest verliert dann seine rechtswahrende Wirkung, wenn der protestierende Staat ausdrücklich oder konkludent zu erkennen gibt, daß er den Protest nicht aufrechterhält.

B_{40} Die Westmächte und die BRD haben bisher immer gegen Behinderungen des Berlin-Verkehrs protestiert. Wenn sie in Zukunft nicht mehr dagegen protestieren würden, verlören die früheren Proteste ihre rechtswahrende Wirkung.

F_{40} Wenn ein besiegter Staat gegen die Bedingungen eines Friedensvertrages protestiert, aber den Vertrag dennoch unterzeichnet – hat der Protest dann noch rechtswahrende Wirkung?

A_{40} Nein. Mit der Unterzeichnung des Vertrages hat der protestierende Staat seinen völkerrechtlichen Protest aufgegeben: Ein Staat kann nicht einen Vertrag unterzeichnen und gleichzeitig gegen ihn protestieren.

B_{41} **Beispiel eines Protestes**

– Protestnote der USA vom 16. August 1961 an die Sowjetregierung gegen die Sperrung der Sektorengrenze von Berlin –

„Am 13. August haben die ostdeutschen Behörden verschiedene Maßnahmen in Kraft gesetzt, mit denen der Verkehr an der Grenze zwischen den Westsektoren und dem Sowjetsektor Berlins geregelt wird. Diese Maßnahmen hatten eine Begrenzung der Passage vom Sowjetsektor in die Westsektoren der Stadt zur Folge, die an eine völlige Unterbindung heranreicht. Begleitet waren diese Maßnahmen von einer Abschließung der Sektorengrenze durch beträchtliche Einheiten der Polizei und durch militärische Verbände, die zu diesem Zweck nach Berlin gebracht wurden.

Alles dies stellt eine flagrante und besonders ernste Verletzung des Viermächtestatus Berlins dar. Die Bewegungsfreiheit in Berlin wird durch das Viermächteabkommen vom 4. Mai 1949 in New York geregelt und ist durch den am 20. Juni 1949 in Paris durch die Außenminister der Vier Mächte gefaßten Beschluß bekräftigt worden. Die Regierung der Vereinigten Staaten hat niemals gebilligt, daß die Bewegungsfreiheit innerhalb Berlins Beschränkungen unterworfen wird. Die Grenze zwischen dem Sowjetsektor und den Westsektoren Berlins ist keine Staatsgrenze. Die Regierung der Vereinigten Staaten betrachtet daher die von den ostdeutschen Behörden verfügten Maßnahmen als illegal. Sie wiederholt, daß sie die Behauptung, der Sowjetsektor Berlins bilde einen Teil der sogenannten Deutschen Demokratischen Republik und Berlin liege auf deren Territorium, nicht anerkennt.

Eine solche Behauptung stellt in sich eine Verletzung der feierlichen Erklärung dar, die die Regierung der Sowjetunion durch ihre Zustimmung zu den Besatzungszonen Deutschlands und der Verwaltung Groß-Berlins abgegeben hat. Ferner kann die Regierung der Vereinigten Staaten nicht das Recht der ostdeutschen Behörden anerkennen, bewaffnete Streitkräfte in den Sowjetsektor Berlins zu entsenden. Die ostdeutschen Behörden haben selbst zugegeben, daß die von ihnen getroffenen Maßnahmen ihren Grund darin haben, daß eine ständig wachsende Zahl von Einwohnern Ostdeutschlands dieses Gebiet zu verlassen wünscht. Die Gründe für diesen

Exodus sind bekannt. Sie betreffen einfach die inneren Schwierigkeiten Ostdeutschlands.

Aus dem Wortlaut einer Deklaration der Warschauer Pakt-Staaten vom 13. August geht hervor, daß die fraglichen Maßnahmen offenbar den ostdeutschen Behörden von diesen Mächten empfohlen worden sind. Die Regierung der Vereinigten Staaten nimmt zur Kenntnis, daß die Mächte, die sich durch Unterzeichnung des Warschauer Pakts mit der Sowjetunion verbündet haben, damit auf einem Gebiet eingreifen, auf dem sie keine Kompetenz besitzen. In der Deklaration wird ferner behauptet, daß die von den ostdeutschen Behörden ergriffenen Maßnahmen im Interesse der ostdeutschen Bevölkerung selbst erfolgten. Es ist schwierig, irgendeine Grundlage für diese Behauptung zu finden und zu verstehen, wieso es den Mitgliedern des Warschauer Paktes zukommt zu entscheiden, was im Interesse des ostdeutschen Volkes liegt.

Es ist offensichtlich, daß diese Meinung von keinem Deutschen, insbesondere nicht von denen, deren Bewegungsfreiheit gewaltsam eingeschränkt ist, geteilt wird. Überwältigend klar würde dies, wenn allen Deutschen die freie Wahl erlaubt wäre und wenn das Prinzip des Selbstbestimmungsrechts auch im Sowjetsektor Berlins und in Ostdeutschland Gültigkeit hätte.

Die Regierung der Vereinigten Staaten **protestiert** feierlich gegen die obengenannten Maßnahmen, für die sie die sowjetische Regierung verantwortlich macht. Die Regierung der Vereinigten Staaten erwartet, daß die sowjetische Regierung diesen illegalen Maßnahmen ein Ende setzt. Diese einseitige Verletzung des Viermächtestatus Berlins kann nur die bestehenden Spannungen und Gefahren vergrößern."

Abdruck nach Bulletin 1961, S. 1487.

4.2.6 Okkupation

I_{42} Die Okkupation, ein völkerrechtlicher Realakt, kommt in zwei Formen vor:

als **kriegerische Besetzung** (occupatio bellica)
oder als **friedliche Okkupation** (occupatio pacifica).

I_{43} Die **kriegerische Besetzung** ist allein
kein Rechtstitel für Gebietserwerb.

Nach kriegerischer Besetzung kann allerdings ein Gebietserwerb durch Vertrag (z. B. Friedensvertrag), durch Ersitzung oder durch Verzicht des besiegten Staates rechtswirksam erfolgen.
Fehlt ein solcher Erwerbstitel, so hat der besetzende Staat nur die Rechte einer Besatzungsmacht, ohne das Gebiet zu erwerben.

B_{43} Besetzung des ägyptischen Gebietes östlich des Suez-Kanals durch Israel 1967.

I_{44} Die **friedliche Okkupation** ist die ohne Kriegshandlungen erfolgende Inbesitznahme eines neu entdeckten oder zwar bekannten, aber bisher herrenlosen Gebietes, sowie die Inbesitznahme aufgrund vertraglicher Abmachung.

B_{44} Beispiel für Inbesitznahme eines herrenlosen Gebietes:
Grönland durch Dänemark ab 1721.

Beispiel für Inbesitznahme aufgrund vertraglicher Abmachung:
Panama-Kanalzone durch USA aufgrund des Hay-Varilla-Vertrages von 1903.

F_{45} Im Pazifik bilden sich nach unterseeischen Vulkanausbrüchen gelegentlich neue kleine Inseln.

Kann eine solche Insel Gegenstand einer friedlichen Okkupation sein?

A_{45} Ja. Eine Insel, die sich neu gebildet hat, kann Gegenstand einer friedlichen Okkupation sein, da sie neu entdeckt und bisher herrenlos ist.

I_{46} Die friedliche Okkupation ist nur dann
ein völkerrechtlich gültiger Erwerbstitel,
wenn das Gebiet **okkupationsfähig** ist.

Die **Okkupationsfähigkeit kann** durch völkerrechtlichen Vertrag oder durch Völkergewohnheitsrecht **ausgeschlossen sein.**

B_{47} Für einen vertraglichen Ausschluß:
Himmelskörper im Weltraum durch den Weltraumvertrag von 1967.
Hohe See durch das Genfer Abkommen über die Hohe See von 1958.

Für einen gewohnheitsrechtlichen Ausschluß:
Hohe See bis zum Inkrafttreten des Genfer Abkommens über die Hohe See von 1958.

I_{48} Für einen völkerrechtlich gültigen Erwerb
muß zur Okkupationsfähigkeit noch die **tatsächliche (effektive) Inbesitznahme** des betreffenden Gebietes hinzukommen, z. B. durch Ansiedlungen oder durch Errichtung von Kontrollstationen.
Eine dichte Besiedlung ist nicht erforderlich.

I_{49} Das **Gegenteil** der Inbesitznahme ist
die freiwillige **tatsächliche Aufgabe eines Gebietes ohne seine gleichzeitige Übertragung an einen anderen Staat (Dereliktion).**

4.2.7 Annexion

I_{50} Die Annexion, ebenfalls ein völkerrechtlicher Realakt, ist die meist – jedoch nicht notwendigerweise – im Verlaufe kriegerischer Auseinandersetzungen erfolgende **vollständige und auf Dauer angelegte gewaltsame Einverleibung eines fremden Staates oder Staatsteiles.**

B_{50} Annexion Hannovers durch Preußen 1866.

Annexion Abessiniens durch Italien 1935.

Annexion der portugiesischen Kolonie Goa durch Indien 1956.

I_{51} Die Annexion unterscheidet sich von der kriegerischen Besetzung dadurch, daß die **Annexion** fremdes Staatsgebiet **einverleibt,** die **kriegerische Besetzung** es dagegen nur besetzt.

Von der friedlichen Okkupation unterscheidet die Annexion sich dadurch, daß die **Annexion gewaltsam erfolgt** und **fremdes Staatsgebiet ergreift,** während die **friedliche Okkupation ohne Gewaltanwendung erfolgt** und **nicht das Gebiet eines fremden Staates ergreift.**

Der Begriff der gewaltsamen Einverleibung setzt **nicht** notwendigerweise **bewaffneten Widerstand** voraus; es genügt, daß der von der Annexion betroffene Staat zu erkennen gibt, daß er der Annexion **nicht freiwillig** zustimmt, sondern sich **nur der Gewalt** beugt.

B_{51} Annexion der baltischen Staaten durch die UdSSR 1940.

I_{52} Spätestens seit dem Gewaltverbot der UNO-Satzung kann die Annexion nicht mehr als ein völkerrechtlich gültiger Gebietserwerbstitel angesehen werden (str.).

Ü

Arten der völkerrechtlichen Handlungen

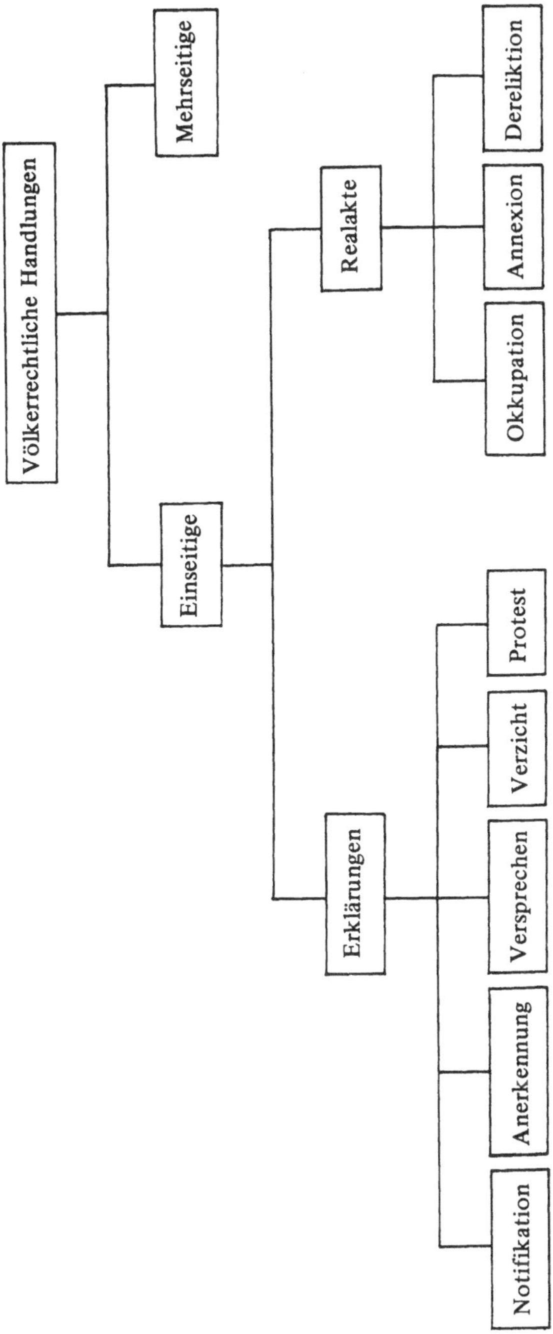

WF 1) Welche einseitigen völkerrechtlichen Erklärungen gibt es?
1. . . . .
2. . . . .
3. . . . .
4. . . . .
5. . . . . (I_1)

2) Welche völkerrechtlichen Realakte gibt es?
1. . . . .
2. . . . .
3. . . . . (I_1)

3) Erfordert die Wirksamkeit einer völkerrechtlichen Handlung
Völkerrechtsfähigkeit? Ja ☐ Nein ☐ (I_3)
Völkerrechtliche Handlungsfähigkeit? Ja ☐ Nein ☐ (A_3)

4) Zur Frage der völkerrechtlichen Wirksamkeit von Handlungen, die ein nach innerstaatlichem Recht unzuständiges Organ vorgenommen hat, gibt es drei Theorien, nämlich die
1. . . . .
2. . . . .
3. . . . . (I_5)

5) Die h. L., das ist die . . . . ,
hält die innerstaatliche Ungültigkeit dann für relevant, wenn der fremde Staat was erkennen konnte?
. . . . (I_{5c})

6) Was versteht man unter Notifikation?
. . . . (I_{11})

7) Was versteht man unter Anerkennung?
. . . .
. . . .
. . . . (I_{14})

8) Ist die de jure-Anerkennung
endgültig? Ja ☐ Nein ☐
Ist die de facto-Anerkennung
endgültig? Ja ☐ Nein ☐ (I_{15})

9) In bezug auf die Rechtswirkung der Anerkennung von Staaten gibt es drei Theorien, nämlich die
1. . . . .
2. . . . .
3. (I_{16})

10) Wodurch unterscheidet sich das völkerrechtliche Versprechen von der Verpflichtung in einem völkerrechtlichen Vertrag?
. . . . (A_{32})

11) Setzt ein Verzicht voraus
Verzichtswillen? Ja ☐ Nein ☐
Verzichtsmöglichkeit? Ja ☐ Nein ☐ (I_{35})

12) Als was kann das Unterlassen eines Protestes gegen eine Rechtsverletzung gedeutet werden?
. . . . (A_{39})

Einseitige völkerrechtliche Handlungen

AWF 1) Welche einseitigen völkerrechtlichen Erklärungen gibt es?
1. **Notifikation**
2. **Anerkennung**
3. **Versprechen**
4. **Verzicht**
5. **Protest**

(I_1)

2) Welche völkerrechtlichen Realakte gibt es?
1. **Okkupation**
2. **Annexion**
3. **Dereliktion**

(I_1)

3) Erfordert die Wirksamkeit einer völkerrechtlichen Handlung

Völkerrechtsfähigkeit? Ja [x] Nein [ ] (I_3)

Völkerrechtliche Handlungsfähigkeit? Ja [x] Nein [ ] (A_3)

4) Zur Frage der völkerrechtlichen Wirksamkeit von Handlungen, die ein nach innerstaatlichem Recht unzuständiges Organ vorgenommen hat, gibt es drei Theorien, nämlich die
1. **Absolute Relevanztheorie**
2. **Irrelevanztheorie**
3. **Modifizierte Relevanztheorie**

(I_5)

5) Die h. L., das ist die **modifizierte Relevanztheorie,** hält die innerstaatliche Ungültigkeit dann für relevant, wenn der fremde Staat was erkennen konnte?
Die Unzuständigkeit des Organs

(I_{5c})

6) Was versteht man unter Notifikation?
Die amtliche Mitteilung einer völkerrechtserheblichen Tatsache.

(I_{11})

7) Was versteht man unter Anerkennung?
Die Erklärung eines Völkerrechtssubjektes, durch die eine Situation oder ein Anspruch eines anderen Völkerrechtssubjektes als völkerrechtlich wirksam akzeptiert wird.

(I_{14})

8) Ist die de jure-Anerkennung

endgültig? Ja [x] Nein [ ]

Ist die de facto-Anerkennung

endgültig? Ja [ ] Nein [x] (I_{15})

9) In Bezug auf die Rechtswirkung der Anerkennung von Staaten gibt es drei Theorien, nämlich die
1. **Konstitutive Theorie**
2. **Deklaratorische Theorie**
3. **Vermittelnde Theorie**

(I_{16})

10) Wodurch unterscheidet sich das völkerrechtliche Versprechen von der Verpflichtung in einem völkerrechtlichen Vertrag?
Durch die einseitige Bindung

(A_{32})

11) Setzt ein Verzicht voraus

Verzichtswillen? Ja [x] Nein [ ]

Verzichtsmöglichkeit? Ja [x] Nein [ ] (I_{35})

12) Als was kann das Unterlassen eines Protestes gegen eine Rechtsverletzung gedeutet werden?
Als stillschweigende Einwilligung

(A_{39})

1. Allgemeine Bedeutung der einseitigen völkerrechtlichen Handlungen

V Von den zwei Arten der völkerrechtlichen Handlungen – den einseitigen und den mehrseitigen Handlungen – haben die **mehrseitigen** Rechtshandlungen die **größere Bedeutung.** Das hängt damit zusammen, daß der Grundsatz der Gleichheit der Staaten und die Rechtsnatur des Völkerrechts als eines Koordinationsrechtes nur wenig Raum für einseitige Völkerrechtshandlungen läßt, soweit diese rechtsbegründend wirken, dagegen mehr Raum für solche einseitigen Völkerrechtshandlungen, die rechtsfeststellend (vor allem rechtswahrend) wirken. Ob die internationalen Beziehungen überwiegend durch mehrseitige oder aber überwiegend durch einseitige Völkerrechtshandlungen gestaltet werden, bildet deshalb oft einen Gradmesser für das Klima der internationalen Beziehungen. In normalen Friedenszeiten überwiegen die mehrseitigen Völkerrechtshandlungen, weil die Völkerrechtssubjekte zu Einigungen gelangen; in Kriegszeiten scheidet zumindest zwischen den kriegführenden Parteien diese Möglichkeit weitgehend aus, und man greift zum Mittel des einseitigen Handelns. Auch in Zeiten eines Spannungszustandes, z.B. eines „Kalten Krieges", wächst die Neigung zu einseitigem Handeln; hinzu kommt, daß in einer solchen Zeit die Zahl der Völkerrechtsdelikte und damit auch die Zahl der Proteste wächst.

Dennoch haben die einseitigen völkerrechtlichen Handlungen durchaus auch in Friedenszeiten Bedeutung, und zwar die Anerkennung, die Notifikation und der Protest mehr als das Versprechen und der Verzicht.

2. Einteilung der einseitigen völkerrechtlichen Handlungen

Gelegentlich wird innerhalb der einseitigen Völkerrechtshandlungen unterschieden zwischen **selbständigen** einseitigen Rechtshandlungen (z.B. Anerkennung, Notifikation, Protest), **unselbständigen** Rechtshandlungen, d.h. solchen, die nur ein Teilausschnitt aus einer umfassenden Rechtshandlung sind (z.B. Annahme, Anfechtung, Kündigung eines Vertrages), und **gemischten** Rechtshandlungen, bei denen tatsächliche Umstände eine Rechtswirkung erzeugen, ohne daß es auf den Willen des Völkerrechtssubjektes ankommt (z.B. Okkupation, Dereliktion); es empfiehlt sich, in Übereinstimmung mit dem Zivilrecht für die letztgenannten Rechtshandlungen den Ausdruck „Realakte" zu gebrauchen.

3. Allgemeine Voraussetzungen völkerrechtlicher Handlungen

Ob ein Völkerrechtssubjekt einseitige Völkerrechtshandlungen vornehmen kann, richtet sich zunächst nach den allgemeinen Regeln über die völkerrechtliche

Handlungsfähigkeit. Da normalerweise Völkerrechtsfähigkeit und Handlungsfähigkeit zusammenfallen, ist dies selten problematisch.

Dagegen wirft die zweite Voraussetzung der Völkerrechtshandlung, nämlich die **Zuständigkeit des handelnden Organs** schwierige Fragen auf, wenn seine Unzuständigkeit nach Vornahme der Handlung behauptet wird. War das Organ **unzuständig,** so wird die Frage der Gültigkeit der vorgenommenen Völkerrechtshandlung von drei Theorien verschieden beantwortet:
Nach einer Auffassung ist die staatsrechtliche Ungültigkeit auch für die völkerrechtliche Beurteilung relevant, d.h. die staatsrechtliche Ungültigkeit macht die Handlung auch völkerrechtlich ungültig (**absolute Relevanztheorie**); nach einer zweiten Auffassung ist die staatsrechtliche Ungültigkeit für die völkerrechtliche Beurteilung irrelevant, d.h. trotz staatsrechtlicher Ungültigkeit bleibt die Handlung völkerrechtlich gültig (**Irrelevanztheorie**); nach einer dritten Ansicht ist die staatsrechtliche Ungültigkeit nur dann von Belang, wenn sie für den fremden Staat erkennbar war (**modifizierte Relevanztheorie,** h.L.). Die modifizierte Relevanztheorie entspricht den Bedürfnissen der internationalen Praxis am meisten; sie berücksichtigt sowohl den Grundsatz der Rechtssicherheit im internationalen Verkehr als auch den Grundsatz von Treu und Glauben.

Eine **Stellvertretung** bei der Vornahme von Rechtshandlungen ist auch im Völkerrecht möglich, z.B. durch eine Schutzmacht.

In bezug auf die **Form** der einseitigen Völkerrechtshandlungen gibt es keine besonderen Erfordernisse. In der Staatenpraxis überwiegt bei den völkerrechtlichen Erklärungen die Schriftform, was im Interesse der Rechtssicherheit liegt.

Bei den völkerrechtlichen Erklärungen ist zwischen **Zugangsbedürftigkeit** (Empfangsbedürftigkeit) und **Annahmebedürftigkeit** zu unterscheiden. Völkerrechtliche Erklärungen sind in der Regel zugangsbedürftig, dagegen nicht annahmebedürftig.

Bei dem Erfordernis der freien **Willensentschließung** wurde früher zwischen zulässigem und unzulässigem Zwang unterschieden: als zulässig wurde die Ausübung von Zwang gegen das betreffende Völkerrechtssubjekt (den Staat) angesehen, als unzulässig dagegen der Zwang gegen dessen Organwalter (z.B. die Unterhändler). Diese Unterscheidung ist problematisch, weil ihr Sinn nicht einzusehen ist, und weil beide Arten von Zwang nicht präzise voneinander getrennt werden können, da die Androhung von Zwang gegen einen fremden Staat zugleich psychischer Zwang gegen die Unterhändler dieses Staates ist. In analoger Anwendung der Art. 51, 52 der Wiener Konvention betreffend das Recht der Verträge von 1969 wird daher heute auch für einseitige völkerrechtliche Handlungen die Regel anzunehmen sein, daß eine unter Zwang gegen den Staat oder seine Unterhändler zustande gekommene Handlung rechtsunwirksam ist.

4. Notifikation

Die Notifikation erfolgt in der Regel durch Übermittlung einer diplomatischen Note. Umgekehrt ist nicht jede Note zugleich auch eine Notifikation, z.B. nicht eine Note, die bloße Höflichkeitsreferenzen erweist, also keinen Rechtsgehalt hat.

Man unterscheidet **deklaratorische Notifikationen** (z.B. die Anzeige eines Gebietserwerbs durch Okkupation, die Anzeige einer Vertragsannahme) und **konstitutive Notifikationen** (z.B. die Kriegserklärung). Während die deklaratorischen Notifikationen nur eine Rechtstatsache anzeigen, wirken die konstitutiven Deklarationen rechtsbegründend oder rechtsändernd. Die Unterscheidung zwischen deklaratorischen und konstitutiven Notifikationen überschneidet sich mit der Unterscheidung zwischen **freiwilligen und obligatorischen Notifikationen**: die deklaratorischen Notifikationen sind regelmäßig freiwillig, die konstitutiven Notifikationen sind regelmäßig obligatorisch.

Der diplomatischen Übung entspricht es, daß der Empfänger einer Notifikation den Zugang bestätigt. Gelegentlich wird auch angenommen, daß die Notifikation nicht nur zugangsbedürftig, sondern auch annahmebedürftig ist.

5. Anerkennung von Staaten

Eine der rechtlich umstrittensten und politisch bedeutsamsten Völkerrechtsfragen ist das Problem der Anerkennung.

Die Anerkennung hat eine **Klarstellungsfunktion.** Die Klarstellung bezieht sich bei der Anerkennung eines Staates, einer Regierung, einer Internationalen Organisation, einer kriegsführenden Partei und von Aufständischen auf die Völkerrechtsfähigkeit, bei der Anerkennung eines Gebietserwerbs oder anderer Rechtstitel auf die Wirksamkeit (nicht dagegen unbedingt auf die Rechtmäßigkeit des Erwerbs) eben dieses Rechtstitels.

Die Anerkennung von Staaten ist rechtlich problematisch, weil die Existenz eines Staates sich mit rechtlichen Kategorien schwer feststellen läßt. Art. 1 der Montevideo-Konvention von 1933 stellt folgende Merkmale auf:

1. eine dauernde Bevölkerung;
2. ein abgegrenztes Territorium;
3. eine Regierung;
4. die Fähigkeit, mit anderen Staaten Beziehungen aufzunehmen.

Einen ähnlichen „**Staatsreife-Katalog**" hat der Völkerbund aufgestellt, als der Irak 1931 aus dem Status als Mandatsgebiet des Völkerbundes entlassen und selbständiger Staat werden sollte. Als Kriterien werden genannt: eine gefestigte Regierung und eine Verwaltung, welche die normale Verwaltungstätigkeit erfüllen kann; die Fähigkeit, die territoriale Integrität und politische Unabhängigkeit zu wahren; die Fähigkeit, im Lande den Frieden zu erhalten; genügende Finanzmittel für eine normale Regierungsarbeit; das Vorhandensein von Gesetzen und Justiz.

Einigkeit besteht darüber, daß eine **eigenständige Regierung** vorhanden sein muß. In der Praxis ist dies jedoch oft schwierig festzustellen (z.B. die Eigenständigkeit der DDR-Regierung gegenüber der Sowjetregierung; Eigenständigkeit der Regierung des Kaiserreiches Mandschukuo gegenüber der Regierung Japans von 1932 bis 1937). Noch problematischer wird die Situation, wenn nicht nur eine Eigenständigkeit gegenüber einer fremden Regierung in Frage steht, sondern auch eine **demokratische Legitimation** der Regierung gefordert wird. Das geltende Völkerrecht stellt nur auf formale Kriterien ab; es hat daher das Prinzip der demokratischen Legitimation einer Regierung **nicht** zur notwendigen Voraussetzung der Anerkennung erhoben.

Die politischen Komplikationen ergeben sich aus der Tatsache, daß die Frage der Anerkennung eines neuen Staates sich meist dann stellt, wenn ein Staatsteil sich aus dem Staat gegen dessen Willen löst (Beispiel: die Kolonien aus den Mutterländern). Der Mutterstaat versucht in der Regel, die Verselbständigung des Staatsteiles zu verhindern und verweigert dem neuen Staat zunächst die Anerkennung (so hat z.B. Spanien Peru erst 75 Jahre nach dessen Verselbständigung vom spanischen Kolonialbereich anerkannt); kann er das nicht, so versucht er wenigstens, die rechtliche Anerkennung dieses Vorgangs durch dritte Staaten zu verhindern. Damit wird das Rechtsinstitut der Anerkennung zu einer Waffe im politischen Kampf. In einer politisch gespaltenen Völkerrechtsgemeinschaft, die über die völkerrechtliche Anerkennung eines neuen Gebildes uneinig ist (Bsp.: Anerkennung der DDR durch die Staaten des Ostblocks, einige arabische Staaten, Kuba und Chile, dagegen Nichtanerkennung durch die Staaten des Westblocks), verliert die Anerkennung ihren ursprünglichen Rechtsgehalt: sie trifft nicht mehr die einheitliche, feststellende Entscheidung über die Völkerrechtsfähigkeit eines Gebildes, sondern wird zur unterschiedlich manipulierbaren Voraussetzung für die Aufnahme diplomatischer Beziehungen.

Str. ist, ob in der **gleichzeitigen Mitgliedschaft in einer internationalen Organisation oder der gleichzeitigen Partnerschaft in einem multilateralen Vertrag** eine stillschweigende Anerkennung liegt. Die h.L. und die Praxis verneinen dies (Bsp.: Gleichzeitige Mitgliedschaft Israels und der arabischen Staaten in der UNO; Unterzeichnung des Moskauer Atomteststopabkommens von 1963 durch BRD und DDR), was für politische – d.h. nicht nur technische Funktionen erfüllende – Organisationen zwar rechtslogisch schwer zu begründen, aber im Interesse einer möglichst großen Mitgliederzahl (Streben nach Universalität) rechtspolitisch sinnvoll ist.

Der **offizielle Empfang von Regierungsvertretern** eines völkerrechtlich nicht anerkannten fremden Staates wird heute – anders als im vorigen Jahrhundert – **nicht** als stillschweigende Anerkennung aufgefaßt; ebenso gilt der Abschluß eines sog. „unpolitischen" Vertrages (z.B. eines Handelsabkommens) nicht als Anerkennung des Vertragspartners.

Schließlich stellt sich die Frage, ob eine **Anerkennung unter Bedingungen ausgesprochen** oder **zurückgenommen** werden kann. So wurde die Anerkennung von Serbien, Rumänien und Montenegro auf dem Berliner Kongreß von 1878 unter der Bedingung ausgesprochen, die Menschenrechte von Minderheiten zu achten und zu schützen; in Frankreich wurde 1918 erwogen, dem Deutschen Reich die Anerkennung zu entziehen, weil es unfähig sei, die Pflichten eines zivilisierten Staates zu erfüllen. Richtigerweise ist die Anerkennung als nicht rücknehmbare, bedingungsfeindliche Rechtshandlung anzusehen; wird der Anerkennungserklärung eine „Bedingung" beigefügt, so handelt es sich in Wahrheit um eine Auflage oder Erwartung, deren Nichterfüllung die völkerrechtliche Wirksamkeit der Anerkennung selbst unberührt läßt.

Ein Gebilde, das selbst den Anspruch erhebt, ein Staat zu sein, aber völkerrechtlich nicht als Staat anerkannt ist, und ein Regime, das ein Teilgebiet eines Staates beherrscht, aber die Übernahme der staatlichen Gewalt im Gesamtstaat anstrebt, werden als **de facto-Regime** bezeichnet. Wesensmerkmal des de facto-Regimes ist also die effektive Beherrschung eines Gebietes durch ein Gemeinwesen, das sich als unabhängig bezeichnet, aber nicht als neuer Staat oder als Regierung eines bestehenden Staates völkerrechtlich anerkannt ist. Beispiele solcher de facto-Regime sind die DDR, die Volksrepublik Korea (Nord-Korea) und die Demokratische Republik Vietnam (Nord-Vietnam) im Verhältnis zu den sie nicht anerkennenden Staaten; Beispiele aus der Völkerrechtsgeschichte sind die vom Mutterland abgefallenen Kolonien, die Konföderation der Südstaaten während des amerikanischen Bürgerkrieges und das vom Deutschen Reich und Italien im zweiten Weltkrieg gegründete Kroatien, alle jeweils im Verhältnis zu den Staaten, die eine Anerkennung verweigerten.

Einseitige völkerrechtliche Handlungen

Die völkerrechtlichen Rechte und Pflichten des de facto-Regimes gegenüber den es nicht anerkennenden Staaten sind im einzelnen vielfach noch ungeklärt. Immerhin kann als gesicherte Rechtsüberzeugung angenommen werden, daß auf ein befriedetes (d.h. nicht noch im Bürgerkriegszustand befindliches) de facto-Regime das Gewaltverbot anwendbar ist; ein befriedetes de facto-Regime darf also weder selbst militärische Gewalt anwenden noch darf gegen es militärische Gewalt angewendet werden.

6. Anerkennung von Regierungen

Die Anerkennung von Regierungen ist mit der Problematik der völkerrechtlichen Berücksichtigung oder Nichtberücksichtigung der **Legalität oder Legitimität** einer innerstaatlichen Regierung belastet.

Die **Tobar-Doktrin** (1907, benannt nach dem damaligen Außenminister von Ekuador) wollte jeder durch Staatsstreich oder Revolution an die Macht gelangten Regierung die Anerkennung versagen. Demgegenüber besagt die **Estrada-Doktrin** (1930, benannt nach dem damaligen Außenminister von Mexiko), daß es überhaupt keine Anerkennung von Regierungen mehr geben solle, weil die Regierungsbildung zur unantastbaren Souveränität der fremden Staaten gehöre; im Fall des gewaltsamen Regierungswechsels sei lediglich die Frage der Belassung oder Rückberufung des diplomatischen Personals zu prüfen.

Beide Doktrinen haben sich nicht als geltende Völkerrechtsregeln durchgesetzt. Die Praxis der Anerkennung von Regierungen wird vielmehr unterschiedlich, subjektiv und nach politischen Opportunitätsgesichtspunkten gehandhabt; die Anerkennungspraxis gegenüber der Regierung der Volksrepublik China (Rotchina) und der Regierung der Republik China (Nationalchina) ist hierfür ein Beispiel. Von einer herrschenden Lehre kann daher insoweit nicht gesprochen werden.

7. Verzicht

Verzichte werden durch einseitige völkerrechtliche Erklärungen seltener ausgesprochen als in völkerrechtlichen Verträgen; besonders häufig sind Verzichte der Besiegten in Friedensverträgen.

In der Regel liegt ein Verzicht nur dann vor, wenn eine Rechtsposition ohne Gegenleistung aufgegeben wird.

Innenpolitisch ist der Verzicht oft ein schwieriges Problem (Schimpfwort: „Verzichtspolitiker“), weshalb zuweilen die Rückkehr zur Geheimdiplomatie gefordert wird, um Verzichte, die oft notwendige Voraussetzung eines Interessenausgleichs sind, zu erleichtern.

8. Protest

Der Protest kann nicht nur gegen eine bereits eingetretene, sondern **auch gegen** eine erst **drohende Rechtsverletzung** (z.B. gegen ein noch nicht erlassenes, aber angekündigtes Gesetz, das die Konfiskation des Eigentums von Ausländern vorsieht) erhoben werden. Er ist nicht nur gegen die Verletzung eigener Rechte zulässig, **sondern auch gegen die Verletzung allgemeingültiger**, d.h. auch Dritte begünstigender **Normen** (z.B. des Grundsatzes der Freiheit der Hohen See).

Da das Unterlassen eines Protestes als Verzicht gewertet werden kann, stellt sich die Frage, innerhalb welcher Frist nach Bekanntwerden der Rechtsverletzung der Protest eingelegt werden muß. Die Frage ist nur mit der Formel der **angemessenen Frist** zu beantworten. Ist der Protest fristgemäß erhoben, setzt aber der Staat, gegen dessen Verhalten protestiert wird, sein völkerrechtswidriges oder unfreundliches Verhalten fort, so muß der Protest notfalls wiederholt oder mit Sanktionen gekoppelt werden. Bleiben Sanktionen aus, so kann der Protest zu einem „papierenen" und ineffektiven Instrument werden. Die gegenwärtige politische Situation der Völkerrechtsgemeinschaft schließt allerdings wirksame Sanktionen fast aus: Innerhalb des Westblockes und innerhalb des Ostblockes sind intensive Sanktionen wegen der engen politischen Beziehungen kaum möglich (Bsp.: wiederholte Proteste der BRD gegen die Aufbringung deutscher Handelsschiffe im Mittelmeer durch französische Seestreitkräfte im Algerienkrieg ohne Sanktionen); im Verhältnis zwischen Westblock und Ostblock würden wirksame Sanktionen zur Gefahr einer kriegerischen Auseinandersetzung führen.

Für die **Form** des Protestes bestehen keine besonderen Regeln. Wegen seiner rechtstechnischen Funktion muß er **gegen einen bestimmten Akt eines anderen Völkerrechtssubjektes gerichtet sein und völkerrechtliche Argumente enthalten.** Politisch-polemische, allgemeingehaltene Beschimpfungen (sog. Propagandakrieg) sind keine echten völkerrechtlichen Proteste.

Der Protest enthält stets eine Rechtsverwahrung; umgekehrt enthält die sog. **Rechtsverwahrung** nicht immer einen Protest. Der Protest richtet sich gegen ein bestimmtes Verhalten eines anderen Völkerrechtssubjektes, das Rechte des Protestierenden beeinträchtigt; der Protestierende fordert den Adressaten des Protestes auf, jenes Verhalten einzustellen. Demgegenüber braucht die Rechtsverwahrung sich nicht unbedingt gegen ein Verhalten eines anderen Völkerrechtssubjektes zu wenden; vielmehr kann die Rechtsverwahrung auch, ohne einen Vorwurf zu erheben, an eine bestimmte Situation anknüpfen und nur darauf hinweisen, daß aus dieser Situation keine bestimmten rechtlichen Schlüsse gezogen werden können.

B Beispiel einer Rechtsverwahrung

Verwahrung der BRD anläßlich der Aufnahme diplomatischer Beziehungen mit der UdSSR (Schreiben von Bundeskanzler Adenauer an Ministerpräsident Bulganin) vom 14. September 1955.

„Herr Ministerpräsident, aus Anlaß der Aufnahme diplomatischer Beziehungen zwischen der Regierung der Bundesrepublik Deutschland und der Regierung der UdSSR erkläre ich:

1. Die Aufnahme der diplomatischen Beziehungen zwischen der Regierung der Bundesrepublik Deutschland und der Regierung der UdSSR stellt keine Anerkennung des derzeitigen beiderseitigen territorialen Besitzstandes dar. Die endgültige Festsetzung der Grenzen Deutschlands bleibt dem Friedensvertrag vorbehalten.

2. Die Aufnahme diplomatischer Beziehungen mit der Regierung der Sowjetunion bedeutet keine Änderung des Rechtsstandpunktes der Bundesregierung in bezug auf ihre Befugnis zur Vertretung des deutschen Volkes in internationalen Angelegenheiten und in bezug auf die politischen Verhältnisse in denjenigen deutschen Gebieten, die gegenwärtig außerhalb ihrer effektiven Hoheitsgewalt liegen."

Abdruck nach AdG 1953, S. 5362.

Die Abgrenzung zwischen Protest und Rechtsverwahrung kann im Einzelfall schwierig sein; vgl. z.B. die Erklärung der deutschen Delegation bei Unterzeichnung des Versailler Friedensvertrages von 1919, die sowohl als Protest als auch als Rechtsverwahrung gedeutet werden kann: „Der übermächtigen Gewalt weichend, und ohne damit ihre Auffassung über die unerhörte Ungerechtigkeit der Friedensbedingungen aufzugeben, erklärt deshalb die Regierung der Deutschen Republik, daß sie bereit ist, die von den alliierten und assoziierten Regierungen auferlegten Friedensbedingungen anzunehmen und zu unterzeichnen."

9. Okkupation und Dereliktion

Die (friedliche) **Okkupation** eines Gebietes, die zur Zeit der Kolonisation eine große Rolle spielte, ist heute praktisch bedeutungslos geworden. Es gibt auf der

Erde keine unentdeckten Gebiete mehr, die sich ein Staat durch Entdeckung und nachfolgende tatsächliche Inbesitznahme (Okkupation) aneignen könnte.

Die Gebietsansprüche auf Gebiete in der **Antarktis** sind durch den Antarktis-Vertrag von 1959 „eingefroren" (Text: UNTS Bd. 402, S. 71). Die Okkupation von **Himmelskörpern** untersagt der Weltraumvertrag von 1967 (Text: BGBl. 1969 II, S. 1967 ff.). Die früher sehr wichtige Frage, wie weit die Okkupation **effektiv** sein muß (Abgrenzung von bloßen symbolischen Handlungen wie Flaggenhissung usw.) ist daher heute unwichtig geworden.

Beim Gebietserwerb können auch **mehrere Erwerbstitel** hinsichtlich des gleichen Gebietes vorliegen. So läßt sich der Erwerb Grönlands durch Dänemark auf friedliche Okkupation, auf Ersitzung und auf Adjudikation durch das Urteil des Ständigen Internationalen Gerichtshofes von 1933 (PCIJ Series A/B Nr. 53; StIGH E Bd. 10, S. 25) stützen.

Kein Gebietserwerb ist dagegen die Pacht eines Gebietes (z.B. Pacht Kiautschaus durch das Deutsche Reich und von Port Arthur durch China 1898) oder die Einräumung eines Stützpunktes (z.B. auf Neufundland und auf den Karibischen Inseln durch Großbritannien an die USA 1940 im Austausch gegen 50 Zerstörer; sog. Land-Lease-Abkommen).

Ohne praktische Bedeutung ist in der Gegenwart auch die **Dereliktion**, da heute kein Staat mehr gewillt ist, Staatsgebiet freiwillig und – anders als bei der Zession (Abtretung) – ohne Übertragung an einen anderen Staat, die in der Regel nur für eine Gegenleistung erfolgt, aufzugeben.

10. Annexion

Dagegen besteht die Annexion, d.h. die **gewaltsame Besetzung mit Aneignungsabsicht**, leider noch immer als Völkerrechtsproblem fort.

Die USA erklärten schon 1932 in der nach ihrem damaligen Außenminister benannten **Stimson-Doktrin**, in Zukunft keine gewaltsam erfolgten Gebietsveränderungen mehr anzuerkennen. Das völkergewohnheitsrechtlich und vertraglich (z.B. gemäß Art. 2 Ziff. 4 der UNO-Satzung) geltende Gewaltverbot und das – allerdings in Umfang und Rechtsgeltung nicht unbestrittene – Selbstbestimmungsrecht der Völker machten eine Annexion in Friedenszeiten völkerrechtswidrig. Die Annexion der baltischen Staaten durch die UdSSR im Jahre 1940 ist daher von den westlichen Staaten bis heute noch nicht völkerrechtlich anerkannt worden. Das Verbot des Angriffskrieges macht aber auch eine vom Angreifer durchgeführte Annexion nach dem Krieg völkerrechtswidrig (ex iniuria ius non oritur).

Offen bleibt daher nur die Frage nach der völkerrechtlichen Beurteilung einer Annexion durch den Angegriffenen nach einem Verteidigungskrieg (z.B. Annexion der Gebiete jenseits von Oder und Neiße durch Polen und die Sowjetunion; Annexion arabischer Gebiete durch Israel nach dem letzten israelisch-arabischen Krieg, sofern dieser Krieg – wie nach der israelischen Darstellung – als Verteidigungskrieg anzusehen ist).

Auch hier bestehen rechtliche Bedenken gegen die völkerrechtliche Gültigkeit einer Annexion, jedenfalls dann, wenn sie über eine Wiedergutmachung (Reparation) hinausgeht. Die Resolution Nr. 242 des Sicherheitsrates der UNO vom 22. November 1967 stellt fest, daß die Erfüllung der UNO-Satzung die Anwendung der folgenden Prinzipien einschließen solle: "Withdrawal of Israeli armed forces from territories occupied in the recent conflict; and respect for and acknowledgement of the sovereignty, territorial integrity and political independence of every State in the area and their right to live in peace within secure and recognized boundaries free from threats or acts of force" (UN-Yearbook 1967, S. 257 f.). Eine andere Frage ist, ob eine an sich völkerrechtswidrige Annexion durch Zeitablauf (**Ersitzung**) völkerrechtsmäßig werden kann. Die Frage wird dann zu bejahen sein, wenn die Besitzausübung nicht mehr umstritten und eine sehr lange Zeit verstrichen ist. Wie viel Jahre der Zeitraum exakt umfassen muß, ist nicht festgelegt; im völkerrechtlichen Schrifttum ist die Frage strittig; es wird teils eine Frist von 50 Jahren, teils eine solche von 100 Jahren für rechtens gehalten.

L F. Berber, Lehrbuch des Völkerrechts, Bd. 1, 1960, S. 225-245, 335-351;
G. Dahm, Völkerrecht, Bd. 1, 1958, S. 121-152, 581-616;
E. Menzel, Völkerrecht, 1962, S. 139-148;
I. Seidl-Hohenveldern, Völkerrecht, 2. Aufl. 1969, S. 36-38, 121-131, 173-183;
F. Pfluger, Die einseitigen Rechtsgeschäfte im Völkerrecht, 1936;
E. Suy, Les actes juridiques unilatéraux en Droit international public, 1962;
G. von Haeften, Notifikation, in: Strupp-Schlochauer, Wörterbuch des Völkerrechts, Bd. 2, 1961, S. 633-635;
R. L. Bindschedler, Die Anerkennung im Völkerrecht, ArchVR 9 (1961/62), S. 377-397;
W. Schaumann, Anerkennung, in: Strupp-Schlochauer, Wörterbuch des Völkerrechts, Bd. 1, 1960, S. 47-56;
E. R. Zivier, Die Nichtanerkennung im modernen Völkerrecht. Probleme staatlicher Willensäußerung, 2. Aufl., 1969;
J. A. Frowein, Das de facto-Regime im Völkerrecht, 1968;

H. Alexy, Die Beteiligung an multilateralen Konferenzen, Verträgen und internationalen Organisationen als Frage der indirekten Anerkennung von Staaten, ZaöRV 26 (1966), S. 495-601;
H. Strebel, Der völkerrechtliche Begriff der Regierung, Österr. ZöR 7 (1956), S. 309-319;
W. Frhr. Marschall v. Bieberstein, Zum Problem der völkerrechtlichen Anerkennung der beiden deutschen Regierungen, 1959;
I.v. Münch, Verselbständigung von Staatsteilen, in: Strupp-Schlochauer, Wörterbuch des Völkerrechts, Bd. 3, 1962, S. 523-527;
W. Lewald, Völkerrechtliche Anerkennung der DDR? ZRP 1970, S.7-8;
H. Steiger, Verträge mit der DDR ohne „Anerkennung"? ZRP 1969, S. 121-124;
H. Engelhardt, Verzicht, in: Strupp-Schlochauer, Wörterbuch des Völkerrechts, Bd. 3, 1962, S. 587-588;
J. L. Kunz, Protest, in: Strupp-Schlochauer, Wörterbuch des Völkerrechts, Bd. 3, 1962, S. 810-812;
I.v. Münch, Entdeckung von Gebieten, in: Strupp-Schlochauer, Wörterbuch des Völkerrechts, Bd. 1, 1960, S. 427-428;
W. Schätzel, Die Annexion im Völkerrecht, ArchVR 2 (1950), S. 1-28;
M. Zuleeg, Die Oder-Neiße-Grenze aus der völkerrechtlichen Sicht von heute, ZRP 2 (1969), S. 226-231.
S. Krülle, Die völkerrechtlichen Aspekte des Oder-Neiße-Problems, 1970.

4.3 Mehrseitige völkerrechtliche Handlungen (Verträge)

4.3.1 Begriff des völkerrechtlichen Vertrages

I_1 Unter einer mehrseitigen Völkerrechtshandlung
(mehrseitiges völkerrechtliches Rechtsgeschäft, völkerrechtlicher Vertrag)
wird ein **Übereinkommen** verstanden,

das **mehrere Völkerrechtssubjekte**
zur rechtlichen Regelung hoheitlicher Beziehungen
auf der Grundlage des Völkerrechts schließen.

B_1 Deutsch-französischer Auslieferungsvertrag.

EWG-Vertrag.

Vertrag über die Gründung der UNO.

F_1 a) Warum ist der Anstellungsvertrag zwischen der UNO und einer bei der UNO angestellten Sekretärin kein völkerrechtlicher Vertrag?

b) Warum ist der Vertrag zwischen Libyen und der Gelsenkirchener Bergwerks AG über Öl-Konzessionen in Libyen kein völkerrechtlicher Vertrag?

A_1 a) Der Anstellungsvertrag zwischen der UNO und einer bei der UNO angestellten Sekretärin ist kein völkerrechtlicher Vertrag, weil die Sekretärin in ihrem Anstellungsverhältnis zur UNO kein Völkerrechtssubjekt ist.

b) Der Vertrag zwischen Libyen und der Gelsenkirchener Bergwerks AG ist kein völkerrechtlicher Vertrag, weil auch die Gelsenkirchener Bergwerks AG kein Völkerrechtssubjekt ist.

I_2 Völkerrechtliche Verträge können zwischen **allen Völkerrechtssubjekten** abgeschlossen werden,
also z. B. **zwischen Staaten,**
Staaten und Internationalen Organisationen
sowie zwischen Internationalen Organisationen.

B_2 Vertrag zwischen den Gründerstaaten der UNO betreffend die Gründung der UNO.

Amtssitzabkommen zwischen der UNO und den USA (sog. Sitzabkommen) von 1947.

Zusammenarbeitsvertrag zwischen der Internationalen Arbeitsorganisation (ILO) und der Organisation für Afrikanische Einheit (OAU) von 1965.

F_2 Völkerrechtliche Verträge werden oft „Staatsverträge" genannt – ist dieser Ausdruck immer zutreffend?

A_2 Nein. Der Ausdruck „Staatsverträge" ist nicht immer zutreffend: völkerrechtliche Verträge können auch zwischen nichtstaatlichen Völkerrechtssubjekten (z. B. zwischen Internationalen Organisationen) geschlossen werden.

I_3 Der Abschluß eines völkerrechtlichen Vertrages setzt die **Völkerrechtsfähigkeit** und die **Vertragsfähigkeit** voraus.
Die Vertragsfähigkeit ist ein Bestandteil der völkerrechtlichen Geschäftsfähigkeit, die ihrerseits ein Bestandteil der völkerrechtlichen Handlungsfähigkeit ist.

$Ü_3$

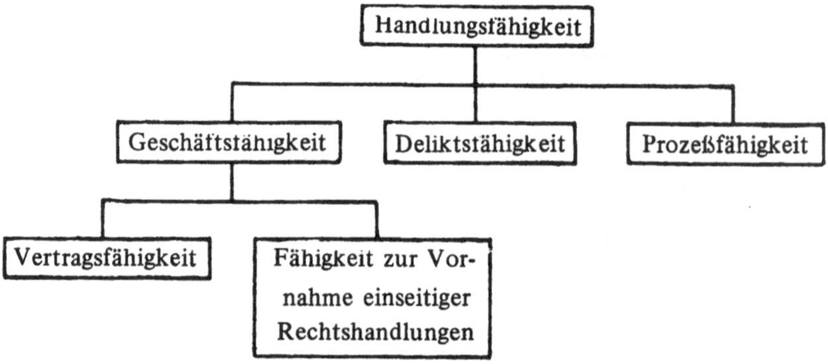

F_3 Kann ein Völkerrechtssubjekt, das nicht völkerrechtlich handlungsfähig ist, einen völkerrechtlichen Vertrag schließen?

A_3 Nein. Ein völkerrechtlicher Vertrag kann **nur zwischen völkerrechtlich handlungsfähigen Völkerrechtssubjekten geschlossen werden**: Die Vertragsfähigkeit ist ein Teil der völkerrechtlichen Geschäftsfähigkeit, die ihrerseits ein Teil der völkerrechtlichen Handlungsfähigkeit ist.

I_4 Ein völkerrechtlicher Vertrag liegt nur vor,
wenn die Vertragspartner den Willen haben,
Rechtsfolgen zu setzen,
d. h. **eine rechtlich verbindliche Regelung zu treffen.**

B_4 Übereinkommen über den Schutz des Bodensees gegen Verunreinigung von 1961: Art. 1: „Die Anliegerstaaten des Bodensees, das Land Baden-Württemberg, der Freistaat Bayern, die Republik Österreich und die Schweizerische Eidgenossenschaft (Kantone St. Gallen und Thurgau), verpflichten sich zur Zusammenarbeit auf dem Gebiet des Gewässerschutzes für den Bodensee."

F_4 Ist ein gentlemen's agreement zwischen zwei Staaten, das im Bereich der Courtoisie bleibt, ein völkerrechtlicher Vertrag?

A_4 Nein. Ein gentlemen's agreement, das im Bereich der Courtoisie bleibt, ist kein völkerrechtlicher Vertrag; denn es fehlt der Wille, eine rechtliche (d. h. rechtlich verbindliche) Regelung zu treffen.

I_5 Der Begriff des völkerrechtlichen Vertrages ist
schließlich nur dann erfüllt,
wenn die Vertragspartner hoheitliche Beziehungen
auf der Grundlage des Völkerrechts regeln wollen.

B_5 Friedensverträge der Alliierten mit Bulgarien, Finnland, Italien, Rumänien und Ungarn von 1947.

Österreichisch-italienisches Abkommen über Südtirol (Gruber–de Gasperi-Abkommen) von 1946.

Freundschafts-, Handels- und Schiffahrtsvertrag zwischen den USA und der BRD von 1954.

Vertrag über den Rat für gegenseitige Wirtschaftshilfe der Ostblockstaaten (COMECON) von 1959.

F_5 Indien kauft von Kanada Getreide. Der Kaufvertrag wird nach kanadischem Recht geschlossen.
Ist der Kaufvertrag ein völkerrechtlicher Vertrag?

A_5 Nein. Der Getreidekaufvertrag zwischen Indien und Kanada ist kein völkerrechtlicher Vertrag: Er ist zwar von zwei handlungsfähigen Völkerrechtssubjekten mit Rechtssetzungswillen geschlossen worden, jedoch nicht zur Regelung hoheitlicher Beziehungen und nicht auf der Grundlage des Völkerrechts.

I_6 Wie bei Verträgen im innerstaatlichen Recht kann auch bei internationalen Verträgen im Einzelfall die Feststellung schwierig sein, ob der Vertrag hoheitliche Beziehungen regelt oder nicht.

B_6 Vertrag zwischen den USA und Israel über die Lieferung von Jagdflugzeugen an Israel.

Vertrag zwischen der UdSSR und Ägypten über die Lieferung von Panzern an Ägypten.

4.3.2 Arten völkerrechtlicher Verträge

I_7 Die völkerrechtlichen Verträge können nach verschiedenen Kriterien eingeteilt werden, nämlich

a) nach der **Zahl der Partner** in
zweiseitige (bilaterale) und
mehrseitige (multilaterale, Kollektiv-) Verträge;

b) nach der **Geschlossenheit oder Offenheit des Partnerkreises** (d. h. nach der Möglichkeit für andere als die Unterzeichnerstaaten, dem Vertrag beizutreten) in
geschlossene, beschränkt offene und **offene Verträge;**

c) nach der **Form des Abschlusses** in
mündliche, durch Zeichen geschlossene und **schriftliche Verträge;**

d) nach der **Zeitdauer** (Laufdauer) in
befristete und **unbefristete Verträge.**

B_7 Beispiel für einen bilateralen Vertrag:

Vertrag zwischen der BRD und Frankreich über deutsch-französische Zusammenarbeit (Elysée-Vertrag) von 1963.

Beispiel für einen multilateralen Vertrag:

Menschenrechtskonvention der Europarat-Staaten von 1950.

Beispiel für einen geschlossenen Vertrag:

Potsdamer Abkommen von 1945.

Beispiel für einen beschränkt offenen Vertrag:

UNO-Satzung (Nichtunterzeichner können, müssen aber nicht zugelassen werden).

Beispiel für einen offenen Vertrag:

Vertrag über die Nichtweiterverbreitung von Kernwaffen von 1968.

Beispiel für einen mündlich geschlossenen Vertrag:

Militärischer Beistandsvertrag zwischen Spanien und Portugal von 1949.

Beispiel für einen durch Zeichen geschlossenen Vertrag:

Kapitulation kleinerer militärischer Verbände durch Zeigen der weißen Flagge (wenn man – mit der h. L. – die Kapitulation als völkerrechtlichen Vertrag, nicht als einseitige völkerrechtliche Handlung, ansieht).

Beispiel für einen schriftlich geschlossenen Vertrag:

(Gesamt-) Kapitulation der deutschen Wehrmacht.

Beispiel für einen befristeten Vertrag:

EGKS-Vertrag (50 Jahre).

Beispiel für einen unbefristeten Vertrag:

EWG-Vertrag.

Ü7 Arten der völkerrechtlichen Verträge

Zahl der Partner:
- Bilaterale
- Multilaterale

Beitrittsmöglichkeit:
- Geschlossene
- Beschränkt offene (Zulassung)
- Offene

Form des Abschlusses:
- Zeichen
- Mündliche
- Schriftliche

Zeitdauer
- Befristete
- Unbefristete

4.3.3 Abschluß völkerrechtlicher Verträge

I_8 Der Abschluß völkerrechtlicher Verträge kann entweder in einem **einphasigen** oder in einem **mehrphasigen** Verfahren erfolgen.

Beim **einphasigen** Verfahren können die Unterhändler **selbst** die völkerrechtliche Verbindlichkeit des Vertrages rechtswirksam herbeiführen.

B_8 Kapitulation eines Truppenteiles im Krieg.

I_9 Beim **mehrphasigen** Verfahren tritt die völkerrechtliche Verbindlichkeit des Vertrages erst nach Mitwirkung **anderer** staatlicher Organe ein.

B_9 Abschluß eines Friedensvertrages nach Zustimmung der Parlamente und Ratifikation durch die Staatsoberhäupter.

I_{10} Das mehrphasige Verfahren trägt der Tatsache Rechnung, daß die Verfassungen der meisten Staaten die Behandlung völkerrechtlicher Verträge durch mehrere Organe vorschreiben, und die Kompliziertheit der Materien – jedenfalls in Friedenszeiten – oft intensive Prüfungen durch verschiedene Instanzen gebietet.

F_{10} Ist angesichts dieser Tatsache beim Abschluß völkerrechtlicher Verträge das einphasige Verfahren oder das mehrphasige Verfahren der Regelfall?

A_{10} Das mehrphasige Verfahren ist beim Abschluß völkerrechtlicher Verträge der Regelfall: Es entspricht dem Verfassungsgebot der meisten Staaten und dem Sachzwang der Kompliziertheit der Materie.

I_{11} Der Wunsch nach Vertragsverhandlung wird in der Regel durch vorbereitende diplomatische Schritte ausgedrückt.

Ist Einigung über den Eintritt in Vertragsverhandlungen erzielt worden, so treffen sich die Unterhändler, die sich durch eine **Vollmacht** für die Verhandlungsführungsbefugnis ausweisen.

B_{11} Verhandlungen zwischen Staatssekretär Bahr und Außenminister Gromyko vor Abschluß des Gewaltverzichtsvertrages zwischen der UdSSR und der BRD (Moskauer Vertrag) von 1970.

F_{11} Ist eine völkerrechtliche Erklärung, die ein Unterhändler ohne Vollmacht abgibt, völkerrechtlich wirksam?

A_{11} Nein. Eine Erklärung, die ein Unterhändler ohne ausdrückliche oder stillschweigende Vollmacht abgibt, ist völkerrechtlich nicht wirksam: Er hat keine Befugnis zum Verhandeln.

I_{12} Eine ohne Vollmacht abgegebene Erklärung kann aber nachträglich bestätigt und der Fehler damit geheilt werden; denn die Befugnis zum Verhandeln kann auch nachträglich erteilt werden.

I_{13} Kommt es zu einer Einigung, so stellen die Unterhändler dies durch **Unterzeichnung** des vorläufigen Vertragstextes fest.

Eine besondere Form der Unterzeichnung ist die **Paraphierung** des Vertragstextes, d. h. die Unterzeichnung mit den Anfangsbuchstaben der Namen (paraphe) der Unterhändler.

Der paraphierte Text wird den Regierungen, die durch die Paraphierung rechtlich nicht festgelegt sind, zur Zustimmung vorgelegt.

Die Paraphierung hat lediglich den **Zweck, einen vorläufigen authentischen Vertragstext herzustellen,** den die Unterhändler oder einer von ihnen nicht mehr verändern können („ne variatur").

F_{13} Können nach der Paraphierung des Vertrages durch die Unterhändler andere zuständige Organe (z. B. nach einer durch Botschafter erfolgten Paraphierung die Außenminister der Vertragspartner) einen anderen Vertragstext vereinbaren, d. h. den Vertrag ändern?

A_{13} Ja. Nach Paraphierung des Vertrages durch die Unterhändler können andere zuständige Organe den Vertragstext ändern; die frühere Paraphierung hat nur vorläufigen Charakter.

I_{14} Bei der echten Unterzeichnung – d.h. der Unterzeichnung, die nicht nur in Form der Paraphierung erfolgt – setzen Vertreter der Vertragsparteien ihren vollen Namen unter den ausgehandelten Vertragstext. Die Vertreter der Vertragsparteien können vereinbaren, daß der Vertrag mit der Unterzeichnung in Kraft tritt; sie werden jedoch eine solche Vereinbarung nicht treffen, wenn der Vertragstext den zuständigen innerstaatlichen Organen entsprechend den Regelungen im Verfassungsrecht des betreffenden Staates zur Zustimmung vorgelegt werden muß.

B_{14} In der BRD dem Bundestag (Art. 59 II GG).
In der Schweiz der Bundesversammlung (Art. 85 Ziff. 5 BV).
In Österreich dem Nationalrat (Art. 50 I BVG).

I_{15} Die **Unterzeichnung** des Vertrages durch die Unterhändler beinhaltet **keine völkerrechtliche Verpflichtung** der zuständigen innerstaatlichen Organe **zur Zustimmung.**

Das Völkerrecht nimmt insoweit Rücksicht auf die innerstaatlichen Zuständigkeitsregelungen.

F_{15} War die Versagung der Zustimmung des französischen Parlaments zum Vertrag über die Gründung einer Europäischen Verteidigungsgemeinschaft (EVG) im Jahre 1954 ein völkerrechtliches Delikt?

A_{15} Nein. Die Versagung der Zustimmung des französischen Parlaments zum Vertrag über die Gründung einer Europäischen Verteidigungsgemeinschaft (EVG) war kein völkerrechtliches Delikt: Es bestand keine völkerrechtliche Verpflichtung zur Zustimmung.

I_{16} Der Vertrag kann bestimmen,
daß er der Ratifikation bedarf.

B_{16} Vertrag zwischen der BRD und Polen (Warschauer Vertrag) von 1970: Art. V Satz 1:
„Dieser Vertrag bedarf der Ratifikation . . ."

I_{17} Die **Ratifikation** ist die
– nach vollzogener parlamentarischer Zustimmung –
vom Staatsoberhaupt abgegebene formelle Erklärung der Bestätigung (Verbindlichkeitserklärung) des Vertrages.

Ob das Staatsoberhaupt zur Ratifikation verpflichtet ist, ist eine Frage des innerstaatlichen Rechts.

Eine völkerrechtliche Pflicht zur Ratifikation besteht nicht.

F_{17} Der Vertrag über die Gründung der Westeuropäischen Union (WEU) von 1948 bestimmt in Art. XII:
„Dieser Vertrag ist zu ratifizieren."

Angenommen, eines der Staatsoberhäupter der Unterzeichnerstaaten (Belgien, Frankreich, Großbritannien, Luxemburg, Niederlande) hätte die Ratifikation nicht vorgenommen – wäre das ein völkerrechtliches Delikt des betreffenden Staates gewesen?

A_{17} Nein. Die Verweigerung der Ratifikation durch das Staatsoberhaupt eines der Unterzeichnerstaaten wäre kein völkerrechtliches Delikt gewesen: Es besteht keine völkerrechtliche Pflicht zur Ratifikation. Artikel XII des Vertrages über die Gründung der Westeuropäischen Union bedeutet nur, daß der Vertrag, um rechtswirksam zu werden, der Ratifikation bedarf; er beinhaltet aber keine selbständige völkerrechtliche Verpflichtung zur Ratifikation.

I_{18} Damit der andere Vertragspartner **Kenntnis** von der Ratifikation erhält und zum Zweck der **Beweissicherung** erfolgt sodann ein **Austausch der Ratifikationsurkunden.**

I_{19} Bei multilateralen Verträgen wäre der Austausch der Ratifikationsurkunden zeitraubend und umständlich. Deshalb erfolgt hier eine **Hinterlegung** bei einem Depositar, d. h. bei einem Vertragsstaat oder einem Organ einer Internationalen Organisation – z. B. dem Generalsekretär der UNO –, der den Vertragsstaaten die Hinterlegung notifiziert.

I_{20} Das **Inkrafttreten** des Vertrages richtet sich nach dem Zeitpunkt, den der Vertrag selbst dafür bestimmt.

Häufig wird dafür der **Tag der Hinterlegung der Ratifikationsurkunden** gewählt, bei multilateralen Verträgen die Hinterlegung der Ratifikationsurkunden **entweder aller Vertragsstaaten oder einer bestimmten Zahl von Vertragsstaaten.**

B_{20} Beispiel für die Hinterlegung der Ratifikationsurkunden aller Vertragsstaaten: EWG-Vertrag.

Beispiel für eine Hinterlegung der Ratifikationsurkunden einer bestimmten Zahl von Vertragsstaaten: Vertrag über die Nichtweiterverbreitung von Kernwaffen:
43 Staaten einschließlich von drei Kernwaffenmächten.

I_{21} Der Vertrag kann aber auch einen anderen Zeitpunkt für das Inkrafttreten bestimmen;
er kann sich auch rückwirkende Kraft beilegen.

B_{21} So bestimmt Art. 17 des Lausanner Friedensvertrages von 1923, daß der Verzicht der Türkei auf ihre Rechte auf Ägypten und den Sudan ebenso wie die Annexion Zyperns durch Großbritannien auf den 5. November 1914 zurückwirkt.

Ü21

Abschluß eines völkerrechtlichen Vertrages mit Ratifikationsklausel (Mehrphasiges Verfahren)

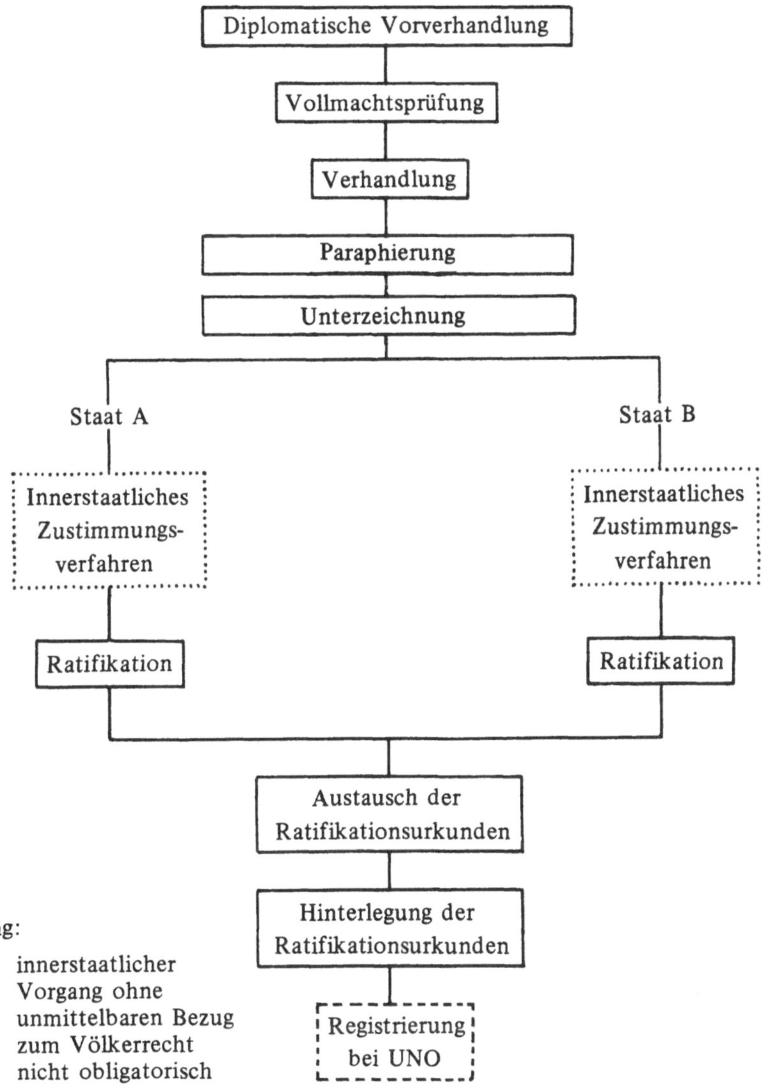

Erläuterung:

. . . . . = innerstaatlicher Vorgang ohne unmittelbaren Bezug zum Völkerrecht

- - - - - = nicht obligatorisch

4.3.4 Auslegung völkerrechtlicher Verträge

I_{22} Art. 31 der Wiener Vertragsrechtskonvention von 1969 bestimmt:

Jeder Vertrag soll **nach Treu und Glauben in Übereinstimmung mit der gebräuchlichen Bedeutung der Ausdrücke in ihrem Kontext und im Licht des Vertragsgegenstandes und -zweckes ausgelegt werden.**

Art. 31 kombiniert also – unter Zugrundelegung des Prinzips von Treu und Glauben – die **wörtliche** (grammatikalische) **Auslegung** mit der **systematischen** und der **teleologischen** (funktionalen) **Auslegung.**

I_{23} Bei der **wörtlich-grammatikalischen Auslegung** ist der natürliche Sinn der einzelnen Ausdrücke **nach dem allgemeinen Sprachgebrauch zum Zeitpunkt des Vertragsabschlusses** (principle of contemporaneity) zu ermitteln.

F_{23} Die Haager Landkriegsordnung von 1907 verbietet „die Verwendung von Gift und vergifteten Waffen“ (Art. 23). Verbietet die Haager Landkriegsordnung bei wörtlich-grammatikalischer Auslegung (nicht: unter anderen Gesichtspunkten) die Verwendung von Kernwaffen?

A_{23} Nein. Die Haager Landkriegsordnung verbietet bei wörtlich-grammatikalischer Auslegung nicht die Verwendung von Kernwaffen: nach dem allgemeinen Sprachgebrauch zur Zeit des Vertragsabschlusses (1907) hatten die Worte „Gift" und „giftige Waffen" eine andere Bedeutung.

I_{24} Bei der **systematisch-logischen** Auslegung sind die einzelnen Wörter nach dem **Gesamtzusammenhang und nach logischen Regeln** auszulegen.

Auslegungsregeln (-methoden) sind u. a.:
lex specialis derogat legi generali (Spezielle Norm verdrängt allgemeine Norm),
argumentum e contrario (Schluß vom Gegenteil [Umkehrschluß]),
argumentum a maiore ad minus (Schluß vom Größeren zum Kleineren),
argumentum a minore ad maius (Schluß vom Kleineren zum Größeren).

B_{24a} Lex specialis derogat legi generali:

Genfer Abkommen über Küstengewässer und Anschlußzone von 1958:
Art. 18 II („Von einem das Küstenmeer durchfahrenden fremden Schiff dürfen Gebühren nur für bestimmte, dem Schiff geleistete Dienste [z. B. Lotsendienste] erhoben werden") derogiert als lex specialis Art. 18 I („Von fremden Schiffen dürfen Gebühren für die bloße Durchfahrt durch das Küstenmeer nicht erhoben werden").

B_{24b} argumentum e contrario:

Genfer Abkommen über die Hohe See von 1958:
Eine Aufbringung wegen Seeräuberei darf nicht von privaten Handelsschiffen vorgenommen werden – argumentum e contrario aus Art. 21 („Eine Aufbringung wegen Seeräuberei darf nur von Kriegsschiffen oder Militärluftfahrzeugen oder von anderen im Staatsdienst stehenden Schiffen oder Luftfahrzeugen vorgenommen werden, die hierzu befugt sind").

B_{24c} argumentum a maiore ad minus:

Vertrag zwischen dem Heiligen Stuhl und Italien von 1929 (Lateranvertrag):
Der Heilige Stuhl behält volle Freiheit in der Regelung des privaten Besuches der Kunstschätze im Vatikan – argumentum a maiore ad minus aus Art. 18 („Die in der Vatikanstadt und im Lateranpalast befindlichen Schätze der Kunst und der Wissenschaft bleiben den Wissenschaftlern und den Besuchern zugänglich, doch behält der Heilige Stuhl volle Freiheit in der Regelung des öffentlichen Besuches“).

B_{24d} argumentum a minore ad maius:

Genfer Abkommen über die Hohe See von 1958:
Die Nacheile nach einem fremden Schiff kann unternommen werden, wenn die zuständigen Behörden des Küstenstaates Gewißheit haben, daß das Schiff die Gesetze und Vorschriften dieses Staates verletzt hat – argumentum a minore ad maius aus Art. 23 Abs. I Satz 1: „Die Nacheile nach einem fremden Schiff kann unternommen werden, wenn die zuständigen Behörden des Küstenstaates guten Grund zu der Annahme haben, daß das Schiff die Gesetze und Vorschriften dieses Staates verletzt hat.“

I_{25} Die **teleologisch-funktionale Auslegung** stellt ab auf den **von den Vertragspartnern gewollten und festgelegten Zweck,** so wie er sich aus dem Vertrag ergibt (sog. **effet utile).**

F_{25} Im Jessup-Malik-Abkommen von 1949 wurde vereinbart, daß die Blockade Berlins beendet werden sollte.

Würde eine extrem hohe (erdrosselnde) Besteuerung des Personen- und Güterverkehrs von und nach West-Berlin durch sowjetische Behörden im Rahmen der teleologisch-funktionalen Auslegung gegen das Abkommen verstoßen?

A_{25} Ja. Eine extrem (erdrosselnde) Besteuerung des Personen- und Güterverkehrs von und nach West-Berlin würde zwar nicht gegen den Wortlaut des Jessup-Malik-Abkommens verstoßen, wohl aber gegen seinen Zweck, die Blockade Berlins zu beenden und weitere Blockaden zu verhindern.

I_{26} Führen die wörtlich-grammatikalische, die logisch-systematische und die teleologisch-funktionale Auslegung zu keinem klaren oder zu einem widersinnigen Ergebnis, so kann der Sinn des Vertrages **hilfsweise** nach der **historischen Auslegung** (d. h. auf Grund der Entstehungsgeschichte) ermittelt werden.

Für die Entstehungsgeschichte eines Vertrages sind vor allem die **Vorarbeiten** (travaux préparatoires) wichtig, also z. B. die Sitzungsprotokolle, Ausschußberichte, Vertragsentwürfe, Notenwechsel und sonstige Materialien der an der Vertragsausarbeitung beteiligten Vertragspartner.

$Ü_{26}$ **Methoden zur Auslegung völkerrechtlicher Verträge**

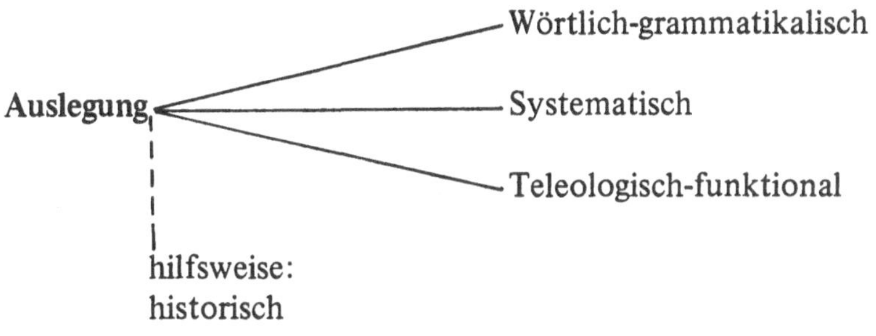

F_{26} Es gibt geschlossene Verträge (d. h. solche, deren Partnerkreis auf die Vertragsschließenden beschränkt ist) und offene Verträge (d. h. solche, die einen späteren Beitritt anderer Staaten zulassen).

Ist die historische Auslegung problematisch bei den geschlossenen oder bei den offenen Verträgen und warum?

A_{26} Die historische Auslegung ist problematisch bei den offenen Verträgen: die dem Vertrag erst später beitretenden Staaten waren an den Vorarbeiten nicht beteiligt.

I_{27} Ist ein im Vertrag gebrauchter Ausdruck mehrdeutig, so kann eine **authentische** (verbindliche) **Interpretation** erfolgen.

Eine solche authentische Interpretation kann der Vertrag selbst vornehmen.

B_{27} Deutsch-chilenisches Kulturabkommen (Art. 10): „In diesem Abkommen bedeutet ‚Land' auf deutscher Seite die Bundesrepublik Deutschland, auf chilenischer Seite die Republik Chile."

Übereinkommen über die Regelung von Wasserentnahme aus dem Bodensee von 1966 (Art. 2 Abs. I): „Als Bodensee im Sinne dieses Übereinkommens gelten der Obersee und der Untersee."

I_{28} Eine authentische Interpretation kann ferner dadurch erfolgen, daß die Vertragspartner nachträglich die Bedeutung eines Ausdruckes festlegen.

F_{28} Ein Vertragspartner legt nach Abschluß des Vertrages einem darin gebrauchten Ausdruck eine bestimmte Bedeutung bei; die anderen Vertragspartner widersprechen.

Handelt es sich um eine authentische (verbindliche) Interpretation?

A_{28} Nein. Ein Vertragspartner kann nicht einseitig einen Vertrag authentisch (verbindlich) interpretieren.

I_{29} Wenn ein völkerrechtlicher Vertrag zwischen Staaten mit **verschiedenen Sprachen** abgeschlossen wird, muß der Vertrag bestimmen, **welche** Sprachen für die Auslegung des Vertragstextes verbindlich sind („**Vertragssprachen**").

Bei einem **bilateralen** Vertrag werden regelmäßig die Sprachen **beider** Vertragspartner für verbindlich erklärt.

Bei einem **multilateralen** Vertrag können die Sprachen **aller** Vertragspartner für verbindlich erklärt werden **oder** – falls der Vertrag sehr viele Partner mit verschiedenen Sprachen hat – **nur einige** Sprachen.

B_{29} Gewaltverzichtsabkommen zwischen der BRD und der UdSSR (Moskauer Vertrag) von 1970 – verbindliche Vertragssprachen: deutsch und russisch.

EWG-Vertrag – verbindliche Vertragssprachen: deutsch, französisch, italienisch, niederländisch.

UNO-Satzung – verbindliche Vertragssprachen: englisch, französisch, spanisch, russisch, chinesisch.

I_{30} Führt der Vergleich der Vertragssprachen zu einer unterschiedlichen Bedeutung eines Ausdruckes, so ist die Bedeutung maßgebend, die dem Gegenstand und Zweck des Vertrages am ehesten entspricht. Im Streitfall wird dies von dem damit befaßten Gericht entschieden.

4.3.5 Revision völkerrechtlicher Verträge

I_{31} Vertragsrevision ist die **einverständliche Änderung oder Ergänzung einer oder mehrerer Bestimmungen eines völkerrechtlichen Vertrages**
unter grundsätzlicher Beibehaltung des Vertrages.

B_{31} Mannheimer (Revidierte) Rheinschiffahrtsakte von 1868 als Revision der Mainzer Rheinschiffahrtsakte von 1831:

Präambel: „Da die Rheinschiffahrtsordnung vom 31. März 1831 im Laufe der Zeit zahlreiche Abänderungen und Ergänzungen erlitten hat, und da ein Teil der in derselben getroffenen Festsetzung den gegenwärtigen Verhältnissen der Rheinschiffahrt nicht mehr entspricht, so sind die Regierungen von Preußen, Baden, Bayern, Frankreich, Hessen und den Niederlanden übereingekommen, den gedachten Vertrag, unter Aufrechterhaltung des Prinzips der Freiheit der Rheinschiffahrt in bezug auf den Handel, einer Revision zu unterwerfen . . .“

I_{32} Notwendige Voraussetzung einer Vertragsrevision ist also, das **Einverständnis der Partner** und der **Fortbestand des Vertragsinhaltes im grundsätzlichen.**

Die **einseitige Änderung** eines Vertrages ist also **keine** völkerrechtlich **wirksame Vertragsrevision,** da es am Einverständnis der Vertragspartner fehlt.

Ebenso ist aber auch die **einverständliche Aufhebung** eines Vertrages **keine Vertragsrevision,** da der Vertragsinhalt nicht im grundsätzlichen beibehalten wird.

F_{32} a) Ist die einverständliche Aufhebung eines Vertrages unter gleichzeitigem Abschluß eines neuen inhaltsgleichen Vertrages eine Vertragsrevision?

b) Ist die einverständliche Änderung des gesamten Vertragsinhaltes eine Vertragsrevision?

A_{32} a) Nein. Die einverständliche Aufhebung eines Vertrages unter gleichzeitigem Abschluß eines neuen Vertrages ist keine Vertragsrevision: Die Aufhebung des alten Vertrages bedeutet sein Erlöschen, und ein erloschener Vertrag kann nicht revidiert werden.

b) Nein. Die einverständliche Änderung des gesamten Vertragsinhaltes ist keine Vertragsrevision: Eine Vertragsrevision setzt die grundsätzliche Beibehaltung des Vertragsinhaltes voraus. Hier handelt es sich vielmehr um die Aufhebung des alten Vertrages bei gleichzeitigem Abschluß eines neuen Vertrages.

B_{32} Die UNO-Satzung von 1946 ist keine Revision der aus dem Jahre 1919 stammenden Satzung des Völkerbundes (des Vorgängers der UNO), sondern ein neuer Vertrag.

I_{33} Die **Möglichkeit der Revision** eines Vertrages kann **im Vertrag selbst vorgesehen sein (Revisionsklausel).**

B_{33} Meerengenkonvention von Montreux von 1936, die die Durchfahrt von fremden Schiffen durch die Dardanellen regelt (Art. 29): Alle 5 Jahre ist Vorschlag einer Vertragsrevision möglich.

Vertrag über die Beziehungen zwischen der BRD und den Drei Mächten – Generalvertrag – von 1952 (Art. 10): Im Fall der Wiedervereinigung Deutschlands ist der Vorschlag einer Vertragsrevision möglich.

F_{33} Bedeutet die Aufnahme einer Revisionsklausel in einen völkerrechtlichen Vertrag, daß der Vertrag in jedem Fall revidiert werden muß?

A_{33} Nein. Die Aufnahme einer Revisionsklausel in einen völkerrechtlichen Vertrag bedeutet nicht, daß der Vertrag revidiert werden muß: die Revisionsklausel beinhaltet nur eine Möglichkeit der Vertragsrevision, aber keine Verpflichtung.

I_{34} Die Vertragsrevision ist unproblematisch, wenn alle Vertragspartner revidieren wollen.

Dagegen ist **problematisch, wenn nur einige Partner eines mehrseitigen (multilateralen) Vertrages revidieren wollen.**

Eine Revision ist **zulässig, wenn der betreffende Vertrag eine alle Vertragspartner bindende Revision durch Mehrheitsentscheid vorsieht.**

B_{34} Revision der UNO-Satzung mit 2/3 Mehrheit der Mitglieder einschließlich aller ständigen Mitglieder des Sicherheitsrates (Art. 109 II).

I_{35} Eine Revision ist ferner **zulässig, wenn der Vertrag entweder die Revision durch einzelne** (ohne Mehrheit) **zuläßt, oder die Revision nicht ausdrücklich verbietet und durch die Revision nicht die Rechte und Pflichten der anderen (nicht revidierenden) Vertragspartner berührt oder die Zwecke des Vertrages vereitelt werden.**

B_{35} Revision eines multilateralen Waren- und Zahlungsverkehrsabkommens in einem bestimmten Punkt, der nur die revidierenden Partner betrifft.

F_{35} Zwei von zehn Partnern eines mehrseitigen (multilateralen) Vertrages, der keine Revision und Mehrheitsentscheidung vorsieht, revidieren eine Vertragsbestimmung, die nur sie betrifft.

Bindet diese Revision auch die anderen Partner?

A_{35} Nein. Die Revision eines multilateralen Vertrages durch zwei von zehn Partnern bindet nur diese untereinander, nicht dagegen die nicht-revidierenden Vertragspartner untereinander und gegenüber ihnen: die Vertragsrevision kann – wie ein Vertragsabschluß – nur diejenigen Partner binden, die an der Vertragsrevision beteiligt sind.

Geltung des alten (nichtrevidierten) Vertrages | Geltung des neuen (revidierten) Vertrages

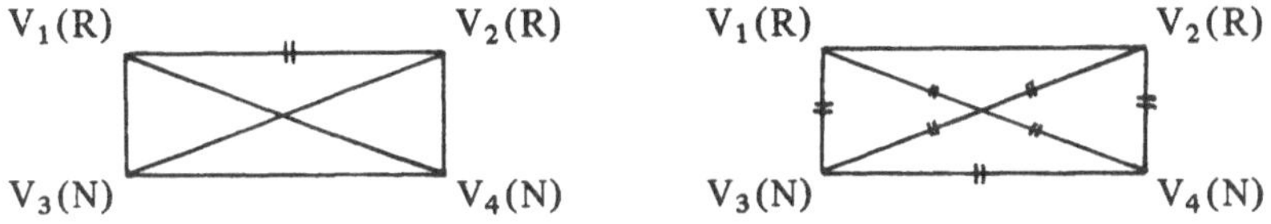

VR = Revidierender Vertragspartner
VN = Nichtrevidierender Vertragspartner

– Vertragsgeltung
ǂ Keine Vertragsgeltung

I_{36} Die Revision eines multilateralen Vertrages durch nur einige Partner **hat zur Folge, daß (unterschiedliche) Verpflichtungen der Vertragspartner nebeneinander stehen.**

Die Zulässigkeit der Revision trotz dieser problematischen Rechtsfolge trägt dem Umstand Rechnung, daß

1. wegen des Grundsatzes der Einverständlichkeit der Vertragsrevision schon ein einziger Partner eines multilateralen Vertrages den Wunsch vieler oder sogar aller anderen Partner nach Revision abblocken könnte,
2. es in der Regel günstiger ist, wenn der Vertrag mit unterschiedlich bindendem Inhalt fortbesteht als wenn er ganz aufgehoben wird,
3. das Vorhandensein vieler Vertragspartner bei einem multilateralen Vertrag notwendig vielfältige unterschiedliche Interessenlagen umschließt.

4.3.6 Beendigung völkerrechtlicher Verträge

I_{37} Völkerrechtliche Verträge **können beendigt** werden durch

a) **Erfüllung,**
b) **Zeitablauf,**
c) **Kündigung,** wenn eine Kündigungsklausel oder ein Kündigungsgrund vorhanden ist,
d) **einverständliche Aufhebung,**
e) **Untergang eines Vertragspartners oder sonstige Unmöglichkeit der Vertragserfüllung.**

B_{37} Beispiel für Erfüllung:
Deutsch-schweizerischer Grenzberichtigungsvertrag von 1964 durch Übergabe der betreffenden Gebiete.
Deutsch-israelisches Wiedergutmachungsabkommen von 1952 durch Zahlung der Wiedergutmachungssumme.

Beispiel für Zeitablauf:
EGKS-Vertrag nach 50 Jahren.

Beispiel für Kündigung:
Austritt Portugals aus der UNESCO.

Beispiel für einverständliche Aufhebung:
Satzung des Völkerbundes durch Abschluß der UNO-Satzung.

Beispiel für Untergang eines Vertragspartners oder sonstige Unmöglichkeit der Vertragserfüllung:
Verträge zwischen dem Deutschen Reich und den baltischen Staaten nach deren Annexion durch die UdSSR.

F_{37} Ein Vertragspartner will die ihm vertraglich auferlegten Pflichten nicht erfüllen – wird dadurch der Vertrag beendigt?

A_{37} Nein. Die Nichterfüllung eines völkerrechtlichen Vertrages durch einen Vertragspartner beendigt nicht automatisch den Vertrag: anderenfalls hätte es jeder Vertragspartner in der Hand, sich von vertraglichen Verpflichtungen zu lösen.

I_{38} Eine einseitige wirksame Kündigung (Rücktritt) ist immer möglich, wenn der Vertrag eine **Kündigungsklausel** enthält.

B_{38} Vertrag über die Rettung von Astronauten von 1967 (Art. XVI):

„Jeder Vertragsstaat kann diese Vereinbarung ein Jahr nach deren Inkrafttreten durch eine schriftliche, an die Verwahrregierungen gerichtete Notifikation kündigen. Der Rücktritt wird ein Jahr nach Eingang der Kündigung wirksam."

NATO-Vertrag von 1949 (Art. 13):

„Nach zwanzigjähriger Geltungsdauer des Vertrages kann jede Partei aus dem Vertrag ausscheiden, und zwar ein Jahr, nachdem sie der Regierung der Vereinigten Staaten von Amerika die Kündigung mitgeteilt hat."

I_{39} In diesen Fällen ist also die Kündigungsmöglichkeit an einen Zeitablauf gekoppelt.

Von der Vertragsbeendigung durch Zeitablauf unterscheidet sie sich dadurch, daß bei der Vertragsbeendigung durch Zeitablauf der Vertrag automatisch beendigt wird, während bei der Kündigungsklausel nach Zeitablauf dies nicht der Fall ist.

F_{39} Ein Vertrag sieht seine Beendigung nach 20-jähriger Laufzeit vor.

Muß er nach Ablauf dieser Zeit gekündigt werden?

A_{39} Nein. Ein Vertrag, der seine Beendigung nach 20-jähriger Laufzeit vorsieht, muß nicht nach Ablauf dieser Zeit gekündigt werden: er endet automatisch.

I_{40} Enthält ein Vertrag keine Kündigungsklausel und ist dem Vertrag auch nicht zu entnehmen, daß die Partner stillschweigend eine Kündigungsmöglichkeit vereinbart haben, so ist eine **einseitige Kündigung grundsätzlich nicht zulässig.**

I_{41} **Verletzt ein Vertragspartner die ihm obliegenden Vertragspflichten, so kann es dem anderen Partner nicht zugemutet werden, seinerseits den Vertrag zu erfüllen.**

Handelt es sich bei den verletzten Pflichten um für den Vertragsgegenstand und -zweck wesentliche Pflichten, so kann der verletzte Partner entweder – wenn er an der grundsätzlichen Aufrechterhaltung des Vertrages ein Interesse hat – seine Leistungen zurückhalten **(Suspendierung des Vertrages)** oder aber den Vertrag kündigen **(Kündigungsgrund).**

F_{41} Warum ist es sinnvoll, dem verletzten Partner neben dem Kündigungsrecht wahlweise das Recht zur Suspendierung des Vertrages zu geben?

A_{41} Es ist sinnvoll, dem verletzten Partner neben dem Kündigungsrecht wahlweise das Recht zur Suspendierung des Vertrages zu geben, weil der verletzte Partner ein Interesse daran haben kann, daß der Vertrag nicht durch Kündigung beendet wird, sondern fortgilt, z. B. wenn anzunehmen ist, daß der vertragsuntreue Partner in Zukunft sich vertragstreu verhalten wird.

I_{42} Eine einverständliche Aufhebung eines Vertrages kann erfolgen durch

a) **Abschluß eines neuen Vertrages,** der den alten ausdrücklich oder stillschweigend aufhebt;

b) **Ersatzlose Aufhebung des Vertrages;**

c) **Einverständliche Nichtanwendung** des Vertrages (desuetudo).

I_{43} Der **Ausbruch eines Krieges** zwischen den Vertragspartnern hat unterschiedliche Wirkung auf die von ihnen geschlossenen Verträge:

a) Verträge, die ihrem Wesen nach mit einem Kriegsfall unvereinbar sind, werden beendet;

b) Verträge, die gerade für einen Kriegsfall geschlossen sind, bleiben in Kraft;

c) Verträge, die unter keine dieser Gruppen fallen („unpolitische Verträge"), bleiben in Kraft, werden aber für die Dauer des Kriegszustandes suspendiert.

B_{43} Beispiel für einen Vertrag, der durch Kriegsausbruch beendet wird: Friedensvertrag.

Beispiel für Verträge, die in Kraft bleiben:
Haager Landkriegsordnung von 1907; Genfer Abkommen von 1949 zum Schutze von Zivilpersonen in Kriegszeiten.

Beispiel für einen unpolitischen Vertrag, der in Kraft bleibt, aber suspendiert wird:
Vertrag über die gegenseitige Anerkennung von Scheidungsurteilen.

I_{44} Die Beendigung der Suspendierung („Wiederanwendung“) erfolgt durch Vereinbarung zwischen den Vertragspartnern.

Die Wiederanwendung wird in der BRD im Bundesgesetzblatt bekanntgemacht, ohne daß es einer Zustimmung der gesetzgebenden Körperschaft zu dem wiederangewendeten Vertrag bedarf.

B_{44} Bekanntmachung über die Wiederanwendung deutsch-finnischer Vorkriegsverträge (BGBl. 1954 II, S. 740):
„Die am 25. 9. 1935 in Helsinki geschlossenen Abkommen a) zur Vermeidung der Doppelbesteuerung der direkten Steuern, b) über Rechtsschutz und Rechtshilfe in Steuersachen werden mit Wirkung vom 1. 1. 1953 im Verhältnis zwischen der BRD und Finnland gegenseitig wiederangewendet.

Bonn, den 31. 7. 1954 Der Bundesminister des Auswärtigen
i.V. Hallstein“

WF 1) Setzt der Abschluß eines völkerrechtlichen Vertrages voraus

Völkerrechtsfähigkeit? Ja ☐ Nein ☐

Völkerrechtliche Handlungsfähigkeit? Ja ☐ Nein ☐

2) Völkerrechtliche Verträge können eingeteilt werden nach der

Zahl der Partner in

. . . .

nach der Möglichkeit des Beitritts für Nichtunterzeichnerstaaten in

. . . .

nach der Form des Abschlusses in

. . . .

nach der Zeitdauer in

. . . .

3) Können die Unterhändler selbst die völkerrechtliche Wirksamkeit des von ihnen ausgehandelten Vertrages herbeiführen

beim einphasigen Verfahren? Ja ☐ Nein ☐

beim mehrphasigen Verfahren? Ja ☐ Nein ☐

4) Verpflichtet die Unterzeichnung des Vertrages völkerrechtlich die zuständigen innerstaatlichen Organe zur Zustimmung?

Ja ☐ Nein ☐

5) Was bedeutet Ratifikation?

. . . .

. . . .

6) Welchen Zweck hat der Austausch der Ratifikationsurkunde?

. . . .

. . . .

7) Methoden zur Auslegung völkerrechtlicher Verträge sind die

1. . . . .
2. . . . .
3. . . . .

und hilfsweise die . . . .

8) Liegt eine Vertragsrevision vor bei

einseitiger Änderung des Vertrages? Ja ☐ Nein ☐

einverständlicher Aufhebung des Vertrages? Ja ☐ Nein ☐

9) Völkerrechtliche Verträge können beendigt werden durch

1. . . . .
2. . . . .
3. . . . .
4. . . . .
5. . . . .

Mehrseitige völkerrechtliche Handlungen (Verträge)

AWF 1) Setzt der Abschluß eines völkerrechtlichen Vertrages voraus

Völkerrechtsfähigkeit? Ja [×] Nein [ ] (I_3)

Völkerrechtliche Handlungsfähigkeit? Ja [×] Nein [ ] (A_3)

2) Völkerrechtliche Verträge können eingeteilt werden nach der Zahl der Partner in
Bilaterale und multilaterale
nach der Möglichkeit des Beitritts für Nichtunterzeichnerstaaten in
Geschlossene, beschränkt Offene und Offene
nach der Form des Abschlusses in
Mündliche, durch Zeichen Geschlossene und Schriftliche
nach der Zeitdauer in
Befristete und Unbefristete (I_7)

3) Können die Unterhändler selbst die völkerrechtliche Wirksamkeit des von ihnen ausgehandelten Vertrages herbeiführen

beim einphasigen Verfahren? Ja [×] Nein [ ] (I_8)

beim mehrphasigen Verfahren? Ja [ ] Nein [×] (I_9)

4) Verpflichtet die Unterzeichnung des Vertrages völkerrechtlich die zuständigen innerstaatlichen Organe zur Zustimmung?

Ja [ ] Nein [×] (I_{15})

5) Was bedeutet Ratifikation?
Die vom Staatsoberhaupt abgegebene formelle Erklärung der Bestätigung des Vertrages (Verbindlichkeitserklärung) (I_{17})

6) Welchen Zweck hat der Austausch der Ratifikationsurkunde?
Kenntniserlangung des anderen Vertragspartners von der Ratifikation und Beweissicherung (I_{19})

7) Methoden zur Auslegung völkerrechtlicher Verträge sind die
1. **Wörtlich-grammatikalische**
2. **Systematische**
3. **Teleologisch-funktionale**

und hilfsweise die **Historische** (I_{22}, I_{26})

8) Liegt eine Vertragsrevision vor bei

einseitiger Änderung des Vertrages? Ja [ ] Nein [×]

einverständlicher Aufhebung des Vertrages? Ja [ ] Nein [×] (I_{32})

9) Völkerrechtliche Verträge können beendigt werden durch
1. **Erfüllung**
2. **Zeitablauf**
3. **Kündigung (bei Kündigungsklausel der Kündigungsgrund)**
4. **Einverständliche Aufhebung**
5. **Untergang eines Vertragspartners oder sonstige Unmöglichkeit.** (I_{37})

1. Bedeutung der völkerrechtlichen Verträge

V Die völkerrechtlichen Verträge sind für die internationale Praxis die **wichtigste Rechtsquelle.** Die Sammlung der bei der UNO registrierten Verträge (United Nations Treaty Series – UNTS) enthielt bis 23. Juni 1967 8.661 Verträge. Da nicht alle völkerrechtlichen Verträge bei der UNO registriert werden, vor allem nicht die vor der Gründung der UNO geschlossenen Verträge, ist die Zahl der geltenden Verträge tatsächlich noch sehr viel größer.

Die **wachsende Zahl** der völkerrechtlichen Verträge hat mehrere Ursachen: Einmal ist sie **Ausdruck der Vervollkommnung des Völkerrechts,** das sich von einem überwiegend primitiven (Gewohnheits–) Recht zu einem mehr entwickelten (Vertrags–) Recht wandelt und damit dem Gebot der Rechtsklarheit und der wachsenden wirtschaftlichen Zwischenabhängigkeit (Interdependenz) der Staaten gerecht wird; komplizierte wirtschaftliche und technische Detailfragen können nicht gewohnheitsrechtlich, sondern nur vertraglich geregelt werden.

Zum anderen bevorzugen die **sowjetische Völkerrechtsauffassung** und diejenige der **neu entstandenen afro-asiatischen Staaten** vertragliche Regelungen, weil sie dem Völkergewohnheitsrecht skeptisch gegenüberstehen.

2. Kodifikation

Nachdem Bemühungen um eine Kodifikation der allgemeinen Regeln des Vertragsrechts schon seit längerer Zeit liefen, ist aufgrund von Vorarbeiten der Völkerrechtskommission der Vereinten Nationen (International Law Commission – ILC) auf der Wiener Konferenz von 1969 die **(Wiener) Konvention betreffend das Recht der Verträge** mit 79 Ja-Stimmen (darunter die BRD) bei einer Gegenstimme (Frankreich) und 19 Enthaltungen (darunter die Ostblockstaaten und die Schweiz) angenommen worden. Die Konvention regelt nach einem einleitenden Teil unter anderem den Abschluß und das Inkrafttreten von Verträgen (Teil II), die Einhaltung, Anwendung und Auslegung (Teil III), die Novellierung und Abänderung (Teil IV), die Ungültigkeit, Beendigung und Aussetzung der Geltung von Verträgen (Teil V) sowie die Hinterlegung, Notifikation, Berichtigung und Registrierung (Teil VII).

Die Konvention faßt im wesentlichen die Regeln zusammen, die sich bisher im Völkergewohnheitsrecht, in der internationalen Rechtsprechung und in der völkerrechtlichen Lehre herausgebildet hatten. Insofern kommt der Konvention unabhängig von ihrem Inkrafttreten schon jetzt allgemeine Bedeutung zu. Die Konvention tritt am 30. Tage nach der Hinterlegung der 35. Ratifikations- oder Beitrittsurkunde in Kraft. Bisher haben mehr als 50 Staaten, darunter die BRD, die Konvention unterzeichnet; 5 Staaten haben sie ratifiziert (Stand 15. Okt. 1970); sie ist, obwohl sie nur für schriftliche Verträge zwischen Staaten gilt (auch für Gründungsverträge internationaler Organisationen und für von internationalen Organisationen angenommene Verträge [Art. 1-3, Art. 5]) und nur für solche Verträge, die nach dem Inkrafttreten der Konvention abgeschlossen sind, eine der wichtigsten Kodifikationen des Völkerrechts (Text: ZaöRV 29 [1969] S. 711-760).

3. Quasi-völkerrechtliche Verträge

Völkerrechtliche Verträge können nur **zwischen Völkerrechtssubjekten** abgeschlossen werden.

Denkbar ist jedoch, daß in einem **Vertrag zwischen einem Völkerrechtssubjekt und einem nicht völkerrechtsfähigen Partner** ausdrücklich die Anwendung von Völkerrecht vereinbart wird oder der Vertrag infolge anderer Umstände Berührungspunkte mit dem Völkerrecht aufweist. Beispiele solcher „**quasi-völkerrechtlicher Verträge**“ sind insbesondere die sog. **Konzessionen**, d.h. Verträge, durch die ein Staat einer privaten ausländischen Gesellschaft wirtschaftliche Nutzungsrechte (z.B. Erdölgewinnung, Eisenbahnbetrieb) einräumt und dafür finanzielle Gegenleistungen (Abgaben) erhält, etwa Konzessionsverträge der arabischen Staaten mit den großen Ölgesellschaften. Gelegentlich gibt es auch Konzessionsverträge, bei denen mehrere Staaten, mehrere Gemeinden und mehrere Privatpersonen Partner einunddesselben Vertrages sind : so ist z.B. die Konzession für den Bau und den Betrieb des Mont-Blanc-Tunnels an eine Gesellschaft vergeben, an der neben dem französischen und dem italienischen Staat auch italienische und französische Gemeinden, der Kanton und die Stadt Genf sowie Privatpersonen beteiligt sind.

Nicht jede Konzession ist aber ein „quasi-völkerrechtlicher Vertrag“. Eine Konzession kann sich ausschließlich nach innerstaatlichem Recht richten, und zwar auch dann, wenn ausländische Konzessionsnehmer beteiligt sind; so ist z.B. für die Bohrungen nach Öl und Erdgas im Festlandsockel vor der deutschen Nordseeküste an das sog. Nordsee-Konsortium, d.h. an einen unter der Führung der Preußag stehenden Zusammenschluß von 12 großen (darunter auch internationalen) Ölgesellschaften, eine Konzession nach deutschem Recht vergeben worden.

Im Streit zwischen Großbritannien und dem Iran um die Rechtmäßigkeit der im Jahre 1951 erfolgten Enteignung der Anglo-Iranian-Oil Comp. hat der IGH die britische Ansicht zurückgewiesen, das Konzessionsabkommen habe außer seinem eigentlichen Rechtscharakter auch den Charakter eines völkerrechtlichen Vertrages zwischen Großbritannien und dem Iran (ICJ Reports 1952, S. 93). Die Unsicherheit darüber, wie die Konzessionsabkommen rechtlich zu qualifizieren sind, zeigt sich auch daran, daß im Streit zwischen dem Scheich von Abu Dhabi und der britischen Gesellschaft Petroleum Development Ltd. das Schiedsgericht eine "Art modernes Naturrecht" angewendet hat, ohne dieses befriedigend präzisieren zu können (ILR 1951, S. 144).

Sozio-ökonomisch betrachtet waren die im vorigen Jahrhundert und zu Beginn dieses Jahrhunderts abgeschlossenen Konzessionsverträge aus heutiger Sicht oft eine Form des Wirtschaftsimperialismus, mit der mächtige private Gesellschaften mit Hilfe ihrer Heimatstaaten den politisch und wirtschaftlich schwachen Staaten für letztere ungünstige Verträge aufzwangen. Andererseits wurden durch die Konzessionsverträge häufig wirtschaftliche Entwicklungen in jenen Ländern eingeleitet, die ohne sie nicht oder erst sehr viel später in Gang gekommen wären. Die Position der konzessionsverbundenen Staaten hat sich heute gewandelt und verbessert : Die Rivalität zwischen Ost und West, der Konkurrenzkampf zwischen den großen Gesellschaften (insbesondere den Ölgesellschaften) und das Monopol einiger weniger Staaten hinsichtlich bestimmter Rohstoffe verhindert nicht nur einseitige Diktate der Bedingungen durch die privaten Gesellschaften, sondern gibt den Staaten eine starke Machtposition; so erzwangen die OPEC-Staaten (Organization of Petroleum Exporting Countries - Abu Dhabi, Algerien, Indonesien, Iran, Irak, Kuwait, Libyen, Dakar, Saudiarabien und Venezuela) unter Androhung von Liefersperren den Abschluß des Abkommens von Teheran vom 14. Februar 1971, das 22 Mineralölgesellschaften zur Zahlung höherer Rohölpreise verpflichtete.

4. Konkordate

Eine besondere Form des völkerrechtlichen Vertrages sind die Konkordate, d.h. die **zwischen einem Staat und dem Heiligen Stuhl abgeschlossenen Verträge.** Nach heute h.L. handelt es sich dabei um völkerrechtliche Verträge, und zwar – je nachdem, welche Auffassung man von der Rechtsnatur des Völkerrechtssubjektes Heiliger Stuhl hat – um Verträge zwischen zwei staatlichen Völkerrechtssubjekten oder um Verträge zwischen einem staatlichen und einem nichtstaatlichen Völkerrechtssubjekt. Die früher vertretenen sog. Subordinationstheorien in Form der Privilegientheorie (Unterordnung des Staates unter die Kirche : die Akzeptierung des Staates als eines gleichgeordneten Partners ist nur ein Privileg, das die Kirche an den Staat gewährt) und in Form der Legaltheorie (Unterordnung der Kirche unter den Staat: das Konkordat ist in Wahrheit der Erlaß eines staatlichen Gesetzes) werden heute kaum noch vertreten.

Beispiel eines Konkordates

B – Vertrag des Landes Nordrhein-Westfalen mit dem Heiligen Stuhl von 1956 –

Zwischen dem Heiligen Stuhl,
vertreten durch dessen Bevollmächtigten, Seine Exzellenz, den Herrn Apostolischen Nuntius in Deutschland, Erzbischof, Bischof von Fargo, Dr. Aloisius Muench in Bad Godesberg
und dem Lande Nordrhein-Westfalen,
vertreten durch die Landesregierung und als deren Bevollmächtigte durch Herrn Ministerpräsidenten Fritz Steinhoff und durch Herrn Kultusminister Professor Dr. Paul Luchtenberg in Düsseldorf,
wird nachstehender Vertrag geschlossen. Er stellt eine ergänzende Vereinbarung gemäß Artikel 2 Abs. 9 des Vertrages dar, der am 14. Juni 1929 zwischen dem Heiligen Stuhl und dem für diesen Bereich als Rechtsvorgänger des Landes Nordrhein-Westfalen anerkannten Freistaate Preußen abgeschlossen worden ist.

§ 1
Es wird ein neues Bistum mit einem Bischöflichen Stuhl und einem Kathedralkapitel in Essen errichtet; Bischof und Kathedralkapitel werden bei St. Johann Baptist (Münsterkirche) in Essen ihren Sitz nehmen.

Bistum, Bischöflicher Stuhl und Kathedralkapitel besitzen die Rechtsfähigkeit für den staatlichen Bereich nach den Vorschriften des staatlichen Rechts und haben die Rechte von Körperschaften des öffentlichen Rechts.

§ 2
Das künftige Bistum Essen umfaßt die nachstehend genannten, aus den Erzdiözesen Köln und Paderborn sowie der Diözese Münster ausscheidenden Gebietsteile. Es wird umschrieben durch die Gebiete der Städte Bochum, Bottrop, Duisburg, Essen, Gelsenkirchen, Gladbeck, Lüdenscheid, Mühlheim (Ruhr), Oberhausen, Wattenscheid sowie der Landkreise Altena und Ennepe-Ruhrkreis [jedoch mit Ausnahme der Gemeinde Herdecke und der Stadt Wetter (Ruhr)].

§ 3
Das Bistum Essen wird der Kölner Kirchenprovinz zugeteilt.

§ 4
Das Kathedralkapitel in Essen wird gebildet aus dem Propste, sechs residierenden und vier nichtresidierenden Kapitularen sowie sechs Vikaren.

§ 5
Zur Unterstützung des Diözesanbischofs wird dem Bischöflichen Stuhl von Essen ein Weihbischof zugeteilt.

§ 6
Der Bischof von Essen ist berechtigt, in seinem Bistum ein Seminar zur wissenschaftlichen Vorbildung der Geistlichen zu besitzen. Art. 12 Abs. 2 Satz 2,3,4 des Vertrages zwischen dem Heiligen Stuhl und dem Freistaat Preußen gilt auch für dieses Seminar.
Das Recht aus Art. 16 Abs. 2 der Verfassung für das Land Nordrhein-Westfalen vom 28. Juni 1950 bleibt auch im übrigen unberührt.

§ 7
Das Land Nordrhein-Westfalen leistet zur Bestreitung der Personal- und Sachausgaben des Bistums Essen jährlich einen Zuschuß von 258500 DM, und zwar als Personaldotation für den Bischof, den Weihbischof, den Domprobst, sechs residierende Domkapitulare, vier nichtresidierende Domkapitulare und sechs Domvikare einen Betrag von 178200 DM und als Sachdotation (personeller und sächlicher Teil) einen Betrag von 80300 DM.

Es besteht Einverständnis darüber, daß die Bestimmung zu Art. 4 Abs. 1 Satz 1 des Schlußprotokolls zum Vertrag des Freistaates Preußen mit dem Heiligen Stuhl vom 14. Juni 1929 auch für den vorliegenden Vertrag gilt.

§ 8
Eine in Zukunft etwa zwischen den Hohen Vertragsschließenden entstehende Meinungsverschiedenheit über die Auslegung einer Bestimmung dieses Vertrages wird nach Artikel 13 des Vertrages vom 14. Juni 1929 beseitigt werden.

§ 9
Dieser Vertrag, dessen deutscher und italienischer Text gleiche Kraft haben, soll ratifiziert und die Ratifikationsurkunden sollen möglichst bald in Düsseldorf ausgetauscht werden.
Er tritt mit dem Tage ihres Austausches in Kraft.
Zu Urkund dessen haben die Bevollmächtigten diesen Vertrag unterzeichnet.

Abdruck nach GVBl NRW 1957, S. 20

5. Bezeichnungen und Einteilungen

In der Praxis werden neben dem Ausdruck „Vertrag“ noch andere Ausdrücke verwendet, z.B. „Abkommen“, „Abmachung“, „Akte“, „Briefwechsel“, „Charter“,

Mehrseitige völkerrechtliche Handlungen (Verträge)

„Konvention", „Memorandum", „Pakt", „Punktuation", „Regierungsabkommen", „Satzung", „Statut", „Übereinkommen", „Übereinkunft", „Vereinbarung", „Verwaltungsabkommen".

Eine Einteilung der Verträge nach dem **Inhalt** (politische, unpolitische, wirtschaftliche, kulturelle usw.) hat völkerrechtlich betrachtet (anders das innerstaatliche Recht – vgl. Art. 59 II S. 1 GG) wenig Wert, da für alle Verträge grundsätzlich die gleichen Regeln gelten. Der Inhalt von Verträgen ist lediglich für die Frage der Weitergeltung im Kriegsfall völkerrechtlich von Belang: die Geltung politischer Verträge endet; die Geltung unpolitischer Verträge wird suspendiert; für den Kriegsfall geschlossene Verträge gelten weiter.

Unterschiedliche Rechtsfragen ergeben sich dagegen aus der Einteilung in **zweiseitige** (bilaterale) und **mehrseitige** (multilaterale) Verträge; z.B. stellt sich nur für mehrseitige Verträge die Frage der Geltung nach Ratifikation durch eine Mehrheit, aber nicht durch alle Partner. Zweiseitige Verträge sind fast immer geschlossene Verträge, während multilaterale Verträge häufig (aber nicht immer) offene Verträge sind.

Was die Einteilung nach der Form betrifft, so ist die **typische Form** die **Schriftform. Mündlich geschlossene Verträge** sind möglich, aber selten. Als neuere Beispiele für mündlich geschlossene Verträge werden genannt die deutsch-italienische Vereinbarung vom 23. Juni 1939 (sog. „Berliner Vereinbarung") betreffend die Umsiedlung von Reichsdeutschen und Volksdeutschen aus Südtirol in das Deutsche Reich, die zwischen dem sowjetischen Marschall Schukow, dem amerikanischen General Clay und dem britischen General Weeks am 29. Juni 1945 getroffene Vereinbarung über technische Einzelheiten des Einzuges der Westalliierten in Westberlin und die Vereinbarungen zwischen Bundeskanzler Adenauer und Ministerpräsident Bulganin über die Repatriierung von deutschen Kriegsgefangenen vom 13. September 1955 und über die Ausreise von Zivilpersonen beider Länder vom 8. April 1958. Ob die Rückkehr der deutschen Kriegsgefangenen tatsächlich durch mündlichen Vertrag vereinbart worden ist, läßt sich allerdings nicht eindeutig feststellen; möglicherweise handelte es sich auch nur um ein einseitiges Versprechen der UdSSR, das zunächst mündlich gegeben wurde, dessen spätere schriftliche Festlegung in irgendeiner Weise jedoch wohl von Anfang an vorgesehen war.

Im Schrifttum wird gelegentlich zwischen **Vereinbarungen** (normsetzende Verträge; Normverträge; law making-treaties; traités-lois) und **Verträgen** (synallagmatische Verträge; Geschäftsverträge; contract-treaties; traités-contrats) unterschieden. Nach dieser von Heinrich Triepel begründeten Lehre enthalten die Vereinbarungen allgemeine Regeln für eine Mehrheit von gegenwärtigen und zukünftigen Tatbeständen (so die Satzung einer Internationalen Organisation), während die Verträge eine individuelle Regelung enthalten, die mit einer einmaligen Leistung erfüllt und abgeschlossen wird. Die Unterscheidung hat jedoch in der Praxis keine Bedeutung; sie ist auch problematisch, weil eine exakte Trennung dieser beiden Vertragsarten kaum möglich ist: die meisten Verträge enthalten sowohl normsetzende als auch synallagmatische Bestimmungen.

6. Vollmacht zum Vertragsabschluß

Das **Abschlußverfahren** ist **selten einphasig** (Beispiel: Schlußerklärung der Genfer Konferenz über Vietnam 1954); der **Regelfall** ist das **mehrphasige Verfahren.**

Das einphasige und das mehrphasige Verfahren beginnen mit der **Prüfung der Vollmachten,** wobei zwischen **Verhandlungsvollmacht** und **Abschlußvollmacht** zu unterscheiden ist. Die Abschlußvollmacht enthält beim mehrphasigen (nicht: beim einphasigen) Verfahren u.a. den **Ratifikationsvorbehalt,** der sicherstellen soll, daß der Vertrag nicht schon mit der Unterzeichnung, sondern erst mit der Ratifikation bindende Wirkung erlangen soll.

Beispiel einer Abschlußvollmacht mit Ratifikationsvorbehalt

B „Der Präsident der Bundesrepublik Deutschland
– Vollmacht –

Der Botschafter der Bundesrepublik Deutschland
Herr ....
wird hiermit bevollmächtigt, im Namen der Bundesrepublik Deutschland mit dem bevollmächtigten Vertreter der Republik ...... zu verhandeln und diesen Vertrag nebst dazugehörigem Protokoll und Zusatzvereinbarungen, vorbehaltlich der Ratifikation, zu unterzeichnen.

Bonn, den .... Der Bundespräsident
....
Der Bundesminister des Auswärtigen"

Die Feststellung der Abschlußvollmacht wird als sog. **Vollmachtsklausel** in den Vertragstext (meist nach der Präambel) aufgenommen.

Beispiel einer Vollmachtsklausel

B —Vertrag über die Beziehungen zwischen der DDR und der UdSSR vom 20. September 1955 –

„Der Präsident der Deutschen Demokratischen Republik und das Präsidium des Obersten Sowjets der Union der Sozialistischen Sowjetrepubliken haben,

. . . . . .

beschlossen, den vorliegenden Vertrag zu schließen und zu ihren Bevollmächtigten ernannt :
Der Präsident der Deutschen Demokratischen Republik – den Ministerpräsidenten der Deutschen Demokratischen Republik, Otto Grotewohl;
das Präsidium des Obersten Sowjets der Union der Sozialistischen Sowjetrepubliken – den Vorsitzenden des Ministerrates der UdSSR, N.A. Bulganin,
die nach Austausch ihrer in gehöriger Form und in Ordnung befundenen Vollmachten über Folgendes übereinkamen : . . . ."

Abdruck nach GBl DDR 1955 I, S. 918 f.

Die Wiener Vertragsrechtskonvention sieht vor, daß eine Vollmacht nicht vorgewiesen werden muß, wenn aus der Praxis der beteiligten Staaten oder aus anderen Umständen sich ergibt, daß die Unterhändler bevollmächtigt sind (Art. 7 Abs. I).

Als Repräsentanten ihres Staates, die kraft ihrer Funktion zur Vornahme aller auf einen Vertragsschluß bezogenen Handlungen als bevollmächtigt gelten, nennt die Wiener Vertragskonvention Staatsoberhäupter, Regierungschefs und Außenminister; zur Zustimmung zu einem Vertrag bevollmächtigt gelten auch die Leiter diplomatischer Missionen und – in bezug auf Verträge, die von einer internationalen Konferenz oder einer internationalen Organisation angenommen werden – die bei dieser Konferenz bzw. Organisation akkreditierten Vertreter (Art. 7 Abs. II).

7. Annahme und Unterzeichnung des Vertrages

Die **Annahme** (englisch: adoption) des Vertrages erfolgt durch die **Zustimmung** aller der Staaten, die an dem Vertragsschluß beteiligt sind (Art. 9 Abs. I der Wiener Vertragsrechtskonvention). Eine Ausnahme von diesem Grundsatz gilt nur für (multilaterale) Verträge, die auf internationalen Konferenzen ausgehandelt werden; Art. 9 Abs. II der Wiener Konvention sieht für diesen Fall vor, daß der Vertrag zur Annahme der Zustimmung von 2/3 der stimmberechtigten Anwesenden (also z.B. nicht der nichtstimmberechtigten Beobachter) bedarf, es sei denn, daß die Konferenz mit der gleichen Mehrheit ein anderes Stimmenverhältnis beschließt.

Bei multilateralen Verträgen stellt sich häufig das politische Problem, ob alle Staaten (also auch die Volksrepublik China, die DDR, die Volksrepublik Korea [Nord-Korea] und die Volksrepublik Vietnam [Nord-Vietnam]) zur Unterzeichnung zugelassen werden sollen. Die Frage wird mit unterschiedlichen **Unterschriftsklauseln** verschieden gelöst. Die sog. **Moskauer Klausel** („Allstaatenklausel") läßt alle Staaten zu; Muster hierfür ist das Moskauer Atomwaffen-Test-Stopp-Abkommen von 1963 (Art. III Abs. 1) : „Dieser Vertrag liegt für alle Staaten zur Unterzeichnung auf. Jeder Staat, der den Vertrag nicht vor seinem nach Abs. 3 erfolgenden Inkrafttreten unterzeichnet, kann ihm jederzeit beitreten". Demgegenüber sieht die heute übliche sog. **Wiener Formel** eine differenzierende Regelung vor; sie ist im Wiener Übereinkommen über diplomatische Beziehungen von 1961 (Art. 48) formuliert: „Dieses Übereinkommen liegt für alle Mitgliedstaaten der Vereinten Nationen oder ihrer Sonderorganisationen, für Vertragsstaaten der Satzung des Internationalen Gerichtshofes und für jeden anderen Staat, den die Generalversammlung der Vereinten Nationen einlädt, Vertragspartei des Übereinkommens zu werden, wie folgt zur Unterzeichnung auf . . . . . . "

Die **Unterzeichnung** des Vertrages bedeutet die **Feststellung,** daß der vorliegende Text **authentisch und endgültig** (definitiv) ist (Art. 10 Wiener Vertragskonvention). Die Endgültigkeit ist dabei nur so zu verstehen, daß die Unterhändler den Text als für sie endgültigen Abschluß der Verhandlungen authentisieren; eine spätere einverständliche Abänderung durch andere Staatsorgane wird dadurch nicht ausgeschlossen, ist aber selten, insbesondere wenn die Regierungschefs oder die Außenminister selbst verhandelt haben.

Mit der Annahme (adoption) und der Unterzeichnung hat der Vertrag jedoch noch keine verbindliche Wirkung. Hierzu bedarf es vielmehr – abgesehen von dem Ausnahmefall einer Kapitulation oder dem Fall, daß der Vertrag selbst sein Inkrafttreten mit Unterzeichnung bestimmt – noch weiterer Schritte.

8. Zustimmung innerstaatlicher Organe

Ist der Vertrag unterzeichnet, so wird er beim mehrphasigen Verfahren **den zuständigen innerstaatlichen Organen zur Zustimmung vorgelegt.** Verweigern diese Organe (z.B. das Parlament) die Zustimmung, so liegt darin kein völkerrechtliches Delikt; denn nähme man eine Pflicht zur Zustimmung an, so würde jeder Abschluß eines völkerrechtlichen Vertrages durch die Unterhändler entweder die innerstaatlichen Organe zur Erteilung der Zustimmung zwingen, was – jedenfalls in vielen Staaten – mit dem Grundsatz der Gewaltentrennung und der parlamentarisch-demokratischen Willensbildung unvereinbar ist, oder im Fall der Nichtzustimmung zu einem völkerrechtlichen Delikt des betreffenden Staates führen. Welche innerstaatlichen Organe dem Vertrag zustimmen müssen, ist eine Frage des innerstaatlichen Rechts (vgl. Art. 59 II GG), nicht des Völkerrechts.

Ebenso ist es eine Frage des innerstaatlichen Rechts, wie völkervertragliche Regelungen innerstaatliche Verbindlichkeit erlangen, d.h. in innerstaatliches Recht umgewandelt werden (sog. **Transformation**). In der BRD erlangen völkerrechtlich verbindliche Verträge innerstaatliche Verbindlichkeit durch den Erlaß des Zustimmungsgesetzes.

Beispiel eines Zustimmungsgesetzes

B

Gesetz
zu dem Vertrag vom 27. Oktober 1956 zwischen
der Bundesrepublik Deutschland, der Französischen Republik
und dem Großherzogtum Luxemburg
über die Schiffbarmachung der Mosel.

Vom 22.Dezember 1956.

Der Bundestag hat mit Zustimmung des Bundesrates das folgende Gesetz beschlossen:

Artikel 1

Dem in Luxemburg am 27.Oktober 1956 unterzeichneten Vertrag zwischen der Bundesrepublik Deutschland, der Französischen Republik und dem Großherzogtum Luxemburg über die Schiffbarmachung der Mosel nebst Anlagen wird zugestimmt. Der Vertrag und seine Anlagen werden nachstehend veröffentlicht.

Artikel 2

Dieses Gesetz gilt auch im Land Berlin, sofern das Land Berlin die Anwendung dieses Gesetzes feststellt.

Artikel 3

(1) Dieses Gesetz tritt am Tage nach seiner Verkündung in Kraft.

(2) Der Tag, an dem der Vertrag und seine Anlagen gemäß Artikel 62 des Vertrages in Kraft treten, ist im Bundesgesetzblatt bekanntzugeben.

Das vorstehende Gesetz wird hiermit verkündet.

Bonn/Lörrach, den 22.Dezember 1956

Der Bundespräsident
Theodor Heuss

Der Bundeskanzler
Adenauer

Der Bundesminister des Auswärtigen
von Brentano

Der Bundesminister des Innern
Dr. Schröder

Der Bundesminister der Justiz
von Merkatz

Der Bundesminister der Finanzen
Schäffer

Für den Bundesminister für Verkehr
Der Bundesminister
für das Post- und Fernmeldewesen
Lemmer

Abdruck nach BGBl 1956 II, S. 1837

Allgemeine Regeln des Völkerrechts sind dagegen gemäß Art. 25 GG (unmittelbar) Bestandteil des Bundesrechts: „sie gehen den Gesetzen vor und erzeugen Rechte und Pflichten unmittelbar für die Bewohner des Bundesgebietes“ (sog. self-executing-Wirkung). Die praktische Bedeutung dieser Vorschrift ist jedoch gering, da allgemeine Regeln im Sinne des Art. 25 GG nur die Normen des innerstaatlich anwendungsfähigen allgemeinen Völkergewohnheitsrechts und die anerkannten allgemeinen Rechtsgrundsätze sind (str.).

Die grundsätzliche Frage nach dem **Verhältnis von Völkerrecht und staatlichem Recht** wird im übrigen unterschiedlich beantwortet. Die **monistische Theorie** geht von der Vorstellung einer einheitlichen Rechtsordnung aus, die sowohl das Völkerrecht als auch das staatliche Recht umfaßt; diese insbesondere von Kelsen und Verdroß vertretene Theorie geht von der „Einheit des rechtlichen Weltbildes“ aus sowie von der Behauptung, daß alles Recht sich aus einer Grundnorm („pacta sunt servanda“) ableiten lasse. Demgegenüber sieht die **dualistische Theorie** das Völkerrecht und das staatliche Recht als zwei voneinander getrennte Rechtsordnungen an, wobei die **strenge** dualistische Auffassung sogar eine Konfliktsmöglichkeit zwischen beiden Rechtsordnungen leugnet, während die **gemäßigte** dualistische Auffassung (h.L.) bestimmte Beziehungen zwischen Völkerrecht und staatlichem Recht (und damit auch Konfliktsmöglichkeiten) sieht.

9. Bindung in den Vorstadien des Vertragsabschlusses

Eine Bindung in den Vorstadien des Vertragsabschlusses, d.h. **vor** der Ratifikation, kann nur insofern angenommen werden, als die Organe des betreffenden Staates in dem Schwebezustand bis zur Ratifikation oder bis zu einer ausdrücklichen Erklärung nicht Partner des Vertrages werden zu wollen, keine den Vertragsgegenstand oder Vertragszweck vereitelnden Maßnahmen ergreifen dürfen (Beispiel: Enteignung von ausländischem Vermögen nach Abschluß, aber vor der Entscheidung über die Ratifikation eines Vertrages über den Schutz ausländischem Vermögens. Mißhandlung von Minderheiten nach Abschluß, aber vor der Entscheidung über die Ratifikation eines Minderheitenschutzvertrages).

10. Ratifikation

Nach vollzogener parlamentarischer Zustimmung erfolgt die **Ratifikation** des Vertrages durch das zur völkerrechtlichen Vertretung befugte Organ, d.h. das Staatsoberhaupt. Die Ratifikation ist das **feierliche Versprechen, den Vertrag als bindend anzusehen und gegebenenfalls seine innerstaatliche Einhaltung zu gewährleisten.**

Beispiel einer Ratifikationserklärung

B „Nachdem der in . . . . am . . . . von den Bevollmächtigten der Bundesrepublik Deutschland und . . . . unterzeichnete Vertrag über . . . ., dessen Wortlaut in der Anlage beigefügt ist, in gehöriger Gesetzesform die verfassungsmäßige Zustimmung erfahren hat, erkläre ich hiermit, daß ich den Vertrag bestätige.

Bonn, den . . . . Der Bundespräsident

. . . .

(Großes Bundessiegel) Der Bundesminister des Auswärtigen

. . . . "

Ob die Ratifikation für das Inkrafttreten des Vertrages erforderlich ist, hängt zunächst vom Vertrag ab; viele Verträge enthalten eine **Ratifikationsklausel**, d.h. eine Bestimmung, daß der Vertrag der Ratifikation bedarf.

Beispiel einer Ratifikationsklausel

B – Vertrag zwischen der BRD und Polen (Warschauer Vertrag vom 7. Dezember 1970) –

Art. V:
„Dieser Vertrag bedarf der Ratifikation und tritt am Tage des Austausches der Ratifikationsurkunden in Kraft, der in Bonn stattfinden soll ...... "

Abdruck nach Bulletin 1970, S. 1695.

Fehlt eine Ratifikationsklausel, so kann das Erfordernis der Ratifikation sich auch aus Gewohnheitsrecht oder den Umständen des Einzelfalles ergeben. Die Ratifikation ist jedoch **nicht begriffsnotwendige Voraussetzung für das Inkrafttreten.** Zwar werden wichtige Verträge (nicht: technische Vereinbarungen) häufig ratifiziert; aber es kann auch ein anderes Merkmal für das Inkrafttreten vereinbart werden, z.B. die Unterzeichnung, die Ratifikation durch nur einen Partner, eine innerstaatliche Proklamation, das Inkrafttreten eines Landesgesetzes oder ein anderes festgesetztes Datum.

Ist die Ratifikation vereinbart, so erfolgt als letzter Akt des mehrphasigen Verfahrens der **Austausch der Ratifikationsurkunden.** An das Datum des Austausches der Ratifikationsurkunden wird häufig der Zeitpunkt des Inkrafttretens geknüpft, wobei entweder der Tag des Austausches der Urkunden oder ein bestimmter, nach dem Austausch liegender Tag gewählt werden kann.

Beispiel einer Ratifikationsklausel, die den Zeitpunkt des Inkrafttretens an einen bestimmten nach dem Austausch der Ratifikationsurkunden liegenden Tag knüpft

B – Deutsch-belgischer Grenzberichtigungsvertrag vom 24. September 1956 –

Art. 26: „(I) Dieser Vertrag soll ratifiziert werden. Die Ratifikationsurkunden sollen so bald als möglich in Bonn ausgetauscht werden.
(II) Er tritt am fünfzehnten Tage nach dem Austausch der Ratifikationsurkunden in Kraft."

Abdruck nach BGBl. 1958 II, S. 263 ff.

Über den Austausch der Ratifikationsurkunden wird ein Protokoll angefertigt.

Beispiel eines Protokolls über den Austausch von Ratifikationsurkunden

B „Die Unterzeichneten, Herr .... als Vertreter der Bundesrepublik Deutschland und Herr Botschafter .... als Vertreter der Republik .... sind heute zusammengekommen, um die Ratifikationsurkunden zu dem in ...... am .... unterzeichneten Vertrag über .... nach Maßgabe des Artikels .... dieses Vertrages auszutauschen.

Nachdem die Urkunden vorgelegt und für richtig befunden worden sind, hat der Austausch stattgefunden.
Geschehen zu .... am .... in zwei Unterschriften
(Eigene Unterschrift) (Fremde Unterschrift)"

Nach der Übergabe des Protokolls wird die Urkunde im Staatsarchiv verwahrt; die fremde Ratifikationsurkunde im eigenen, die eigene Ratifikationsurkunde im Archiv des fremden Staates.

11. Hinterlegung

Bei multilateralen Verträgen ist die Praxis des gegenseitigen Austausches wegen der Vielzahl der Teilnehmer unpraktisch. Deshalb wird in **multilateralen** Verträgen die **Hinterlegung bei einem Depositar vereinbart (Hinterlegungsklausel).**

Beispiel einer Hinterlegungsklausel

B – Vertrag über den Aufenthalt ausländischer Streitkräfte in der BRD vom 2. Oktober 1954 –

Art. 4: „(III) Dieser Vertrag wird in den Archiven der Regierung der Bundesrepublik Deutschland hinterlegt; diese stellt jedem Staat, der Partei dieses Vertrages ist, beglaubigte Abschriften davon und von den hinterlegten Beitrittsurkunden zur Verfügung und teilt jedem Staat den Zeitpunkt der Hinterlegung jeder Ratifikationsurkunde mit."

Abdruck nach BGBl. 1955 II, S. 255

Depositar ist meist der Staat, auf dessen Gebiet der Vertrag geschlossen worden ist oder das Generalsekretariat der UNO. Der Depositar notifiziert den Unterzeichnern alle wichtigen sich auf den Vertrag beziehenden Ereignisse (z.B. Eingang einer Ratifikationsurkunde, Eingang einer Kündigungserklärung). Der Depositar ist in dieser Funktion nur Bote ohne eigene Würdigung. Deshalb bedeutet die Annahme und Weiterleitung der Erklärung eines vom Depositar nicht anerkannten Staates keine Anerkennung dieses Staates durch den Depositar, und deshalb bedeutet die Entgegennahme und Weiterleitung einer Kündigung keine Stellungnahme zur Rechtmäßigkeit der Kündigung.

12. Registrierung von Verträgen

Die Registrierung (d.h. die Aufnahme in ein Verzeichnis) völkerrechtlicher Verträge beim Generalsekretariat der UNO oder einer anderen Internationalen Organisation ist **nicht Erfordernis der Wirksamkeit des Vertrages.** Gemäß Art. 102 UNO–Satzung **hat das Unterlassen der Registrierung lediglich die Rechtsfolge, daß die Vertragspartner sich vor keinem Organ der UNO, insbesondere auch nicht in einem Rechtsstreit vor dem Internationalen Gerichtshof, auf den betreffenden (nicht registrierten) Vertrag berufen** können.

Die Regelung in der UNO-Satzung weicht von derjenigen in der Völkerbundsatzung (Art. 18) ab, die bestimmte, daß ein beim Völkerbund nicht registrierter Vertrag nicht rechtlich bindet. Diese Bestimmung ging auf Bestrebungen des US-Präsidenten Woodrow Wilson zurück, der glaubte, man könne damit die politisch schädliche Geheimdiplomatie und den Abschluß von **Geheimverträgen** (Beispiel: der deutsch-russische Rückversicherungsvertrag von 1887) verhindern. Tatsächlich wurden auch während des Bestehens des Völkerbundes in großer Zahl Geheimverträge geschlossen; deshalb wird im völkerrechtlichen Schrifttum die Ansicht vertreten, Art. 18 der Völkerbundssatzung sei gewohnheitsrechtlich derogiert worden, also einer der (nicht allzu häufigen) Fälle einer Derogierung von Vertragsrecht durch Gewohnheitsrecht.

Beispiel eines Geheimvertrages

B – Geheimes Zusatzprotokoll zum deutsch-sowjetischen Nichtangriffspakt vom 23. August 1939 –

„Aus Anlaß der Unterzeichnung des Nichtangriffspaktes zwischen dem Deutschen Reich und der Union der Sozialistischen Sowjetrepubliken haben die unterzeichneten Bevollmächtigten der beiden Teile in streng vertraulicher Aussprache die Frage der Abgrenzung der beiderseitigen Interessensphären in Osteuropa erörtert. Die Aussprache hat zu folgendem Ergebnis geführt:

1. Für den Fall einer territorial-politischen Umgestaltung in den zu den baltischen Staaten (Finnland, Estland, Lettland und Litauen) gehörenden Gebieten bildet die nördliche Grenze Litauens zugleich die Grenze der Interessensphäre Deutschlands und der UdSSR. Hierbei wird das Interesse Litauens auf Wilnaer Gebiet beiderseits anerkannt.
2. Für den Fall einer territorial-politischen Umgestaltung der zum polnischen Staat gehörenden Gebiete werden die Interessensphären Deutschlands und der UdSSR ungefähr durch die Linie der Flüsse Pissa, Narew, Weichsel und San abgegrenzt. Die Frage, ob die beiderseitigen Interessen die Erhaltung eines unabhängigen polnischen Staates erwünscht erscheinen lassen und wie dieser Staat abzugrenzen wäre, kann endgültig erst im Laufe der weiteren politischen Entwicklung geklärt werden. In jedem Falle werden beide Regierungen diese Frage im Wege einer freundschaftlichen Verständigung lösen.
3. Hinsichtlich des Südostens Europas wird von sowjetischer Seite das Interesse an Bessarabien betont. Von deutscher Seite wird das völlige politische Desinteressement in diesem Gebiet erklärt.
4. Dieses Protokoll wird von beiden Seiten streng geheim behandelt werden.

Moskau, den 23. August 1939

von Ribbentrop, W. Molotow“

Abdruck nach EA 1947, S. 1043

13. Auslegung von Verträgen

In bezug auf die Auslegung völkerrechtlicher Verträge werden zusätzlich zu den anerkannten Regeln, die in Art. 31 der Wiener Vertragsrechtskonvention niedergelegt sind, zuweilen einige Sonderregeln vorgeschlagen, nämlich :
1. Auslegung contra proferentem, d.h. eine Auslegung zu Lasten desjenigen, der die unklare Formulierung vorgeschlagen hat, **2. Auslegung in favorem debitoris** oder **in dubio mitius,** d.h. eine Auslegung zugunsten des Schuldners oder der geringsten Belastung.

Beide Auslegungsrichtlinien haben jedoch keine Allgemeingültigkeit. Vor allem kann die Auffassung, daß stets diejenige Auslegung angebracht sei, welche die Souveränität und Handlungsfreiheit der Vertragspartner am wenigsten belastet, heute nicht mehr als unbedingt richtig angesehen werden. Es gibt Verträge, z.B. im Bereich der Internationalen Organisationen, insbesondere aber im Bereich der europäischen Integration durch Supranationale Organisationen, die gerade auf eine Beschränkung der staatlichen Handlungsfreiheit hinzielen. Zumindest bei solchen Verträgen wird eine Auslegung angebracht sein, welche – und zwar auch oder gerade auf Kosten der staatlichen Souveränität – den Verträgen zu größtmöglicher Wirksamkeit verhilft („**effet utile**“).

Anerkannte Auslegungsgrundsätze normaler völkerrechtlicher Verträge sind, wie der BGH im Champagner-Weizenbier-Fall entschieden hat (BGHZ 52, 216), die **Harmonie der Rechtsanwendung in allen Vertragsstaaten** und die **Harmonie mit den innerstaatlichen Verfassungen der Vertragsstaaten.** In dem Fall ging es darum, ob die Verwendung des Wortes „Champagner“ für die deutsche Biersorte „Champagner-Weizen-Bier“ gegen das deutsch-französische Abkommen vom 8. März 1960 über den Schutz von Herkunftsangaben verstößt, dessen Art. 3 lautet: „Die in der Anlage B dieses Abkommens aufgeführten Bezeichnungen (dazu gehört auch das Wort „Champagne“) sind im Gebiet der Bundesrepublik ausschließlich französischen Erzeugnissen oder Waren vorbehalten und dürfen dort nur unter denselben Voraussetzungen benutzt werden, wie sie in der Gesetzgebung der französischen Republik vorgesehen sind.“

Der BGH hat einen Verstoß gegen das Abkommen angenommen und dabei zur Vertragsauslegung die folgenden Grundsätze aufgestellt : „Die Auslegung muß . . . den Grundsatz der Harmonie der Rechtsanwendung in beiden Staaten in Rechnung stellen. Das ist besonders bei der Heranziehung innerstaatlicher Rechtsbegriffe wie der Verwechselungsgefahr und der Warengleichartigkeit zu beachten, die nicht unbesehen als dem Abkommen zugrunde liegend angesehen werden dürfen. Mit dieser Maßgabe schließt sich der Senat der ständigen Rechtsprechung des RG an, wonach für die Auslegung von Staatsverträgen in erster Linie der aus dem Gesamtinhalt, dem Zweck und der Entstehungsgeschichte zu ermittelnde übereinstimmende Wille der vertragsschließenden Staaten maßgebend ist . . . . . Dabei ist keine Buchstabenauslegung einzelner Worte statthaft, sondern der wahre Wille aus dem Gesamtinhalt zu erforschen. Bei Zweifeln kommt jedoch dem Wortlaut regelmäßig eine ganz besondere Bedeutung zu . . . ., und zwar nicht nur bei Staatsverträgen, die dritten Staaten den Beitritt offenhalten, sondern auch in zweiseitigen Staatsverträgen, in denen wechselseitige Rechtspositionen gleichen Inhalts eingeräumt werden. Nur bei Zweifeln über den Wortsinn spricht eine Vermutung zugunsten der Freiheit der Vertragspartner und damit für eine restriktive Auslegung. . . . . Unter verschiedenen Auslegungsmöglichkeiten ist schließlich diejenige vorzuziehen, bei der der Staatsvertrag mit der innerstaatlichen Verfassung in Einklang zu bringen ist, da im Zweifel davon ausgegangen werden muß, daß die Organe des vertragschließenden Staates nicht grundgesetzwidrige Bindungen haben eingehen wollen . . . . . “

Auf die „**in Gesetzgebung, Lehre und Rechtsprechung der Mitgliedstaaten anerkannten Regeln**“, also auf Regeln des innerstaatlichen Rechts, hat der Gerichtshof der Europäischen Gemeinschaften mehrfach zur Vertragsauslegung zurückgegriffen, z.B. in EuGH II, S. 312 : „Auf den EGKS-Vertrag findet die sowohl im Völkerrecht als auch im innerstaatlichen Recht allgemein anerkannte Auslegungsregel Anwendung wonach die Vorschriften eines völkerrechtlichen Vertrages ..... zugleich diejenigen Vorschriften enthalten, bei deren Fehlen sie sinnlos wären oder nicht in vernünftiger und zweckmäßiger Weise zur Anwendung gelangen könnten."

Die **Vertragssprache** war früher meist die lateinische oder französische Sprache. Das erstarkende Nationalgefühl der Völker hat diese Praxis zurückgedrängt. Die völkerrechtlichen Verträge werden heute in den Sprachen der Vertragspartner abgefaßt, die dann in der Regel im Vertrag für gleichermaßen verbindlich erklärt werden.

Beispiel einer Vertragssprachenklausel
– EWG-Vertrag –

B Art. 248: „(I) 1: Dieser Vertrag ist in einer Urschrift in deutscher, französischer, italienischer und niederländischer Sprache abgefaßt, wobei jeder Wortlaut gleichermaßen verbindlich ist."

Lediglich bei multilateralen Verträgen, an denen eine sehr große Zahl von Partnern mit verschiedenen Sprachen beteiligt ist, werden einige Sprachen ausgewählt und für verbindlich erklärt, so bei der UNO die Amtssprachen englisch, französisch, spanisch, russisch, chinesisch.

Sind mehrere Sprachen im Vertrag für gleichermaßen verbindlich erklärt worden, so stellt sich die Frage, wie der Fall einer inhaltlichen Unstimmigkeit zwischen den Sprachen zu lösen ist. Die Praxis geht häufig davon aus, daß hier diejenige Sprachformulierung zu wählen ist, die dem Sinn des Vertrages am besten gerecht wird (so auch Art. 33 Abs. II der Wiener Vertragsrechtskonvention). Zuweilen wird auch die Arbeitssprache vorgezogen, d.h. die Sprache, in welcher der Vertragsentwurf erarbeitet worden ist. Handelt es sich dagegen um eine Auslegung des Vertrages durch innerstaatliche Gerichte oder Behörden, so geht die Praxis in der BRD und in vielen anderen Staaten davon aus, daß in diesem Fall die Landessprache anzuwenden ist.

14. Vorbehalte zu Verträgen

Häufig machen Vertragspartner einen Vorbehalt zu dem Vertrag. Der Vorbehalt ist die **Rechtserklärung eines Vertragspartners, eine oder mehrere Bestimmungen des Vertrages nicht anwenden zu wollen oder deren Inhalt zu ändern.** Der Vorbehalt ist also eine **Rechtsbedingung**; der ihn aussprechende Vertragspartner erkennt die

Wirksamkeit des Vertrages nur unter den im Vorbehalt genannten Voraussetzungen oder Einschränkungen an.

Beispiele für Vorbehalte

B – Vorbehalt Norwegens zu Art. 9 (Religionsfreiheit) der Europäischen Menschenrechtskonvention –

„Da Artikel 2 der norwegischen Verfassung vom 17. Mai 1814 eine Bestimmung enthält, wonach die Jesuiten nicht geduldet werden, wird ein entsprechender Vorbehalt hinsichtlich der Anwendung des Artikels 9 der Konvention gemacht."

Abdruck nach BGBl 1954 II, S. 14

– Vorbehalt der Demokratischen Republik Vietnam (Nordvietnam) und der anderen Ostblockstaaten zu Art. 85 des Genfer Abkommens über die Behandlung von Kriegsgefangenen von 1949 –

(Art. 85 bestimmt, daß Kriegsgefangene, die auf Grund der Rechtsvorschriften des Gewahrsamsstaates wegen der vor der Gefangennahme begangenen Handlungen verfolgt werden, auch im Fall der Verurteilung im Genuß der Vergünstigungen bleiben, die das Abkommen vorsieht.)

„Nicht anwendbar auf Kriegsgefangene, die auf Grund der Rechtsvorschriften der Gewahrsamsmacht in Übereinstimmung mit den Grundsätzen der Nürnberger Prozesse wegen Kriegsverbrechen und Verbrechen gegen die Menschlichkeit verurteilt wurden. Für diese bleiben allein die Strafvollzugsbestimmungen des Gewahrsamsstaates maßgebend."

Abdruck nach Hinz, Kriegsvölkerrecht, 2. Aufl., 1960, S. 45

Zu unterscheiden ist zwischen Vorbehalten zu bilateralen und Vorbehalten zu multilateralen Verträgen. Wird ein Vorbehalt zu einem **bilateralen Vertrag** erklärt, so handelt es sich in Wahrheit **nicht** um einen echten Vorbehalt, sondern **um das Angebot zum Abschluß eines neuen (geänderten) Vertrages** mit dem Inhalt des Vorbehaltes. Wird der Vorbehalt von der anderen Partei angenommen, so kommt der neue (geänderte) Vertrag zustande. Nimmt die andere Partei den Vorbehalt nicht an, so ist keine Willenseinigung und damit kein Vertrag zustande gekommen.

Von großer praktischer Bedeutung ist dagegen der Vorbehalt bei **multilateralen Verträgen.** Vorbehalte zu multilateralen Verträgen sind grundsätzlich **zulässig.** Sie sind aber **unzulässig,** wenn der Vertrag selbst Vorbehalte ausdrücklich untersagt oder der betreffende Vorbehalt mit dem Zweck des Vertrages unvereinbar ist; die Internationale Arbeitsorganisation hat z.B. regelmäßig alle Vorbehalte zu internationalen Arbeitsabkommen ausgeschlossen.

Der Vorbehalt ist **bei der Unterzeichnung, bei der Ratifikation oder beim Beitritt zu erklären.** Eine spätere Erklärung hat keine Vorbehaltswirkung; sie kann allenfalls als Kündigung ausgelegt werden.

Der Vorbehalt bedarf an sich keiner besonderen **Form.** Er wird jedoch meist – wie dies jetzt auch die Wiener Vertragsrechtskonvention (Art. 23 Abs. I) zwingend vorschreibt – schriftlich erklärt, häufig durch diplomatische Note oder in der Ratifikations- oder Beitrittsurkunde.

Umstritten ist die **Rechtsnatur** des Vorbehaltes. Er kann entweder als einseitige Rechtshandlung oder als Vertragsklausel aufgefaßt werden. Die h.L. faßt den Vorbehalt als **Vertragsklausel** auf, d.h. als Zusatzvertrag zum Hauptvertrag; schweigen die anderen Vertragspartner zu der Vorbehaltserklärung, so wird dies als stillschweigende Vertragsannahme gedeutet. Bei dieser Konstruktion ist es aber nicht folgerichtig, wenn die h.L. die einseitige und jederzeitige Zurücknahme des Vorbehaltes zuläßt.

Umstritten ist ferner die **Frage, ob der Vorbehalt von allen Partnern des multilateralen Vertrages angenommen werden muß**, bzw. welche Rechtsfolge eintritt, wenn nur einige, aber nicht alle Partner den Vorbehalt annehmen.

In diesem Fall stehen zwei Interessen einander gegenüber:
auf der einen Seite das Interesse an der inhaltlichen Unversehrheit **(Integrität)** des Vertrages, die nicht durch Vorbehalte durchlöchert werden soll, auf der anderen Seite das Interesse an einer möglichst großen Teilnehmerzahl **(Universalität)**, die nicht durch den Zwang zu vorbehaltloser Annahme verringert werden soll.

Dementsprechend hält eine Ansicht, die dem Interesse an der Integrität des Vertrages den Vorzug gibt, einen Vorbehalt nur dann für rechtswirksam, wenn alle anderen Partner ihn annehmen.

Eine andere (vor allem in Lateinamerika entwickelte, in die Wiener Vertragsrechtskonvention [Art. 22] aufgenommene) Meinung gibt dem Interesse an der Universalität den Vorzug. Diese neuere Ansicht **spaltet den Mitgliederkreis** des Vertrages wie folgt:

Zwischen dem Vertragspartner, der einen Vorbehalt erklärt, und dem Vertragspartner, der den Vorbehalt annimmt, gilt der Vertrag, und zwar mit dem durch den Vorbehalt modifizierten Inhalt.

Dagegen kommt zwischen dem Vertragspartner, der den Vorbehalt erklärt, und dem Vertragspartner, der ihn ablehnt, kein Vertrag zustande, jedenfalls dann nicht, wenn der ablehnende Vertragspartner nicht nur den Vorbehalt, sondern das Inkrafttreten des Vertrages in diesem Verhältnis überhaupt ablehnt.

Eine wieder andere Lösung hat der Internationale Gerichtshof in seinem Rechtsgutachten von 1951 betreffend die Frage der Zulässigkeit des sowjetischen Vorbehaltes zum Völkermordabkommen vorgeschlagen (ICJ Reports 1951, S. 15 ff.). Die UdSSR hatte in ihrem Vorbehalt erklärt, daß sie die Bestimmung des Abkommens, derzufolge Streitigkeiten über die Auslegung oder Durchführung des Abkommens dem IGH zur Prüfung vorzulegen sind, „als nicht für sie verbindlich betrachtet". Der IGH unterscheidet zwischen **wesentlichen** Vorbehalten, d.h. solchen, die Gegenstand und Ziel des Vertrages betreffen, und **nebensächlichen,** die nur Nebenbestimmungen betreffen; die konkrete Frage, wie der sowjetische Vorbehalt zu werten ist (als wesentlich oder nebensächlich), hat der IGH nicht beantwortet.

Im Fall eines wesentlichen Vorbehaltes müssen, um dem Vorbehalt Rechtswirksamkeit zu verleihen, alle anderen Vertragspartner zustimmen; widersprechen mehrere oder ein Vertragspartner, so wird der den Vorbehalt erklärende Staat nicht Mitglied des Vertrages.

Im Fall des nebensächlichen Vorbehaltes wird dagegen der den Vorbehalt erklärende Staat Partner des Vertrages, allerdings nur im Verhältnis zu den den Vorbehalt annehmenden Partnern. Der Widerspruch anderer Vertragspartner verhindert also nicht den Beitritt zum Vertrag, sondern hat nur die Wirkung, daß die vertraglichen Beziehungen auf das Verhältnis zwischen dem den Vorbehalt erklärenden Partner und dem den Vorbehalt anerkennenden Partner beschränkt bleiben.

Da die Vertragspartner selbst darüber entscheiden können, welche Vorbehalte sie für wesentlich und welche sie für nebensächlich halten, führt die Auffassung des IGH und die ihr folgende Praxis der UNO zu völliger Verwirrung.

Vom Vorbehalt, der sich gegen den Inhalt des Vertrages richtet, ist die **Verwahrung** zu unterscheiden.

Die Verwahrung will verhindern, daß aus der Unterzeichnung des Vertrages Schlüsse auf eine Rechtslage gezogen werden, die mit dem Vertrag selbst nichts zu tun hat, also z.B. auf die Frage der Anerkennung eines anderen Vertragspartners als Staat.

Beispiel für eine Rechtsverwahrung bei Vertragsunterzeichnung

B – Rechtsverwahrung der BRD anläßlich der Unterzeichnung der Europäischen Menschenrechtskonvention durch das Saarland –

„Wie bereits in der am 5. November 1950 übergebenen Note zum Ausdruck gebracht wurde, ist in der Ratifikation der Konvention zum Schutze der Menschenrechte und Grundfreiheiten durch die Bundesrepublik Deutschland keine Anerkennung des gegenwärtigen Status der Saar zu erblicken."

Abdruck nach BGBl. 1954 II, S. 14

Keine echte Rechtsverwahrung ist eine im Anschluß an den Vertrag abgesendete Note (vertragsbegleitende Note), die bestimmte Erwartungen zum Ausdruck bringt oder eine Vertragsinterpretation vornimmt, ohne ein Vorbehalt zu sein.

Beispiel einer vertragsbegleitenden Note

B – Note der BRD zum Moskauer Gewaltverzichtsvertrag zwischen der BRD und der UdSSR vom 12. August 1970 –

„Im Zusammenhang mit der heutigen Unterzeichnung des Vertrages zwischen der Bundesrepublik Deutschland und der Union der Sozialistischen Sowjetrepubliken beehrt sich die Regierung der Bundesrepublik Deutschland festzustellen, daß dieser Vertrag nicht im Widerspruch zu dem politischen Ziel der Bundesrepublik Deutschland steht, auf einen Zustand des Friedens in Europa hinzuwirken, in dem das deutsche Volk in freier Selbstbestimmung seine Einheit wiedererlangt."

Abdruck nach AdG 1970, S. 15649

Nimmt der Adressat die vertragsbegleitende Note zustimmend zur Kenntnis, so führen Note und Zustimmung zu einer vertragsähnlichen Bindung. Nimmt der Adressat die Note zur Kenntnis, ohne ihr zuzustimmen, so kann darin – je nach den Umständen des Einzelfalles – eine stillschweigende Zustimmung gesehen werden oder nicht. Verweigert der Adressat die Annahme der Note oder weist er ihren Inhalt als unzutreffend zurück, so entfaltet die Note keine rechtliche Wirkung; die Note kann dann allenfalls bei der Auslegung des Vertrages im Rahmen der üblichen Auslegungsmethoden – z.B. als Hinweis auf den Willen des einen Vertragspartners – eine Rolle spielen.

15. Staatennachfolge in Verträge

Der Geltungsbereich (Anwendungsbereich) völkerrechtlicher Verträge kann problematisch werden, wenn ein **Staat einen Teil seines Staatsgebietes an einen anderen Staat abtritt** (Bsp.: Abtretung von Staatsgebiet der BRD an die Schweiz und von Staatsgebiet der Schweiz an die BRD im Vertrag über die Bereinigung der Grenze im Abschnitt Konstanz am Rheinfall vom 23. November 1964 [BGBl. 1967 II, S. 2041 f.]) oder **wenn auf dem Gebiet eines früheres Staates neue Staaten entstehen** (so z.B. die Zwei-Staaten-Theorie in bezug auf BRD und DDR). Beide Fälle – also auch die Gebietsabtretung, die eigentlich nur eine (Teil-) Gebietsnachfolge ist – werden als Staatennachfolge (Staatensukzession) bezeichnet.

Der **Grundsatz der beweglichen Vertragsgrenzen** regelt die Staatennachfolge in Verträge wie folgt :
Die vertraglichen Rechte und Pflichten des abtretenden Staates (Vorgängerstaates) gegenüber dritten Staaten werden auf das ihm verbleibende Staatsgebiet beschränkt, während umgekehrt der Geltungsbereich der Verträge des Nachfolgerstaates sich automatisch auf das neuerworbene Gebiet erstreckt (Bsp.: Im Fall der Gebietsabtretungen zwischen der BRD und der Schweiz beschränkt sich die Geltung des EWG-Vertrages, an dem die Schweiz nicht Partner ist, auf das der BRD verbleibende Staatsgebiet; umgekehrt erstreckt sich die Geltung des EFTA-Vertrages, an dem die Schweiz [nicht aber die BRD] Partner ist, automatisch auf das von der Schweiz erworbene Gebiet.)

Gleiches gilt für Verträge zwischen dem Vorgängerstaat und dem Nachfolgestaat (Bsp.: die Verpflichtungen aus dem Internationalen Übereinkommen zur Bekämpfung des Mädchenhandels vom 4. Mai 1910 [RGBl. 1913, S. 31], an dem die Schweiz und die BRD – letztere entweder als mit dem Deutschen Reich identisch [Identitätslehre] oder als Rechtsnachfolger des Deutschen Reiches im Gebiet der BRD – Vertragspartner sind, gelten für die BRD automatisch in dem von ihr erworbenen ehemaligen schweizer Staatsgebiet, nicht aber in dem an die Schweiz abgetretenen Gebiet.)

Eine Ausnahme von dem Grundsatz der beweglichen Vertragsgrenzen wird nur für sog. **radizierte Verträge** angenommen, d.h. Verträge, die – wie z.B. Verträge über Straßenbauten – sich (gleichsam wie eine dingliche Belastung) gerade auf das abgetretene Gebiet beziehen. In diesem Fall erscheint der Eintritt des Nachfolgestaates in den vom Vorgängerstaat geschlossenen Vertrag an sich sinnvoll; doch ist fraglich, ob der Nachfolgestaat wirklich an einen Vertrag gebunden werden kann, den er nicht geschlossen hat.

Noch schwieriger ist der Fall der echten Staatennachfolge zu beurteilen, bei dem es sich also nicht nur um eine Gebietsabtretung handelt, sondern um eine Neubildung von Staaten (Bsp.: Verselbständigung ehemaliger Kolonien). Hier gilt zwar für den Vorgängerstaat der Grundsatz der beweglichen Vertragsgrenzen in dem Sinne, daß vertragliche Rechte und Pflichten auf das ihm verbliebene Staatsgebiet beschränkt sind; dagegen lehnen die neuentstandenen Staaten die Weitergeltung von Verträgen, die der Vorgängerstaat geschlossen hat, für ihren Bereich in der Regel jedenfalls dann ab, wenn es sich um politische Verträge handelt. Die Wiener Vertragsrechtskonvention hat die Frage der Staatennachfolge in Verträge nicht geregelt; mangels fester Rechtsregeln entscheidet die Praxis häufig nach politischem Gutdünken.

L F. Berber, Lehrbuch des Völkerrechts, Bd. 1, 1960, S. 411-466;
G. Dahm, Völkerrecht, Bd. 3, 1961, S. 1-164;
E. Menzel, Völkerrecht, 1962, S. 248-291;
I. Seidl-Hohenveldern, Völkerrecht, 2. Aufl., 1969, S. 38-86;
A. Verdroß, Völkerrecht, 5. Aufl., 1964, S. 158-186;
A.D. McNair, The Law of Treaties, 1961;
G. Böhmer, Der völkerrechtliche Vertrag im deutschen Recht, 1965;
P. Guggenheim-Ch. Marek, Verträge, völkerrechtliche, in : Strupp-Schlochauer, Wörterbuch des Völkerrechts, Bd. 3, 1962, S. 528-543;
K. Holloway, Modern Trends in Treaty Law, 1967;
P. Nahlik, La Conference de Vienne sur le droit des traités. Une vue d'ensemble. AF 15(1969), S. 24-53;
D. Rauschning, Die Arbeit der International Law Commission am Konventionsentwurf für das Recht der internationalen Verträge in den Jahren 1965 und 1966 JIR 14 (1969), S. 337-344;
St. Verosta, Die Vertragsrechts-Konferenz der Vereinten Nationen 1968/69 und die Wiener Konvention über das Recht der Verträge, ZaöRV 29 (1969), S. 654-710;
W.K. Geck, Konzession, in: Strupp-Schlochauer, Wörterbuch des Völkerrechts, Bd. 2, 1961, S. 301-306;
H. Ridder, Konkordat, in : Strupp-Schlochauer, Wörterbuch des Völkerrechts, Bd. 2, 1961, S. 274-278;
L. Schöppe, Konkordate seit 1800. Originaltext und deutsche Übersetzung der geltenden Konkordate. 1964;
R. Bernhardt, Völkerrechtliche Bindungen in den Vorstadien des Vertragsschlusses, ZaöRV 18 (1957/58), S. 652-690;
J.A. Barberis, La liberté de traiter des Etats et le jus cogens, ZaöRV 30 (1970), S. 19-45;
M. Lachs, Evolutionen des Kollektivvertrages, JIR 8 (1957/58), S. 23-24;
R. Bernhardt, Die Auslegung völkerrechtlicher Verträge, 1963;

J. Hardy, The Interpretation of Plurilingual Treaties by International Courts and Tribunals, BJIL 27 (1961), S. 72-155;
P. Berger, Zur Klausel „rebus sic stantibus", Österr. ZöR 4 (1952), S. 27-61;
O.J. Lissitzyn, Treaties and Changes Circumstances (Rebus Sic Stantibus), AJIL 61 (1967), S. 895-922;
E. Schwelb, Fundamental Change of Circumstances. Notes on Article 59 of the Draft Convention on the Treaties as recommended for Adoption to the United Nations Conference on the Law of Treaties by its Committee of the Whole in 1968, ZaöRV 29, (1969) S. 39-70;
U. Scheuner, Conflict of Treaty Provisions with a Peremtory Norm of General International Law, ZaöRV 29 (1969), S. 28-38;
K. Holloway, Les reserves dans les traités internationaux, 1958;
W.K. Geck, Die Registrierung und Veröffentlichung völkerrechtlicher Verträge, ZaöRV 22 (1962), S. 113 ff.;
S. Rosenne, The Depositary of International Treaties, AJIL 61 (1967), S. 923-945;
W.K. Geck, Völkerrechtliche Geheimverträge und Verfassungsrecht, Festschrift für Gebhard Müller, 1970, S. 77 ff.;
K. Zemanek, Geheimverträge, in : Strupp-Schlochauer, Wörterbuch des Völkerrechts, Bd. 1, 1960, S. 633-634;
A. Bleckmann, Begriff und Kriterien der innerstaatlichen Anwendbarkeit völkerrechtlicher Verträge, 1970;
W. Rudolf, Völkerrecht und deutsches Recht, 1967;
K. J. Partsch, Die Anwendung des Völkerrechts im innerstaatlichen Recht, Berichte 6 (1964);
R. Bernhardt, Der Abschluß völkerrechtlicher Verträge im Bundesstaat, 1957;
W.K. Geck, Die völkerrechtlichen Wirkungen verfassungswidriger Verträge, 1963;
D.P. O'Connell, Independence and Succession to Treaties, BYIL 38 (1962), S. 84-180;
D.P. O'Connell, State Succession and Problems of Treaty Interpretation, AJIL 58 (1964), S. 41-61;
K.J. Keith, Succession to Bilateral Treaties by Seceeding states, AJIL 61 (1967), S. 521-546;
E. Kordt - K. Zemanek, Gegenwärtige Fragen der Staatensukzession, Berichte 5 (1964), S. 1- 55, S. 56-100;
D. Rauschning, Das Schicksal völkerrechtlicher Verträge bei der Änderung des Status ihrer Partner, 1963;
H. Steinberger, Völkerrechtliche Aspekte des deutsch-sowjetischen Vertragswerks vom vom 12. August 1970, ZaöRV 31 (1971) S. 63-161;
W. Wengler, Der Moskauer Vertrag und das Völkerrecht, Jz 25 (1970) S. 632-637.

Einführung

Dieser Abschnitt beschäftigt sich mit dem von Völkerrechtssubjekten begangenen Unrecht. Zunächst wird zu klären sein, wann überhaupt ein völkerrechtliches Delikt vorliegt. Daran schließt sich die Frage an, welche Folgen ein völkerrechtliches Delikt hat, d. h. wann und wie für ein völkerrechtliches Delikt gehaftet wird.

GLIEDERUNG

des 5. Abschnittes

5.1 Begriff und Voraussetzungen des völkerrechtlichen Deliktes

I_1 Ein völkerrechtliches Delikt (völkerrechtliches Unrecht)
ist ein **völkerrechtswidriges Verhalten**
eines Völkerrechtssubjektes (des Deliktsubjektes),
das ein völkerrechtlich geschütztes Rechtsgut
eines anderen Völkerrechtssubjektes (des Deliktsobjektes)
verletzt und diesem damit einen **Schaden zufügt.**

B_1 Nichterfüllung eines völkerrechtlichen Vertrages.

Angriffskrieg gegen einen anderen Staat.

Entführung von Personen aus fremdem Staatsgebiet.

Unbefugtes Überfliegen von fremdem Staatsgebiet.

5.1.1 Aktive und passive Deliktsfähigkeit

I_2 **Die Fähigkeit, ein völkerrechtliches Delikt (aktiv) zu begehen,**
d. h. Delikssubjekt zu sein,
nennt man die **aktive Deliktsfähigkeit,**

die Fähigkeit, (passiv) ein völkerrechtliches Delikt zu erleiden,
d. h. Deliktsobjekt zu sein,
nennt man die **passive Deliktsfähigkeit.**

F_2 Setzt

a) die aktive Deliktsfähigkeit
b) die passive Deliktsfähigkeit

das Vorhandensein der Völkerrechtsfähigkeit voraus?

A_2 Ja. Sowohl a) die aktive Deliktsfähigkeit als auch b) die passive Deliktsfähigkeit setzen das Vorhandensein der Völkerrechtsfähigkeit voraus: nur ein Träger von völkerrechtlichen Rechten bzw. Pflichten kann Subjekt bzw. Objekt eines völkerrechtlichen Deliktes sein.

I_3 Ein völkerrechtliches Delikt kann also nur von
einem Völkerrechtssubjekt
gegen ein anderes Völkerrechtssubjekt begangen werden.

F_3 Die BRD erkennt die DDR nicht als Völkerrechtssubjekt an.

Kann die DDR – unter Zugrundelegung der (umstrittenen) Auffassung, die Anerkennung eines Staates habe konstitutive Bedeutung und die DDR sei deshalb mangels Anerkennung im Verhältnis zur BRD kein Völkerrechtssubjekt – ein völkerrechtliches Delikt gegen die BRD begehen?

A_3 Nein. Die DDR kann unter Zugrundelegung der Auffassung sie sei im Verhältnis zur BRD kein Völkerrechtssubjekt, gegen die BRD kein völkerrechtliches Delikt begehen: wenn die DDR im Verhältnis zur BRD kein Völkerrechtssubjekt ist, so hat sie ihr gegenüber auch keine aktive Deliktsfähigkeit.

I_4 Soweit Behörden der DDR Rechte der BRD verletzten, wurde dies völkerrechtlich mit der sog. **Agententheorie** erklärt, d. h. die Behörden der DDR handelten im Auftrag oder zumindest mit Duldung der Behörden der Sowjetunion, die ihrerseits Völkerrechtssubjekt und damit auch völkerrechtliches Deliktssubjekt sei.

Diese Auffassung ist jedoch unbefriedigend. Es scheint richtiger, die Situation mit der Annahme eines **de facto-Regimes** zu erklären, das gewisse völkerrechtliche Rechte und Pflichten hat (z. B. Gewaltverbot), und demgemäß in bezug auf diese auch Deliktssubjekt und Deliktsobjekt sein kann.

F_4 Wäre der Bruch eines zwischen Libyen und der Gelsenkirchener Bergwerks AG abgeschlossenen Ölkonzessionsabkommens ein völkerrechtliches Delikt, wenn

a) die Gelsenkirchener Bergwerks AG,
b) Libyen

den Vertrag bricht?

A_4 a) Nein. Der Bruch eines zwischen Libyen und der Gelsenkirchener Bergwerks AG geschlossenen Ölkonzessionsabkommens durch die Gelsenkirchener Bergwerks AG ist kein völkerrechtliches Delikt: die Gelsenkirchener Bergwerks AG ist kein Völkerrechtssubjekt und daher nicht aktiv deliktsfähig.

b) Nein. Bricht Libyen den Vertrag, so liegt ebenfalls kein völkerrechtliches Delikt vor: die Gelsenkirchener Bergwerks AG ist kein Völkerrechtssubjekt und daher nicht passiv deliktsfähig.

I_5 Die **aktive völkerrechtliche Deliktsfähigkeit ist ein Teil der völkerrechtlichen Handlungsfähigkeit,** d. h. Deliktssubjekt kann nur ein völkerrechtlich handlungsfähiges Völkerrechtssubjekt sein.

Die **passive Deliktsfähigkeit ist** dagegen kein Teil der völkerrechtlichen Handlungsfähigkeit, sondern nur **ein Teil der Völkerrechtsfähigkeit,** d. h. Deliktsobjekt kann auch ein nicht völkerrechtlich handlungsfähiges Völkerrechtssubjekt sein.

F_5 Ist die völkerrechtliche Handlungsfähigkeit Voraussetzung

a) der aktiven Deliktsfähigkeit,
b) der passiven Deliktsfähigkeit?

A_5 a) Ja. Die völkerrechtliche Handlungsfähigkeit ist Voraussetzung der aktiven Deliktsfähigkeit: ein völkerrechtliches Delikt kann nur begehen, wer völkerrechtlich handeln kann.

b) Nein. Die völkerrechtliche Handlungsfähigkeit ist nicht Voraussetzung der passiven Deliktsfähigkeit: Voraussetzung ist nur die Völkerrechtsfähigkeit.

B_5 Das nach dem Zusammenbruch im Mai 1945 als Völkerrechtssubjekt fortbestehende (str.), aber damals nicht handlungsfähige Deutsche Reich hatte nicht die aktive, wohl aber die passive Deliktsfähigkeit.

5.1.2 Völkerrechtswidriges Verhalten

I_6 Ein völkerrechtliches Delikt liegt nur dann vor, **wenn das Verhalten völkerrechtswidrig ist,** d. h. **eine Völkerrechtsnorm** und damit ein anderes Völkerrechtssubjekt in seinen Rechten **verletzt.**

Gleichgültig ist dabei, **welcher Rechtsquelle** (Vertrag, Gewohnheitsrecht, allgemeiner Rechtsgrundsatz) **die verletzte Völkerrechtsnorm entstammt.**

Voraussetzung ist aber stets, daß es sich um eine Norm des Völkerrechts,
nicht nur um eine Regel der Courtoisie handelt.

F_6 Ist die Völkerrechtswidrigkeit des deliktischen Verhaltens abhängig von der innerstaatlichen Rechtmäßigkeit oder Rechtswidrigkeit des Verhaltens oder – mit anderen Worten – kann die Völkerrechtswidrigkeit des deliktischen Verhaltens durch eine innerstaatliche Maßnahme beseitigt werden?

A_6 Nein. Die Völkerrechtswidrigkeit des deliktischen Verhaltens ist unabhängig von seiner innerstaatlichen Rechtmäßigkeit oder Rechtswidrigkeit und kann deshalb nicht durch eine innerstaatliche Maßnahme beseitigt werden: die Völkerrechtswidrigkeit ergibt sich aus dem Bruch einer völkerrechtlichen Norm; innerstaatliche Maßnahmen können nicht völkerrechtliche Verpflichtungen aufheben.

B_6 Hitlers Befehl als innerstaatlich verbindlich gedachte Anordnung zur Erschießung gefangener sowjetischer Kommissare (sog. Kommissar-Befehl) beseitigte die Völkerrechtswidrigkeit der Erschießungen nicht.

I_7 Ein völkerrechtswidriges Verhalten kann in einem **Tun oder Unterlassen** bestehen.

B_7 Für ein völkerrechtswidriges Tun: Angriff auf fremdes Staatsgebiet.

Für ein völkerrechtswidriges Unterlassen: Nichterfüllung einer Zahlungsverpflichtung aus völkerrechtlichem Vertrag.

I_8 Ein **Unterlassen ist jedoch nur dann eine Völkerrechtsverletzung, wenn eine (Völker-) Rechtspflicht zum Handeln besteht.**

I_9 Die Völkerrechtspflicht zum Handeln kann sich aus irgendeiner Norm des Völkerrechts (Vertrag, Gewohnheitsrecht, allgemeine Rechtsgrundsätze) ergeben.

B_9 Die Pflicht zur Konsultation vor jeder Entscheidung in allen wichtigen Fragen der Außenpolitik nach dem deutsch-französischen Zusammenarbeitsvertrag (Elysée-Vertrag) von 1963.

5.1.3 Ausschluß der Rechtswidrigkeit

I_{10} Die Völkerrechtswidrigkeit des deliktischen Verhaltens kann durch **völkerrechtliche Rechtfertigungsgründe** ausgeschlossen sein.

Völkerrechtliche Rechtfertigungsgründe sind
Einwilligung des Verletzten (die auch nachträglich gegeben werden kann [Genehmigung]),
Notwehr und
Notstand.

B_{10} Für Einwilligung:
Gestattung des Durchmarsches fremder Truppen durch das eigene Staatsgebiet.

Für Notwehr:
Abwehr eines militärischen Angriffs.

Für Notstand:
Vernichtung eines fremden leckgelaufenen Tankers, von dem eine Ölverschmutzung der See droht.

I_{11} Nimmt ein Völkerrechtssubjekt eine an sich völkerrechtswidrige Handlung vor, die jedoch nur ein vorangegangenes völkerrechtswidriges Verhalten eines anderen Völkerrechtssubjektes erwidert, um dieses zur Einstellung seines völkerrechtswidrigen Verhaltens zu veranlassen,
so handelt es sich um eine sog. **Repressalie** (Erwiderung von Völkerrechtsverletzung mit Völkerrechtsverletzung).
Bei der Repressalie ist die Völkerrechtswidrigkeit ausgeschlossen, wenn die Repressalie dem Grundsatz der Verhältnismäßigkeit entspricht.

B_{11} Ein Staat beschränkt völkerrechtswidrig die Bewegungsfreiheit der Diplomaten eines fremden Staates. Der davon betroffene Staat beschränkt nun seinerseits die Bewegungsfreiheit der Diplomaten des Staates, der mit diesen Beschränkungen begonnen hat.

5.1.4 Schadenszufügung

I_{12} Ein völkerrechtliches Delikt liegt nur dann vor, wenn das deliktische Verhalten des Deliktssubjektes dem Deliktsobjekt einen **Schaden** zugefügt hat.

Der Schaden kann
ein **materieller (Vermögens-) Schaden** oder
ein **immaterieller** (Nichtvermögens-) Schaden sein.

B_{12} Für einen materiellen Schaden:
Nichterfüllung einer Schadensverpflichtung.
Versenkung eines Schiffes.

Für einen immateriellen Schaden:
Beleidigung eines fremden Staates.
Verletzung fremden Luftraumes durch unbefugtes Überfliegen.
Entführung von Personen aus fremdem Staatsgebiet.

I_{13} Durch einunddieselbe Handlung kann sowohl ein materieller als auch ein immaterieller Schaden zugefügt werden.

F_{13} Staatlich gelenkte Demonstranten werfen die Fensterscheiben einer fremden Botschaft ein, zerstören das Mobiliar und verbrennen die auf dem Botschaftsgebäude gehißte Fahne des fremden Staates – was für ein Schaden (materieller, immaterieller oder sowohl materieller als auch immaterieller) wird dem fremden Staat zugefügt?

A_{13} Sowohl ein materieller als auch ein immaterieller Schaden wird dem fremden Staat zugefügt, wenn staatlich gelenkte Demonstranten die Fensterscheiben der Botschaft einwerfen, das Mobiliar zerstören und die Fahne verbrennen: Der materielle Schaden liegt in der Wertminderung des Vermögens, der immaterielle Schaden in der Beleidigung des Ansehens des fremden Staates.

I_{13} Die Annexion fremden Staatsgebietes bedeutet die Zufügung sowohl eines materiellen als auch eines immateriellen Schadens.

5.2 Folgen des völkerrechtlichen Deliktes (Haftung)

5.2.1 Ursachen- und Haftungszusammenhang

I_{14} **Rechtsfolge eines völkerrechtlichen Deliktes ist** die **Haftung des Deliktssubjektes für den entstandenen Schaden.**

Das deliktische Verhalten muß **ursächlich (kausal)** für den Schadenseintritt sein. Wie im innerstaatlichen Recht stellt sich auch im Völkerrecht die **Frage**, ob die Haftungsursache nach der **Adäquanztheorie** oder nach der **Äquivalenztheorie** zu bestimmen ist.

Nach der Adäquanztheorie besteht ein Ursachenzusammenhang, wenn die Bedingung, die zum Eintritt des Schadens geführt hat, nach allgemeiner Lebenserfahrung typischerweise den Schaden herbeiführen mußte.

Nach der Äquivalenztheorie ist jede Bedingung für den Schaden kausal, die nicht hinweggedacht werden kann, ohne daß der Schadenseintritt entfiele (conditio sine qua non).

F_{14} Griechenland hatte völkerrechtswidrig auf Kreta befindliche Leuchtturmgebäude enteignet, die einer französischen Gesellschaft gehörten. Die französische Gesellschaft lagerte daraufhin das Leuchtturminventar in andere Räume aus; dort wurde es durch ein unvorhersehbares Feuer vernichtet.

Haftet Griechenland in diesem Fall
a) nach der Adäquanztheorie,
b) nach der Äquivalenztheorie?

A_{14} a) Nein. Nach der Adäquanztheorie haftet Griechenland in diesem Fall nicht, da nach der allgemeinen Lebenserfahrung nicht zu erwarten war, daß infolge der Enteignung das Inventar ausgelagert und durch Feuer zerstört werden würde.

b) Ja. Nach der Äquivalenztheorie haftet Griechenland in diesem Fall, da die Zerstörung des ausgelagerten Inventars durch Feuer auf Grund einer Bedingung (nämlich der Enteignung der Leuchtturmgebäude) eingetreten ist, die nicht hinweggedacht werden kann, ohne daß der Erfolg entfiele.

I_{15} Das Völkerrecht enthält **keine ausdrückliche Entscheidung für die Geltung der Adäquanztheorie oder der Äquivalenztheorie**; die internationale Rechtsprechung neigt der **Adäquanztheorie** zu.

B_{15} Das französisch-griechische Schiedsgericht hat eine Haftung Griechenlands verneint, weil der Schaden weder vorhersehbar noch eine normale Folge der Enteignung der Leuchtturmgebäude war; es hat sich also der Adäquanztheorie angeschlossen.

I_{16} Auch im Völkerrecht stellt sich das Problem der sog. **überholenden Kausalität**, d. h. der Schaden, der durch das deliktische Verhalten eingetreten ist, wäre ohnehin, nämlich durch ein späteres (anderes) schadenstiftendes Ereignis eingetreten, dessen Ursache bereits vor dem deliktischen Verhalten gesetzt war.

B_{16} Die Behörden eines Staates sehen tatenlos zu, wie Demonstranten die Fensterscheiben einer ausländischen Botschaft einwerfen. Die Fenster wären in einem schon tobenden Hurrikan ohnehin zu Bruch gegangen.

I_{17} Die Haftung wird durch überholende Kausalität nicht ausgeschlossen.

5.2.2 Schuld- und Erfolgshaftung

I_{18} Auch im Völkerrecht stellt sich die Frage, ob eine **Haftung nur für einen schuldhaft** (d. h. vorsätzlich oder fahrlässig) **verursachten Schaden eintritt** (Schuldtheorie; subjektive Theorie), oder ob der bloße (unbeabsichtigte) **Erfolg des Schadenseintrittes** die **Haftung bewirkt** (Erfolgstheorie; objektive Theorie).

B_{18} Für schuldhaft verursachten Schaden:
Verletzung fremden Luftraumes durch vorsätzliches Überfliegen (U 2-Fall).

Für schuldlos verursachten Schaden:
Verletzung fremden Luftraumes durch unbeabsichtigtes und unvermeidbares Überfliegen (Ausfall der Navigationsinstrumente).

I_{19} Nachdem ursprünglich im Völkerrecht die Schuldhaftung galt, kann heute keine feststehende einheitliche Regel zur Frage der Schuld- oder Erfolgshaftung festgestellt werden. Jedoch scheint die Staatenpraxis mehr und mehr der **Erfolgshaftung** zuzuneigen.

F_{19} Zwingt die Schuldhaftung oder die Erfolgshaftung die Völkerrechtssubjekte zu größerer Sorgfalt bei der Vermeidung völkerrechtlicher Delikte?

A_{19} Die Erfolgshaftung zwingt zu größerer Sorgfalt bei der Vermeidung völkerrechtlicher Delikte als die Schuldhaftung: im Fall der Erfolgshaftung reicht der bloße Schadenseintritt für eine Haftung aus.

I_{20} Völkerrechtssubjekte nehmen heute häufig technische oder wissenschaftliche Handlungen vor, deren Auswirkungen nicht exakt vorhersehbar sind.

B_{20} Weltraumfahrt (Einschleppen von unbekannten Seuchen durch heimkehrende Kosmonauten?).

„West Ford Experiment" (Versuch der USA, durch Kernenergieexplosionen den Van-Allen-Strahlungsgürtel in der Atmosphäre zu sprengen und für Zwecke des Funkverkehrs einen Gürtel aus im Kosmos schwebenden Kupfernadeln um die Erde zu legen).

Verwendung kernenergiebetriebener Schiffe.

F_{20} Auf Grund eines unvorhersehbaren technischen Versagens geht eine Weltraumrakete in fremdem Staatsgebiet nieder und verursacht dort einen Schaden.

Nach welcher Haftungsform haftet der Staat, der sie gestartet hatte?

A_{20} Nach der Erfolgshaftung haftet der Staat, der die Weltraumrakete gestartet hatte, da es für diese Haftungsform auf die Vorhersehbarkeit des Schadenseintrittes nicht ankommt.

Dagegen haftet der Staat nach dem Prinzip der Verschuldenshaftung nicht, da der Schadenseintritt unvorhersehbar und unabwendbar war.

I_{21} Schäden aus Handlungen mit unvorhersehbaren Auswirkungen werden von der Erfolgshaftung besser abgedeckt als von der Schuldhaftung, da es bei der Erfolgshaftung auf die Vorhersehbarkeit des Schadenseintrittes nicht ankommt.

5.2.3 Haftung für Staatsorgane

I_{22} Die völkerrechtliche **Haftung** für völkerrechtliche Delikte tritt ein, **wenn ein Staat durch seine Organe völkerrechtswidrig gehandelt hat.**

B_{22} Frankreich haftete völkerrechtlich für die völkerrechtswidrige Entführung Argouds aus der BRD durch französische Sicherheitsbeamte.

I_{23} Die völkerrechtliche Haftung richtet sich ausschließlich nach völkerrechtlichen Normen.
Die Verletzung innerstaatlicher Normen (Amtshaftungsrecht usw.) spielt keine Rolle, wenn dem Staat das betreffende Verhalten zugerechnet werden kann.

F_{23} Ein Organträger kann kompetenzgemäß oder kompetenzwidrig handeln.

In bezug auf welche dieser Handlungen könnte fraglich sein, ob eine völkerrechtliche Haftung des Staates eintritt?

A_{23} In bezug auf kompetenzwidriges Handeln eines Staatsorganes könnte die völkerrechtliche Haftung fraglich sein: es könnte hier an der Voraussetzung fehlen, daß das Handeln dem Staat zurechenbar sein muß.

I_{24} Ist das kompetenzwidrige Verhalten eines Organträgers dem Staat nicht zurechenbar, weil er es nicht (konkludent oder ausdrücklich) als sein eigenes anerkennt oder weil die **Kompentenzüberschreitung offenkundig war, so kann eine völkerrechtliche Haftung des Staates nur unter dem Gesichtspunkt der etwaigen völkerrechtlichen Haftung für das Handeln von Privatpersonen eintreten.**

I_{25} Die **völkerrechtliche Haftung** tritt für **völkerrechtswidrige Handlungen aller Staatsorgane** ein,
d. h. sowohl für Akte der **Gesetzgebung,** der **Regierung,** der **Verwaltung** und der **Rechtsprechung.**

B_{25} Haftung für den Erlaß eines völkerrechtswidrigen Gesetzes, das ausländisches Vermögen konfisziert.

Haftung für die Anordnung, fremdes Staatsgebiet zu überfliegen (U 2-Fall).

Haftung für die Verweigerung gerichtlichen Rechtsschutzes für Ausländer (sog. déni de justice).

I_{26} Gesetzgebungsverfahren hinsichtlich eines völkerrechtswidrigen Gesetzes führen unter Umständen schon dann zu Vermögensverlusten, wenn sie noch nicht abgeschlossen sind.

B_{26} Ein Parlament berät über ein Gesetz, das ausländisches Eigentum entschädigungslos enteignen soll. Die Tatsache der Beratung führt zu einem Kurssturz der Aktien und zur Unveräußerlichkeit der Sachwerte.

F_{26} Ist es denkbar, daß eine völkerrechtliche Haftung schon durch Beratungen des Gesetzgebers in einem laufenden Gesetzgebungsverfahren hinsichtlich eines völkerrechtswidrigen Gesetzes, d. h. vor Inkrafttreten eines Gesetzes, eintritt?

A_{26} Ja. Eine völkerrechtliche Haftung kann schon vor Inkrafttreten des völkerrechtswidrigen Gesetzes eintreten, nämlich dann, wenn schon durch das laufende Gesetzgebungsverfahren ein Schaden eintritt (z. B. wirtschaftliche Verluste bei drohender Konfiskation).

I_{27} Da die völkerrechtliche Haftung unabhängig von der innerstaatlichen Rechtslage ist, wird die völkerrechtliche Haftung für Handlungen der rechtsprechenden Gewalt nicht durch die Grundsätze der Unabhängigkeit der Gerichte, der Bindung der Gerichte an das Gesetz und der Rechtskraft richterlicher Entscheidungen beseitigt.

5.2.4 Haftung bei Handlungen von Privatpersonen

I_{28} Häufig geht die schädigende Handlung nicht unmittelbar von einem Staatsorgan aus, sondern **von Privatpersonen.**

B_{28} Beschädigung eines fremden Botschaftsgebäudes durch randalierende Demonstranten.

I_{29} Eine völkerrechtliche Haftung kann auch bei einem **Unterlassen** eintreten, nämlich dann, **wenn eine Völkerrechtspflicht zum Handeln besteht.**

B_{29} Unterlassen der völkerrechtlichen Pflicht zum Schutz der Gebäude fremder Botschaften.

I_{30} Da Privatpersonen in der Regel keine Völkerrechts- und damit auch keine Deliktssubjekte sind, scheidet in diesem Fall an sich eine völkerrechtliche Haftung aus.

F_{30} Wie kann man aber im Fall der Beschädigung einer fremden Botschaft durch randalierende Demonstranten zu einer völkerrechtlichen Haftung gelangen, wenn kein völkerrechtswidriges Tun staatlicher Organe vorliegt?

A_{30} Durch die Annahme eines Unterlassens: Der Staat hat es pflichtwidrig unterlassen, durch seine Organe das Botschaftsgebäude vor den randalierenden Demonstranten zu schützen.

I_{31} Die Völkerrechtswidrigkeit des Unterlassens ist unabhängig von der Frage, wie die Handlung der Privatperson und das Unterlassen des staatlichen Organs nach innerstaatlichem Recht zu beurteilen ist.

B_{31} Ein Geisteskranker tötet einen ausländischen Diplomaten. Ein volltrunkener Polizeibeamter sieht untätig zu: auch wenn der Geisteskranke und der volltrunkene Polizeibeamte nach dem innerstaatlichen Recht des betreffenden Staates weder zivilrechtlich noch strafrechtlich verantwortlich sind, ist der Staat, dessen Polizeibeamter nicht eingeschritten ist, völkerrechtlich verantwortlich.

I_{32} Um die staatliche Haftung beim Handeln von Privatpersonen nicht allzuweit auszudehnen, bejaht die h. L. eine völkerrechtliche Haftung nur dann, wenn die staatlichen Organe ein **Verschulden** (Vorsatz oder Fahrlässigkeit) beim Unterlassen der Abwendungsmaßnahmen trifft; hier wird also eine Ausnahme vom Prinzip der Erfolgshaftung gemacht.

5.3.5 Formen der Wiedergutmachung

I_{33} Die Pflicht zur Wiedergutmachung des durch ein völkerrechtswidriges Tun oder Unterlassen entstandenen Schadens ist ein **allgemeiner Rechtsgrundsatz** (str.; a.A.: Völkergewohnheitsrecht).

I_{34} Die Wiedergutmachung erfolgt in unterschiedlicher Form, je nachdem ob es sich um materiellen oder immateriellen Schaden handelt.

Im Fall des **materiellen Schadens** (Vermögensschadens) erfolgt die Wiedergutmachung durch **Naturalrestitution** (Wiederherstellung des vor dem schadenstiftenden Ereignis bestehenden Zustandes) oder – wenn diese nicht möglich ist – durch **Schadensersatz.**

B_{34} Für Naturalrestitution:
Herausgabe eines annektierten Gebietes.
Rückführung einer entführten Person.
Aufhebung einer Vermögenskonfiskation.

Für Schadensersatz:
Geldleistung oder Lieferung gleichwertigen Mobiliars, wenn Mobiliar einer fremden Botschaft zerstört worden ist.

I_{35} Im Fall des **immateriellen Schadens** (Nichtvermögensschadens) erfolgt die Wiedergutmachung durch **Genugtuung.**

B_{35} Bestrafung der schuldigen Privatperson (soweit innerstaatlich zulässig).
Entschuldigung.
Geldbuße.

WF 1) Ist die Völkerrechtsfähigkeit Voraussetzung

der aktiven Deliktsfähigkeit? Ja ☐ Nein ☐

der passiven Deliktsfähigkeit? Ja ☐ Nein ☐

2) Ist die völkerrechtliche Handlungsfähigkeit Voraussetzung

der aktiven Deliktsfähigkeit? Ja ☐ Nein ☐

der passiven Deliktsfähigkeit? Ja ☐ Nein ☐

3) Völkerrechtliche Rechtfertigungsgründe sind

1. . . . .
2. . . . .
3. . . . .

4) Was ist eine Repressalie?

. . . .
. . . .

5) Kann der durch das deliktische Verhalten zugefügte Schaden sein ein

materieller Schaden? Ja ☐ Nein ☐

immaterieller Schaden? Ja ☐ Nein ☐

beides zusammen? Ja ☐ Nein ☐

6) Die Ursächlichkeit (Kausalität) des deliktischen Verhaltens für den Schadenseintritt kann bestimmt werden nach der

1. . . . .
2. . . . .

7) Welche Haftungsform deckt Schäden aus Handlungen mit unvorhersehbaren Auswirkungen besser ab,

die Schuldhaftung? ☐

oder die Erfolgshaftung? ☐

8) Unter welchem Gesichtspunkt kann eine Haftung des Staates für ein kompetenzwidriges, ihm nicht zurechenbares Verhalten eines Organträgers eintreten?

. . . .

Völkerrechtliche Delikte

AWF 1) Ist die Völkerrechtsfähigkeit Voraussetzung

der aktiven Deliktsfähigkeit? Ja [×] Nein [ ]

der passiven Deliktsfähigkeit? Ja [×] Nein [ ] (A_2)

2) Ist die völkerrechtliche Handlungsfähigkeit Voraussetzung

der aktiven Deliktsfähigkeit? Ja [×] Nein [ ]

der passiven Deliktsfähigkeit? Ja [ ] Nein [×] (I_5)

3) Völkerrechtliche Rechtfertigungsgründe sind

1. **Einwilligung**
2. **Notwehr**
3. **Notstand**

(I_{10})

4) Was ist eine Repressalie?

Erwiderung einer Völkerrechtsverletzung mit Völkerrechtsverletzung. (I_{11})

5) Kann der durch das deliktische Verhalten zugefügte Schaden sein ein

materieller Schaden? Ja [×] Nein [ ]

immaterieller Schaden? Ja [×] Nein [ ]

beides zusammen? Ja [×] Nein [ ] (I_{12}, I_{13})

6) Die Ursächlichkeit (Kausalität) des deliktischen Verhaltens für den Schadenseintritt kann bestimmt werden nach der

1. **Adäquanztheorie**
2. **Äquivalenztheorie**

(I_{14})

7) Welche Haftungsform deckt Schäden aus Handlungen mit unvorhersehbaren Auswirkungen besser ab,

die Schuldhaftung [ ]

oder die Erfolgshaftung [×] (I_{21})

8) Unter welchem Gesichtspunkt kann eine Haftung des Staates für ein kompetenzwidriges, ihm nicht zurechenbares Verhalten eines Organträgers eintreten?

Haftung für Handeln von Privatpersonen. (I_{24})

Völkerrechtliche Delikte

1. Abgrenzung

V Eine Abgrenzung des Begriffs des völkerrechtlichen Delikts muß gegenüber terminologisch und inhaltlich ähnlichen Begriffen vorgenommen werden. Terminologisch ähnlich sind die Begriffe „Delikte gegen das Völkerrecht", „delicta iuris gentium" und „völkerrechtliche Verbrechen", inhaltlich ähnlich ist der Begriff des „Rechtsmißbrauches".

Als **„Delikte gegen das Völkerrecht"** bezeichnete eine früher weit verbreitete Terminologie die nach dem nationalen Strafrecht zahlreicher Staaten **strafbaren Handlungen gegen fremde Staaten und deren Organe oder gegen Internationale Organisationen** (vgl. z.B. §§ 102-104b StGB der BRD und §§ 85-95, 108, 109 StGB der DDR).

Gegenstand dieser Straftaten ist also die Verletzung der nationalen, nicht der internationalen Rechtsordnung. Mit dem Völkerrecht hängen die Straftatbestände nur insofern zusammen, als sie in die nationalen Strafgesetzbücher auf Grund begründeter Interessen ausländischer Staaten und Internationaler Organisationen aufgenommen werden. Die Bestrafung des Täters erfolgt jedoch allein nach dem nationalen Strafrecht, weshalb die Bezeichnung „Delikte gegen das Völkerrecht" irreführend ist und durch die Bezeichnung „Straftaten gegen ausländische Staaten und Internationale Organisationen" ersetzt werden sollte.

Als **„delicta iuris gentium"** werden **Straftaten** bezeichnet, **die** – wie z.B. Falschmünzerei, Frauenhandel, Rauschgifthandel, Kabelbruch und Piraterie – **gegen die Interessen der gesamten Völkerrechtsgemeinschaft verstoßen und bei denen alle Staaten ohne Rücksicht auf die Staatsangehörigkeit des Täters und den Ort der Tat zur Strafverfolgung berechtigt sind.** Bei den delicta iuris gentium erfolgt also die Bestrafung des Täters ebenfalls auf Grund nationalen Strafrechts, jedoch unter Anwendung des strafrechtlichen Universalitätsprinzips (d.h. der Möglichkeit der Strafverfolgung ohne Rücksicht auf die Staatsangehörigkeit des Täters und den Begehungsort der Tat).

Anders als bei den Straftaten gegen ausländische Staaten und den delicta iuris gentium soll bei den sog. **völkerrechtlichen Verbrechen** die **Strafbarkeit unmittelbar aus dem Völkerrecht** folgen; als derartige völkerrechtliche Verbrechen kommen Verbrechen gegen den Frieden, Kriegsverbrechen und Verbrechen gegen die Menschlichkeit (z.B. Völkermord) in Betracht; auch die Piraterie wird gelegentlich als völkerrechtliches Verbrechen bezeichnet.

Während die „Straftaten gegen ausländische Staaten und Internationale Organisationen" und die „delicta iuris gentium" mit dem Begriff des völkerrechtlichen

Deliktes nichts zu tun haben, da ihre Strafbarkeit aus nationalem (nicht: aus internationalem) Recht folgt, werden die „völkerrechtlichen Verbrechen" oft dem Begriff des völkerrechtlichen Deliktes zugeordnet. Bei weiter Fassung dieses Begriffes ist das möglich. Jedoch handelt es sich bei den völkerrechtlichen Verbrechen um eine Sonderform des völkerrechtlichen Delikts mit pönalen Rechtsfolgen (sog. Völkerstrafrecht), während bei den übrigen völkerrechtlichen Delikten keine pönale Rechtsfolge (Strafsanktion) eintritt, sondern nur eine Wiedergutmachungspflicht.

2. Völkerstrafrecht

Ein echtes Völkerstrafrecht hat sich bisher nur in Ansätzen entwickelt, die in den **Kriegsverbrecherprozessen** nach dem zweiten Weltkrieg ihren Ausdruck gefunden haben. Das Souveränitätsdenken der Staaten und die Disqualifizierung des Völkerstrafrechts durch ungleiche Anwendung nach Kriegen steht seiner Entwicklung im Wege: Die Siegerstaaten sind nicht bereit, von ihren eigenen Politikern oder Truppen begangene Kriegsverbrechen von internationalen Gerichten aburteilen zu lassen; allenfalls kommt es zu einem Verfahren vor Militärgerichten des eigenen Staates, die in diesen Fällen erfahrungsgemäß milde urteilen. Dagegen sind die Siegermächte schnell bei der Hand, wenn es um die Aburteilung von Kriegsverbrechen geht, die durch Staatsangehörige der besiegten Staaten begangen sind, was von den Besiegten als ungerecht empfunden wird. Für die zukünftige Entwicklung des Völkerstrafrechts wird insbesondere wichtig sein, ob und inwieweit Völkerstrafrechtsnormen kodifiziert werden, wie dies für einen wichtigen Teilbereich – aber insgesamt noch ganz unzureichend – durch die Konvention über die Verhütung und Bestrafung des Völkermordes (**Genocid-Abkommen**) von 1948 (BGBl. 1954 II, S. 730) erfolgt ist.

3. Rechtsmißbrauch

Als eine Sonderform des völkerrechtlichen Deliktes wird der Rechtsmißbrauch (abus de droit) angesehen, d.h. ein Verhalten, bei dem ein Völkerrechtssubjekt von einem ihm zustehenden Recht nur in der Absicht, einem Völkerrechtssubjekt einen Schaden zuzufügen, Gebrauch macht. Eine solche Absicht wird jedoch kaum nachzuweisen sein, wie überhaupt die völkerrechtliche Beurteilung des Rechtsmißbrauches umstritten ist.

4. Kodifikation

Eine Kodifikation des völkerrechtlichen Deliktsrechts ist bisher **nicht gelungen**. Die Bemühungen der Haager Kodifikationskonferenz von 1930 und der Völkerrechtskommission der UNO um eine Kodifikation der Verantwortlichkeit der Staaten für völkerrechtliche Delikte sind in Vorarbeiten und Entwürfen steckengeblieben.

5. Völkerrechtswidrigkeit

Das deliktische Verhalten kann in der Verletzung **jeder Norm** des Völkerrechts liegen, d.h. die Völkerrechtswidrigkeit des Verhaltens kann sich aus allen Völkerrechtsquellen (Vertrag, Gewohnheitsrecht, allgemeine Rechtsgrundsätze) ergeben.

Die Völkerrechtswidrigkeit kann insbesondere in der Verletzung von **Grundrechten und Grundpflichten der Staaten** liegen. Als klassische Grundrechte der Staaten werden die **fünf Grundrechte auf Selbsterhaltung, auf Unabhängigkeit, auf Gleichheit, auf Achtung und auf Verkehr** bezeichnet, denen die entsprechenden Grundpflichten auf Nichtverletzung dieser Grundrechte entsprechen. Einschlägige Völkerrechtsnormen sind vor allem Art. 2 Nr. 1, 4 und 7 der UNO-Satzung (Nr. 1: „Die Organisation ist auf dem Grundsatz der souveränen Gleichheit aller ihrer Mitglieder aufgebaut"; Nr. 4: „Alle Mitglieder enthalten sich in ihren internationalen Beziehungen der Drohung mit Gewalt oder der Gewaltanwendung, die gegen die territoriale Unversehrheit oder die politische Unabhängigkeit irgendeines Staates gerichtet oder sonst mit den Zielen der Vereinten Nationen unvereinbar ist"; Nr. 7: „Keine Bestimmung der vorliegenden Satzung berechtigt die Vereinten Nationen, in Angelegenheiten einzugreifen, die ihrem Wesen nach in die innerstaatliche Zuständigkeit jedes Staates gehören . . . . .").

Der Begriff der Grundrechte und Grundpflichten ist im Völkerrecht umstritten. Soweit man sich der Unterschiede zu den innerstaatlichen Grundrechten bewußt bleibt (Rechte der Staaten gegen andere Staaten, nicht der Bürger gegen Staaten) und soweit die Grundrechte und Grundpflichten in Völkerrechtsnormen deutlich gegenüber (einfachen) völkerrechtlichen Rechten und Pflichten herausgehoben sind (vgl. Art. 1 und 2 UNO-Satzung), kann der Begriff „Grundrechte und Grundpflichten der Staaten" verwendet werden.

Vom Grundrecht der Staaten auf Unabhängigkeit ist das **Selbstbestimmungsrecht der Völker** zu unterscheiden. Der Inhalt des Selbstbestimmungsrechts, zu dem z.B. ein Recht auf freie Wahlen und ein Recht auf Heimat gezählt werden, ist nicht fest umrissen. Umstritten ist auch, ob das Selbstbestimmungsrecht der Völker nur ein politisches Prinzip oder eine Völkerrechtsnorm darstellt. Die Entschließung der Generalversammlung der UNO Nr. 1514 (XV) vom 14. Dezember 1960 (UN Review 1961, S. 7) über die Gewährung der Unabhängigkeit an koloniale Länder und Völker erklärt: „All peoples have the right to self-determination; by virtue of that right they freely determine their political status and freely pursue their economic, social and culturaldevelopment"(Ziff. 2); „Any attempt aimed at the partial or total disruption of the national unity and the territorial integrity of a country is incompatible with the purposes and principles of the Charter of the United Nations" (Ziff. 6).

Faßt man es als eine Völkerrechtsnorm auf, so bleibt die Feststellung, daß es häufig verletzt wird. Problematisch ist es aber auch, einerseits das Selbstbestimmungsrecht zu bejahen, es andererseits aber am Verbleib der betreffenden Bevölkerungsteile im Staatsgebiet in der Weise zu koppeln, daß es nach gewaltsamer Vertreibung erlöschen soll; damit wird völkerrechtspolitisch ein Anreiz zur Vertreibung geschaffen und geradezu eine Prämie für Brutalität gewährt. Das kann – immer unter der Voraussetzung, daß es überhaupt ein Selbstbestimmungsrecht gibt – nicht rechtens sein.

6. Erscheinungsformen

Die Erscheinungsformen der völkerrechtlichen Delikte sind unterschiedlich. Beispiele völkerrechtlicher Delikte sind Verletzung der Gebietshoheit eines fremden Staates, Ausschreitungen gegen diplomatische Vertretungen, Konfiskationen, Diskriminierungen und Vertragsverletzungen.

Verletzungen der Gebietshoheit sind nach dem zweiten Weltkrieg häufig vorgekommen, z.B. in Grenzstreitigkeiten zwischen der Volksrepublik China und Indien, Indien und Pakistan, Indien und Portugal (Besetzung der portugiesischen Enklaven Goa, Diu und Damao 1961), Kambodscha und Thailand, Israel und seinen arabische Nachbarstaaten, Tunesien und Frankreich, Marokko und Spanien, Großbritannien und Guatemala, Peru und Ekuador, Chile und Bolivien, Argentinien und Chile sowie neuerdings zwischen China und der UdSSR (Ussuri). Häufig sind Personen aus fremdem Staatsgebiet entführt worden (Entführung von Argoud aus der BRD durch Beamte des französischen Geheimdienstes 1963; Entführung des FLN-Führers Ben Bella durch den französischen Piloten eines marokkanischen Verkehrsflugzeuges auf der Strecke Rabat-Tunis 1956; Entführung von Adolf Eichmann aus Argentinien durch Beamte des israelischen Geheimdienstes 1960; Entführung ungarischer Flüchtlinge aus Österreich durch ungarische Grenzsoldaten nach dem Ungarn-Aufstand 19 Auch Verletzungen fremden Seegebietes und fremden Luftraumes (U 2-Fall) sind häufige völkerrechtliche Delikte.

Völkerrechtswidrig ist auch die militärische **Intervention** eines fremden Staates in die inneren Angelegenheiten eines anderen Staates (Eingreifen der UdSSR in Ungarn 1956 und in der CSSR 1968); sie verletzt sowohl das Grundrecht auf Wahrung der territorialen Unversehrheit (Gebietshoheit) als auch das Grundrecht auf politische Unabhängigkeit. Im völkerrechtlichen Schrifttum wird allenfalls die sog. **humanitäre Intervention** für zulässig erachtet, d.h. eine Intervention zum Schutz z.B. von Minderheiten vor Tötung oder Verfolgung, wobei als Beispiel die Intervention Belgiens in den Kongo-Wirren von 1960 angegeben wird.

Trifft ein Staat nicht alle geeigneten Maßnahmen, um **Ausschreitungen gegen diplomatische Vertretungen** zu verhindern, so handelt er völkerrechtswidrig (vgl. Art. 22 II der Wiener Diplomatischen Konvention: „Der Empfangsstaat hat die besondere Pflicht, alle geeigneten Maßnahmen zu treffen, um die Räumlichkeiten der Mission vor jedem Eindringen und jeder Beschädigung zu schützen und um zu verhindern, daß der Friede der Mission gestört oder ihre Würde beeinträchtigt wird"). Nicht völkerrechtswidrig ist das Dulden bloßer (gewaltloser) Demonstrationen vor fremden Missionsgebäuden.

Konfiskationen (d.h. entschädigungslose Enteignungen von ausländischem Vermögen) sind nach Völkergewohnheitsrecht (str.) und nach zahlreichen völkerrechtlichen Verträgen (sog. Kapitalschutzabkommen) völkerrechtswidrig.

Diskriminierungen sind völkerrechtswidrig, wenn sie – im Gegensatz zu völkerrechtlich zulässigen Differenzierungen – gegen eine völkerrechtliche Gleichbehandlungspflicht (z.B. aus dem GATT, EWG-Vertrag, EGKS-Vertrag) verstoßen oder sich ihrer Absicht und ihren Folgen nach offensichtlich und in einer herabsetzenden Weise böswillig ausschließlich gegen eine oder mehrere bestimmte Staaten oder deren Staatsangehörige richten.

In bezug auf **Vertragsverletzungen** stellt sich die schwierige **Frage**, ob die **Verletzung eines multilateralen Vertrages durch einen Partner gegenüber einem anderen Partner zugleich eine Vertragsverletzung und damit ein völkerrechtliches Delikt gegenüber allen anderen Partnern darstellt.** Ein völkerrechtliches Delikt ist nur gegeben, wenn eine konkrete Rechtsverpflichtung gegenüber dem Deliktsobjekt verletzt wird. Überträgt man diese Feststellung auf das Rechtsverhältnis eines multilateralen Vertrages, so wird deutlich, daß im Fall der Verletzung eines multilateralen Vertrages eine konkrete vertragliche Verpflichtung gegenüber allen Vertragspartnern besteht, deren Bruch grundsätzlich ein deliktisches Verhalten gegenüber ihnen bildet; hier kann lediglich fraglich sein, ob neben dem unmittelbar Geschädigten auch die übrigen Vertragspartner einen Schaden erlitten haben.

Unbestritten ist, daß ein völkerrechtliches Delikt **nur bei hoheitlichem Handeln,** also nicht bei privatrechtlichem Handeln, in Betracht kommt, weil das Völkerrecht nur die hoheitlichen Beziehungen zwischen den Völkerrechtssubjekten regelt. Wie im innerstaatlichen Recht ist die Abgrenzung zwischen hoheitlichem Handeln (acta iure imperii) und nichthoheitlichem Handeln (acta iure gestionis) auch im Völkerrecht schwierig. Die Frage ist von großer praktischer Bedeutung, und zwar vor allem wegen der wirtschaftlichen Betätigung der Staaten sowie der staatlich gelenkten Planwirtschaft und der Einheit von Partei und Staat in den Ländern des Ostblocks; eine Antwort wird jeweils auf die Umstände des Einzelfalles abstellen müssen.

7. Rechtfertigungsgründe

Kein völkerrechtliches Delikt liegt vor, wenn die an sich gegebene Völkerrechtswidrigkeit durch einen völkerrechtlichen Rechtfertigungsgrund ausgeschlossen ist. Als solche kommen **Einwilligung** (eine einseitige völkerrechtliche Handlung) **und Notrechte** in Betracht.

Die **Notrechte** (Notwehr, Notstand) sind eingeschränkt durch das **Erforderlichkeitsprinzip**, d.h. rechtlich geschützte Interessen eines anderen Staates dürfen nur verletzt werden, wenn die drohende Gefahr mit anderen Mitteln nicht abgewendet werden kann, durch das **Proportionalitätsprinzip** (d.h. die Maßnahmen müssen im Verhältnis zur eigenen Bedrohung stehen), und durch das **Temporärprinzip** (d.h. d Notrecht darf nur solange ausgeübt werden wie die Drohung dauert). Im Fall der „Caroline" (Zerstörung des amerikanischen Schiffes Caroline, das während des kanadischen Aufstandes 1837 amerikanische Freiwillige nach Kanada transportierte, in einem amerikanischen Hafen durch britische Truppen) wurde das Notrecht begrenzt auf Fälle einer „necessity of self-defence, instant, overwhelming, leaving no choice of means, and no moment for deliberation".

Als **Repressalie** bezeichnet man eine an sich völkerrechtswidrige Handlung, die ein Staat in Erwiderung eines gegen ihn begangenen völkerrechtlichen Deliktes vornimmt, um den deliktisch handelnden Staat zur Beendigung des rechtswidrigen Zustandes zu zwingen (Bsp. für die Androhung einer Repressalie: Note der Westmächte vom 7.9.1961 an die UdSSR: Wenn ein westliches Verkehrsflugzeug über der SBZ zur Landung gezwungen würde, so werde eine sowjetische Maschine ebenfalls zur Erde geholt werden). Das Gewaltverbot des Art. 2 Ziff. 4 der UNO-Satzung schließt grundsätzlich die Anwendung militärisch-kriegerischer Gewalt als Repressalie aus. Ist jedoch ein Angriff mit Waffengewalt erfolgt, so gewährleistet Art. 51 der UNO-Satzung das Recht der individuellen oder kollektiven Selbstverteidigung, bis der Sicherheitsrat die zur Aufrechterhaltung des Weltfriedens und der internationalen Sicherheit erforderlichen Maßnahmen ergriffen hat. Im Unterschied zur Repressalie, die an sich gegen das Völkerrecht verstößt und deren Völkerrechtswidrigkeit nur wegen des vorangegangenen fremden Deliktes ausgeschlossen ist, bildet die **Retorsion** nur die Erwiderung eines unfreundlichen Aktes, die selbst auch nur einen unfreundlichen Akt darstellt.

8. Haftung

Die Frage, ob im Völkerrecht **Schuldhaftung oder Erfolgshaftung** gilt, ist noch nicht endgültig geklärt. Das Urteil des IGH im Korfu Kanal-Fall (ICJ Reports 1949, S. 4 ff.) wird sowohl von den Vertretern der von Hugo Grotius begründeten Schuldtheorie als auch von den Vertretern der seit Heinrich Triepel im Vordringen befindlichen Erfolgstheorie für sich in Anspruch genommen.

Das Erfordernis des Verschuldens kommt vor allem dann als Korrektiv in Betracht, wenn die schädigende Handlung nicht unmittelbar von einem Staatsorgan ausgegangen ist, sondern von einer **Privatperson**; der Staat haftet hierfür, daß seine Organe es unterlassen haben, die schädigende Handlung der Privatpersonen zu verhindern. Da die staatlichen Organe aber nicht allgegenwärtig sein können, z.B. eine spontane Aktion gegen eine fremde Botschaft vielleicht nicht verhindern können oder im Fall einer Revolution unter Umständen nicht in der Lage sind, Ausschreitungen gegen Ausländer zu unterbinden, würde die Erfolgshaftung hier zu einer unzumutbaren Ausdehnung der Haftung führen.

Die Haftung des Staates beim Handeln von Privatpersonen wird nicht dadurch ausgeschlossen, daß die schadenstiftende Privatperson die Staatsangehörigkeit des geschädigten Staates besitzt (Bsp.: ein Exiljugoslawe tötet auf dem Gebiet der BRD einen jugoslawischen Diplomaten; die deutschen Behörden hätten dies bei genügender Wachsamkeit verhindern können). Hier haftet die BRD völkerrechtlich; denn es gilt für die völkerrechtliche Haftung der **Grundsatz: Gebietshoheit geht vor Personalhoheit.**

9. Wiedergutmachung

Beim Schadensersatz (für materiellen Schaden) ist nicht nur der **Schaden** (damnum emergens), sondern auch der **entgangene Gewinn** (lucrum cessans) zu ersetzen. Die Frage, ob auch **Zinsen** gefordert werden können, ist umstritten; sie wird von der h.L. bejaht.

Eine **Genugtuung** (für immateriellen Schaden) wird heute zumeist in der Form der Entschuldigung („Ausdruck des Bedauerns“) geleistet. Historisches Beispiel einer Genugtuung ist die „Sühnemission“ des chinesischen Prinzen Tschun nach dem

Boxeraufstand von 1900 und die Errichtung eines Sühnedenkmals am Ort der Ermordung des deutschen Gesandten v. Ketteler.

L F. Berber, Lehrbuch des Völkerrechts, Bd. 3, 1964, S. 2-26;
G. Dahm, Völkerrecht, Bd. 3, 1961, S. 177-321;
E. Menzel, Völkerrecht, S. 275-308;
I. Seidl-Hohenveldern, Völkerrecht, 2. Aufl. 1969, S. 269-282;
A. Verdroß, Völkerrecht, 5. Aufl., 1964, S. 372-413;
K. Strupp, Das völkerrechtliche Delikt, 1920;
I.v. Münch, Das völkerrechtliche Delikt in der modernen Entwicklung der Völkerrechtsgemeinschaft, 1963, S. 60-94;
A. Schüle, Delikt, völkerrechtliches, in: Strupp-Schlochauer, Wörterbuch des Völkerrechts, Bd. 1, 1960, S. 326-339;
F. Klein, Die mittelbare Haftung im Völkerrecht. Die Haftung eines Völkerrechtssubjektes für das völkerrechtswidrige Verhalten eines anderen Völkerrechtssubjektes, 1941;
G. Dahm, Zur Problematik des Völkerstrafrechts, 1956;
G. Hoffmann, Strafrechtliche Verantwortung im Völkerrecht. Zum gegenwärtigen Stand des völkerrechtlichen Strafrechts, 1962;
W. Wengler, Das völkerrechtliche Gewaltverbot. Probleme und Tendenzen, 1967;
Th. Oppermann, Nichteinmischung in innere Angelegenheiten – Zur Abgrenzung der Nichteinmischung gegenüber Intervention und Interzession, ArchVR 14 (1969/70), S. 321-342;
J. Delbrück, Selbstbestimmung und Völkerrecht, JIR 13 (1967), S. 180-209;
P.A. Zannas, La responsabilité internationale des Etats pour les actes de négligence, 1952;
H. Urbanek, Das völkerrechtsverletzende nationale Urteil, Österr. ZöR 9 (1958/59), S. 213-275;
M. R. Garcia-Mora, International Responsibility for Hostile Acts of Private Persons against Foreign States, 1962;
Meron, International Responsibility of States for Unauthorized Acts of their Officials, BYIL 33 (1957), S. 85;
A. Schüle, Rechtswidrigkeit, Ausschluß, in: Strupp-Schlochauer, Wörterbuch des Völkerrechts, Bd. 3, 1962, S. 84-85;
A. Schüle, Wiedergutmachung, in: Strupp-Schlochauer, Wörterbuch des Völkerrechts, Bd. 3, 1962, S. 843-844.

P PROBLEMSKIZZE:

DIE INVASION IN DIE CSSR 1968 UND DIE BRESHNEV-DOKTRIN

GLIEDERUNG

1.Sachverhalt

In der Nacht vom 20. auf den 21. August 1968 marschierten Armeen des Warschauer Paktes in die CSSR ein. Beteiligt waren Truppen der UdSSR, der DDR, Polens, Ungarns und Bulgariens. Am Abend des 21. August war die Besetzung der CSSR abgeschlossen. Der Reformkurs der tschechoslowakischen KP, in der Welt bekannt geworden als „Prager Frühling", fand ein jähes Ende.

2. Verstoß gegen Völkerrecht

2.1 Gewaltverbot in Verträgen zwischen der CSSR und den Ostblockstaaten

Im Vertrag über Freundschaft, Zusammenarbeit und gegenseitigen Beistand zwischen Albanien, Bulgarien, Ungarn, der DDR, Polen, Rumänien, der UdSSR und der CSSR von 1955 (**Warschauer Pakt**) verpflichten sich die Vertragspartner, „in Übereinstimmung mit der UNO-Satzung sich in ihren internationalen Beziehungen der Drohung mit Gewalt oder ihrer Anwendung zu enthalten" (Art. 1). Der militärische Einmarsch in die CSSR war eine Anwendung von Gewalt. Die an dem Einmarsch beteiligten Staaten, die sämtlich Vertragspartner des Warschauer Paktes sind, haben daher Art. 1 des Warschauer Paktes verletzt.

Die CSSR ist mit den anderen Ostblockstaaten nicht nur durch den Warschauer Pakt, sondern auch durch zweiseitige Verträge gebunden, die „auf der Grundlage der Achtung der Souveränität und der Nichteinmischung in die inneren Angelegenheiten der anderen Seite" beruhen. So lautet Art. 1 des Vertrages über Freundschaft, Zusammenarbeit und gegenseitigen Beistand zwischen der DDR und der CSSR vom 17. März 1967: „Die hohen vertragschließenden Seiten werden in Übereinstimmung mit den Prinzipien des sozialistischen Internationalismus die Freundschaft vertiefen, die Zusammenarbeit auf allen Gebieten entwickeln und sich auf der Grundlage der Gleichberechtigung, der Achtung, der Souveränität und der Nichteinmischung in die inneren Angelegenheiten der anderen Seite gegenseitig Hilfe erweisen".

Durch die Invasion in die CSSR haben die daran beteiligten Ostblockstaaten auch die mit der CSSR geschlossenen **zweiseitigen Verträge verletzt.**

2.2 Gewaltverbot der UNO-Satzung

Art. 2 Ziff. 4 der UNO-Satzung bestimmt: „Alle Mitglieder enthalten sich in ihren internationalen Beziehungen der Drohung mit Gewalt oder der Gewaltanwendung, die gegen die territoriale Unversehrtheit oder die politische Unabhängigkeit irgendeines Staates gerichtet oder sonst mit den Zielen der Vereinten Nationen unvereinbar ist." Die UNO-Satzung normiert damit ein **allgemeines und umfassendes Gewaltverbot** für alle Mitglieder der Vereinten Nationen. Mit Ausnahme der DDR sind die am Einmarsch beteiligten Staaten Mitglieder der UNO.

Eine **militärische Intervention ist Gewaltanwendung.** Der Einmarsch in die CSSR stellt damit einen klaren Verstoß gegen das Gewaltverbot des Art. 2 Ziff. 4 der UNO-Satzung dar.

2.3 Gewaltverbot im „sozialistischen Völkerrecht"

Die Ostblockstaaten haben für ihre Beziehungen untereinander **„sozialistisches Völkerrecht"** entwickelt. Es handelt sich dabei um regionales Völkerrecht, und zwar Völkervertragsrecht (Warschauer Pakt, zweiseitige Allianzverträge) und Völkergewohnheitsrecht. Das sozialistische Völkerrecht ist innerhalb des sozialistischen Rechtskreises geltendes Völkerrecht.

Auch im sozialistischen Völkerrecht gilt das Verbot der Gewaltanwendung (vgl. Art. 1 Warschauer Pakt). Territoriale Unversehrtheit und politische Unabhängigkeit wurden auch im Ostblock als Grundlage der internationalen Beziehungen dieser Staaten untereinander angesehen. Gerade die sowjetische Völkerrechtslehre hat den Grundsätzen der territorialen Unversehrtheit und der politischen Unabhängigkeit stets besonderes Gewicht beigelegt und die Einmischung in die inneren Angelegenheiten fremder Staaten scharf verurteilt. So heißt es z.B. im Völkerrechtslehrbuch der Akademie der Wissenschaften der UdSSR (deutsche Übersetzung, 1960, S. 112-113) unter der Überschrift „Der Kampf der UdSSR um die Einhaltung des Grundsatzes der Nichteinmischung": „Der Politik der groben Einmischung anderer Staaten hat die Sowjetunion seit den ersten Tagen der großen sozialistischen Oktoberrevolution eine friedliche Politik entgegengesetzt, die jegliche Versuche, die Unabhängigkeit und Selbständigkeit großer oder kleiner Staaten zu gefährden, zurückweist .... Die Unzulässigkeit der Einmischung in die inneren Angelegenheiten anderer Staaten ist eines der wichtigsten Prinzipien, das die gegenseitigen Beziehungen des Sowjetstaates zu anderen Staaten, ob groß oder klein, bestimmt. Es stammt aus der sozialen und politischen Natur des Sowjetstaates als eines Staates der Werktätigen. Indem der Sowjetstaat seine Unabhängigkeit verteidigt und alle Versuche der imperialistischen Mächte, sich in seine inneren Angelegenheiten einzumischen, entschieden ablehnt, kämpft er auch unentwegt gegen die Einmischung der imperialistischen Mächte in die Angelegenheiten anderer Völker und Staaten .... Ebenso wie die UdSSR betrachten alle friedliebenden

Staaten den Grundsatz der Nichteinmischung als die wichtigste Vorbedingung zur internationalen Zusammenarbeit, als die mächtigste Waffe im Kampf gegen die auf Unterdrückung anderer Völker gerichtete imperialistische Politik einiger Staaten." Der Einmarsch in die CSSR müßte daher auch aus der Sicht des „sozialistischen Völkerrechts" als ein völkerrechtliches Delikt angesehen werden.

Selbst wenn dies aber nicht der Fall sein sollte, so wäre in jedem Fall die sog. Vorrangklausel des Art. 103 der UNO-Satzung zu beachten: „Im Fall eines Widerspruches zwischen den aus der vorliegenden Satzung sich ergebenden Verpflichtungen von Mitgliedern der Vereinten Nationen und Verpflichtungen auf Grund irgend eines anderen internationalen Abkommens haben die Verpflichtungen auf Grund der vorliegenden Satzung den Vorrang." Das bedeutet, daß auch das „sozialistische Völkerrecht" nicht das Gewaltverbot der UNO-Satzung aufheben kann, sondern umgekehrt das Gewaltverbot der UNO-Satzung den Normen des „sozialistischen Völkerrechts" vorgeht.

2.4 Gewaltverbot des Völkergewohnheitsrechts

Das in Art. 2 Ziff. 4 der UNO-Satzung kodifizierte Gewaltverbot ist nicht nur eine vertragliche Verpflichtung der UNO-Mitglieder, sondern bildet auch einen Rechtssatz des allgemeinen Völkergewohnheitsrechtes. Die Entwicklung dieses Völkergewohnheitsrechtssatzes hat mit dem Briand-Kellogg-Pakt von 1928 begonnen und dürfte jedenfalls seit dem Ende des zweiten Weltkrieges allgemeiner Rechtsüberzeugung entsprechen. Das **Recht auf territoriale Unversehrtheit** und das **Recht auf politische Unabhängigkeit** gehören zu den sog. **Grundrechten der Staaten**; diese Grundrechte zu achten, gehört nach allgemeinem Völkergewohnheitsrecht zu den Grundpflichten der anderen Staaten.

Handelt es sich aber beim Gewaltverbot um eine Rechtsnorm des allgemeinen Völkergewohnheitsrechtes, so ist auch die DDR trotz ihrer Nichtmitgliedschaft in der UNO daran gebunden.

3. Rechtfertigung der Intervention

3.1 Rechtfertigung auf Grund des Warschauer Paktes?

Als Hauptgrund für ihre Intervention bezeichneten die UdSSR und ihre Satelliten die „**Gefahr eines konterrevolutionären Umsturzes" in der CSSR.** Die Sowjetunion leitete ein Recht **zur Abwehr dieser Gefahr aus den bestehenden Bündnisverträgen** her.

Einen Bündnisfall, der die militärische „Hilfe“ der Paktstaaten rechtfertigen könnte, regelt Art. 4 des Warschauer Paktes. Dieser, identisch mit Art. 51 der UNO-Satzung, normiert das Recht zur individuellen und kollektiven Selbstverteidigung **im Fall eines bewaffneten Überfalls** auf einen oder mehrere Mitgliedstaaten des Vertrages. Einen solchen Überfall der CSSR auf die Warschauer Paktstaaten gab es nicht, noch stand er bevor. Art. 4 des Warschauer Paktes scheidet daher für die Rechtfertigung der von den Paktstaaten als Hilfe deklarierten Intervention aus.

Ein anderes Argument der Paktstaaten war, die CSSR habe ihre **Pflicht zur Verteidigungsbereitschaft** im Widerspruch zu ihren Bündnisverpflichtungen verletzt. Darin könnte eine Berufung auf Art. 5 des Warschauer Paktes liegen. Dieser stellt zuerst einen Teil der Streitkräfte unter ein gemeinsames Kommando. Im weiteren verpflichten sich die Vertragsstaaten, Maßnahmen zur Stärkung ihrer Wehrfähigkeit zu ergreifen, um „. . . den Schutz gegen eine mögliche Aggression zu gewährleisten.“

Die sowjetische Auffassung versteht unter Aggression nicht nur den militärischen Angriff, sondern auch die sog. wirtschaftliche und ideologische Aggression sowie eine massive politische Infiltration. Die CSSR habe ihre Verteidigungskraft geschwächt und der westlichen Aggression keinen Widerstand entgegengesetzt, sondern sich wirtschaftlich und politisch mehr und mehr den Einflüssen des Westens geöffnet. Von der Schwächung der Verteidigungskraft der CSSR würden alle Paktstaaten betroffen; daher stände ihnen das Recht zu, gegen das vertragswidrige Verhalten der CSSR vorzugehen.

Diese Argumentation ist zumindest für ein gewaltsames Vorgehen nicht haltbar. Art. 5 des Warschauer Paktes sieht keine Sanktionen für eine Vernachlässigung der in ihm normierten Pflichten vor. In Art. 1 des Warschauer Paktes machen die Paktstaaten das Gewaltverbot des Art. 2 Ziff. 4 der UNO-Satzung ausdrücklich zum Vertragsinhalt. Es widerspricht daher dem absolut geltenden Gewaltverbot, wenn einige Vertragsstaaten einen anderen Vertragspartner mit Gewalt dazu zwingen wollen, seine Verpflichtung zur Verteidigungsbereitschaft nicht zu vernachlässigen.

Es lassen sich damit **keine** vertraglichen Bestimmungen finden, die den Einmarsch der Paktstaaten in die CSSR rechtfertigen könnten.

3.2 Rechtfertigung auf Grund der Breshnev-Doktrin

3.2.1 Inhalt der Breshnev-Doktrin

Die nach dem Ersten Sekretär des Zentralkomitees der KPdSU und früheren sowjetischen Staatspräsidenten Breshnev benannte, aber nicht von ihm stammende, sondern nur von ihm zu eigen gemachte Doktrin besagt grob skizziert folgendes: **Alle Staaten der sozialistischen Gemeinschaft sind zugunsten der Einheit der Gemeinschaft in ihrem Recht auf Souveränität und Selbstbestimmung beschränkt.**

3.2.2 Proletarisch-sozialistischer Internationalismus

Die Breshnev-Doktrin ist keine völlig neue Theorie. Sie greift vielmehr auf das Prinzip des proletarisch-sozialistischen Internationalismus zurück. Die Entwicklung dieses Prinzips kann von Lenin über Stalin und Chruschtschow verfolgt werden und erscheint heute in erweiterter Form als Breshnev-Doktrin. Das Prinzip des proletarisch-sozialistischen Internationalismus bedeutet die **Einheit aller sozialistischen Länder (Internationalismus) sowohl auf der Ebene von Ideologie und Partei (proletarisch) als auch auf der Ebene der Staaten (sozialistisch).** Der proletarisch-sozialistische Internationalismus erfährt dabei heute zwei verschiedene Interpretationen: entweder als sowjetischer Führungsanspruch oder als Polyzentrismus.

3.2.2.1 Sowjetischer Führungsanspruch

Nach sowjetischer Auffassung beinhaltet der sowjetische Führungsanspruch die Forderung nach **straffer Führung sowohl des kommunistischen Staatensystems als auch der kommunistischen Weltbewegung von einem Zentrum aus,** d.h. von der UdSSR. Damit macht die Sowjetunion ihren absoluten Herrschaftsanspruch für die sozialistische Welt geltend.

3.2.2.2 Polyzentrismus

Nach anderer Auffassung (vertreten in der CSSR vor der Invasion sowie von Rumänien, Jugoslawien, Albanien und China) beruht das Prinzip des proletarisch-sozialistischen Internationalismus auf der Gleichberechtigung und Selbstbestimmung der einzelnen sozialistischen Staaten und läßt **verschiedene Entwicklungsmöglichkeiten** des Kommunismus offen. Diese polyzentrische Interpretation, bekannt als „Verschiedene-Wege-Theorie", wird vom orthodoxen Kommunismus sowjetischer Prägung als „revisionistisch" und „reformistisch" abgelehnt und bekämpft.

3.2.2.3 Ausweitung des proletarisch-sozialistischen Internationalismus zur Breshnev-Doktrin

Die Breshnev-Doktrin baut auf dem sowjetisch interpretierten Prinzip des proletarisch-sozialistischen Internationalismus auf (absoluter Führungsanspruch der UdSSR in der kommunistisch-sozialistischen Staatenwelt). Sie erweitert dieses Prinzip in seiner Bedeutung und Anwendung, indem es das **Verhältnis des proletarisch-sozialistischen Internationalismus zum Koexistenzrecht neu definiert und den Begriff der Konterrevolution ausweitet.** Bisher standen sich proletarisch-sozialistischer Internationalismus und Koexistenzrecht gleichberechtigt gegenüber. **Friedliche Koexistenz** (ein Ausdruck, der als Völkerrechtsbegriff erstmals in einem Abkommen zwischen Indien und der Volksrepublik China 1954 [sog. Pancha Shila-Abkommen] verwendet wurde) bedeutet, daß in Anerkennung des allgemeinen Völkerrechts das Recht eines jeden Staates auf Souveränität und die anderen staatlichen Grundrechte unverletzlich sind. Die Breshnev-Doktrin jedoch **ordnet das Koexistenzrecht dem Prinzip des proletarisch-sozialistischen Internationalismus unter.** Einige Sowjet-Ideologen und Rechtslehrer erklären nunmehr das Koexistenzrecht für die Beziehungen zwischen sozialistischen Staaten für gar **nicht anwendbar.** Das bedeutet: Im Konfliktfall bleibt das Koexistenzrecht zugunsten des proletarisch-sozialistischen Internationalismus unbeachtlich. Aus dem Prinzip der „brüderlichen gegenseitigen Hilfe“ erwächst jedem sozialistischen Staat die Pflicht, dem Irrenden auf den rechten Weg zurückzuhelfen. Daraus folgt: Mißachtet ein sozialistischer Staat das Prinzip des proletarisch-sozialistischen Internationalismus, so sind die anderen sozialistischen Staaten zum Eingreifen berechtigt und verpflichtet. Die Souveränität und die anderen Grundrechte der Staaten gelten daher für einen sozialistischen Staat gemäß der Breshnev-Doktrin nur so lange unbeschränkt, wie er die Einheit des sozialistischen Lagers (der „sozialistischen Gemeinschaft“) nicht gefährdet. Die sozialistische Gemeinschaft ist vor allem dann zum Eingreifen berechtigt und verpflichtet, wenn in einem sozialistischen Staat die Gefahr der „**Konterrevolution**“ droht. Unter Konterrevolution verstand man bisher die Beseitigung des kommunistischen Einparteiregimes (Staatsparteiregimes) mit Unterstützung auswärtiger „imperialistischer Kräfte“ zwecks Wiederherstellung einer bürgerlich-kapitalistischen Ordnung. Nach der Breshnev-Doktrin liegt jetzt Konterrevolution bereits dann vor, **wenn eine regierende kommunistische Partei die Verwirklichung eines demokratischen Sozialismus im Sinne reformkommunistischer Vorstellungen in einer gewaltlosen Form und unter Wahrung ihrer Bündnisverpflichtungen anstrebt.** Dies bedeutet, daß jeder sozialistische Staat in seiner Struktur auf das Modell des sowjetischen Sozialismus festgelegt wird und sich bedingungslos dem Führungsanspruch der KPdSU zu unterwerfen hat. Die „Verschiedene-Wege-Theorie“ ist damit nach sowjetischer Auffassung konterrevolutionär.

Die Theorie von der beschränkten Souveränität im sozialistischen Lager und die Annahme einer „Konterrevolution“ werden im sowjetischen Schrifttum auf den

Fall der CSSR wie folgt angewendet: „Diejenigen, die die Aktion der sozialistischen Bruderländer nicht billigen, ignorieren den entscheidenden Fakt, daß diese Länder die Interessen des Weltsozialismus, der ganzen revolutionären Bewegung der Welt verteidigen. Die sozialistische Ordnung existiert in ihrer konkreten Form in einzelnen Ländern. Sie hat ihre bestimmten Staatsgrenzen und entwickelt sich unter Berücksichtigung der Besonderheiten jedes dieser Länder. Niemand mischt sich in die konkreten Maßnahmen der verschiedenen sozialistischen Länder ein, die zur Vervollkommnung der sozialistischen Ordnung getroffen werden. Die Lage ändert sich jedoch grundlegend, wenn dem Sozialismus in dem einen oder anderen Land Gefahr droht. Der Weltsozialismus als Gesellschaftssystem ist gemeinsame Errungenschaft der Werktätigen aller Länder, er ist unteilbar, und seine Verteidigung ist die gemeinsame Sache aller Kommunisten, aller fortschrittlichen Menschen der Erde und in erster Linie der Werktätigen der sozialistischen Länder .... Die Kommunisten der Bruderländer konnten natürlich nicht zulassen, daß im Namen einer abstrakt verstandenen Souveränität die sozialistischen Staaten tatenlos zusehen, wie ein Land der Gefahr einer antisozialistischen Umwälzung ausgesetzt wird" (S. Kowaljow, Souveränität und internationale Pflichten der sozialistischen Länder, „Prawda" vom 26. September 1968, zit. nach B. Meißner, Die Breshnev-Doktrin, 1969, S. 66-67).

3.3 Regionales Völkergewohnheitsrecht

3.3.1 Gemeinsame Rechtsüberzeugung von längerer Dauer

Nach sowjetischer Auffassung bilden das Prinzip des proletarisch-sozialistischen Internationalismus und die Breshnev-Doktrin als seine Weiterentwicklung regionales Völkergewohnheitsrecht. Als Begründung und Beispiel dafür wird vor allem die Unterdrückung des Ungarn-Aufstandes (1956) angeführt. Damals sei aus der sozialistischen Gemeinschaft kein Widerspruch gekommen, woraus auf eine gemeinsame Rechtsüberzeugung geschlossen werden könne. Ebenfalls spräche der lange Zeitraum, während dessen der proletarisch-sozialistische Internationalismus unwidersprochen als Grundprinzip der sozialistischen Einheit anerkannt worden sei, für die Entstehung regionalen Völkergewohnheitsrechtes.

Dem kann entgegengehalten werden: 1. Die politische Situation erlaubte damals keinem sozialistischem Land das Wagnis, gegen das Vorgehen der Sowjetunion in Ungarn zu protestieren. 2. Mehrere sozialistische Länder verstehen unter proletarisch-sozialistischem Internationalismus etwas ganz anderes als die Sowjetunion. Diese Länder wandten sich schon lange vor dem Einmarsch in die CSSR gegen die sowjetische Interpretation des proletarisch-sozialistischen Internationalismus. Vor allem die Ausweitung dieses Prinzips zur späteren Breshnev-Doktrin wurde und wird scharf abgelehnt.

In der Volksrepublik China wird die Breshev-Doktrin als eine „Gangster-Theorie" des „Sozialfaschismus" bezeichnet; in der Peking-Rundschau vom 20. Mai 1969 (zit. nach Meißner, Die Breshnev-Doktrin, Osteuropa 1969, S. 641) heißt es dazu: „Heute setzt die sowjetrevisionistische Renegatenclique unter dem Vorwand einer „Sicherung der Errungenschaften des Sozialismus" ihre Truppen zum Einmarsch in die Tschechoslowakei ein und zwingt der Bevölkerung dieses Landes eine „internationale Diktatur" auf. Morgen kann sie unter dem Vorwand einer „Sicherung" von weiß der Teufel, was, ihre Aggressionstruppe zum Einmarsch in irgendein anderes „Bruderland" der „sozialistischen Gemeinschaft" oder in ein Land außer derselben einsetzen und deren Territorialhoheit und Souveränität verletzen."

Von einer gemeinsamen Rechtsüberzeugung und einer längeren Übung kann daher – jedenfalls im Sinne des klassischen Völkerrechts – **nicht** die Rede sein. Ob sich in Zukunft für die Bildung von Völkergewohnheitsrecht in hegemonialen Paktsystemen andere Rechtsregeln herausbilden, kann hier und zur Zeit dahingestellt bleiben.

3.3.2 Verstoß gegen zwingendes Recht

Die Breshnev-Doktrin beschränkt die sozialistischen Länder in ihrer Souveränität, Selbstbestimmung und politischen Unabhängigkeit. Eine freiwillige Beschränkung der Souveränität ist an sich noch nicht völkerrechtswidrig. Viele Staaten übertragen freiwillig Teile ihrer Souveränitätsrechte auf internationale Organisationen (z.B. die BRD auf die EWG). Im Fall der Breshnev-Doktrin fehlt jedoch nicht nur das Merkmal der Freiwilligkeit, sondern diese Souveränitätsbeschränkung verlangt sogar die Duldung selbst gewaltsamen Eingreifens in den innerstaatlichen Bereich. Eine so weitgehende Auslegung beraubt die Grundrechte der Staaten ihres wesentlichen Gehalts. Die Breshnev-Doktrin verstößt damit gegen fundamentale Prinzipien des Völkerrechts. Diese Prinzipien sind zwingendes Völkerrecht (ius cogens). **Im Widerspruch zum ius cogens kann sich kein neues Gewohnheitsrecht bilden,** solange das zwingende Recht noch von der Rechtsüberzeugung aller oder des überwiegenden Teils der Völkerrechtssubjekte getragen wird. Die Breshnev-Doktrin kann daher **kein** regionales Völkergewohnheitsrecht sein.

Die Breshnev-Doktrin bildet also ein Instrument, mit dem die UdSSR ihren absoluten Herrschaftsanspruch in der sozialistischen Welt durchsetzen will. Sie verleiht der Sowjetunion bereits dann ein Interventionsrecht, wenn ein sozialistischer Staat in seiner inneren Struktur vom sowjetischen Modell des Sozialismus abweicht. Ein Ausscheiden gar aus der sozialistischen Gemeinschaft wird durch sie unmöglich gemacht. Damit übertrifft die Breshnev-Doktrin sogar die sowjetische Bundesverfassung von 1936, deren Art. 16 wenigstens theoretisch jedem Bundesstaat das Recht zum freien Austritt zuerkennt.

3.4 Rechtfertigung auf Grund Einwilligung

Von sowjetischer Seite ist vorgebracht worden, daß die Intervention **im Interesse der CSSR selbst** gelegen habe: „Die Aktionen der fünf verbündeten sozialistischen Staaten in der Tschechoslowakei entsprechen auch den Grundinteressen des tschechoslowakischen Volkes. Es ist nicht zu bestreiten, daß gerade der Sozialismus, der die Nation aus den Fesseln der Ausbeuteordnung befreite, die Lösung der Grundprobleme der nationalen Entwicklung eines jeden Landes sichert, das den sozialistischen Weg einschlägt. Die konterrevolutionären Elemente in der Tschechoslowakei, die die Grundpfeiler des Sozialismus antasten, unterhöhlen damit auch die Basis für die Unabhängigkeit und Souveränität des Landes .... Die Hilfe, die andere sozialistische Länder den Werktätigen der CSSR erwiesen, die dem Export der Konterrevolution von außen vorbeugte, ist praktischer Kampf um die Souveränität der CSSR gegen diejenigen, die sie dieser Souveränität berauben und das Land den Imperialisten ausliefern wollten" (S. Kowaljow, aaO.).

Das Interesse eines Staates an einer Intervention durch einen fremden Staat kann jedoch, um völkerrechtlich erheblich zu sein, **nicht einfach von dem intervenierenden Staat unterstellt werden**; anderenfalls könnte jeder fremde Staat ein solches Interesse fingieren und dann nach eigenem Gutdünken seine Truppen in fremde Staaten einmarschieren lassen.

Eine **völkerrechtlich wirksame Rechtfertigung auf Grund Einwilligung liegt vielmehr nur dann vor, wenn die zuständigen Organe des betreffenden Staates die Intervention erbitten.** Unmittelbar nach der Invasion haben dementsprechend die UdSSR und die anderen Paktstaaten versucht, die Invasion mit der Begründung zu rechtfertigen, „einige Persönlichkeiten der Partei und des Staates der CSSR" hätten sie um ihre militärische Hilfe im Kampf gegen ihre innerstaatlichen Gegner gebeten. Für die völkerrechtliche Beurteilung ist es gleichgültig, ob diese Behauptung der Wahrheit entspricht. Nur die **legale Vertretung** der CSSR wäre nämlich berechtigt gewesen, die Staaten des Warschauer Paktes um militärische Hilfe zur Beilegung innerstaatlicher Schwierigkeiten zu bitten. Die tschechoslowakische Regierung hat jedoch **kein** derartiges Hilfeersuchen an einen oder mehrere Ostblockstaaten gerichtet. Sie hat vielmehr in einer an die sowjetische Regierung gerichteten Note vom 21. August 1968 gegen die Intervention scharf **protestiert.** Mit einem möglichen Hilfeersuchen können die Staaten des Warschauer Paktes ihre Invasion daher **nicht** rechtfertigen.

Im Zeitpunkt des Einmarsches der Truppen war also die Invasion **völkerrechtswidrig.**

Nachdem der Einmarsch vollzogen, das Land vollständig besetzt war, und Säuberungsaktionen stattgefunden hatten, haben auch Organe der CSSR die Invasion gerechtfertigt. Damit stellt sich die Frage einer **eventuellen nachträglichen Einwilligung.**

Eine solche nachträgliche Einwilligung könnte jedoch nur dann angenommen werden, wenn sie von den betreffenden Organen der CSSR **freiwillig und ohne Druck fremder Mächte** gegeben worden wäre. Ob dies der Fall war, läßt sich nicht eindeutig feststellen. Jedenfalls kann eine nachträgliche Einwilligung **nicht das Vorhandensein des völkerrechtlichen Deliktes im Zeitpunkt seiner Begehung ungeschehen machen.** Die nachträgliche Einwilligung ist jedoch – abgesehen von ihrer politischen Wirkung – nicht gänzlich ohne Rechtsfolgen; sie bedeutet rechtlich einen **Verzicht auf die Geltendmachung von Ansprüchen** aus völkerrechtlicher Deliktshaftung.

– DOKUMENTE –

1. Protestnote der tschechoslowakischen Regierung an die sowjetische Regierung vom 21. August 1968

Betrifft: Militärische Intervention der Sowjetunion, Bulgariens, der DDR, Polens und Ungarns in der Tschechoslowakei.

„In der Nacht vom 20. zum 21. August 1968 kam es zu einer gemeinsamen bewaffneten Aktion von Luft- und Bodenstreitkräften der UdSSR, der Volksrepublik Polen, der DDR, der Volksrepublik Ungarn und der Volksrepublik Bulgarien gegen das Territorium der Tschechoslowakei. Die Truppen drangen gleichzeitig von vielen Stellen aus auf das Territorium der Tschechoslowakei vor, besetzten wichtige Punkte und in kurzer Zeit das gesamte Territorium der Tschechoslowakei.

Um nichtwiedergutzumachende katastrophale Folgen für die Beziehungen der Tschechoslowakei mit der Sowjetunion und eine Bedrohung des internationalen Friedens und der Sicherheit zu vermeiden, haben die verfassungsmäßigen Vertreter der Tschechoslowakei und das Präsidium des ZK der KPC die Bürger der Republik aufgerufen, Ruhe zu bewahren und den vordringenden Truppen keinen Widerstand zu leisten. Aus dem gleichen Grunde erhielten die Armee, die Sicherheitsorgane und die Volksmiliz nicht den Befehl, das Land zu verteidigen. Diese Haltung der Regierung der Tschechoslowakei angesichts der gewaltsamen Besetzung des Landes wird von der Geschichte als Beitrag eines kleinen Landes zur Wahrung des internationalen Friedens gewürdigt werden.

Die Regierung der Tschechoslowakei erklärt, daß weder die Regierung noch irgendein anderes verfassungsmäßiges Organ dieses Landes je der Invasion und Besetzung der Tschechoslowakei zugestimmt hat. Die gewaltsame Besetzung der Tschechoslowakei steht im Widerspruch zur Charta der Vereinten Nationen, zum Warschauer Vertrag und zu den fundamentalen Prinzipien des Völkerrechts.

In einer gemeinsamen Aktion unternahmen die fünf Länder einen Angriff auf die Unabhängigkeit der Tschechoslowakei und verletzten somit in beispielloser Weise ihre territoriale Integrität.

Die Regierung der Tschechoslowakei protestiert auf das entschiedenste gegen diesen Akt. Im Namen des ganzen tschechoslowakischen Volkes und im Namen des internationalen Friedens und der Zusammenarbeit fordert sie die Regierung der UdSSR auf, die illegale Besetzung der Tschechoslowakei unverzüglich zu beenden und alle Truppen vom tschechoslowakischen Territorium abzuziehen.

In diesem historischen Augenblick spricht die tschechoslowakische Regierung die Hoffnung aus, daß die Regierung und das Volk der Sowjetunion den Ernst der Lage, die mit der durch nichts zu erklärenden und noch weniger zu rechtfertigenden bewaffneten Aktion entstanden ist, erkennen und die rechtmäßigen Vertreter des tschechoslowakischen Volkes, die sich seiner vollen Unterstützung erfreuen, in die Lage versetzen, ihre normale Tätigkeit fortzusetzen.

Die Regierung der Tschechoslowakei behält sich das Recht vor, alle erforderlichen Maßnahmen zu ergreifen, wenn ihre Forderung nach unverzüglicher Beendigung der Okkupation der Tschechoslowakei nicht erfüllt wird."

Quelle: CTK, tschechisch, 21. August 1968. Abdruck nach EA 1968, D 431-432.

2. Erklärung des tschechoslowakischen Parlaments vom 28. August 1968

„Das tschechoslowakische Parlament billigte heute folgende Erklärung:
1. Die Okkupation der CSSR durch Truppen der Warschauer Paktstaaten ist widerrechtlich, steht im Widerspruch zu den internationalen Verträgen, der Charta der UNO und des Warschauer Paktes.
2. Das Parlament spricht dem Präsidenten der Republik, den Repräsentanten der tschechoslowakischen Regierung, der KPC und der Nationalen Front seinen Dank für die Anstrengungen aus, die sie bei den Moskauer Verhandlungen gemacht haben, und erkennt ihre Bemühungen an, die auf eine Beseitigung des gegenwärtigen anomalen Standes der Dinge in unserem Lande hinzielen.
3. Das Parlament ist davon überzeugt, daß unser Land einzig und allein in der Gemeinschaft der sozialistischen Völker und Staaten seinen Platz hat.
4. Das Parlament ist überzeugt davon, daß die tschechoslowakische Armee imstande ist, die Westgrenzen des Landes selbst zu sichern, und fordert die Regierung auf,

konsequent und entschlossen auf eine Festlegung und Einhaltung konkreter Termine für den schnellsten Abzug fremder Truppen von unserem Gebiet zu beharren.

5. Das Parlament fordert die sofortige ungestörte, freie Tätigkeit aller verfassungsmäßigen Staatsorgane und Institutionen und aller Kommunikationsmittel. Gleichzeitig beharren wir darauf, daß alle unsere Bürger, die sich seit dem 21. August noch widerrechtlich in tschechoslowakischer oder fremder Internierung oder Haft befinden, freigelassen werden.

6. Die tschechoslowakische Nationalversammlung betont, daß sie unerschütterlich auf den Grundsätzen der Politik beharrt, die durch das gebilligte Aktionsprogramm der KPC und das Regierungsprogramm proklamiert wurden. Die Abgeordneten verpflichten sich, maximal bestrebt zu sein, damit unser Demokratisierungsprozeß ohne störende Erscheinungen verlaufen kann.

7. Das Parlament wird in den nächsten Tagen den Bericht der Regierung über die Ergebnisse der Moskauer Unterredungen und die Regierungserklärung behandeln. Das Parlament geht dabei auch weiterhin von den von ihm am 24.8. gebilligten Dokumenten aus.

8. Das Parlament fordert das gesamte Volk auf, feste Einheit zu wahren, um Provokationen zu verhindern, die einen Vorwand zu neuen Schritten gegen die Interessen des Volkes und unseres Staates bieten würden. Nur mit Vernunft und Besonnenheit können wir einen Weg aus der Lage finden, die wir nicht selbst verschuldet haben, und zum normalen Leben zurückkehren sowie, wenn auch unter schweren Bedingungen, den Aufbau der CSSR nach den Wünschen und Vorstellungen ihres Volkes fortzusetzen."

Abdruck nach Skibowski, Schicksalstage einer Nation, Econ-Verlag, 1968, S. 184-185.

3. Breshnev-Rede auf dem V. Parteitag der Polnischen Vereinigten Arbeiterpartei vom 12. November 1968 (Auszug)

„Die sozialistischen Staaten setzen sich für die strikte Beachtung der Souveränität aller Länder ein, und wir wenden uns nachdrücklich gegen die Einmischung in die inneren Angelegenheiten anderer Staaten, gegen die Verletzung ihrer Souveränität. Für uns Kommunisten ist dabei die Festigung und der Schutz der Souveränität der Staaten von besonders großer Bedeutung, die den Weg des sozialistischen Aufbaus beschritten haben. Die Kräfte des Imperialismus und der Reaktion trachten danach, die Völker einmal des einen und dann des anderen sozialistischen Landes ihres erkämpften souveränen Rechts zu berauben, den Aufstieg ihres Landes, das Wohlergehen und das Glück der breiten Massen der Werktätigen durch die Errichtung einer von jeder Unterdrückung und Ausbeutung freien Gesellschaft zu sichern. Und wenn das sozialistische Lager den Anschlägen auf dieses Recht gemeinsam Paroli bietet,

stimmen die bürgerlichen Agitatoren ein Geschrei an über „Schutz der Souveränität" und über „Nichteinmischung".
Es liegt auf der Hand, daß dies reiner Betrug und Demagogie ist. Tatsächlich geht es diesen Schreihälsen nicht um die Wahrung, sondern gerade um die Vernichtung der sozialistischen Souveränität.

Es ist bestens bekannt, daß die Sowjetunion manches für die reale Stärkung der Souveränität und Selbständigkeit der sozialistischen Länder getan hat. Die KPdSU setzte sich immer dafür ein, daß jedes sozialistische Land die konkreten Formen seiner Entwicklung auf dem Wege zum Sozialismus unter Berücksichtigung der Eigenart seiner nationalen Bedingungen selbst bestimmte. Aber bekanntlich, Genossen, gibt es auch allgemeine Gesetzmäßigkeiten des sozialistischen Aufbaus, und ein Abweichen von diesen Gesetzmäßigkeiten könnte zu einem Abweichen vom Sozialismus im allgemeinen führen. Und wenn innere und äußere dem Sozialismus feindliche Kräfte die Entwicklung eines sozialistischen Landes zu wenden und auf eine Wiederherstellung der kapitalistischen Zustände zu drängen versuchen, wenn also eine ernste Gefahr für die Sache des Sozialismus in diesem Lande, eine Gefahr für die Sicherheit der ganzen sozialistischen Gemeinschaft entsteht – dann wird dies nicht nur zu einem Problem für das Volk dieses Landes, sondern auch zu einem gemeinsamen Problem, zu einem Gegenstand der Sorge aller sozialistischen Länder.

Begreiflicherweise stellt militärische Hilfe für ein Bruderland zur Unterbindung einer für die sozialistische Ordnung entstandenen Gefahr eine erzwungene, außerordentliche Maßnahme dar. Sie kann nur durch direkte Aktionen der Feinde des Sozialismus im Landesinnern und außerhalb seiner Grenzen ausgelöst werden, durch Handlungen, die eine Gefahr für die gemeinsamen Interessen des sozialistischen Lagers darstellen.
Die Erfahrung zeigt, daß der Sieg der sozialistischen Ordnung in dem einen oder anderen Land unter den gegenwärtigen Verhältnissen nur dann als endgültig und eine Restauration des Kapitalismus als ausgeschlossen betrachtet werden kann, wenn die kommunistische Partei als die führende Kraft der Gesellschaft bei der Entwicklung aller Bereiche des gesellschaftlichen Lebens unbeirrbar eine marxistisch-leninistische Politik betreibt; nur dann, wenn die Partei unermüdlich die Landesverteidigung und den Schutz ihrer revolutionären Errungenschaften verstärkt, wenn sie in ihren eigenen Reihen die Wachsamkeit gegenüber dem Klassenfeind und die Unversöhnlichkeit gegenüber der bürgerlichen Ideologie bewahrt und das Volk in diesem Geist erzieht; nur dann, wenn das Prinzip des sozialistischen Internationalismus als unverletzlich gilt und die Einheit und brüderliche Solidarität mit anderen sozialistischen Ländern gefestigt wird."

Quelle: Russischer Text „Prawda" vom 13.11.1968. Deutsch: Beilage zu „Sowjetunion heute" vom 16.12.1968. Abdruck nach B. Meißner, Die Breshnev-Doktrin, Verlag Wissenschaft und Politik, 1969, S. 78-79.

4. Rede des sowjetischen Außenministers Gromyko vor der UNO-Vollversammlung am 3. Oktober 1968

(Auszug)

„. . . Es wurden hier Versuche unternommen, uns im Zusammenhang mit den Ereignissen um die Tschechoslowakei Vorwürfe zu machen. Man redet von irgendeiner „Unerwartetheit" und „Unbegreiflichkeit" der Handlungen der verbündeten sozialistischen Staaten. Von welcher Unerwartetheit ist aber eigentlich die Rede? Sie wissen sehr wohl, daß die Selbstverteidigungsmaßnahmen der Länder des Sozialismus gegen die Umtriebe des Imperialismus nichts Unerwartetes an sich haben. Die Sowjetunion und andere sozialistische Länder hatten diejenigen, die der Versuchung nicht widerstehen können, die sozialistische Gemeinschaft zurückzudrängen und ihr, sei es auch nur ein Glied, zu entreißen, wiederholt gewarnt, daß wir dies nicht dulden und nicht zulassen werden.
Die Sowjetunion betrachtet es als notwendig, auch von dieser Tribüne aus zu erklären, daß die sozialistischen Staaten eine Lage, in der die Lebensinteressen des Sozialismus beeinträchtigt, in der auf die Unantastbarkeit der Grenzen der sozialistischen Gemeinschaft und damit auf die Grundlagen des Weltfriedens Anschläge verübt werden, nicht zulassen können und nicht zulassen werden. . . ."

Quelle: TASS (deutsch) vom 3.10.1968. Abdruck nach B. Meißner, Die Breshnev-Doktrin, Verlag Wissenschaft und Politik, 1969, S. 69.

L B. Meißner, Die Breshnev-Doktrin, 1969;
B. Meißner, Die Breshnev-Doktrin, Osteuropa 19. Jg. (1969), S. 621 ff.;
A. Uschakov, Die militärische Intervention in der Tschechoslowakei und das Völkerrecht, EA 21 (1968), S. 773-782;
G. Mencer, Der tschechoslowakische Vertrag, eine Magna Charta der internationalen Beziehungen zwischen sozialistischen Staaten (Übersetzung aus Pravnik [Prag] Juli 1970), Osteuropäische Rundschau 1970, H. 9, S. 36;
Ch. Zorgbibe, La doctrine soviétique de la „souverainete limitée", Rév. gén. 74 (1970), S. 872 ff.
Th. Schweisfurth, Breschnjew-Doktrin als Norm des Völkerrechts? Außenpolitik 21 (1970) S. 523-538.

Einführung

Nachdem im Vorangegangenen das völkerrechtliche Delikt erörtert worden war, soll nunmehr die Beilegung von Streitigkeiten behandelt werden. Dieser Abschnitt schließt sich an den vorangegangenen Abschnitt an, weil häufig internationale Streitbeilegungsorgane dann angerufen werden, wenn eine Partei glaubt, durch ein völkerrechtliches Delikt einer anderen Partei verletzt zu sein.

Die Streitbeilegung kann entweder in nichtrichterlicher Form oder durch Schiedsgerichte oder durch internationale Gerichte erfolgen. Diese drei Formen der Streitbeilegung sind unterschiedlicher Natur; sie werden daher getrennt dargestellt.

GLIEDERUNG

des 6. Abschnittes

6.1 Nichtrichterliche Streitbeilegung

6.1.1 Verhandlungen

I_1 **Art. 33 der UNO-Satzung** zählt Möglichkeiten für die friedliche Beilegung von Streitfällen auf.

Er nennt unter den Mitteln zur friedlichen Streitbeilegung an erster Stelle die **Verhandlungen.**

Die Verhandlungen erfolgen auf **diplomatischem Wege.**

Die Verhandlungen können
schriftlich (d. h. durch Noten) **oder mündlich,**
zweiseitig oder mehrseitig erfolgen.

Teilnehmer sind die von den zuständigen Organen dazu bestellten diplomatischen Vertreter; in besonders wichtigen Fällen verhandeln die Staatsoberhäupter selbst.

B_1 Sog. „Gipfelkonferenz“: Treffen Chruschtschow-Kennedy (Wien 1961) betreffend die Beziehungen zwischen der UdSSR und den USA.

I_2 Eine **Rechtspflicht zur Aufnahme diplomatischer Verhandlungen kann vertraglich festgelegt sein** (sog. **pactum de negotiando).**

F_2 Art. 17 der vier Locarno-Verträge (Schiedsabkommen, die das Deutsche Reich 1925 mit Belgien, Frankreich, Polen und der CSSR schloß) lautete: „Alle Fragen, über die die Deutsche Regierun und die . . . Regierung uneinig sind, ohne sie auf dem gewöhnliche diplomatischen Wege gütlich lösen zu können . . ., werden . . . der Ständigen Vergleichskommission unterbreitet.“

Lag darin ein pactum de negotiando?

A_2 Ja. In der Formulierung „ohne sie auf dem gewöhnlichen diplomatischen Wege gütlich lösen zu können“ liegt eine Rechtspflicht zur Aufnahme diplomatischer Verhandlungen (pactum de negotiando): es wäre unsinnig, die Ständige Vergleichskommission zu bemühen, ehe der Weg gewöhnlicher diplomatischer Verhandlungen beschritten ist.

I_3 Eine Pflicht zu einem positiven Abschluß der Verhandlungen besteht grundsätzlich **nicht**, d. h. auch die Pflicht zur Aufnahme diplomatischer Verhandlungen beinhaltet nicht die Pflicht, die Verhandlungen zu einem den Streitfall bereinigenden Abschluß zu bringen.

Jedoch unterliegt die Verhandlungsführung den Grundsätzen von Treu und Glauben, so daß ein Verhalten, das den mit den Verhandlungen gemeinsam erstrebten Zweck ernsthaft gefährdet, gegebenenfalls völkerrechtswidrig sein kann.

Eine Pflicht zu einem positiven Abschluß besteht nur, wenn eine vertragliche Pflicht zum Abschluß eines Vertrages besteht (sog. pactum de contrahendo).

B_3 Vertrag zwischen der Bundesrepublik Deutschland, Frankreich und Luxemburg über die Schiffbarmachung der Mosel vom 27. Oktober 1956: Art. 56: „Die Regierungen der Vertragsstaaten werden durch zwei- oder mehrseitige Übereinkommen die Fragen regeln, die sich aus den durch die bestehenden internationalen Verträge gegebenen besonderen Rechtsverhältnisse des Mosellaufs an der Grenze zwischen der Bundesrepublik Deutschland und dem Großherzogtum Luxemburg bzw. der Französischen Republik ergeben . . .“

6.1.2 Gute Dienste

I_4 Als Gute Dienste bezeichnet man
das **Anerbieten**
eines dritten (am Streit nicht beteiligten) **Völkerrechtssubjektes,**
die Streitparteien zur Aufnahme von Verhandlungen zu bewegen
und ihnen dabei technische Hilfe zu gewähren
(z. B. durch Übermittlung von Noten, Zur-Verfügung-Stellen eines Konferenzortes und von Konferenzpersonal).

B_4 Friedens-Demarche des Heiligen Stuhles 1917.

Angebot Guter Dienste durch die Schweiz im Suez-Kanal-Konflikt 1956.

Angebot Guter Dienste Frankreichs im Vietnam-Krieg 1968.

I_5 Grundsätzlich besteht **keine Rechtspflicht zum Anerbieten oder zur Annahme Guter Dienste;**
sie kann jedoch vertraglich statuiert sein.

F_5 Art. 2 des Haager Abkommens zur friedlichen Erledigung internationaler Streitfälle von 1907 lautet: „Die Vertragsmächte kommen überein, im Falle einer ernsten Meinungsverschiedenheit oder eines Streites, bevor sie zu den Waffen greifen, die Guten Dienste oder die Vermittlung einer befreundeten Macht oder mehrerer befreundeter Mächte anzurufen, soweit dies die Umstände gestatten werden."

Beinhaltet diese Vorschrift eine Rechtspflicht

a) zum Anerbieten Guter Dienste,

b) zur Annahme Guter Dienste?

A_5 a) Die Vorschrift beinhaltet keine Rechtspflicht zum Anerbieten Guter Dienste: vom Anerbieten ist in ihr keine Rede.

b) Die Vorschrift beinhaltet aber eine Rechtspflicht zur Annahme Guter Dienste („. . . kommen überein, die Guten Dienste . . . anzurufen . . .“).

I_6 Das Anerbieten Guter Dienste seitens eines Dritten könnte als ein unfreundlicher Akt gewertet werden:
Der Anerbietende mischt sich in eine Angelegenheit ein, welche nur die beiden streitenden Parteien betrifft.
Eine solche Wertung würde jedoch die Völkerrechtssubjekte nicht zum Anerbieten Guter Dienste animieren, sondern im Gegenteil davon abhalten.

Deshalb wird in Verträgen häufig vereinbart, daß das **Anerbieten Guter Dienste nicht als unfreundlicher Akt angesehen werden darf.**

B_6 Haager Abkommen zur friedlichen Erledigung internationaler Streitfälle von 1907 (Art. 3 II): „Die Ausübung dieses Rechtes (gemeint ist: Gute Dienste anzubieten) kann niemals von einem der streitenden Teile als unfreundliche Handlung angesehen werden.“

I_7 **Das die Guten Dienste anbietende Völkerrechtssubjekt darf in der Sache selbst nicht tätig werden,**
d. h. sich **weder zum Streitgegenstand äußern noch seinen Einfluß zugunsten einer der beiden Streitparteien geltend machen noch selbst eine Lösung des Streitfalles vorschlagen.**

Hierin, wie auch in der Tatsache, daß das die Guten Dienste anbietende Völkerrechtssubjekt **ein am Streitfall unbeteiligter Dritter** ist, unterscheiden die Guten Dienste sich von den Verhandlungen zwischen den Streitparteien.

6.1.3 Vermittlung

I_8 Als **Vermittlung** bezeichnet man das
Tätigwerden eines dritten (am Streitfall unbeteiligten) Völkerrechtssubjektes mit dem Ziel,
durch Unterbreiten eines Lösungsvorschlages (des Vermittlungsvorschlages)
den Streit zu beenden.

B_8 Vermittlungsversuch der UNO (durch Graf Bernadotte) im Palästina-Konflikt (1948/49).

Britisch-sowjetische Vermittlungsbemühungen im Vietnam-Krieg (1967).

Beilegung des Indus-Wasserstreits durch die Guten Dienste und Vermittlungen der Weltbank 1951–1960.

F_8 Worin

a) gleichen sich

b) unterscheiden sich

Vermittlung und Gute Dienste?

A_8 Vermittlung und Gute Dienste

a) gleichen sich darin, daß in beiden Fällen ein am Streit unbeteiligter Dritter mit dem Ziel der Streitbeilegung tätig wird,

b) unterscheiden sich darin, daß im Fall der Vermittlung der unbeteiligte Dritte zur Sache selbst in Form des Vermittlungsvorschlages Stellung nimmt, im Fall der Guten Dienste dagegen nicht.

I_9 In bezug auf die Frage der Rechtspflicht zum Anbieten und zur Annahme der Vermittlungstätigkeit gelten die gleichen Regeln wie für die Guten Dienste, d. h. es besteht grundsätzlich keine diesbezügliche Rechtspflicht; sie kann jedoch vertraglich statuiert sein.

B_9 Haager Abkommen zur friedlichen Erledigung internationaler Streitfälle von 1907 (Art. 2).

I_{10} **Der Vermittlungsvorschlag**, meist ein **politischer Kompromiß, bindet die Streitparteien nicht,** es sei denn, daß dies vertraglich statuiert ist.

In neuerer Zeit haben sich Formen der Vermittlung herausgebildet, die in das herkömmliche Begriffsschema nicht passen, weil der Vermittelnde sich zwar intensiv um die Beilegung des Streites selbst bemüht (z. B. durch Verhandlungen mit den Beteiligten), aber keinen eigenen (selbständigen) Vermittlungsvorschlag macht.

B_{10} Teilnahme der Sowjetunion an indisch-pakistanischen Grenzstreitverhandlungen in Taschkent 1966.

Vermittlungsmission des UNO-Sonderbeauftragten Jarring im arabisch-israelischen Konflikt seit 1967.

6.1.4 Untersuchung

I_{11} Beim Untersuchungsverfahren
stellt eine unabhängige Untersuchungskommission
aufgrund einer Beweiserhebung
in einem Untersuchungsbericht
die dem Streitfall zugrunde liegenden Tatsachen fest,
ohne daran rechtliche Folgerungen zu knüpfen.

B_{11} Deutsch-britische Untersuchung des Königin-Flugzeug-Zwischenfalles 1960 (zwei Jagdflugzeuge der Bundeswehr hatten ein Flugzeug, in dem sich die britische Königin Elisabeth II. befand, frontal angeflogen und hatten erst ganz dicht vor dem Flugzeug der Königin wieder abgedreht).

I_{12} Das Untersuchungsverfahren hat den Sinn,
das Tatsachenmaterial zusammenzutragen,
ohne aber die Streitparteien durch eine rechtliche Würdigung in der Entscheidung des Streitfalles festzulegen.

F_{12} Nach dem Doggerbank-Zwischenfall von 1904 (russische Kriegsschiffe feuerten auf vermeintliche japanische Torpedoboote, die in Wahrheit englische Fischerboote waren) klärte die Untersuchungskommission die Tatsachen auf und stellte „mit gebotener Zurückhaltung" die russische Verantwortlichkeit für den Zwischenfall fest.

Inwiefern ging die Untersuchungskommission über das übliche Untersuchungsverfahren hinaus?

A_{12} Die Untersuchungskommission ging insofern über das übliche Untersuchungsverfahren hinaus, als sie die russische Verantwortlichkeit für den Doggerbank-Zwischenfall feststellte, d. h. eine rechtliche Folgerung an ihre Untersuchung anknüpfte.

I_{13} **Eine Rechtspflicht zur Einsetzung einer Untersuchungskommission besteht nur dann, wenn dies vertraglich festgelegt ist.**

B_{13} Die vertragliche Vereinbarung zur Einsetzung einer Untersuchungskommission zwischen Großbritannien und Rußland anläßlich des Doggerbank-Zwischenfalls 1904, die durch die Guten Dienste Frankreichs zustandegekommen war.

6.1.5 Vergleich

I_{14} Eine **Kombination von Untersuchung und Vermittlung** ist das **sogenannte Vergleichsverfahren.**

In diesem Verfahren **stellt eine Vergleichskommission, der Mitglieder der Streitparteien selbst angehören, zunächst die Tatsachen des Streitfalles fest und unterbreitet den Streitparteien sodann einen sie nicht bindenden Vergleichsvorschlag.**

Vom Vermittlungsverfahren unterscheidet sich das Vergleichsverfahren dadurch, daß beim Vermittlungsverfahren ein unbeteiligter Dritter tätig wird, während beim Vergleichsverfahren **die Streitparteien selbst** – in der Regel zusammen mit unbeteiligten Dritten – **tätig werden.**

B_{14} Ständige Vergleichskommission auf Grund des von den Mitgliedstaaten des Europarates unterzeichneten Europäischen Übereinkommens zur friedlichen Beilegung von Streitigkeiten von 1957.

F_{14} Die Friedensverträge der Alliierten mit Bulgarien, Italien, Rumänien und Ungarn von 1947 sahen die Errichtung von „Vergleichskommissionen“ vor, welche die Parteien bindende Entscheidungen erlassen konnten.

Handelte es sich bei diesen Kommissionen um echte Vergleichskommissionen?

A_{14} Nein. Die in den Friedensverträgen von 1947 vorgesehenen „Vergleichskommissionen“ waren deshalb keine echten Vergleichskommissionen, weil sie bindende Entscheidungen fällen konnten.

I_{15} Die Internationalen Organisationen haben häufig Organe, die wie eine Vergleichskommission tätig werden können.

B_{15} Die Generalversammlung und der Sicherheitsrat der UNO (Art. 11 Abs. II bzw. Art. 36, 38 UNO-Satzung).

6.2 Schiedsgerichtsbarkeit

6.2.1 Begriff der Schiedsgerichtsbarkeit

I_{16} Internationale Schiedsgerichtsbarkeit ist die Einrichtung der **bindenden richterlichen Entscheidung** **von völkerrechtlichen Streitigkeiten zwischen Völkerrechtssubjekten** **durch Personen ihrer Wahl.**

Wesentliche Merkmale der schiedsrichterlichen Entscheidung (Schiedsspruch, Schiedsurteil) sind also:

1. Die Streitparteien sind an die Entscheidung gebunden;

2. Die Entscheidung wird durch (Schieds-) Richter getroffen;

3. Die (Schieds-) Richter sind von den Streitparteien gewählt.

F_{16} Wodurch unterscheidet die Schiedsgerichtsbarkeit sich von der Streiterledigung durch diplomatische Verhandlungen, Gute Dienste, Vermittlung, Untersuchung und Vergleich?

A_{16} Die Schiedsgerichtsbarkeit unterscheidet sich von den nichtrichterlichen Streitbeilegungsmitteln durch die Bindungswirkung der Entscheidung und durch die Tatsache (schieds-) richterlicher Entscheidung.

I_{17} Für den Begriff der Schiedsgerichtsbarkeit ist die jeweilige **Bezeichnung** des Spruchorgans **unbeachtlich.**

Liegen die Begriffsmerkmale der Schiedsgerichtsbarkeit vor, so handelt es sich auch dann um ein Schiedsgericht, wenn es als „Schiedskommission", „Schiedsausschuß" oder anderswie bezeichnet ist.

B_{17} Schiedskommission für Güter, Rechte und Interessen in Deutschland (errichtet aufgrund des Vertrages zwischen der BRD und den drei Westmächten zur Regelung aus Krieg und Besatzung entstandener Fragen [sog. Überleitungsvertrag] von 1952).

F_{17} Waren die aufgrund der Friedensverträge zwischen den Alliierten und Bulgarien, Finnland, Italien, Rumänien und Ungarn von 1947 gebildeten „Vergleichskommissionen", die bindend entscheiden konnten, Vergleichskommissionen oder Schiedsgerichte?

A_{17} Die aufgrund der Friedensverträge von 1947 gebildeten „Vergleichskommissionen" waren Schiedsgerichte, da sie bindend entscheiden konnten; Vergleichskommissionen können nur unverbindliche Lösungsvorschläge machen.

I_{18} **Kein Völkerrechtssubjekt kann gezwungen werden, sich gegen seinen Willen einem Schiedsgerichtsverfahren zu unterwerfen.**

Die **freiwillige Unterwerfung** unter die Schiedsgerichtsbarkeit erfolgt durch (zweiseitigen oder mehrseitigen)
völkerrechtlichen Vertrag
zwischen den streitenden Parteien.

B_{18} Für einen zweiseitigen Vertrag:
Deutsch-schweizerischer Schiedsgerichts- und Vergleichsvertrag von 1921.

Für einen mehrseitigen Vertrag:
Europäisches Übereinkommen zur friedlichen Beilegung von Streitigkeiten von 1957 (Art. 19ff.).

6.2.2 Formen der Schiedsgerichtsbarkeit

I_{19} Internationale Schiedsgerichtsbarkeit kann in **zwei Formen** ausgeübt werden: Entweder durch **isolierte oder durch institutionelle Schiedsgerichte.**

Ein **isoliertes Schiedsgericht** ist ein Spruchorgan, das aufgrund eines **nach Entstehung eines konkreten Streitfalles ad hoc geschlossenen Schiedsabkommens zur Entscheidung allein dieses bereits eingetretenen konkreten Streitfalles gebildet wird.** Es kann also auf die konkreten Bedürfnisse hin (z. B. in seiner Organisation und Verfahrensordnung) ausgerichtet werden.

B_{19} Für ein isoliertes Schiedsgericht: Schiedsgericht im Alabama-Fall (einer Streitigkeit zwischen den USA und Großbritannien über das Schiff „Alabama“, das während des Sezessionskrieges auf einer britischen Werft gebaut und – unter Verletzung der Neutralitätspflichten – mit britischem Kriegsmaterial ausgerüstet von den Südstaaten gegen die Nordstaaten eingesetzt wurde; das Schiedsgericht verurteilte 1872 Großbritannien zum Schadensersatz).

I_{20} Ein **institutionelles Schiedsgericht** ist ein Spruchorgan, das aufgrund eines **für zukünftige Streitfälle geschlossenen Schiedsvertrages zur Entscheidung aller dieser zukünftigen Streitfälle gebildet wird.** Es muß also nicht erst nach Eintreten des Streitfalles errichtet werden.

B_{20} Für ein institutionelles Schiedsgericht: Schiedsgericht im deutsch-schweizerischen Schiedsgerichts- und Vergleichsvertrag von 1921.

F_{20} Welchen Vorteil haben

a) isolierte Schiedsgerichte,

b) institutionelle Schiedsgerichte?

A_{20} a) Isolierte Schiedsgerichte haben den Vorteil, daß sie auf die Bedürfnisse der Beilegung des konkreten (schon eingetretenen) Streitfalles speziell ausgerichtet werden können.

b) Institutionelle Schiedsgerichte haben den Vorteil, daß sie nicht für jeden einzelnen Streitfall eigens neu gebildet werden müssen, sondern ständig (institutionell) existieren.

I_{21} Der Vorteil der institutionellen Schiedsgerichte überwiegt gegenüber dem Vorteil der isolierten Schiedsgerichte, weil es gerade unmittelbar in einem Streitfall und der damit häufig verbundenen Erregung der Streitparteien schwierig ist, ein Schiedsgericht zu bilden.

I_{22} Institutionelle Schiedsgerichte können gebildet werden aufgrund eines **Schiedsgerichtsvertrages**, d. h. eines Vertrages,
der ausschließlich oder hauptsächlich die schiedsgerichtliche Beilegung von Streitigkeiten regelt,
oder aufgrund einer **Schiedsklausel,**
d. h. einer Bestimmung über die schiedsgerichtliche Beilegung von Streitigkeiten in einem Vertrag, der hauptsächlich einen **anderen** Gegenstand regelt, in dem die **Schiedsklausel** also **nur eine Nebenbestimmung** ist.

B_{22} Für einen Schiedsvertrag:
Deutsch-schweizerischer Schiedsgerichts- und Vergleichsvertrag von 1921.

Für eine Schiedsklausel:
Satzung des Weltpostvereins (Art. 32).

6.2.3 Organisation der Schiedsgerichtsbarkeit

I_{23} Die **Organisationsform** des Schiedsgerichtes wird **im jeweiligen Schiedsabkommen festgelegt.**

Früher wurden häufig **Einzelpersonen** als Schiedsrichter bestellt.

B_{23} Papst Leo XIII. im Streit zwischen dem Deutschen Reich und Spanien um den Besitz der Karolinen-Inseln in der Südsee 1885.

I_{24} In neuerer Zeit wird das Schiedsgericht meist als **Kollegialorgan** aus drei oder fünf Personen gebildet, wobei zum Vorsitzenden meist eine Person gewählt wird, die nicht den Streitparteien angehört.

B_{24} Schiedskommissionen für Güter und Interessen in Deutschland (errichtet aufgrund des Vertrages zur Regelung aus Krieg und Besatzung entstandener Fragen [Überleitungsvertrag] von 1952).

I_{25} Als **Ständiger Schiedshof** wird die aufgrund des Haager Abkommens zur friedlichen Erledigung internationaler Streitfälle von 1899 (novelliert 1907) in Den Haag befindliche Einrichtung bezeichnet, die aus einem internationalen Büro (Geschäftsstelle), einem Verwaltungsrat und einer Liste potentieller von den Staaten benannter Schiedsrichter besteht; in einem Streitfall können die Streitparteien sich aus dieser Liste Schiedsrichter aussuchen, was die stets schwierige Auswahl von Schiedsrichtern erleichtert. Der Ständige Schiedshof ist also eigentlich nur eine Liste von Personen plus Verwaltungsapparat.

F_{25} Ist der Ständige Schiedshof selbst ein Schiedsgericht?

A_{25} Nein. Der Ständige Schiedshof ist deshalb kein Schiedsgericht, weil er nur aus der Geschäftsstelle, dem Verwaltungsrat und der Richterliste besteht, d. h. selbst keine Entscheidungen fällt.

I_{26} Die Bedeutung des Ständigen Schiedshofes, der von Streitparteien – wenn sie wollen – in Anspruch genommen werden kann, hat nach dem 2. Weltkrieg stark abgenommen. Aus der Liste sind seit seinem Bestehen (1899) rd. 25 Schiedsgerichte gebildet worden, zumeist vor dem ersten Weltkrieg.

6.2.4 Verfahren der Schiedsgerichtsbarkeit

I_{27} Das Verfahren wird ebenfalls **im jeweiligen Schiedsabkommen festgelegt.**
Die Streitparteien können also den Gegenstand des Schiedsverfahrens und die Entscheidungsgrundlage (z. B. Regeln des Völkerrechts; Entscheidung nach Billigkeit) vereinbaren.

B_{27} Deutsch-schweizerischer Schiedsgerichts- und Vergleichsvertrag von 1921: Art 5 Abs. III: „Mit Zustimmung beider Parteien kann das Schiedsgericht seine Entscheidung, anstatt sie auf Rechtsgrundsätze zu stützen, nach billigem Ermessen treffen."
Art. 9: „Das Schiedsgericht trifft seine Entscheidungen mit Stimmenmehrheit."

I_{28} Das Verfahren selbst teilt sich in der Regel in zwei Abschnitte:
in das **schriftliche Vorverfahren**
und **die mündliche Verhandlung.**

I_{29} Da eine zweite Instanz im Schiedsgerichtsverfahren fehlt, entscheidet der Schiedsspruch **endgültig.**

Einige Schiedsverträge sehen die Möglichkeit einer Revision des Schiedsspruches durch das gleiche Schiedsgericht vor, wenn neue und entscheidungserhebliche Tatsachen bekannt werden. Anderenfalls ist eine Abänderung des Schiedsspruches nur durch neue diplomatische Verhandlungen zu erreichen.

6.3 Internationale Gerichtsbarkeit

6.3.1 Begriff der Internationalen Gerichtsbarkeit

I_{30} Internationale Gerichtsbarkeit ist die
ständige (institutionelle) Einrichtung
der bindenden richterlichen Entscheidung
völkerrechtlicher Streitigkeiten zwischen Völkerrechtssubjekten.

B_{30} Internationaler Gerichtshof (IGH) in Den Haag.

Europäischer Gerichtshof für Menschenrechte in Straßburg.

Gerichtshof der Europäischen Gemeinschaften in Luxemburg.

I_{31} **Die Richter eines Internationalen Gerichtes werden nicht von den Streitparteien gewählt** (Ausnahme: der sog. „ad-hoc-Richter“, d. h. je ein von den Streitparteien zu benennender Richter, wenn die Streitparteien im Richterkollegium nicht vertreten sind);
es handelt sich vielmehr um ein Kollegium von Richtern, die auf bestimmte Zeit gewählt sind.

Das Richterkollegium des IGH umfaßt 15 Richter, die von der Generalversammlung und dem Sicherheitsrat auf 9 Jahre gewählt werden.
Die Richter des Europäischen Gerichtshofes für Menschenrechte und des Gerichtshofes der Europäischen Gemeinschaften (d. h. von EWG, EGKS und EURATOM) werden ebenfalls auf 9 Jahre gewählt, erstere von der Beratenden Versammlung des Europarates, letztere durch die Regierungen der Mitgliedstaaten in gegenseitigem Einvernehmen.

F_{31} Wodurch unterscheidet sich die Internationale Gerichtsbarkeit von der Internationalen Schiedsgerichtsbarkeit?

A_{31} Die Internationale Gerichtsbarkeit unterscheidet sich von der Internationalen Schiedsgerichtsbarkeit dadurch, daß sie stets institutionell (also nie isoliert) ist, und daß die Richter des Internationalen Gerichts nicht von den Streitparteien gewählt werden.

I_{32} Kein Staat kann gegen seinen Willen gezwungen werden, sich der Internationalen Gerichtsbarkeit zu unterwerfen.

Die Unterwerfung unter die Gerichtsbarkeit des IGH z. B. erfolgt vielmehr entweder

a) durch speziellen Vertrag zwischen den Streitparteien, den (bereits entstandenen) konkreten Streitfall dem IGH zur Entscheidung zu unterbreiten (sog. **special agreement**), oder

b) durch Aufnahme einer entsprechenden **Zuständigkeitsklausel** für (später entstehende) Streitigkeiten aus einem Vertrag, oder

c) durch die freiwillig abgegebene Erklärung, sich der Gerichtsbarkeit des Internationalen Gerichtshofes zu unterwerfen (sog. **fakultatives Obligatorium**).

B_{32} Für ein special agreement:

Vereinbarung zwischen der BRD und Dänemark vom 2. Februar 1967, den Streit um die Abgrenzung des Festlandsockels in der Nordsee dem IGH zur Entscheidung vorzulegen.

Für eine Zuständigkeitsklausel für Streitigkeiten aus einem Vertrag:

Art. 11 Abs. II Antarktisvertrag von 1959: „Jede derartige Streitigkeit, die nicht auf diese Weise beigelegt werden kann, ist, in jedem Fall mit Zustimmung aller beteiligten Parteien, dem Internationalen Gerichtshof zur Beilegung zu unterbreiten . . .“

Für ein fakultatives Obligatorium:

Erklärung Ugandas: “I hereby declare on behalf of the Government of Uganda that Uganda recognizes as compulsory ipso facto and without special agreement, in relation to any other State accepting the same obligation, and on condition of reciprocity, the jurisdiction of the International Court of Justice in Conformity with paragraph 2 of Article 36 of the Statute of the Court.
New York, 3 October 1963.

(Signed) Apollo K. Kironde
Ambassador and Permanent Representative
of Uganda to the United Nations.”

6.3.2 Organisation der Internationalen Gerichtsbarkeit

I_{33} Die Organisation („Gerichtsverfassung“ in der Begriffsbildung des innerstaatlichen Rechts) der Internationalen Gerichte wird **durch völkerrechtlichen Vertrag geregelt.**

B_{33} Internationaler Gerichtshof:
Art. 92–96 UNO-Satzung; Statut des IGH von 1945.

Gerichtshof der Europäischen Gemeinschaften:

Verfahrensordnung von 1959.

Europäischer Gerichtshof für Menschenrechte:
Art. 38–56 Konvention der Europaratstaaten zum Schutze der Menschenrechte und Grundfreiheiten von 1952 (Europäische Menschenrechtskonvention).

I_{34} Die entsprechenden Verträge enthalten Bestimmungen über
die Zusammensetzung des Richterkollegiums,
das Verfahren der Auswahl der Richter,
die Amtsdauer,
Unvereinbarkeiten (Inkompatibilitäten) des Richteramtes mit anderen Tätigkeiten,
Gewährung diplomatischer Vorrechte usw.

6.3.3 Verfahren der Internationalen Gerichtsbarkeit

I_{35} Das Verfahren der Internationalen Gerichtsbarkeit richtet sich nach den jeweiligen Verfahrensvorschriften, die z. B. die Frage der Amtssprachen (beim Gerichtshof der Europäischen Gemeinschaften: Deutsch, Französisch, Italienisch und Niederländisch), Zustellung von Klagen, Beweisaufnahme, schriftliches und mündliches Verfahren, Fristen, Prozeßkosten usw. regeln.

I_{36} Der Internationale Gerichtshof und der Europäische Gerichtshof für Menschenrechte entscheiden durch **Urteil** oder erstatten **Rechtsgutachten**; das Schwergewicht der Tätigkeit des Gerichtshofes der Europäischen Gemeinschaften liegt in Urteilen und Vorabentscheidungen.

B_{36} Für ein Urteil des Internationalen Gerichtshofes:

Urteil im Festlandsockelstreit zwischen der BRD einerseits und den Niederlanden und Dänemark andererseits von 1969.

Für ein Rechtsgutachten des Internationalen Gerichtshofes:

Rechtsgutachten im Fall der im Dienste der UNO erlittenen Schäden (Bernadotte-Fall) von 1949.

I_{37} Vor dem **Internationalen Gerichtshof** sind
im Urteilsverfahren nur Staaten parteifähig,
im Gutachtenverfahren auch Organe und Spezialorganisationen der UNO.

Im **Verfahren vor dem Europäischen Gerichtshof für Menschenrechte** sind die **Vertragsstaaten** der Europäischen Menschenrechtskonvention **und die Europäische Kommisssion für Menschenrechte parteifähig.**

Im Verfahren vor dem Gerichtshof der Europäischen Gemeinschaften sind die Mitgliedstaaten, bestimmte Organe der Gemeinschaften sowie natürliche und juristische Personen parteifähig.

$\ddot{U}_{36}$ Mittel zur Streitbeilegung

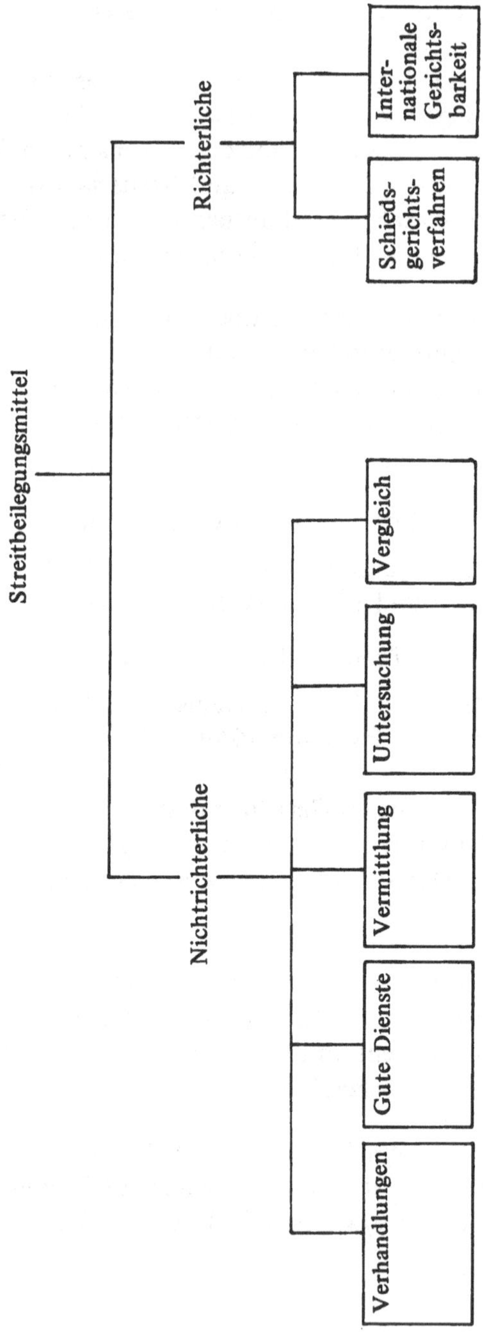

WF 1) Formen nichtrichterlicher Streitbeilegung sind

1. . . . .
2. . . . .
3. . . . .
4. . . . .
5. . . . .

2) Welche Rechtspflicht enthält ein pactum de negotiando?

. . . .

3) Welche Rechtspflicht enthält ein pactum de contrahendo?

. . . .

4) Darf ein Gute Dienste Anbietender in der Sache selbst tätig werden? Ja ☐ Nein ☐

5) Wird ein Vermittelnder in der Sache selbst tätig? Ja ☐ Nein ☐

6) Knüpft eine Untersuchungskommission an die ermittelnden Tatsachen rechtliche Folgerungen? Ja ☐ Nein ☐

7) Kann eine Vergleichskommission bindende Entscheidungen fällen? Ja ☐ Nein ☐

8) Wodurch unterscheidet die Schiedsgerichtsbarkeit sich von der nichtrichterlichen Streitbeilegung?

. . . .

. . . .

9) Wird ein isoliertes Schiedsgericht vor ☐ nach ☐
Wird ein institutionelles Schiedsgericht vor ☐ nach ☐
Entstehung eines Streifalles gebildet?

10) Wodurch unterscheidet sich die Internationale Gerichtsbarkeit von der Internationalen Schiedsgerichtsbarkeit?

. . . .

. . . .

AWF 1) Formen nichtrichterlicher Streitbeilegung sind
1. **Verhandlungen**
2. **Gute Dienste**
3. **Vermittlung**
4. **Untersuchung**
5. **Vergleich** ($Ü_{36}$)

2) Welche Rechtspflicht enthält ein pactum de negotiando?
Rechtspflicht zur Aufnahme von Verhandlungen (I_2)

3) Welche Rechtspflicht enthält ein pactum de contrahendo?
Rechtspflicht zum Abschluß eines Vertrages (I_3)

4) Darf ein Gute Dienste Anbietender in der Sache selbst tätig werden? Ja [ ] Nein [×] (I_7)

5) Wird ein Vermittelnder in der Sache selbst tätig? Ja [×] Nein [ ] (I_8)

6) Knüpft eine Untersuchungskommission an die ermittelnden Tatsachen rechtliche Folgerungen? Ja [ ] Nein [×] (I_{11})

7) Kann eine Vergleichskommission bindende Entscheidungen fällen? Ja [ ] Nein [×] (A_{14})

8) Wodurch unterscheidet sich die Schiedsgerichtsbarkeit von der nichtrichterlichen Streitbeilegung?
Durch die Bindungswirkung der Entscheidung und die Tatsache richterlicher Entscheidung (A_{16})

9) Wird ein isoliertes Schiedsgericht vor [ ] nach [×]
Wird ein institutionelles Schiedsgericht vor [×] nach [ ]
Entstehung eines Streitfalles gebildet? (I_{19}, I_{20})

10) Wodurch unterscheidet sich die Internationale Gerichtsbarkeit von der Internationalen Schiedsgerichtsbarkeit?
Die Internationale Gerichtsbarkeit ist stets institutionell, und ihre Richter werden nicht von den Streitparteien selbst gewählt. (A_{31})

1. Allgemeine Möglichkeiten der Streitbeilegung

V Hat sich ein völkerrechtliches Delikt ereignet oder glaubt ein Völkerrechtssubjekt, daß dies der Fall war, so ergibt sich die Notwendigkeit, den aus dieser Situation eventuell entstehenden Streit zwischen den beteiligten Streitparteien beizulegen.

Als denkbare Mittel der Streitbeilegung kommen **friedliche oder kriegerische Mittel** in Betracht. Während früher internationale Streitigkeiten häufig mit kriegerischen Mitteln „gelöst" wurden, können heute kriegerische Maßnahmen nicht mehr als geeignete Streitbeilegungsmittel angesehen werden. Deshalb muß das System der friedlichen Streitbeilegung intensiv ausgebaut werden.

Die **friedliche Streitbeilegung** kann auf zweifache Weise geschehen: entweder **durch nichtrichterliche oder durch richterliche** Tätigkeit. Im Schrifttum wird diese Unterscheidung gelegentlich auch als **Streitbeilegung mit rechtsverpflichtender Wirkung** umschrieben. Diese Charakterisierung ist aber deshalb mißverständlich, weil auch die nichtrichterliche Streitbeilegung – zwar nicht unmittelbar, aber letztlich – zu einem beide Streitparteien verpflichtenden Ergebnis führen kann, z.B. wenn die Verhandlungen mit einem Vertragsabschluß beendet werden oder die Streitparteien einen Vermittlungsvorschlag annehmen. Die Abgrenzung zur Streitbeilegung mit rechtsverpflichtender Wirkung kann daher nur so verstanden werden, daß bei der nichtrichterlichen Streitbeilegung die Streitparteien sich – anders als bei der richterlichen Streitbeilegung – nicht von vornherein verpflichten, ein bestimmtes Streitbeilegungsmittel zu akzeptieren oder einem Streitbeilegungsvorschlag zu folgen.

2. Diplomatische Verhandlungen

Das häufigste Mittel zur Beilegung eines Streitfalles sind die in Art. 33 UNO-Satzung an erster Stelle genannten diplomatischen Verhandlungen. Die Verhandlungen können in **verschiedener Form** gepflogen werden; die Skala der Möglichkeiten reicht hier von bloßen, abtastenden Sondierungen bis hin zu formellen Konferenzen oder Gipfeltreffen.

Die **Vorteile** des Mittels der diplomatischen Verhandlungen liegen in der Formlosigkeit (z.B. Möglichkeit des Telefongespräches – „Heißer Draht" – zwischen dem Präsidenten der USA und dem Präsidenten der UdSSR), in der **Elastizität** (leichte, schnelle und der Situation des jeweiligen Streitfalles angepaßte Behandlung), in der **Vertraulichkeit** und – wie bei allen nichtrichterlichen Streitbeilegungsmitteln – im **Verzicht auf einen** das Prestige der Staaten verletzenden förmlichen **Schuldspruch.**

Die Nachteile dieses Streitbeilegungsmittels liegen darin, daß die **stärkere Streitpartei** (z.B. eine Großmacht) **ihre Vorstellungen der schwächeren Streitpartei aufzwingen kann**, und daß die Verhandlungen oft zu **Verzögerungs- und Verschleierungsmanövern mißbraucht** werden.

Eine Rechtspflicht zur Aufnahme von Verhandlungen im Streitfall besteht nicht, es sei denn, dies ist vertraglich festgelegt (**pactum de negotiando**).

B **Beispiel einer vertraglichen Verpflichtung zur Aufnahme von Verhandlungen (pactum de negotiando)**

Zusätzliche Erklärung zum Münchener Abkommen vom 29. September 1938

„Die Regierungschefs der vier Mächte erklären, daß das Problem der polnischen und ungarischen Minderheit in der Tschechoslowakei, sofern es nicht innerhalb von 3 Monaten durch eine Vereinbarung unter den betreffenden Regierungen geregelt wird, den Gegenstand einer weiteren Zusammenkunft der hier anwesenden Regierungschefs der vier Mächte bilden wird.

München, den 29. September 1938.

Adolf Hitler
Neville Chamberlain
Mussolini
Ed Daladier"

Abdruck nach RGBl. 1938 II, S. 855

Besteht eine solche Rechtspflicht zum Verhandeln, so darf während der laufenden Verhandlungen kein anderes Streitbeilegungsmittel in Anspruch genommen werden. Verzögert eine Streitpartei die Verhandlungen böswillig oder führen sie binnen angemessener Frist zu keinem Ergebnis, so können die Verhandlungen abgebrochen und andere Streitbeilegungsmittel in Anspruch genommen werden.

Über die Rechtspflicht zum Verhandeln (pactum de negotiando) hinaus geht die Rechtspflicht, einen Vertrag abzuschließen (pactum de contrahendo).

B **Beispiel einer vertraglichen Verpflichtung zum Abschluß eines Vertrages (pactum de contrahendo)**

Abkommen zwischen der Republik Polen und der DDR über die Markierung der festgelegten und bestehenden polnisch-deutschen Staatsgrenze (Görlitzer Vertrag) vom 6. Juli 1950

Art. 6: „In Ausführung der Markierung der polnisch-deutschen Staatsgrenze werden die Hohen Vertragschließenden Parteien Vereinbarungen betreffs der Grenzübergänge, des lokalen Grenzverkehrs sowie der Schiffahrt auf den Grenzgewässern abschließen. Diese Vereinbarungen werden innerhalb eines Monats nach Inkrafttreten des im Art. 5 genannten Aktes über die Ausführung der Markierung der Staatsgrenze zwischen Polen und Deutschland geschlossen werden."

Abdruck nach UNTS Bd. 319 (1959) Nr. 4631 S. 95.

Weniger der Streitbeilegung als der Streitverhütung dient die häufig in völkerrechtlichen Verträgen ausgesprochene Pflicht zur **Konsultation**, d.h. zum beratenden Gedankenaustausch.

B **Beispiele einer vertraglichen Verpflichtung zur Konsultation**

Vertrag zwischen der BRD und der französischen Republik über die deutsch-französische Zusammenarbeit (Elysée-Vertrag) vom 22. Januar 1963

Abschnitt II A 1: „Die beiden Regierungen konsultieren sich vor jeder Entscheidung in allen wichtigen Fragen der Außenpolitik und in erster Linie in den Fragen von gemeinsamem Interesse, um so weit wie möglich zu einer gleichgerichteten Haltung zu gelangen."

Abdruck nach BGBl. 1963 II, S. 708.

Vertrag über die Beziehungen zwischen der BRD und den Drei Mächten (Generalvertrag) vom 26. Mai 1952 i.d.F. vom 23. Oktober 1954

Art. 7 IV: „Die Drei Mächte werden die Bundesrepublik in allen Angelegenheiten konsultieren, welche die Ausübung ihrer Rechte in bezug auf Deutschland als Ganzes berühren."

Abdruck nach BGBl 1955 II, S. 309.

3. Gute Dienste

Die **Guten Dienste** können entweder von einem oder von mehreren Völkerrechtssubjekten geleistet werden; die Initiative kann entweder von dem (den) die guten Dienste anbietenden Völkerrechtssubjekt (en) ausgehen oder von den Streitparteien erbeten werden.

Die Guten Dienste haben also eine **Hilfsfunktion**; sie wollen das psychologische Hindernis überwinden, das jede der beiden Streitparteien hindert, als erste einzulenken. Bei größeren Konflikten, die die Gefahr kriegerischer Verwicklungen in sich tragen, hat darüber hinaus oft der die guten Dienste anbietende Staat oder die die Guten Dienste anbietende Internationale Organisation auch ein eigenes Interesse an der Beilegung des Streitfalles, um unabsehbare Weiterungen des Streites zu verhindern.

Für das die Guten Dienste anbietende Völkerrechtssubjekt hat dieses Mittel der Streitbeilegung gegenüber der Untersuchung und der Vermittlung den Vorteil, daß der am Streitfall unbeteiligte Dritte auch weiterhin an dem Streitfall völlig **unbeteiligt** bleibt, d.h. sich nicht bei einer der Streitparteien unbeliebt macht oder in den Streit hereingezogen wird.

4. Vermittlung

Die **Grenze zwischen Guten Diensten und Vermittlung ist** in der Praxis oft **nicht scharf** ziehbar, weil das Merkmal des Zur-Sache-Selbst-Stellungnehmens (Vermittlung) bzw. des Zur-Sache-Selbst-Nicht-Stellungnehmens (Gute Dienste) eng oder weit ausgelegt werden kann. Maßnahmen, die in der Presse oder von Laien als „Vermittlung" bezeichnet werden, sind jedenfalls häufig nur Gute Dienste, weil sie lediglich den Zweck haben, die Streitparteien an einen Tisch zu bringen, ohne einen selbständigen Lösungsvorschlag zu enthalten.

Der **Vermittlungsvorschlag hat** – ebenso wie die Guten Dienste – **nur die Bedeutung eines Rates, nicht dagegen verbindliche Kraft.**

Der **Nachteil** des Anbietens einer Vermittlung gegenüber dem Anbieten von Guten Diensten liegt darin, daß der Vermittler selbst **aktiv** in den Streit eingreifen muß, und daß der Vermittler sich – da ein Vermittlungsvorschlag selten den ungeteilten Beifall beider Streitparteien findet – bei einer der beiden Streitparteien unbeliebt macht.

Der **Vorteil** der Vermittlung gegenüber den Guten Diensten liegt darin, daß im Fall der Vermittlung der unbeteiligte Dritte einen **neutralen Lösungsvorschlag** macht, dem zu folgen den Streitparteien oft psychologisch leichter fällt als wenn der Lösungsvorschlag von einer Streitpartei selbst stammt.

Eine besondere Form der Vermittlung ist die sog. **Sekundantenvermittlung** (Art. 8 des I. Haager Abkommens zur friedlichen Erledigung internationaler Streitfälle). In diesem Verfahren wählt jede Streitpartei je einen anderen Staat (den Sekundanten), den sie mit der Aufgabe betraut, Verbindung mit dem von der anderen Streitpartei gewählten Staat aufzunehmen, um den Bruch der friedlichen Beziehungen zu verhüten; während der Dauer der Sekundantenvermittlung (maximal 30 Tage) tritt eine **Moratoriumswirkung** ein, d.h. eine Periode der Enthaltung von irgendwelchen Streit- oder Gewaltmaßnahmen. Die Moratoriumswirkung hat den Zweck, einen übereilten Griff zu den Waffen zu verhindern.

5. Untersuchung

Das Streitbeilegungsmittel der Einsetzung einer Untersuchungskommission geht auf eine russische Initiative auf den Haager Friedenskonferenzen von 1899 und 1907 zurück. Bildung und Tätigkeit einer Untersuchungskommission sind in den Art. 9 ff. des Haager Abkommens zur friedlichen Erledigung internationaler Streitfälle vom 18. Oktober 1907 geregelt (Text: RGBl 1910, S. 5 ff.). Art. 9 schränkte die Möglichkeit der Einsetzung einer Untersuchungskommission dahin ein, daß sie nur bei solchen internationalen Streitigkeiten nützlich und wünschenswert sei, „die weder die Ehre noch die wesentlichen Interessen berühren". Diese weite **Ehren- und Interessenklausel** ermöglichte es in der Praxis jedem Staat, die Einsetzung einer Untersuchungskommission zu verweigern, da eine Berührung von Ehre oder von wesentlichen Interessen in jedem Streitfall leicht gefunden werden kann; deshalb ist in späteren Verträgen – vor allem im amerikanischen Rechtskreis – die Ehren- und Interessenklausel fallengelassen worden.

Die Untersuchung beschränkt sich auf die **Feststellung der Tatsachen**. Schon von einem solchen Tatsachenbericht kann eine streitbeilegende, zumindest aber eine abkühlende (cooling-off-) Wirkung ausgehen.

B Beispiel eines Berichtes einer Untersuchungskommission

– Deutsch-britischer Zwischenfall um das Flugzeug der Königin von 1960 –

„Das britische Luftfahrtministerium und das deutsche Verteidigungsministerium geben gemeinsam bekannt: Der englisch-deutsche Untersuchungsausschuß hat seine Untersuchung über den Zwischenfall am 25. Oktober 1960, an dem die COMET des Transportkommandos der RAF, in der Ihre Majestät die Königin flog, sowie zwei Jagdflugzeuge F-86 der Luftwaffe der Bundesrepublik beteiligt waren, abgeschlosser Der Ausschuß besuchte sämtliche zuständigen Stäbe und Fliegerhorste. Alle an dem Zwischenfall beteiligten Personen wurden befragt, die COMET und die beiden F-86-Flugzeuge wurden untersucht und die einschlägigen Navigationskarten und Radarunterlagen überprüft.

Der Ausschuß kam zu der Feststellung, daß die COMET gemäß den zur Zeit gültigen Luftverkehrsvorschriften auf dem Flugwege von Kopenhagen nach London-Zentralflughafen flog. Die F-86-Jagdflugzeuge befanden sich von Oldenburg aus auf einem Ausbildungsflug. Sie sichteten Kondensstreifen auf eine Entfernung von 10 bis 15 Meilen und flogen sie annähernd von vorne an bis sie eine von ihnen später als „Transport- oder Bombenflugzeug" beschriebene Maschine erkannten. Sie drehten daraufhin nach oben ab.

Der Co-Pilot der COMET konnte nicht wissen, daß die Flugzeugführer der beiden F-86 sein Flugzeug gesehen hatten und handelte richtig, als er eine „Airmiss"-Meldu absetzte. Der Ausschuß war nicht in der Lage, den genauen Abstand zu ermitteln, in dem die F-86-Flugzeuge an der COMET vorbeiflogen. Der Ausschuß ist jedoch zu der Überzeugung gelangt, daß die Gefahr eines Zusammenstoßes nicht bestand, da das Wetter klar war und die Jagdflugzeugführer die COMET ständig in Sicht hatte

Abdruck nach Bulletin 1960, S. 2038.

Zusammensetzung und Arbeitsweise der Untersuchungskommission können entwede **ad hoc** geregelt werden – so die Einsetzung der Kommission im Doggerbank-Zwisch fall (Zusammensetzung: fünf Admiräle, nämlich je ein Amerikaner, Brite, Franzose, Österreicher und Russe) oder aber die Untersuchungskommissionen können **institutionalisiert** werden – so die nach dem amerikanischen Außenminister Bryan benannten **Bryan-Verträge.** Es handelt sich hierbei um eine Reihe von (nach 1913 von den USA mit anderen Staaten geschlossenen) Verträgen, welche alle Streitigkeiten, die nicht einem schiedsgerichtlichen Verfahren unterliegen und die nicht durch diplomatische Verhandlungen beigelegt werden, dem obligatorischen Verfahre vor ständigen Untersuchungskommissionen unterwerfen. Der Vorteil der Regelung

in den Bryan-Verträgen gegenüber der vorherigen Regelung im Haager Abkommen war ein vierfacher: 1. Die Kommission muß nicht erst in der erschwerenden Streitfallatmosphäre gebildet werden; 2. die Ehren- und Interessenklausel war fortgelassen; 3. Moratoriumswirkung, insbesondere Kriegsverbot, während der Tätigkeit der Kommission bis zu einer Dauer von einem Jahr; 4. obligatorische Einleitung des Untersuchungsverfahrens auf Antrag eines Beteiligten.
In der Staatenpraxis ist die Einsetzung von Untersuchungskommissionen heute zurückgedrängt zugunsten der Einsetzung von Vergleichskommissionen oder von Schiedsgerichten. Jedoch hat die UNO mehrfach Untersuchungskommissionen eingesetzt, z.B. im Jahre 1951 die mit der Prüfung der Möglichkeit allgemeiner Wahlen in Gesamtdeutschland betraute Kommission, der aber von den Behörden der DDR die Einreise verweigert wurde.

6. Vergleich

Das Vergleichsverfahren (gelegentlich auch „Schiedsverfahren" oder „Ausgleichsverfahren" genannt) kombiniert das Untersuchungsverfahren und das Vermittlungsverfahren insofern, als es (wie ein Untersuchungsverfahren) die Tatsachen feststellt und sodann (wie ein Vermittlungsverfahren) einen Vermittlungsvorschlag macht.

Das Vergleichsverfahren, das kein Gerichtsverfahren ist, eignet sich ebenso wie die anderen Mittel nichtrichterlicher Streitbeilegung vor allem für die Beilegung primär **politischer Konflikte**, d.h. solcher Konflikte, bei denen die Rechtsfragen hinter den politischen Fragen zurückgestellt werden. Vergleichskommissionen haben nach dem ersten Weltkrieg eine große Rolle gespielt.

7. Schiedsgerichtsbarkeit

Handelt es sich dagegen um primär **rechtliche Fragen**, so ist die schiedsgerichtliche oder gerichtliche Entscheidung geeignetes Mittel zur Streitbeilegung.

Die Schiedsgerichtsbarkeit ist das „wirksamste und zugleich der Billigkeit am meisten entsprechende Mittel, um die Streitigkeiten zu erledigen, die nicht auf diplomatischem Wege haben beseitigt werden können" (Art. 38 I Haager Abkommen zur friedlichen Erledigung internationaler Streitfälle von 1907). Der Vorteil des Schiedsgerichtsverfahrens gegenüber den nichtrichterlichen Streitbeilegungsmitteln liegt – abgesehen davon, daß das Schiedsgerichtsverfahren in jedem Fall mit einer die Streitparteien bindenden Entscheidung endet, also nicht unverbindlich ausläuft – darin, daß die Streitparteien eher geneigt sind, sich der Entscheidung eines mit (Schieds-) Richtern

ihrer Wahl besetzten Spruchorgans zu unterwerfen als z.B. dem Vermittlungsvorschlag einer fremden Macht. Die Vorteile gegenüber der Internationalen Gerichtsbarkeit bestehen darin, daß 1. ein Schiedsgerichtsverfahren in der Regel von **kürzerer Zeitdauer** als ein Verfahren z.B. vor dem Internationalen Gerichtshof ist, bei dem mehrere Verfahren gleichzeitig anhängig sein können; 2. ein Schiedsgericht in der Regel **flexibler** verfahren kann, da seine Verfahrensregeln entweder von den Streitparteien oder von dem Schiedsgericht selbst festgelegt werden, also eine Bindung an eine von vornherein festgelegte starre Verfahrensordnung – wie sie beim Internationalen Gerichtshof vorliegt – häufig fehlt.

Die Schiedsgerichtsbarkeit hat eine lange völkerrechtshistorische Tradition. Ob die im Hohen Mittelalter zwischen den italienischen Stadtstaaten und zwischen den Schweizer Kantonen ausgeübte Schiedsgerichtsbarkeit der heutigen internationalen Schiedsgerichtsbarkeit vergleichbar ist, wird zuweilen bezweifelt; jedenfalls aber sind Ideen einer umfassenden internationalen Schiedsgerichtsbarkeit schon in den Friedensplänen von Pierre Dubois, Hugo Grotius, Jeremy Bentham und den Quäkern (William Penn) enthalten. Ihre moderne Ausprägung hat die Schiedsgerichtsbarkeit vor allem im anglo-amerikanischen Rechtskreis erhalten. In dem (nach dem damaligen Staatssekretär des Auswärtigen der USA benannten) **Jay-Vertrag** zwischen den USA und Großbritannien von 1794 wurde erstmalig ein kollegiales, mit Mehrheit entscheidendes Schiedsgericht institutionalisiert. Gleichwohl wurden im 19. Jahrhundert noch mehrmals Einzelpersonen als Schiedsrichter tätig (Monarchen [z.B. der König von Spanien im Grenzstreit zwischen Honduras und Nicaragua 1906], Päpste [Leo XIII. im deutsch-spanischen Streit um die Karolinen, 1885], Völkerrechtslehrer [Max Huber im amerikanisch-niederländischen Streit um die Philippinen-Insel Palmas, 1928]).

Die Entwicklung der Organisation und des Verfahrens erfolgte in zweiseitigen und mehrseitigen Verträgen. Als Modellvertrag eines zweiseitigen Vertrages gilt der deutsch-schweizerische Schiedsgerichts- und Vergleichsvertrag von 1921.

B Beispiel eines Schiedsgerichts- und Vergleichsvertrages

– Deutsch-schweizerischer Schiedsgerichts- und Vergleichsvertrag von 1921 –

„Das Deutsche Reich
und
die Schweizerische Eidgenossenschaft

gewillt, gegenseitig ihre Unabhängigkeit und die Unversehrheit ihres Gebiets unverbrüchlich zu achten,

gewillt, die seit Jahrhunderten zwischen dem deutschen Volke und dem Schweizervolk unverletzt erhaltenen friedlichen und freundschaftlichen Beziehungen zu festigen und zu fördern,
gewillt, dem Grundsatz richterlicher Entscheidung zwischenstaatlicher Streitigkeiten in dem Verhältnis beider Staaten weiteste Geltung zu verschaffen,
überzeugt, daß in Streitfällen, die ihrem Wesen nach sich zur Entscheidung durch Richterspruch nicht eignen, der Rat unparteiischer Vertrauensmänner in jedem Falle Gewähr für eine friedliche Beilegung der Streitigkeit bietet,
sind übereingekommen, einen allgemeinen Schiedsgerichts- und Vergleichsvertrag abzuschließen.

. . . .

Artikel 1

Die vertragschließenden Teile verpflichten sich, alle Streitigkeiten irgendwelcher Art, die zwischen ihnen entstehen und nicht in angemessener Frist auf diplomatischem Wege geschlichtet werden können, nach Maßgabe des gegenwärtigen Vertrags entweder einem Schiedsgerichtsverfahren oder einem Vergleichsverfahren zu unterwerfen.
Streitigkeiten, für deren Schlichtung die vertragschließenden Teile durch andere zwischen ihnen bestehende Abmachungen an ein besonderes Verfahren gebunden sind, werden nach Maßgabe der Bestimmungen dieser Abmachungen behandelt.

Artikel 2

Dem Schiedsgerichtsverfahren werden auf Verlangen einer Partei, unter Vorbehalt der Bestimmungen der Artikel 3 und 4, diejenigen Streitigkeiten unterworfen, die betreffen

erstens: Bestand, Auslegung und Anwendung eines zwischen den beiden Parteien geschlossenen Staatsvertrags;
zweitens: irgendeine Frage des internationalen Rechtes;
drittens: das Bestehen einer Tatsache, die, wenn sie erwiesen wird, die Verletzung einer zwischenstaatlichen Verpflichtung bedeutet;
viertens: Umfang und Art der Wiedergutmachung im Falle einer solchen Verletzung.

Bestehen zwischen den Parteien Meinungsverschiedenheiten darüber, ob eine Streitigkeit zu den vorstehend bezeichneten Arten gehört, so wird über diese Vorfrage im Schiedsgerichtsverfahren entschieden.

Artikel 3

Bei Fragen, die gemäß den Landesgesetzen der Partei, gegen die ein Begehren geltend gemacht wird, von richterlichen Behörden, mit Einschluß der Verwaltungsgerichte, zu entscheiden sind, kann diese Partei verlangen, daß die Streitigkeit dem Schiedsgerichtsverfahren erst unterworfen werde, nachdem in dem Gerichtsverfahren eine endgültige Entscheidung gefällt worden ist, und daß die Anrufung des Schiedsgerich spätestens sechs Monate nach dieser Entscheidung erfolge. Dies gilt nicht, wenn es sich um einen Fall von Rechtsverweigerung handelt und die gesetzlich vorgesehenen Beschwerdestellen angerufen worden sind.

Entsteht zwischen den Parteien eine Meinungsverschiedenheit über die Anwendung der vorstehenden Bestimmung, so wird darüber im Schiedsgerichtsverfahren entschieden.

Artikel 4

Erhebt eine Partei bei einer Streitigkeit der im Artikel 2 bezeichneten Arten die Einrede, daß es sich um eine Angelegenheit handle, die ihre Unabhängigkeit, die Unversehrtheit ihres Gebiets oder andere höchste Lebensinteressen betreffe, so kommt für die Streitigkeit, falls die andere Partei diese Behauptung als zutreffend anerkennt, nicht das Schiedsgerichts-, sondern das Vergleichsverfahren zur Anwendung. Wird dagegen die Behauptung von der anderen Partei nicht als zutreffend anerkannt, so ist darüber im Schiedsgerichtsverfahren zu entscheiden.

In gleicher Weise wird verfahren, wenn bei einer Streitigkeit der im Artikel 2 bezeichneten Arten eine Partei, ohne sich auf ihre Unabhängigkeit, die Unversehrtheit ihres Gebiets oder andere höchste Lebensinteressen zu berufen, die Einrede erhebt, daß die Angelegenheit von überwiegend politischer Bedeutung sei und sich deshalb für eine Entscheidung nach ausschließlich rechtlichen Grundsätzen nicht eigne. Jedoch kann diese Einrede, in Abweichung von der Bestimmung des Artikels 9, vom Schiedsgerichte nur einstimmig oder gegen eine einzige abweichende Stimme als begründet anerkannt werden.

Anerkennt das Schiedsgericht die bezeichneten Einreden als begründet, so überweist es die Streitigkeit dem Vergleichsverfahren; sonst entscheidet es selbst darüber.

Eine Partei, die eine der erwähnten Einreden der Gegenpartei nicht als zutreffend anerkennt, kann sich gleichwohl ohne vorherige Herbeiführung einer schiedsgerichtlichen Entscheidung über die Einrede mit der Durchführung des Vergleichsverfahren einverstanden erklären. Sie kann dabei jedoch den Vorbehalt machen, daß, wenn der Vergleichsvorschlag nicht von beiden Parteien angenommen wird, das Schiedsgericht zur Entscheidung über die Einrede und gegebenenfalls auch über die Streitigkeit selbst angerufen werden kann.

Artikel 5

Das Schiedsgericht legt seinen Entscheidungen zugrunde

erstens: die zwischen den Parteien geltenden Übereinkünfte allgemeiner oder besonderer Art und die sich daraus ergebenden Rechtssätze;

zweitens: das internationale Gewohnheitsrecht als Ausdruck einer allgemeinen, als Recht anerkannten Übung;

drittens: die allgemeinen von den Kulturstaaten anerkannten Rechtsgrundsätze.

Soweit im einzelnen Falle die vorstehend erwähnten Rechtsgrundlagen Lücken aufweisen, entscheidet das Schiedsgericht nach den Rechtsgrundsätzen, die nach seiner Ansicht die Regel des internationalen Rechtes sein sollten. Es folgt dabei bewährter Lehre und Rechtsprechung.

Mit Zustimmung beider Parteien kann das Schiedsgericht seine Entscheidung, anstatt sie auf Rechtsgrundsätze zu stützen, nach billigem Ermessen treffen.

Artikel 6

Sofern nicht die Parteien im einzelnen Falle eine entgegenstehende Vereinbarung treffen, wird das Schiedsgericht in folgender Weise bestellt.
Die Richter werden auf der Grundlage des Verzeichnisses der Mitglieder des durch das Haager Abkommen zur friedlichen Erledigung internationaler Streitfälle vom 18. Oktober 1907 geschaffenen Ständigen Schiedshofs im Haag gewählt.

Jede Partei ernennt einen Schiedsrichter nach freier Wahl. Gemeinsam berufen die Parteien drei weitere Richter und aus deren Mitte den Obmann. Sofern einer der gemeinsam berufenen Richter nach seiner Wahl die Staatsangehörigkeit einer der beiden Parteien erwirbt, auf deren Gebiete seinen Wohnsitz nimmt oder in deren Dienste tritt, kann jede Partei verlangen, daß er ersetzt werde. Streitigkeiten darüber, ob diese Voraussetzungen zutreffen, werden von den übrigen vier Richtern entschieden, wobei der ältere der gemeinsam berufenen Richter den Vorsitz führt und bei Stimmengleichheit eine doppelte Stimme hat.

Die Wahl der Richter erfolgt von neuem für jeden einzelnen Streitfall. Die vertragschließenden Teile behalten sich jedoch vor, im gemeinsamen Einverständnisse die Wahlen in der Weise vorzunehmen, daß für gewisse Arten von Streitfällen während eines bestimmten Zeitraums dieselben Richter dem Schiedsgericht angehören. Mitglieder des Schiedsgerichts, die aus irgendeinem Grunde ausscheiden, werden in der gleichen Weise ersetzt, wie sie berufen worden sind.

Artikel 7

Die vertragschließenden Teile werden in Ausführung des gegenwärtigen Vertrages in jedem Einzelfall eine besondere Schiedsordnung festsetzen. Darin werden der Streitgegenstand, die etwaigen besonderen Befugnisse des Gerichts, dessen Zusammensetzung und Sitz, die Höhe des von jeder Partei als Kostenvorschuß zu hinterlegenden Betrags, die hinsichtlich der Form und der Fristen des Verfahrens zu beobachtenden Regeln sowie die sonst notwendigen Einzelheiten bestimmt.

Meinungsverschiedenheiten über die Bestimmungen der Schiedsordnung werden, vorbehaltlich des Artikels 8, vom Schiedsgericht entschieden.

Artikel 8

Kommt zwischen den Parteien nicht binnen sechs Monaten, nachdem die eine der anderen das Begehren nach schiedsgerichtlicher Austragung einer Streitigkeit mitgeteilt hat, die Schiedsordnung zustande, so kann jede Partei den im Artikel 14 vorgesehenen Ständigen Vergleichsrat zwecks Feststellung der Schiedsordnung anrufen. Dieser hat binnen zwei Monaten nach seiner Anrufung die Schiedsordnung festzusetzen, wobei der Streitgegenstand aus den Anträgen der Parteien ermittelt wird.

Es ist ebenso zu verfahren, wenn eine Partei den von ihr zu ernennenden Richter nicht bezeichnet hat, oder wenn die Parteien in der Bezeichnung der gemeinsam zu berufenden Richter oder des Obmanns nicht einig sind.

Der Ständige Vergleichsrat ist ferner befugt, bis zur Bestellung des Schiedsgerichts über jede andere Streitigkeit zu entscheiden, die sich auf die Schiedsordnung bezieht

Artikel 9

Das Schiedsgericht trifft seine Entscheidungen mit Stimmenmehrheit.

Artikel 10

Der Schiedsspruch wird Angaben über die Art seiner Ausführung, insbesondere über die dabei zu beobachtenden Fristen enthalten.

Wird in einem Schiedsspruch festgestellt, daß eine von einem Gericht oder einer anderen Behörde einer Partei getroffene Entscheidung oder Verfügung ganz oder teilweise mit dem Völkerrecht in Widerspruch steht, können aber nach dem Verfassungsrechte dieser Partei die Folgen der Entscheidung oder Verfügung durch Verwaltungsmaßnahmen nicht oder nicht vollständig beseitigt werden, so ist der verletzten Partei in dem Schiedsspruch auf andere Weise eine angemessene Genugtuung zuzuerkennen.

Artikel 11

Unter Vorbehalt anderweitiger Abrede in der Schiedsordnung kann jede Partei bei dem Schiedsgerichte, das den Spruch erlassen hat, die Revision dieses Spruches beantragen. Der Antrag kann nur mit der Ermittlung einer Tatsache begründet werden, die einen entscheidenden Einfluß auf den Spruch auszuüben geeignet gewesen wäre und bei Schluß der Verhandlung dem Schiedsgerichte selbst und der Partei, welche die Revision beantragt hat, ohne ihr Verschulden unbekannt war.

Mitglieder des Schiedsgerichts, die aus irgendeinem Grunde für das Revisionsverfahren ausscheiden, werden in der gleichen Weise ersetzt, wie sie berufen worden sind.

Die Frist, innerhalb deren der im Abs. 1 vorgesehene Antrag gestellt werden kann, ist im Schiedsspruch zu bestimmen, sofern dies nicht in der Schiedsordnung geschehen ist.

Artikel 12

Alle Streitigkeiten, die zwischen den Parteien über Auslegung und Ausführung des Schiedsspruchs entstehen sollten, unterliegen, vorbehaltlich anderweitiger Abrede, der Beurteilung des Schiedsgerichts, das den Spruch gefällt hat. Dabei findet die Bestimmung des Artikels 11 Abs. 2 entsprechende Anwendung.

Artikel 13

Alle Streitigkeiten, die nicht nach den vorhergehenden Artikeln dieses Vertrags dem Schiedsgerichtsverfahren unterworfen werden, sind auf Verlangen einer Partei im Vergleichsverfahren zu behandeln.
Behauptet die andere Partei, daß der im Vergleichsverfahren anhängig gemachte Streitfall vom Schiedsgerichte zu entscheiden sei, so entscheidet dieses zunächst über diese Vorfrage.
Die Regierungen der vertragschließenden Teile können im gemeinsamen Einverständnis eine Streitigkeit, für die nach dem gegenwärtigen Vertrage das Schiedsgericht angerufen werden kann, endgültig oder unter Vorbehalt der späteren Anrufung des Schiedsgerichts im Vergleichsverfahren behandeln lassen.

Artikel 14

Für das Vergleichsverfahren wird ein Ständiger Vergleichsrat gebildet.
Der Ständige Vergleichsrat besteht aus fünf Mitgliedern. Die vertragschließenden Teile ernennen, jeder für sich, nach freier Wahl je ein Mitglied und berufen die drei übrigen Mitglieder im gemeinsamen Einverständnisse. Diese drei Mitglieder sollen nicht Angehörige der vertragschließenden Staaten sein, noch sollen sie auf deren Gebiet ihren Wohnsitz haben oder in deren Dienste stehen. Aus ihrer Mitte wird der Vorsitzende durch die vertragschließenden Teile gemeinsam bezeichnet.
Jedem vertragschließenden Teile steht das Recht zu, jederzeit, sofern nicht ein Verfahren im Gange oder von einer Partei beantragt worden ist, das von ihm ernannte Mitglied abzuberufen und dessen Nachfolger zu bestimmen. Unter den gleichen Voraussetzungen steht es jedem der vertragschließenden Teile auch frei, die Zustimmung zur Berufung jedes der drei gemeinsam berufenen Mitglieder zurückzuziehen. In diesem Falle muß unverzüglich zur gemeinsamen Berufung eines neuen Mitglieds geschritten werden.
Während der tatsächlichen Dauer des Verfahrens erhalten die Mitglieder eine Entschädigung, deren Höhe von den Parteien zu vereinbaren ist. Die Kosten des Ständigen Vergleichsrats werden von den beiden Parteien zu gleichen Teilen getragen.
Der Ständige Vergleichsrat wird im Laufe von sechs Monaten nach Austausch der Ratifikationsurkunden dieses Vertrags gebildet. Ausscheidende Mitglieder werden gemäß dem für die erstmalige Wahl maßgebenden Verfahren so rasch als möglich ersetzt.
Der Ständige Vergleichsrat bestimmt seinen Sitz. Er kann ihn nach freiem Ermessen verlegen.

Der Ständige Vergleichsrat bildet nötigenfalls eine Kanzlei. Soweit er in die Kanzlei Angehörige der Parteien beruft, hat er dabei die Parteien gleichmäßig zu berücksichtigen.
Wenn die Berufung der gemeinsam zu berufenden Mitglieder nicht innerhalb von sechs Monaten nach dem Austausch der Ratifikationsurkunden oder, im Falle der Ergänzung des Ständigen Vergleichsrats, nicht innerhalb von drei Monaten nach Ausscheiden eines Mitglieds stattgefunden hat, so finden die Bestimmungen des Artikels 45 Abs. 4 bis 6 des Haager Abkommens zur friedlichen Erledigung internationaler Streitfälle vom 18. Oktober 1907 auf die Wahl der Mitglieder sinngemäß Anwendung.

Artikel 15

Dem Ständigen Vergleichsrat liegt ob, einen Bericht zu erstatten, der den Sachverhalt feststellt und Vorschläge für die Beilegung der Streitigkeit enthält.
Der Bericht ist innerhalb von sechs Monaten nach dem Tage zu erstatten, an dem die Streitigkeit dem Ständigen Vergleichsrat unterbreitet wurde, es sei denn, daß die Parteien diese Frist im gemeinsamen Einverständnisse verkürzen oder verlängern.
Der Bericht soll in drei Ausfertigungen verfaßt werden, von denen je eine jeder Partei ausgehändigt, die dritte vom Ständigen Vergleichsrat aufbewahrt wird.
Der Bericht hat weder in bezug auf die Tatsachen noch in bezug auf die rechtlichen Ausführungen die Bedeutung einer endgültig bindenden Entscheidung. Jedoch hat sich jede Partei innerhalb einer im Berichte festzusetzenden Frist darüber zu erklären, ob und inwieweit sie die Feststellungen des Berichts anerkennt und dessen Vorschläge annimmt. Diese Frist darf die Zeit von drei Monaten nicht überschreiten.

Artikel 16

Der Ständige Vergleichsrat tritt in Wirksamkeit, sobald er von einer Partei angerufen wird. Diese richtet ihr Begehren gleichzeitig an den Vorsitzenden des Ständigen Vergleichsrats und an die andere Partei.
Die vertragschließenden Teile verpflichten sich, in allen Fällen und in jeder Hinsicht die Arbeiten des Ständigen Vergleichsrats zu fördern und ihm insbesondere durch die zuständigen Behörden jede Rechtshilfe zu gewähren. Der Ständige Vergleichsrat ist berechtigt, im Gebiete der vertragschließenden Teile nach Maßgabe der dort den Gerichten zustehenden Befugnisse Zeugen und Sachverständige vorzuladen und zu vernehmen und Augenschein einzunehmen. Er kann die Beweise entweder in vollständiger Besetzung oder durch eines oder mehrere der gemeinsam berufenen Mitglieder erheben.

Artikel 17

Der Ständige Vergleichsrat trifft seine Entschließungen mit einfacher Stimmenmehrheit. Er ist beschlußfähig, wenn alle Mitglieder ordnungsmäßig geladen und mindeste die gemeinsam berufenen Mitglieder anwesend sind.

Artikel 18

Der im Schiedsgerichtsverfahren gefällte Spruch ist von den Parteien nach Treu und Glauben zu erfüllen.

Die vertragschließenden Teile verpflichten sich, während der Dauer des Schiedsgerichts- oder Vergleichsverfahrens nach Möglichkeit jede Maßnahme zu vermeiden, die auf die Erfüllung des Schiedsspruchs oder die Annahme der Vorschläge des Ständigen Vergleichsrats nachteilig zurückwirken könnte. Bei einem Vergleichsverfahren haben sie sich bis zu dem Zeitpunkt, den der Ständige Vergleichsrat für die Annahmeerklärung der Parteien festsetzt, jeder gewaltsamen Selbsthilfe zu enthalten.

Das Schiedsgericht kann auf Verlangen einer Partei vorsorgliche Maßnahmen anordnen, soweit diese von den Parteien auf dem Verwaltungswege durchgeführt werden können; ebenso kann der Ständige Vergleichsrat zum gleichen Zwecke Vorschläge machen.

Artikel 19

Unter Vorbehalt entgegenstehender Bestimmungen des gegenwärtigen Vertrags oder der Schiedsordnung ist für das Schiedsgerichts- und Vergleichsverfahren das Haager Abkommen zur friedlichen Erledigung internationaler Streitfälle vom 18. Oktober 1907 maßgebend.

Soweit der gegenwärtige Vertrag auf die Bestimmungen des Haager Abkommens verweist, finden sie im Verhältnis zwischen den vertragschließenden Teilen selbst dann Anwendung, wenn diese oder einer von ihnen von dem Abkommen zurückgetreten sein sollten.

Sofern weder der gegenwärtige Vertrag noch die Schiedsordnung noch die sonst zwischen den vertragschließenden Teilen bestehenden Übereinkünfte die Fristen und andere Einzelheiten des Schiedsgerichts- oder Vergleichsverfahrens festlegen, ist das Schiedsgericht oder der Ständige Vergleichsrat selbst befugt, die erforderlichen Bestimmungen zu treffen . . ."

Abdruck nach RGBl 1922, S. 217ff.

Mehrseitige Verträge zur friedlichen Streitbeilegung sind vor allem die Haager Abkommen zur friedlichen Erledigung von Streitfällen von 1899 (RGBl 1901, S. 393 ff.) und 1907 (RGBl 1910, S. 5 ff.), die Locarno-Verträge von 1925 (RGBl 1925 II, S. 975), die Genfer Generalakte von 1928 (revidierte Fassung von 1949, UNTS Bd. 71, S. 101 ff.) und das Übereinkommen der Europarat-Staaten zur friedlichen Beilegung von Streitigkeiten von 1957 (BGBl 1961 II, S. 82 ff.).

Eine umfassende, obligatorische Schiedsgerichtsbarkeit existiert nicht. Auch die Regeln der UNO über das Verfahren der Schiedsgerichtsbarkeit („Model Rules") von 1958 (ArchVR Bd. 7 [1958/59] S. 329 ff.) sind nur Vorschläge.

Neben den Schiedsgerichtsverträgen gibt es jedoch zahlreiche Verträge, die – wie z.B. Gründungsverträge Internationaler Organisationen – keine Schiedsgerichtsverträge sind, wohl aber eine Schiedsklausel enthalten.

B

Beispiel einer Schiedsklausel

– Satzung des Weltpostvereins von 1964 –

Art. 32: „Bei Meinungsverschiedenheiten zwischen zwei oder mehreren Postverwaltungen der Mitgliedsländer in bezug auf die Auslegung der Verträge des Vereins oder die Verantwortlichkeit, die sich für eine Postverwaltung aus der Anwendung dieser Verträge ergibt, wird die strittige Frage durch Schiedsspruch geregelt."

Abdruck nach BGBl 1965 II, S. 1642.

Häufig wird in Schiedsgerichtsverträgen oder in Schiedsklauseln ein Vorbehalt gemacht, daß gewisse Angelegenheiten einer schiedsgerichtlichen Erledigung nicht fähig sein sollen (**„Vorbehalt innerer Angelegenheiten"**; **„Ehren- und Interessenklausel"**).

Die Sowjetunion und die anderen kommunistischen Staaten stehen der Schiedsgerichtsbarkeit mit Zurückhaltung gegenüber; die Errichtung des in den Friedensverträgen der Alliierten mit Bulgarien, Rumänien und Ungarn von 1947 vorgesehene und fälschlich als „Vergleichskommissionen" bezeichneten Schiedsgerichtes wurde von den Ostblockstaaten dadurch verhindert, daß sie keinen Schiedsrichter benannten; die Friedensverträge enthielten für diesen unvorhergesehenen Fall keine Regelur Rechtsgutachten des IGH vom 30. März und 18. Juli 1950 (ICJ Reports 1950, S. 65 ff., S. 221 ff.) hatten jenes Verhalten als Vertragsbruch qualifiziert; die genannten Ostblockstaaten haben jedoch auch danach ihr Verhalten nicht geändert.

Keine festen Regeln bestehen in bezug auf die **Revision** von Schiedssprüchen. Zuweilen wird vereinbart, daß beim Bekanntwerden neuer rechtserheblicher Tatsachen das gleiche Schiedsgericht erneut angerufen werden kann. Im Fall der Überschreitun der Zuständigkeit und des Rechts- und Tatsachenirrtums wird keine Nichtigkeit angenommen, sondern nur die Möglichkeit diplomatischer Verhandlungen. Der IGH hat in seinem Urteil vom 18. November 1960 (ICJ Reports 1960, S. 192 ff.) im Streit zwischen Honduras und Nicaragua wegen des vom spanischen König am 23. Dezember 1906 gefällten Schiedsspruches festgestellt, daß ein Schiedsspruch nicht mit der Begründung angefochten werden kann, der Schiedsrichter habe seine Befugnisse überschritten und der Schiedsspruch sei wegen Auslassungen, Widersprüchen und Unklarheiten nicht ausführbar, wenn die Parteien Jahre lang keine Einwände gegen den Schiedsspruch erhoben haben.

Eine Sonderform der Schiedsgerichtsbarkeit bildeten die nach dem 1. Weltkrieg auf Grund des Versailler Vertrages von 1919 und der Friedensverträge der Alliierten mit den übrigen ehemaligen Verbündeten des Deutschen Reiches errichteten **Gemischten Schiedsgerichte.** Diese bestanden aus drei Mitgliedern, von denen je eines von den beteiligten Regierungen ernannt war, das dritte (neutrale) Mitglied auf Grund einer Vereinbarung der beteiligten Regierungen ausgewählt wurde. Die Gerichte entschieden über Vorkriegsansprüche von Privatpersonen der früheren Gegner, über Ansprüche von Privatpersonen gegen das Deutsche Reich und die Mittelmächte aus Kriegsmaßnahmen sowie über die Ansprüche gegen die Neustaaten aus deren Nachkriegsmaßnahmen.

8. Internationale Gerichtsbarkeit

Die Internationale Gerichtsbarkeit in ihrer heute bestehenden Form hat ihre Vorläufer im Zentralamerikanischen Gerichtshof (1908-1918) und in dem durch die Völkerbundsatzung errichteten Ständigen Internationalen Gerichtshof (1920-1946). Der **Ständige Internationale Gerichtshof** hat 32 Urteile gefällt und 26 Rechtsgutachten erstattet. Deutschland war mehrfach an Verfahren vor dem Ständigen Internationalen Gerichtshof beteiligt, vor allem im Zusammenhang mit Problemen in Oberschlesien und Danzig; das Urteil vom 17. August 1923 (PCIJ Series A No. 1 S. 15) im Wimbledon-Fall verpflichtete das Deutsche Reich zum Schadensersatz, weil es während des polnisch-russischen Krieges von 1921 aus Neutralitätsgründen dem mit Waffen für Polen beladenen Dampfer „Wimbledon" die Durchfahrt durch den (internationalisierten) Kieler Kanal verweigert hatte; das Rechtsgutachten vom 5. September 1931 (PCIJ Series A/B No. 41) stellte fest, die geplante deutsch-österreichische Zollunion verstoße gegen den Versailler Vertrag.
Der **Internationale Gerichtshof** ist dem Ständigen Internationalen Gerichtshof weitgehend nachgebildet. Die **Schwäche** des Internationalen Gerichtshofes liegt darin, daß es **keine obligatorische Zuständigkeit** gibt, **sondern nur eine fakultativ-obligatorische,** und daß die fakultativ-obligatorische Zuständigkeit ihrerseits noch durch **Vorbehalte** ausgehöhlt wird.

B **Beispiel eines Vorbehaltes zur fakultativ-obligatorischen Zuständigkeit**

– Connally-Amendment (ein nach dem US-Senator Connally benannter Vorbehalt der USA zum IGH-Statut) –

„I, Harry S. Truman, President of the United States of America, declare on behalf of the United States of America, ... that the United States of America recognize

as compulsory ipso facto and without special agreement, in relation to any other State accepting the same obligation, the jurisdiction of the International Court of Justice in all legal disputes hereafter arising . . . ;
Provided that this declaration shall not apply to . . . b) disputes with regards to matt which are essentially within the domestic jurisdiction of the United States of America as determined by the United States of America . . . .“

Abdruck nach ICJ Yearbook 1968/69, S. 71.

Die UdSSR hat bisher die Unterwerfung unter die Gerichtsbarkeit des IGH generell gelehnt.

Der IGH fällt seine Entscheidungen entweder nach internationalem **Recht** (Völkerrechtsquellen des Art. 38 I IGH-Statut) oder – jedoch nur mit Zustimmung beider Streitparteien – nach **Billigkeit** (ex aequo et bono – Art. 38 II IGH-Statut). Die Billigkeitsentscheidung hat den Vorteil größerer Elastizität und den Nachteil größere Ungewißheit über den Inhalt der Entscheidung; der IGH hat bisher noch keine Billigkeitsentscheidung gefällt.

Das Verfahren gliedert sich in einen schriftlichen und einen mündlichen Abschnitt. Anders als bei Schiedsgerichten ist die Verhandlung öffentlich, kann ein Versäumnis urteil ergehen und können Sondervoten dem Urteil beigefügt werden (dissenting opinion, wenn in Begründung und Tenor abgewichen wird; concurring opinion, wenn nur in der Begründung abgewichen wird).

Gegen die Entscheidung des IGH gibt es **kein Rechtsmittel**; lediglich ein Wiederaufnahmeverfahren ist in begrenztem Umfang zulässig.

Andere Internationale Gerichte sind z.B. der Gerichtshof der Europäischen Gemeinschaften (Text der Verfahrensordnung: BGBl 1959 II, S. 1205; Zusatz: BGBl 1962 I S. 770), der Europäische Gerichtshof für Menschenrechte (Text der Verfahrensordnung: BGBl 1963 II, S. 351) und das Verwaltungsgericht der Vereinten Nationen (Statut: UN Yearbook 1948/49, S. 921 f.).

Kein echtes internationales Gericht waren die „Internationalen Militärgerichtshöfe“ in den Kriegsverbrecherprozessen in Nürnberg und Tokio; sie waren interalliierte Gerichte.

L F. Berber, Völkerrecht, Bd. 3, 1964, S. 32-84;
G. Dahm, Völkerrecht, Bd. 2, 1961, S. 445-577;
E. Menzel, Völkerrecht, 1962, S. 308-336;
I. Seidl-Hohenveldern, Völkerrecht, 2. Aufl. 1969, S. 283-290;

G. Hoffmann - I. Seidl-Hohenveldern, Die Grenzen rechtlicher Streiterledigung im Völkerrecht und in Internationalen Organisationen, Berichte 9 (1969), S. 1-43, S. 45-75;

H. Wehberg, Die Vergleichskommissionen im modernen Völkerrecht, ZaöRV 19 (1958), S. 551-593;

H.-J. Schlochauer, Schiedsgerichtsbarkeit, Internationale, in Strupp-Schlochauer, Wörterbuch des Völkerrechts, Bd. 3, 1962, S. 177-194;

O. Ulshöfer, Schiedsgerichts- und Vergleichsverträge, in Strupp-Schlochauer, Wörterbuch des Völkerrechts, Bd. 3, 1962, S. 195-203;

H.-J. Schlochauer, Ständiger Schiedsgerichtshof, in Strupp-Schlochauer, Wörterbuch des Völkerrechts, Bd. 3, 1962, S. 364-371;

H.-J. Schlochauer, Die Verfahrensordnung des Ständigen Schiedshofes für Streitigkeiten zwischen einem Staat und einer nichtstaatlichen Partei, ArchVR 12 (1964/65), S. 173-186;

W. Heidelmeyer, Schiedsvereinbarungen in Verträgen der Bundesrepublik Deutschland, ZaöRV 16 (1956), S. 567-590;

H.-J. Schlochauer, Internationale Gerichtsbarkeit, in Strupp-Schlochauer, Wörterbuch des Völkerrechts, Bd. 2, 1961, S. 56-64;

H.W. Fasching, Die Aufgaben der internationalen und übernationalen Gerichtsbarkeit, Österr. ZöR 10 (1959/60), S. 169-224;

S. Rosenne, The International Court of Justice, 1957;

H.-J. Schlochauer, Internationaler Gerichtshof, in Strupp-Schlochauer, Wörterbuch des Völkerrechts, Bd. 2, 1961, S. 96-117;

H. Blomeyer, Der Internationale Gerichtshof und die Nichtmitgliedstaaten des Statuts. Zur Auslegung der Entschließung des Sicherheitsrates vom 15. Oktober 1946, ZaöRV 16 (1955/56), S. 256-276;

K. Herndl, Rechtsgutachten des Internationalen Gerichtshofes, in Strupp-Schlochauer, Wörterbuch des Völkerrechts, Bd. 3, 1962, S. 12-37;

H.-J. Schlochauer, Ständiger Internationaler Gerichtshof, in Strupp-Schlochauer, Wörterbuch des Völkerrechts, Bd. 3, 1962, S. 341-364;

R. Bernhardt, Rechtsgutachten des Ständigen Internationalen Gerichtshofes, in Strupp-Schlochauer, Wörterbuch des Völkerrechts, Bd. 3, 1962, S. 37-49;

G. Doeker, Das Connally Amendment und die obligatorische internationale Gerichtsbarkeit, ArchVR 11 (1963/64), S. 155-167;

H. Mosler, Organisation und Verfahren des Europäischen Gerichtshofes für Menschenrechte, ZaöRV 20 (1959/60), S. 415-449;

H.-J. Hallier, Internationale Gerichte und Schiedsgerichte. Verträge, Satzungen, Verfahrensordnungen, 1961.

II. BESONDERES VÖLKERRECHT

Einführung

Während das Allgemeine Völkerrecht mit seinen Lehren über die Völkerrechtssubjekte, die Rechtsnatur des Völkerrechts, die Völkerrechtsquellen, die Völkerrechtshandlungen, das völkerrechtliche Delikt und die Normen betreffend Streitbeilegung die Grundlagen der international-hoheitlichen Beziehungen der Völkerrechtssubjekte regelt, handelt das Besondere Völkerrecht von speziellen Sachgebieten.

Eines dieser speziellen Sachgebiete ist das Recht der diplomatischen Beziehungen, das sog. Gesandtschaftsrecht. Da die politisch bedeutsamen Teile des völkerrechtlichen Verkehrs weitgehend auf diplomatischem Wege abgewickelt werden, soll mit der Darstellung des Gesandtschaftsrechts begonnen werden.

GLIEDERUNG

des 1. Abschnittes

1.1 Begriff des Gesandtschaftsrechts

I_1 Das Gesandtschaftsrecht im weiteren Sinne ist die Summe der völkerrechtlichen Normen, die **die diplomatischen Beziehungen zwischen Völkerrechtssubjekten regeln.**

Das Gesandtschaftsrecht im engeren Sinne beinhaltet das aktive und das passive Gesandtschaftsrecht.

Aktives Gesandtschaftsrecht ist die **rechtliche Fähigkeit eines Völkerrechtssubjektes, diplomatische Vertreter zu einem fremden Völkerrechtssubjekt zu entsenden.**

B_1 Rechtliche Fähigkeit der BRD, nach Rumänien Diplomaten zu entsenden und in Rumänien eine diplomatische Vertretung der BRD zu errichten.

I_2 **Passives Gesandtschaftsrecht** ist die **rechtliche Fähigkeit eines Völkerrechtssubjektes, diplomatische Vertreter eines fremden Völkerrechtssubjektes zu empfangen.**

B_2 Rechtliche Fähigkeit der BRD, in der BRD rumänische Diplomaten zu empfangen und die Errichtung einer diplomatischen Vertretung Rumäniens zu gestatten.

F_2 Sind die Völkerrechtsfähigkeit und die völkerrechtliche Handlungsfähigkeit Voraussetzung des aktiven und des passiven Gesandtschaftsrechtes?

A_2 Ja. Sowohl die Völkerrechtsfähigkeit als auch die völkerrechtliche Handlungsfähigkeit sind Voraussetzung des aktiven und des passiven Gesandtschaftsrechtes: nur ein handlungsfähiges Völkerrechtssubjekt kann diplomatische Vertreter entsenden und empfangen.

I_3 Träger des aktiven und des passiven Gesandtschaftsrechtes sind **vor allem die Staaten**; ferner der Heilige Stuhl und – soweit er als Völkerrechtssubjekt anerkannt ist – der Malteser-Ritter-Orden.

Auch die **Internationalen und die Supranationalen Organisationen** können grundsätzlich das aktive und passive Gesandtschaftsrecht besitzen.

B_3 Vertretung der EWG in den USA.
Vertretung der USA bei der EWG.

I_4 Ob **Gliedstaaten im Bundesstaat** das aktive und passive Gesandtschaftsrecht haben, **richtet sich sowohl nach dem innerstaatlichen Verfassungsrecht** („Abriegelung" oder keine „Abriegelung" der Gliedstaaten nach außen, d.h. Versagung oder Gewährung der Kompetenz mit fremden Staaten in völkerrechtliche Beziehungen zu treten) **als auch nach dem Völkerrecht** (völkerrechtliche Anerkennung oder keine Anerkennung).

Für die BRD gilt Art. 32 I GG: Die Pflege der Beziehungen zu auswärtigen Staaten ist Sache des Bundes; die Länder sind also von der Pflege der diplomatischen Beziehungen zu auswärtigen Staaten „abgeriegelt".

F_4 Kann

a) das Land Rheinland-Pfalz in Madrid eine Gesandtschaft errichten,

b) das Land Bayern die Errichtung einer spanischen Gesandtschaft gestatten?

A_4 a) Nein. Das Land Rheinland-Pfalz kann in Madrid keine Gesandtschaft errichten: Die Pflege der Beziehungen zu auswärtigen Staaten ist Sache des Bundes (Art. 32 I GG); die Bundesländer haben also kein aktives Gesandtschaftsrecht.

b) Nein. Das Land Bayern kann die Errichtung einer spanischen Gesandtschaft nicht gestatten: Die Bundesländer haben gemäß Art. 32 I GG auch kein passives Gesandtschaftsrecht.

I_5 Str. ist, ob die Bundesländer ein aktives und passives Gesandtschaftsrecht in bezug auf den Heiligen Stuhl haben. Die überwiegende Meinung im Schrifttum bejaht die Frage, weil der Heilige Stuhl kein auswärtiger „Staat" im Sinne des Art. 32 I GG sei. Diese Ansicht ist jedoch unzutreffend, weil der Heilige Stuhl (auch) ein staatliches Völkerrechtssubjekt ist.

1.2 Aufnahme und Abbruch diplomatischer Beziehungen

I_6 Die **Ausübung des Gesandtschaftsrechts erfolgt** durch die **Pflege diplomatischer Beziehungen.**

Die **Entscheidung über die Aufnahme diplomatischer Beziehungen zwischen zwei Staaten steht im Ermessen der beiden betreffenden Staaten.**

Ebenso kann ein Staat **frei darüber entscheiden,** ob er die diplomatischen Beziehungen zu einem anderen Staat **abbrechen** will.

B_6 Aufnahme der diplomatischen Beziehungen der BRD zu Jugoslawien 1953.

Abbruch der diplomatischen Beziehungen der BRD zu Jugoslawien 1957.

Wiederaufnahme der diplomatischen Beziehungen der BRD zu Jugoslawien 1968.

I_7 Es besteht **keine Völkerrechtspflicht, diplomatische Beziehungen aufzunehmen oder bestehende diplomatische Beziehungen nicht abzubrechen.**

F_7 Ist die Weigerung diplomatische Beziehungen aufzunehmen und der Abbruch diplomatischer Beziehungen ein völkerrechtliches Delikt?

A_7 Nein. Die Weigerung, diplomatische Beziehungen aufzunehmen und der Abbruch diplomatischer Beziehungen ist kein völkerrechtliches Delikt, weil keine Völkerrechtspflicht verletzt worden ist.

I_8 Der **Abbruch diplomatischer Beziehungen** bedeutet, **daß der durch eine ständige Vertretung gepflogene diplomatische Verkehr mit dem betreffenden Staat beendet wird.**

F_8 Schließt der Abbruch diplomatischer Beziehungen es aus, daß die betreffenden Staaten diplomatische Kontakte an einem anderen Ort (z.B. unter Inanspruchnahme Guter Dienste eines dritten Staates) oder durch andere Organe (z.B. Gipfelkonferenz der Staatsoberhäupter) aufnehmen?

A_8 Nein. Der Abbruch diplomatischer Beziehungen schließt nicht aus, daß die betreffenden Staaten diplomatische Kontakte an einem anderen Ort oder durch andere Organe aufnehmen:
Der Abbruch diplomatischer Beziehungen bedeutet nur die Beendigung des diplomatischen Verkehrs durch eine ständige Vertretung in dem Staat, mit dem die Beziehungen abgebrochen worden sind.

I_9 **Der Abbruch diplomatischer Beziehungen wird in einer Note erklärt**
und wird in der Weise durchgeführt,
daß das **höhere diplomatische Personal aus der Vertretung in dem betroffenen Staat abgezogen wird.**

F_9 Die BRD hat im Jahre 1969 das diplomatische Personal aus ihrer Botschaft in Kambodscha abgezogen, weil Kambodscha die DDR völkerrechtlich anerkannt hatte; es wurde nur technisches Dienstpersonal (Hausmeister) belassen.

War diese als „Einfrieren der diplomatischen Beziehungen" („Kambodschieren") bezeichnete Maßnahme ein Abbruch der diplomatischen Beziehungen?

A_9 Ja. Das Abziehen des gesamten diplomatischen Personals unter Belassung von technischem Dienstpersonal ist materiell ein Abbruch diplomatischer Beziehungen: Wenn kein diplomatisches Personal mehr vorhanden ist, können auch keine diplomatischen Beziehungen unterhalten werden.

I_{10} Werden die diplomatischen Beziehungen abgebrochen
oder enden sie, z.B. durch Kriegsausbruch,
oder will ein Staat die erheblichen finanziellen Kosten,
die mit der Unterhaltung einer Gesandtschaft verbunden sind, sparen,
so kann ein **dritter Staat** (als sog. **„Schutzmacht“**) **zeitweilig mit der Wahrnehmung der Interessen jenes Staates beauftragt werden.**
Voraussetzung ist jedoch, daß der Empfangsstaat der Interessenwahrnehmung durch die Schutzmacht vorher zustimmt (Art. 46 der Wiener Konvention über die diplomatischen Beziehungen von 1961).

B_{10} Frankreich als Schutzmacht der BRD in Jugoslawien 1957 - 1968.
Schweden als Schutzmacht Jugoslawiens in der BRD 1957 - 1968.
Italien als Schutzmacht der BRD in Guinea seit 1971.
Mali als Schutzmacht Guineas in der BRD seit 1971.

I_{11} Ein Staat kann also mehrere Staaten diplomatisch vertreten.

Ein Staat kann aber auch durch **eine Person** (Botschafter, Gesandter) **in mehreren Staaten** vertreten sein;
von dieser Möglichkeit machen insbesondere kleine Staaten wegen der erheblichen finanziellen Aufwendungen, die der Unterhalt einer ständigen diplomatischen Vertretung erfordert, Gebrauch.

B_{11} Vertretung der Schweiz durch einunddenselben Botschafter in Rom für Italien und Malta.

I_{12} **Kein Abbruch der diplomatischen Beziehungen liegt vor, wenn nur die persönliche Mission des Missionschefs endet**
(z.B. durch Tod, durch Abberufung seitens des Entsendestaates oder durch Erklärung als persona non grata [unerwünschte Person] seitens des Empfangsstaates).

1.3 Missionschef und Missionspersonal

I_{13} Die diplomatische Mission wird vom **Missionschef** geleitet. Die Missionschefs sind in drei **Rangklassen** eingeteilt (Art. 14 Wiener Konvention über die diplomatischen Beziehungen)

a) **Botschafter oder Nuntien;**
b) **Gesandte, Minister oder Internuntien;**
c) **Geschäftsträger.**

Die Rangklassen sind heute nur noch für Protokollfragen von Belang.

B_{13} Reihenfolge bei offiziellen Begrüßungen (z.B. Neujahrsempfang des Bundespräsidenten für das Diplomatische Corps).

I_{14} Der Entsendestaat kann die Rangklasse des Missionschefs nicht einseitig festlegen, d.h. es steht nicht in seinem alleinigen Ermessen, ob eine Botschaft oder eine Gesandtschaft errichtet oder nur ein Geschäftsträger entsendet wird.

Die Rangklasse des Missionschefs wird vielmehr durch **Vereinbarung zwischen Entsendestaat und Empfangsstaat** festgelegt (Art. 15 der Wiener Konvention über die diplomatischen Beziehungen).

I_{15} Vor Entsendung des Missionschefs muß der Entsendestaat beim Empfangsstaat anfragen, ob der in Aussicht genommene Missionschef dem Empfangsstaat genehm ist (Einholung des sog. **Agrément** [von agréer (frz.) = genehmigen]).

Der Empfangsstaat kann ohne Angabe von Gründen das Agrément verweigern.

F_{15} Ist der Empfangsstaat verpflichtet, jeden diplomatischen Vertreter, dem er das Agrément erteilt hat, als Missionschef zu akzeptieren?

A_{15} Nein. Der Empfangsstaat ist nicht verpflichtet, einen diplomatischen Vertreter, dem er das Agrément erteilt hat, als Missionschef zu akzeptieren: Die Rangklasse der diplomatischen Vertreter wird durch Vereinbarung zwischen Entsendestaat und Empfangsstaat festgelegt.

I_{16} Nach Erteilung des Agrément erfolgt die innerstaatliche (beamtenrechtliche) **Ernennung** und die innerstaatliche **Beglaubigung**, d.h. die Erklärung des zuständigen Organs (in der BRD des Bundespräsidenten Art. 59 I S. 3 GG), daß die im Beglaubigungsschreiben benannte Person befugt ist, den Entsendestaat beim Empfangsstaat zu vertreten.

Der förmliche Amtsantritt des Missionschefs erfolgt
mit der **Überreichung des Beglaubigungsschreibens**
bei dem zuständigen fremden Staatsorgan;
damit ist der Missionschef **akkreditiert.**

I_{17} Die Mission besteht neben dem Missionschef aus dem Missionspersonal, d.h.
dem **diplomatischen Personal,**
dem **Verwaltungs- und technischen Personal** und
dem **dienstlichen Hauspersonal.**

Die Unterscheidung ist, sofern keine Sondervereinbarungen bestehen, wichtig für die **Vorrechte und Befreiungen**, die nicht allen diesen Gruppen in gleichem Maße zustehen.

1.4 Vorrechte und Befreiungen

I_{18} Der diplomatischen Mission werden Vorrechte und Befreiungen gewährt.

Dies dient dazu, **die Funktionsfähigkeit der diplomatischen Mission zu gewährleisten (Funktionstheorie).**

B_{18} Unverletzlichkeit der Räumlichkeiten der Mission;

Unverletzlichkeit der Archive und Schriftstücke der Mission;

Freiheit des Nachrichtenverkehrs mit dem Entsendestaat;

Unverletzlichkeit des diplomatischen Kuriergepäckes.

I_{19} Gebäude und Gelände der Gesandtschaft unterstehen der Gebietshoheit des Empfangsstaates; sie sind also kein aus dem Territorium des Empfangsstaates herausfallendes Territorium des Entsendestaates, sondern **Staatsgebiet des Empfangsstaates.**

„Exterritorialität" eines Gesandtschaftsgebäudes bedeutet also nicht, daß es sich dabei um Staatsgebiet des Entsendestaates handelt, sondern nur, daß dort **keine Zwangsgewalt des Empfangsstaates ausgeübt werden darf.**

F_{19} Im Jahre 1933 wurde der afghanische Gesandte in Berlin von einem afghanischen Staatsbürger im Gebäude der afghanischen Gesandtschaft ermordet (sog. Afghanischer Gesandtschafts-Fall). Im Strafverfahren berief der Mörder sich darauf, die Tat sei nicht auf deutschem Staatsgebiet begangen.

Hatte er recht?

A_{19} Nein. Der Mord war auf deutschem Staatsgebiet begangen: Das Gesandtschaftsgebäude war nicht afghanisches Staatsgebiet.

I_{20} Da die Rechtsordnung des Empfangsstaates auch für die Mission gilt, und nur die Durchsetzung insoweit ausgeschlossen ist, als anderenfalls die Aufgaben der Mission vereitelt würden, ist der Ausdruck „**Immunität**" dem Ausdruck „Exterritorialität" vorzuziehen.

Die Immunität geht nur so weit,
wie es die Erfüllung der Aufgaben der Mission erfordert
(relative, beschränkte Immunität).

B_{20} Unantastbarkeit des Gesandtschaftsgrundstückes, jedoch nicht Pflicht zur Eigentumsverschaffung.

F_{20} Eine deutsche Gesellschaft verkaufte 1946 ein Grundstück in Berlin-Grunewald an Jugoslawien, das dort den Amtssitz seiner (diplomatische Immunität genießenden) Militärmission errichtete. Die Gesellschaft hält Kaufvertrag und Auflassung für nichtig und klagt auf Bewilligung der Grundbuchberichtigung.

Kann Jugoslawien sich auf die diplomatische Immunität seiner Militärmission berufen?

A_{20} Nein. Jugoslawien kann sich nicht auf die diplomatische Immunität seiner Militärmission berufen, weil es für die Erfüllung der diplomatischen Funktionen der Mission nicht darauf ankommt, ob der Entsendestaat oder eine andere Person als Eigentümer des Gesandtschaftsgrundstückes im Grundbuch eingetragen ist.

I_{21} Die **Räumlichkeiten der Mission sind unverletzlich** und dürfen von Vertretern des Empfangsstaates nur **mit Zustimmung des Missionschefs** betreten werden;

sie genießen Immunität von jeder Durchsuchung, Beschlagnahme, Pfändung und Vollstreckung;

Entsendestaat und Missionschef sind hinsichtlich der Räumlichkeiten der Mission **von Steuern und Abgaben befreit**, nicht aber von Vergütungen (Gebühren) für bestimmte Dienstleistungen (Art. 22, 23 Wiener Konvention über die diplomatischen Beziehungen).

B_{21} Freiheit von Grundsteuern.

Keine Freiheit von Telefongebühren.

F_{21} Ein Raubmörder flüchtet in ein Gesandtschaftsgebäude.

Kann die Polizei des Empfangsstaates bei Verfolgung auf frischer Tat das Gesandtschaftsgebäude ohne Zustimmung des Missionschefs betreten?

A_{21} Nein. Die Polizei des Empfangsstaates kann das Gesandtschaftsgebäude des Entsendestaates ohne Zustimmung des Missionschefs in keinem Fall – also auch nicht bei Verfolgung auf frischer Tat – betreten.

I_{22} Umstritten ist die Frage, ob diplomatische Missionen zur **Asylgewährung** berechtigt sind.

Der IGH hat im Haya de la Torre-Fall (einem Streit zwischen Peru und Kolumbien wegen Gewährung politischen Asyls für den Peruaner Haya de la Torre in der kolumbianischen Botschaft in Lima) die Annahme eines Gewohnheitsrechtes jedenfalls **für Dauerasyl verneint.**

In der Praxis wird aber gelegentlich Dauerasyl gewährt.

B_{22} Asylgewährung an Kardinal Mindszenty in der Botschaft der USA in Budapest (seit 1956).

F_{22} Während der Olympiade in Tokio erbat ein russischer Matrose mit der Begründung, er sei politisch verfolgt, in der deutschen Botschaft Asyl.

Konnte er sich auf Art. 12 Absatz II Satz 2 GG („Politisch Verfolgte genießen Asylrecht“) berufen?

A_{22} Nein. Der russische Seemann konnte sich nicht auf Art. 12 Abs. II Satz 2 GG berufen, weil diese Vorschrift nur im Geltungsbereich des GG gilt, das Botschaftsgebäude aber nicht deutsches Territorium ist.

I_{23} Das **diplomatische Personal** genießt für dienstliche und private Handlungen umfassende **Immunität von der Strafgerichtsbarkeit** und – von wenigen Ausnahmen abgesehen – auch **von der Zivil- und Verwaltungsgerichtsbarkeit**; die Ausnahmen von der Immunität von der Zivil- und Verwaltungsgerichtsbarkeit betreffen dingliche Klagen in bezug auf im Hoheitsgebiet des Empfangsstaates gelegene private Grundstücke des Diplomaten sowie in bezug auf persönliche Erbschaftsangelegenheiten und freiberufliche oder gewerbliche Tätigkeit des Diplomaten (Art. 31 der Wiener Konvention über diplomatische Beziehungen).

Gleiches gilt für die zum Haushalt eines Diplomaten gehörenden Familienmitglieder.

Das **Verwaltungs- und technische Personal** genießt **Immunität von der Strafgerichtsbarkeit,** von der Zivil- und Verwaltungsgerichtsbarkeit dagegen **nur für Handlungen in Ausübung dienstlicher Tätigkeiten.**

Das **dienstliche Hauspersonal** der Mission genießt **Immunität von der Straf-, Zivil- und Verwaltungsgerichtsbarkeit nur für Handlungen in Ausübung dienstlicher Tätigkeit.**

B_{23} Dienstfahrt mit dem Kraftwagen der Mission.

I_{24} Die diplomatische Immunität wird **nicht** als ein dem Diplomaten **persönlich** zustehendes Vorrecht gewährt, **sondern sie ist ein im Interesse des Entsendestaates gewährtes Vorrecht** und unterliegt daher auch nur der Disposition des Entsendestaates.

F_{24} Ein Diplomat des Entsendestaates hat im Empfangsstaat eine strafbare Handlung begangen.

Kann

a) der Diplomat auf die Immunität von der Gerichtsbarkeit des Empfangsstaates rechtswirksam verzichten,
b) der Entsendestaat auf diese Immunität rechtswirksam verzichten?

A_{24} a) Nein. Ein Diplomat des Entsendestaates kann auf die Immunität von der Gerichtsbarkeit des Empfangsstaates nicht rechtswirksam verzichten: Die Immunität ist kein ihm persönlich zustehendes Vorrecht.

b) Ja. Der Entsendestaat kann auf die Immunität rechtswirksam verzichten: sie ist ein im Interesse des Entsendestaates gewährtes Recht und daher für ihn disponibel.

I_{25} Diese Überlegung liegt auch der Wiener Konvention zugrunde, wobei der **Verzicht vom Entsendestaat ausdrücklich erklärt sein muß** (Art. 32 I, II Wiener Konvention über diplomatische Beziehungen).

Die Rechtslage ist hier also ähnlich wie bei der Immunität der Bundestagsabgeordneten bei strafbaren Handlungen.

WF 1. Setzen aktives und passives Gesandtschaftsrecht Völkerrechtsfähigkeit und völkerrechtliche Handlungsfähigkeit voraus?

Ja ☐ Nein ☐

2. Können Internationale und Supranationale Organisationen aktives und passives Gesandtschaftsrecht besitzen?

Ja ☐ Nein ☐

3. Haben die Länder der BRD ein aktives und passives Gesandtschaftsrecht gegenüber auswärtigen Staaten?

Ja ☐ Nein ☐

4. Besteht eine Völkerrechtspflicht, diplomatische Beziehungen aufzunehmen oder nicht abzubrechen?

Ja ☐ Nein ☐

5. Wie wird der Abbruch diplomatischer Beziehungen erklärt und durchgeführt?

....

....

6. Wie nennt man einen Staat, der mit der Wahrnehmung der Interessen eines Staates im Fall fehlender diplomatischer Beziehungen beauftragt ist?

....

7. Kann der Empfangsstaat das Agrément verweigern?

Ja ☐ Nein ☐

8. Wofür ist die Einteilung des Missionspersonals in diplomatisches, verwaltungs- und technisches Personal und dienstliches Hauspersonal rechtlich bedeutsam?

....

9. Welchen Sinn hat die Gewährung der Vorrechte und Befreiungen?

....

10. Ist das Gesandtschaftsgelände Staatsgebiet des Empfangsstaates ☐ oder des Entsendestaates ☐ ?

Gesandtschaftsrecht

AWF 1. Setzen aktives und passives Gesandtschaftsrecht Völkerrechtsfähigkeit und völkerrechtliche Handlungsfähigkeit voraus?

Ja [×] Nein [ ]

(A_2)

2. Können Internationale und Supranationale Organisationen aktives und passives Gesandtschaftsrecht besitzen?

Ja [×] Nein [ ]

(I_3)

3. Haben die Länder der BRD ein aktives und passives Gesandtschaftsrecht gegenüber auswärtigen Staaten?

Ja [ ] Nein [×]

(A_4)

4. Besteht eine Völkerrechtspflicht, diplomatische Beziehungen aufzunehmen oder nicht abzubrechen?

Ja [ ] Nein [×]

(I_7)

5. Wie wird der Abbruch diplomatischer Beziehungen erklärt und durchgeführt?
Erklärung durch Note
Durchführung durch Abzug des höheren diplomatischen Personals

(I_9)

6. Wie nennt man einen Staat, der mit der Wahrnehmung der Interessen eines Staates im Fall fehlender diplomatischer Beziehungen beauftragt ist?
Schutzmacht (I_{10})

7. Kann der Empfangsstaat das Agrément verweigern?

Ja [×] Nein [ ]

(I_{15})

8. Wofür ist die Einteilung des Missionspersonals in diplomatisches, verwaltungs- und technisches Personal und dienstliches Hauspersonal rechtlich bedeutsam?
Für die Vorrechte und Befreiungen (I_{17})

9. Welchen Sinn hat die Gewährung der Vorrechte und Befreiungen?
Gewährleistung der Funktion der Mission (Funktionstheorie) (I_{18})

10. Ist das Gesandtschaftsgelände Staatsgebiet
des Empfangsstaates [×] oder des Entsendestaates [ ] ?

(I_{19})

1. Vertragliche Regelung

V Das Gesandtschaftsrecht ist eines der ältesten Rechtsgebiete des Völkerrechts. Seine wichtigsten Grundsätze waren zunächst teils in Regeln der Courtoisie festgelegt, teils in Regeln des Völkergewohnheitsrechts normiert. Das Gesandtschaftsrecht ist nunmehr in der aufgrund von Bemühungen der UNO ausgearbeiteten **Wiener Konvention über die diplomatischen Beziehungen von 1961** kodifiziert.

Die Konvention ist eine der wichtigsten Kodifikationen des Völkerrechts und regelt viele Fragen des Gesandtschaftsrechts (jedoch nicht alle). So hat sie z.B. zur Frage des diplomatischen Asyls (d.h. des Asylrechts in ausländischen Gesandtschaftsgebäuden), über die der Internationale Gerichtshof im Haya de la Torre-Fall zu entscheiden hatte (ICJ Reports 1950, S. 266; 1950, S. 395; 1951, S. 71), nicht Stellung genommen. Die Konvention hat lediglich (in Art. 41 Abs. III) statuiert, daß die Räumlichkeiten der Mission nicht in einer Weise benutzt werden dürfen, die mit den sich aus dem Völkerrecht ergebenden Aufgaben der Mission unvereinbar ist.

2. Gesandtschaftsrecht im Bundesstaat

Die Frage des aktiven und passiven Gesandtschaftsrechts der Gliedstaaten im Bundesstaat ist ein Unterfall des Problems der völkerrechtlichen Handlungsfähigkeit im Bundesstaat. Die Reichsverfassung von 1871 gewährte den Gliedstaaten das aktive und passive Gesandtschaftsrecht (Beispiel: Gesandtschaft Bayerns beim Heiligen Stuhl; 1919 bestand auch für kurze Zeit eine Gesandtschaft Frankreichs in Bayern).
In der UdSSR haben seit 1944 die Unionsrepubliken das aktive und passive Gesandtschaftsrecht (Art. 18 a der Verf.); es hat aber keine größere praktische Bedeutung erlangt.

3. Gesandtschaftsrecht im Bürgerkrieg und bei militärischer Okkupation

Schwierigkeiten kann die Unterhaltung diplomatischer Beziehungen im Bürgerkrieg oder bei militärischer Okkupation bereiten. Im Fall des Bürgerkrieges werden gelegentlich Personen mit der Wahrnehmung diplomatischer Beziehungen betraut, die keine Gesandten sind, aber deren Funktion erfüllen (sog. Agenten). Militärisch okkupierten Staaten wird gelegentlich ein aktives Gesandtschaftsrecht zugebilligt, wenn sie – wie z.B. die Niederlande, Norwegen und Polen im zweiten Weltkrieg – durch Exilregierungen im Ausland vertreten sind.

4. Aufnahme, Abbruch und Beendigung diplomatischer Beziehungen

Die **Aufnahme diplomatischer Beziehungen** erfolgt **durch** eine entsprechende **Vereinbarung** (gemeinsame Erklärung).

B

Beispiel einer gemeinsamen Erklärung
betreffend die Aufnahme diplomatischer Beziehungen
– DDR - Jugoslawien 1957 –

„Auf Grund eines vorausgegangenen Briefwechsels zwischen dem Vorsitzenden des Ministerrates der Deutschen Demokratischen Republik, Otto Grotewohl (Brief vom 21. August 1957), und dem Präsidenten der Föderativen Volksrepublik Jugoslawien, Josip Broz-Tito (Brief vom 3. Oktober 1957), haben die Regierungen der Deutschen Demokratischen Republik und der Föderativen Volksrepublik Jugoslawien durch ihre Vertreter in Verhandlungen am 10. Oktober 1957 in Belgrad vereinbart, normale diplomatische Beziehungen aufzunehmen und diplomatische Vertreter im Range von Gesandten auszutauschen."

Abdruck nach AdG 1957, S. 6698 A.

In der Aufnahme diplomatischer Beziehungen liegt in der Regel zugleich eine (konkludent erklärte) gegenseitige **völkerrechtliche Anerkennung**.

Der **Abbruch diplomatischer Beziehungen** erfolgt durch einseitige völkerrechtliche Erklärung des abbrechenden Staates, in der Regel in Form einer diplomatischen Note.

B

Beispiel einer Note
betreffend den Abbruch diplomatischer Beziehungen
– BRD - Jugoslawien 1957 –

„Herr Botschafter, nachdem die Regierung der Föderativen Volksrepublik Jugoslawien am 14. Oktober in einer öffentlichen Verlautbarung ihren Entschluß bekundet hat, diplomatische Beziehungen mit der sogenannten Deutschen Demokratischen Republik aufzunehmen, beehrt sich die Regierung der Bundesrepublik Deutschland der jugoslawischen Regierung folgendes mitzuteilen :

Die Bundesregierung hat niemals einen Zweifel daran gelassen, daß sie die Aufnahme diplomatischer Beziehungen zu der demokratisch in keiner Weise legitimierten Regierung in Mitteldeutschland durch solche Regierungen, mit denen die Bundesrepublik selbst diplomatische Beziehungen unterhält, als einen gegen die Lebensinteressen des deutschen Volkes gerichteten unfreundlichen Akt betrachten müsse. Ebensowenig hat sie einen Zweifel daran gelassen, daß ein solcher Schritt eine Überprüfung der gegenseitigen Beziehungen durch die Bundesregierung unvermeidlich machen werde.

Die Gründe für diesen Standpunkt sind der jugoslawischen Regierung bekannt. Die Bundesregierung hat keine Gelegenheit versäumt, sie öffentlich bekanntzumachen und zu erläutern. Der jugoslawischen Regierung gegenüber ist dies mit besonderer Eindringlichkeit aus Anlaß der Rede des Präsidenten Tito im Dynamo-Stadion in Moskau am 19. Juni 1956 sowie bei den Verhandlungen über den Vertrag über wirtschaftliche Zusammenarbeit im Februar und März 1956 geschehen. Mit besonderem Ernst ließ die Bundesregierung ihren grundsätzlichen Standpunkt durch ihren Botschafter während des Besuchs des Ersten Sekretärs des Zentralkomitees der polnischen Vereinigten Arbeiterpartei in Belgrad, insbesondere nach der Veröffentlichung des Communiqués vom 16. September 1957 darlegen. Auch der jugoslawische Geschäftsträger wurde wiederholt im gleichen Sinne unterrichtet.

Die jugoslawische Regierung konnte daher nicht im Zweifel darüber sein, daß ihr Entschluß, diplomatische Beziehungen mit der sogenannten ‚DDR' anzuknüpfen, die Beendigung ihrer diplomatischen Beziehungen zur Bundesrepublik zur Folge haben werde. In der Tat haben Sie, Herr Botschafter, in Bonn in Ihrer Unterredung mit dem Staatssekretär des Auswärtigen Amts am 14. Oktober 1957 ausdrücklich bestätigt, daß die jugoslawische Regierung mit dieser Folge rechnet.

Die Bundesregierung bedauert es auf das tiefste, daß die jugoslawische Regierung sich offenbar entschlossen hat, sich mit einer solchen Entwicklung abzufinden. Die Bundesregierung hat sich seit Jahren bemüht, ein gutes Verhältnis zwischen den beiden Ländern herzustellen. Mit der Entsendung des verstorbenen Botschafters Pfleiderer, dem die Erreichung dieses Zieles ganz besonders am Herzen lag, hatte sie einen klaren Beweis ihres guten Willens gegeben, der damals von führenden Persönlichkeiten der jugoslawischen Regierung als solcher bewertet und anerkannt wurde. Sie hat, um dieses Ziel zu erreichen, erhebliche Anstrengungen unternommen, wie u.a. der Vertrag über wirtschaftliche Zusammenarbeit vom 10. März 1956 beweist. Diese Anstrengungen wurden in der der jugoslawischen Regierung bekannten Erwartung unternommen, daß die jugoslawische Außenpolitik das Recht des deutschen Volkes, ausschließlich durch die freigewählte Regierung der Bundesrepublik Deutschland repräsentiert zu werden und die staatliche Einheit Deutschlands in freier Selbstbestimmung auf demokratischem Wege herbeizuführen, respektieren werde.

Die jugoslawische Regierung hat es für richtig gehalten, die Bemühungen der Bundesregierung und ihres Botschafters in einer besonders brüsken Form zu durchkreuzen.

Sie hat nicht nur unter Mißachtung des Willens des deutschen Volkes zur Wiederherstellung seiner staatlichen Einheit diplomatische Beziehungen mit der sogenannten DDR angeknüpft, sondern sie hat darüber hinaus diesen Schritt ausdrücklich mit dem Bekenntnis zu einer Politik begründet, die eine friedliche Wiedervereinigung Deutschlands nur auf dem Wege der Annäherung zwischen zwei angeblich bestehenden deutschen Staaten und der Verhandlungen zwischen ihnen für möglich erklärt. Die jugoslawische Regierung schließt sich damit einer Politik an, die die Wiederherstellung der staatlichen Einheit Deutschlands auf demokratischem Wege und auf der Grundlage einer freiheitlichen Verfassung unmöglich macht. Diese Politik stellt nicht, wie die jugoslawische Regierung behauptet, einen demokratischen Weg zur Lösung der Wiedervereinigungsfrage dar. Sie verletzt vielmehr das demokratische Grundrecht jedes Volkes, über seine innere Ordnung und seine außenpolitische Stellung durch eine frei gewählte Volksvertretung und eine parlamentarisch verantwortliche Regierung selbst zu entscheiden.

Die Bundesregierung kann keinen der zur Begründung dieses Schrittes angeführten Gesichtspunkte als zutreffend anerkennen. Es trifft nicht zu, daß die Unterhaltung diplomatischer Beziehungen sowohl mit der Bundesrepublik als auch mit einem zweiten angeblich bestehenden deutschen Staatswesen eine Konsequenz der von Jugoslawien verfolgten Politik der Nichtzugehörigkeit zu den großen Machtblöcken sei. Das Gegenteil ist richtig. Mit Ausnahme weniger Staaten, die einen der größten Machtblöcke bilden, unterhalten nahezu allen anderen Staaten der Welt diplomatische Beziehungen mit der Bundesrepublik Deutschland, nicht aber mit der sogenannten Deutschen Demokratischen Republik. Dies gilt gerade auch für diejenigen Staaten, die sich bewußt dem großen Bündnissystem der Welt ferngehalten haben. Mit der nunmehr getroffenen Entscheidung tritt die jugoslawische Regierung eindeutig an die Seite der erstgenannten Staatengruppe und identifizierte sich mit einer Politik gegenüber dem deutschen Volk, die nur von den Mitgliedern dieser Staatengruppe vertreten wird.
Ebensowenig trifft es zu, daß der von der jugoslawischen Regierung unternommene Schritt dem Grundsatz der Nichteinmischung in die inneren Angelegenheiten eines anderen Volkes entspreche. Wiederum ist das Gegenteil richtig. Die Existenz der sogenannten DDR ist, wie allgemein bekannt, das Ergebnis einer fortgesetzten Einmischung einer fremden Macht in innerdeutsche Angelegenheiten. Ohne diese ständige Intervention gäbe es weder die sogenannte DDR noch das Problem der deutschen Wiedervereinigung. Wer die sogenannte DDR als Staat anerkennt und mit ihr diplomatische Beziehungen unterhält, beteiligt sich an dieser Politik der Einmischung, die im Widerspruch zu den in der Charta der Vereinten Nationen verankerten Grundsätzen steht.

Unzutreffend ist endlich auch die von der jugoslawischen Regierung vertretene Ansicht, daß der von ihr unternommene Schritt geeignet sei, zur Verbesserung der internationalen Beziehungen und zur Verminderung der Spannungen zwischen Ost und West beizutragen. Dieses auch von der Bundesregierung erstrebte Ziel wird keineswegs dadurch gefördert, daß die Regierung der Föderativen Volksrepublik Jugoslawien die von dem gesamten deutschen Volk als unerträglich empfundene Spaltung Deutschlands anerkennt. Darüber hinaus trägt die Entscheidung der jugoslawischen Regierung dazu bei, die von der Bundesregierung aufrichtig gewünschte Entspannung in ihrem Verhältnis zu den Staaten Osteuropas zu erschweren. Die Bundesregierung legt jedoch Wert auf die Feststellung, daß sie ungeachtet der durch den jugoslawischen Schritt geschaffenen Sachlage diese ihre Bemühungen fortsetzen und sich in ihren Entscheidungen durch diese Entwicklung nicht behindern lassen wird.

In der durch die einseitige Entscheidung der jugoslawischen Regierung geschaffenen Lage sieht sich die Bundesregierung gezwungen, die diplomatischen Beziehungen zwischen der Bundesrepublik Deutschland und der Föderativen Volksrepublik Jugoslawien zu beenden."

Abdruck nach AdG 1957, 6698 A.

Die **Wiederaufnahme der diplomatischen Beziehungen** nach einem Abbruch erfolgt dann durch erneute Vereinbarung, die in der Regel durch eine gemeinsame Erklärung beider Staaten bekanntgemacht wird.

B **Beispiel einer gemeinsamen Erklärung betreffend die Wiederaufnahme diplomatischer Beziehungen**

– BRD - Jugoslawien 1968 –

„Gemeinsame Erklärung der Wiederaufnahme der diplomatischen Beziehungen zwischen der BR Deutschland und der SFR Jugoslawien: Die Regierung der BR Deutschland und die Regierung der SFR Jugoslawien sind übereingekommen, mit Wirkung vom heutigen Tage diplomatische Beziehungen aufzunehmen. Sie werden sobald wie möglich diplomatische Vertretungen im Range von Botschaften errichten und Botschafter austauschen. Beide Regierungen sind davon überzeugt, daß die Wiederaufnahme diplomatischer Beziehungen dazu beitragen wird, die gegenseitigen Beziehungen zu fördern und zu erweitern. Sie sind ebenso davon überzeugt, daß dieser Beschluß der beiden Regierungen dem Bedürfnis nach verstärkter friedlicher Zusammenarbeit zwischen den europäischen Staaten entspricht und einen positiven Beitrag zu dem Prozeß der Entspannung in Europa darstellt."

Abdruck nach AdG 1968, S. 13700 C.

Eine automatische Beendigung diplomatischer Beziehungen tritt bei Kriegsausbruch

und Untergang des Entsendestaates oder des Empfangsstaates ein. Im Fall des bewaffneten Konflikts übernimmt eine Schutzmacht die Wahrnehmung der Interessen; dem Personal der Mission muß die Ausreise gestattet werden; die Räumlichkeiten, das Vermögen und die Archive der Mission sind auch während des Konfliktes zu schützen (Art. 45 der Wiener Konvention über diplomatische Beziehungen

5. Aufgaben der diplomatischen Mission

Aufgaben der diplomatischen Missionen sind insbesondere Vertretung des Entsendestaates im Empfangsstaat, Verhandlungen mit der Regierung des Empfangsstaates, legale Information und Berichterstattung über Verhältnisse und Entwicklungen im Empfangsstaat, Förderung der Beziehungen zwischen Entsendestaat und Empfangsstaat und diplomatischer Schutz der Interessen der Staatsangehörigen des Entsendestaates bei Verhaftungen oder anderen Rechtsbeeinträchtigungen im Empfangsstaat (Art. 3 Abs. I der Wiener Konvention über diplomatische Beziehungen).

Der **diplomatische Schutz für die eigenen Staatsangehörigen** – z.B. im Fall der Verhaftung durch Behörden des Empfangsstaates – hat einen doppelten Aspekt: einen völkerrechtlichen, soweit es um das Recht des Entsendestaates gegenüber dem Empfangsstaat geht, und einen staatsrechtlichen, soweit sich die Frage stellt, ob der einzelne Staatsangehörige einen Rechtsanspruch gegenüber seinem Heimatstaat auf Gewährung diplomatischen Schutzes hat. Anders als Art. 112 Abs. II Weimarer Reichsverfassung schweigt das GG zu dieser Frage; sie ist jedoch für die BRD im Einklang mit der positiven früheren Regelung der Weimarer Reichsverfassung zu bejahen (str.).

6. Rangfolge der Missionschefs

Die Rangfolge der Missionschefs wurde erstmalig auf dem Wiener Kongreß von 1815 und im Aachener Protokoll von 1818 festgelegt; zusätzlich zu den heute bestehenden drei Rangklassen gab es damals noch die Klasse der Ministerresidenten, die zwischen den Gesandten und den Geschäftsträgern rangierten. Die Botschafter galten früher als persönliche Vertreter des Monarchen („alter ego“) und hatten daher das Recht auf unmittelbaren Zugang zu dem Monarchen des Empfangsstaates. Mit der Ablösung der monarchischen Staatsform verlor dieser Gesichtspunkt seine Berechtigung; nunmehr wurden Botschafter zu Großmächten, Gesandte und Geschäftsträger zu weniger wichtigen Staaten entsandt. Das Deutsche Reich hatte 1914 neun Botschafter entsandt (nach Frankreich, Großbritannien, Italien, Japan, Österreich-Ungarn, Rußland, Spanien, Türkei, USA). Die Ausprägung des Grundsatzes der Gleichheit der Staaten und das gewachsene Prestigebedürfnis der kleinen

Staaten hat zu einer starken zahlenmäßigen Vermehrung der Botschaften geführt. Die BRD unterhält z. Zt. (Stand: 1. Juli 1971) zu 108 Staaten diplomatische Beziehungen und hat in 99 Staaten Botschaften errichtet; zu 8 Staaten werden die diplomatischen Beziehungen im Wege der Doppelakkreditierung wahrgenommen; die Botschaft in Bangkok ist gleichzeitig Gesandtschaft für Laos.

Heute haben die Rangklassen **nur** noch **protokollarische Bedeutung**, abgesehen davon, daß Botschafter und Gesandte beim Staatsoberhaupt beglaubigt sind, Geschäftsträger dagegen beim Außenminister.

Botschafter des Heiligen Stuhls heißen Nuntien, Gesandte des Heiligen Stuhles heißen Internuntien. Der **Nuntius** ist häufig der sog. **Doyen des Diplomatischen Corps**, d.h. Sprecher aller im Empfangsstaat akkreditierten und in der sog. Diplomatenliste geführten ausländischen Diplomaten (vgl. Schlußprotokoll zu Art. 3 des Konkordats mit dem Deutschen Reich von 1933 [RGBl 1933 II, S. 689]). Fehlt eine diesbezügliche Regelung, so ist der am längsten akkreditierte Missionschef Doyen im Empfangsstaat (**Grundsatz der lokalen Anciennität**).

Die UdSSR hat durch ein Dekret von 1918 die Rangklassen für ihre Missionschefs abgeschafft, 1941 jedoch wieder eingeführt.

7. Geschäftsträger ad interim

Vom Geschäftsträger als ständigem Missionschef ist der Geschäftsträger ad interim zu unterschieden; er ist ein Beamter des diplomatischen Personals, der den Missionschef zeitweilig vertritt, wenn dessen Posten unbesetzt ist oder der Missionschef an der Ausübung seiner Amtsgeschäfte verhindert ist (vgl. Art. 19 der Wiener Konvention).

8. Personalbestand

Die zahlenmäßige Größe des Personalbestandes kann zwischen Entsendestaat und Empfangsstaat vereinbart werden. Fehlt eine solche Vereinbarung, so kann der Empfangsstaat verlangen, daß diese Größe sich in den Grenzen hält, die der Empfangsstaat für angemessen und normal hält (Art. 11 I der Wiener Konvention).

Beendet wird die diplomatische Mission **durch Abberufung durch den Entsendestaat.** Der Empfangsstaat kann ein Mitglied der Mission ohne Angabe von Gründen zur **persona non grata** erklären und notfalls ausweisen, z.B. wenn das betreffende Missionsmitglied sich in die inneren Angelegenheiten des Empfangsstaates einmischt oder Spionage treibt.

9. Vorrechte und Befreiungen

Die Vorrechte und Befreiungen sollen es der ausländischen diplomatischen Mission ermöglichen, ihre Aufgaben zu erfüllen. Die Gebäude der Mission sind nicht Staatsgebiet des Entsendestaates (vgl. die Entscheidung des Reichsgerichts in Strafsachen im Afghanischen Gesandtschafts-Fall, RGSt Bd. 69, S. 54-58).

Beauftragt eine ausländische Mission eine private Firma im Empfangsstaat mit Reparaturarbeiten am Missionsgebäude, so handelt es sich dabei um eine nicht-hoheitliche Betätigung des Entsendestaates. Die inländische Gerichtsbarkeit ist daher für eine Zahlungsklage in diesem Fall nicht ausgeschlossen (BVerfG E 16, S. 27-64).

Die Unverletzlichkeit der Räumlichkeiten der Mission wirft die **Frage** auf, **ob Polizei und Feuerwehr in Fällen von Gefahr und Not auch ohne Zustimmung des Missionschefs ein Zutrittsrecht haben.** Die Frage ist umstritten. Vor dem Inkrafttreten der Wiener Diplomatischen Konvention wurde ein Zutrittsrecht bejaht. Art. 22 I der Konvention nennt jedoch keine Ausnahme vom Erfordernis der Zustimmung (anders Art. 31 II S. 2 der Wiener Konsularischen Konvention, wonach bei Feuer und einem anderen Unglück die Zustimmung des Leiters der konsularischen Vertretung unterstellt werden kann). Bei fehlender Zustimmung läßt sich das Problem nur mit dem Gedanken des Rechtsmißbrauchs oder eines Notrechts lösen.

Diplomatische **Kuriere** genießen ebenfalls persönliche Unverletzlichkeit und dürfen weder festgenommen noch irgendwie inhaftiert werden (Art. 27 V der Wiener Konvention). Sie müssen einen Kurierausweis und ein Verzeichnis über die Anzahl der Kurierstücke (Kuriergepäck) mit sich führen (Kurierpostverzeichnis). Das Kuriergepäck kann auch dem Kommandanten eines privaten Flugzeuges (in der Regel eines Linienflugzeuges) des Entsendestaates anvertraut werden.

B **Muster eines Kurierausweises**

KURIER AUSWEIS Nr. . . . .
Gültig bis . . . .

Der Inhaber dieses Ausweises,

Herr . . . .

reist am . . . . als Kurier mit amtlichen Depeschen und Gepäck des Auswärtigen Amtes der Bundesrepublik Deutschland in Bonn nach

. . . .

Es wird gebeten, dem Genannten auf seiner Reise jede mögliche Erleichterung und erforderlichenfalls Schutz und Beistand zu gewähren.

Bonn, den . . . .

AUSWÄRTIGES AMT
Im Auftrag

B **Muster eines Kurierpostverzeichnisses**

Dieser Ausweis ist bei der empfangenden Dienststelle abzugeben und von dieser dem Auswärtigen Amt zurückzusenden.

AUSWÄRTIGES AMT
Kurierabfertigung

V e r z e i c h n i s

der dem Kurier Herrn . . . . für die
Botschaft der Bundesrepublik Deutschland in

P a r i s

übergebenen amtlichen Depeschen und Gepäckstücke.

. . . . Depeschen . . . . Dep.-Säcke
. . . . Dep.-Pakete . . . . Kisten

Bonn, den . . . .

AUSWÄRTIGES AMT
Kurierabfertigung

An die
Botschaft der Bundesrepublik Deutschland
in P a r i s

Abdruck nach: Kraske-Nöldecke, Handb. des Auswärtigen Dienstes, J.C.B.Mohr (Paul Siebeck), Tübingen 1957, S. 116-117.

Die Wiener Konvention enthält – ebenso wie das Völkergewohnheitsrecht – **keine speziellen Regeln über Parkverbote zugunsten von Angehörigen einer diplomatische Mission** (vgl. dazu VG Köln, NJW 1968, S. 1347-1348, und BVerwG NJW 1971, S. 1419-1421; zur gleichen Frage in bezug auf Angehörige **konsularischer** Vertretun bezug auf Angehörige **konsularischer** Vertretungen vgl. OLG Frankfurt a.M. NJW 1969, S. 1917-1919; OLG Hamburg NJW 1970, S. 2037 f.).

Wird jemand durch das Handeln eines ausländischen Diplomaten geschädigt, z.B. durch Nichterfüllung einer zivilrechtlichen Forderung, so bleibt – wenn nicht eine der in Art. 31 der Wiener Konvention genannten Ausnahmen von der Immunität des Diplomaten vorliegt – dem Geschädigten nichts anderes übrig, als den Diplomat vor einem **Gericht des Entsendestaates** zu verklagen.

Eine **Widerklage** gegen eine Klage eines ausländischen Diplomaten ist stets zulässig. Die **Steuerfreiheit** gilt **nicht** für **indirekte Steuern**, z.B. solche, die im Preis der Ware enthalten sind.

Die Vorrechte und Befreiungen des Personals gelten nur gegenüber der Staatsgewalt des Empfangsstaates, nicht gegenüber derjenigen des Entsendestaates.

10. Handelsvertretungen

Nach dem zweiten Weltkrieg sind die diplomatischen Beziehungen zwischen der BRD und einigen Staaten (Finnland und die Ostblockstaaten mit Ausnahme der UdSSR und neuerdings Rumäniens) durch sog. Handelsvertretungen aufrechterhalt worden. Ob und inwieweit Handelsvertretungen den gesandtschaftsrechtlichen Regeln unterfallen, ist eine Frage der vertraglichen Vereinbarung zwischen Entsendestaat und Empfangsstaat. In der Regel werden auch den Handelsvertretungen Vorrechte und Befreiungen eingeräumt.

Eine Handelsvertretung kann aber auch ein Bestandteil einer Botschaft sein, also ein zusätzliches Organ der diplomatischen Vertretung des Entsendestaates; dies ist z.B. bei der Handelsvertretung der UdSSR in der BRD der Fall.

B Beispiel einer vertraglichen Vereinbarung über die Errichtung einer Handelsvertretung

– Anlage zum Handels- und Schiffahrtsvertrag zwischen der BRD und der UdSSR vom 25. April 1958 –

Rechtsstellung der Handelsvertretung der Union der Sozialistischen Sowjetrepubliken in der Bundesrepublik Deutschland

Artikel 1
Die Handelsvertretung der Union der Sozialistischen Sowjetrepubliken in der Bundesrepublik Deutschland hat folgende Aufgaben:

a) Sie fördert die Entwicklung der Handelsbeziehungen zwischen der Union der Sozialistischen Sowjetrepubliken und der Bundesrepublik Deutschland;
b) sie vertritt die Interessen der Union der Sozialistischen Sowjetrepubliken auf dem Gebiet des Außenhandels mit der Bundesrepublik Deutschland;
c) sie tätigt im Namen der Regierung der Union der Sozialistischen Sowjetrepubliken Handelsgeschäfte in der Bundesrepublik Deutschland.

Artikel 2
Die Handelsvertretung, die ihren Sitz in Köln hat, ist ein Bestandteil der Botschaft der Union der Sozialistischen Sowjetrepubliken in der Bundesrepublik Deutschland und genießt dementsprechend die folgenden Vorrechte:

a) Die von der Handelsvertretung benutzten Räumlichkeiten, deren örtliche Lage (Anschrift) in Köln jeweils im Einvernehmen der beiden Regierungen festgelegt wird, genießen die Immunitäten und Privilegien, die den Räumlichkeiten der Botschaft der Union der Sozialistischen Sowjetrepubliken in der Bundesrepublik Deutschland auf Grund des Völkerrechts zustehen;
b) die Handelsvertretung ist zur Benutzung einer Chiffre berechtigt;
c) der Leiter der Handelsvertretung und seine drei Stellvertreter genießen alle Immunitäten und Privilegien, die den Mitgliedern der Botschaft der Union der Sozialistischen Sowjetrepubliken in der Bundesrepublik Deutschland auf Grund des Völkerrechts zustehen;
d) die Zahl der sonstigen Bediensteten der Handelsvertretung wird jeweils im Einvernehmen der beiden Regierungen festgelegt;
e) die unter d) genannten Bediensteten der Handelsvertretung sind, soweit sie Staatsangehörige der Union der Sozialistischen Sowjetrepubliken sind, hinsichtlich der Bezüge, die sie als Mitarbeiter der Handelsvertretung erhalten, von den Steuern der Bundesrepublik Deutschland befreit.

Die Handelsvertretung unterliegt nicht den Bestimmungen über das Handelsregister.

Artikel 3
Die Handelsvertretung handelt für die Regierung der Union der Sozialistischen Sowj republiken. Die Regierung der Union der Sozialistischen Sowjetrepubliken haftet nur für solche Handelsgeschäfte, welche die Handelsvertretung in der Bundesrepubli Deutschland abgeschlossen oder garantiert hat und die von zwei dazu bevollmächtigten Personen für die Handelsvertretung unterzeichnet sind.

Die Handelsvertretung veröffentlicht im Bundesanzeiger die Namen der Personen, die zu Rechtshandlungen in ihrem Namen befugt sind, mit der Angabe, in welcher Weise jede dieser Personen befugt ist, Rechtsgeschäfte auf dem Gebiet des Handels im Namen der Handelsvertretung zu unterzeichnen. Die Befugnisse dieser Personen gelten so lange, bis ihr Erlöschen in der gleichen Weise bekanntgemacht ist.

Für Handelsgeschäfte, die im Gebiet der Bundesrepublik Deutschland ohne eine Garantie der Handelsvertretung der Union der Sozialistischen Sowjetrepubliken von sowjetischen Organisationen, gleich welcher Art, die nach der Gesetzgebung der Union der Sozialistischen Sowjetrepubliken die Rechte einer selbständigen juristisch Person genießen, geschlossen worden sind, haften nur diese Organisationen. Für ein solches Handelsgeschäft haften weder die Regierung der Union der Sozialistischen Sowjetrepubliken noch die Handelsvertretung der Union der Sozialistischen Sowjetrepubliken in der Bundesrepublik Deutschland noch sonstige sowjetische Organisationen.

Artikel 4
Die Rechte, Immunitäten und Privilegien, die der Handelsvertretung auf Grund von Artikel 2 Absatz 1 dieser Anlage gewährt werden, erstrecken sich auch auf ihre handelsgeschäftliche Tätigkeit, jedoch mit folgenden Ausnahmen:

a) Streitigkeiten aus Handelsgeschäften, die von der Handelsvertretung nach Artikel 3 dieser Anlage in dem Gebiet der Bundesrepublik Deutschland abgeschlossen oder garantiert werden, unterliegen der Entscheidung durch die Gerichte der Bundesrepublik Deutschland, sofern nicht die Zuständigkeit eines Schiedsgerichts oder einer anderen Gerichtsbarkeit vereinbart worden ist; in diesen Streitigkeiten ist Beklagte oder Klägerin die Handelsvertretung der Union der Sozialistischen Sowjetrepubliken in der Bundesrepublik Deutschland. Hierbei sind jedoch Maßnahmen zur Sicherung von Forderungen gegen die Handelsvertretung nicht zulässig.
b) Eine Zwangsvollstreckung aus rechtskräftigen Urteilen, die gegen die Handelsvertretung über solche unter a) genannte Streitigkeiten ergangen sind, ist zulässig. Sie kann in das gesamte Vermögen der Union der Sozialistischen Sowjet republiken in der Bundesrepublik Deutschland betrieben werden, insbesonder in Vermögen, Rechte oder Interessen aus Handelsgeschäften, die von der Han-

delsvertretung abgeschlossen sind oder für die sie die Garantie übernommen hat, mit Ausnahme von Vermögen der in Artikel 3 Absatz 3 dieser Anlage genannten Organisationen.

Vermögen und Räumlichkeiten, die nach internationalem Brauch ausschließlich zur Ausübung politischer und diplomatischer Rechte in der Bundesrepublik Deutschland durch die Union der Sozialistischen Sowjetrepubliken bestimmt sind, wie auch die Räumlichkeiten, die von der Handelsvertretung benutzt werden, und die Einrichtung, die sich darin befindet, sind von jeder Zwangsvollstreckung ausgenommen.

Artikel 5
Durch die Errichtung der Handelsvertretung der Union der Sozialistischen Sowjetrepubliken in der Bundesrepublik Deutschland wird die Möglichkeit von natürlichen Personen, juristischen Personen und Handelsgesellschaften der Bundesrepublik Deutschland nicht ausgeschlossen, unmittelbare Beziehungen mit sowjetischen Außenhandelsorganisationen zum Zwecke des Abschlusses und der Abwicklung von Handelsgeschäften zu unterhalten.

Abdruck nach BGBl 1959 II, S. 225

11. Gegenwärtige Bedeutung

Die Bedeutung der klassischen Diplomatie durch Tätigkeit ständiger Missionen ist gegenwärtig etwas zurückgetreten: Die Verbesserung der Nachrichtentechnik, die „unmittelbare Diplomatie" durch direkte Verhandlungen der Staatsoberhäupter, Regierungschefs und Außenminister, die Einschaltung von Experten bei Vertragsverhandlungen anstelle der in dem betreffenden Staat tätigen Missionschefs und die Entwicklung der Konferenzdiplomatie sind dafür ursächlich gewesen. Diese Entwicklung darf jedoch nicht darüber hinwegtäuschen, daß immer noch die klassische Diplomatie nicht nur für die laufenden Geschäfte des völkerrechtlichen Verkehrs unentbehrlich ist, sondern auch die Entscheidungen der Regierungschefs und Außenminister vorbereitet. Auch ist gerade in jüngster Zeit wieder eine Zunahme der „stillen" diplomatischen Tätigkeit festzustellen, die sich der Formen der klassischen Diplomatie bedient; Beispiele hierfür sind die laufenden Botschaftergespräche betreffend Berlin seit 1969.

Angesichts der wachsenden Entwicklung der Internationalen Organisationen wird deren Gesandtschaftsrecht in Zukunft eine größere Bedeutung als bisher erlangen.

Gesandtschaftsrecht

L F. Berber, Völkerrecht, Bd. 1, 1960, S. 265-289;
G. Dahm, Völkerrecht, Bd. 1, 1958, S. 309-359;
E. Menzel, Völkerrecht, 1962, S. 226-244;
I. Seidl-Hohenveldern, Völkerrecht, 1969, S. 149-165;
A. Verdroß, Völkerrecht, 5. Aufl. 1964, S. 321-341;
A. Bergsträsser, Diplomatie, in Strupp-Schlochauer, Wörterbuch des Völkerrechts, Bd. 1, 1960, S. 359-376;
H. Blomeyer, Diplomatische Beziehungen, Abbruch, in: Strupp-Schlochauer, Wörterbuch des Völkerrechts, Bd. 1, 1960, S. 378-379;
F. Nüßlein, Gesandtschaftsrecht, in Strupp-Schlochauer, Wörterbuch des Völkerrechts, Bd. 1, 1960, S. 666-673;
E.L. Kerly, Some Aspects of the Vienna Conference on Diplomatic Intercourse and Immunities, AJIL 56 (1962), S. 88-129;
K. Zemanek, Die Wiener diplomatische Konferenz 1961, ArchVR 9 (1961/62), S. 398-427;
E. Kraske - W. Nöldeke, Handbuch des Auswärtigen Dienstes, 2. Aufl. 1957;
E. Satow, A Guide to Diplomatic Practice, 4. Aufl. 1957.

Einführung

Nachdem im vorangegangenen Abschnitt mit dem Gesandtschaftsrecht das Recht der diplomatischen Beziehungen behandelt worden ist, soll nunmehr das Recht der konsularischen Beziehungen (das Konsularrecht) erörtert werden. Dabei wird zunächst der begriffliche Unterschied zwischen Gesandtschaftsrecht und Konsularrecht klargemacht werden, ehe auf die Einzelheiten dieses Rechtsgebietes eingegangen wird.

GLIEDERUNG

des 2. Abschnittes

2.1 Begriff des Konsularrechts

I_1 Das Konsularrecht kann - wie das Gesandtschaftsrecht - in einem weiteren und in einem engeren Sinne verstanden werden.

Konsularrecht im weiteren Sinne ist die Summe der völkerrechtlichen Normen, die die konsularischen Beziehungen zwischen den Staaten regeln.

Das Konsularrecht im engeren Sinne bedeutet die
rechtliche Fähigkeit eines Staates,
konsularische Vertreter zu einem auswärtigen Staat zu entsenden (aktives Konsularrecht)
und konsularische Vertreter eines fremden Staates zu empfangen (passives Konsularrecht).

B_1 Errichtung eines Konsulates der BRD in USA.
Errichtung eines Konsulates der USA in der BRD.

I_2 Der **Unterschied zwischen diplomatischen und konsularischen Beziehungen** besteht darin, daß diplomatische Beziehungen auf **Regierungsebene** gepflogen werden und **hochpolitischen Inhalt** haben,
während konsularische Beziehungen auf **Verwaltungsebene** gepflogen werden und **nicht hochpolitischen Inhalt** haben.

B_2 Für konsularische Aufgaben:
Entwicklung wirtschaftlicher, kultureller und wissenschaftlicher Beziehungen;
Ausstellung von Reisepässen und Visa;
Hilfe und Beistand für Angehörige des Entsendestaates;
Ausübung notarieller und standesamtlicher Befugnisse;
Schiffahrtsrechtliche Tätigkeiten.

F_2 Kann der materielle Gegenstand der konsularischen Beziehungen von dem materiellen Gegenstand der diplomatischen Beziehungen stets scharf abgegrenzt werden?

A_2 Nein. Der materielle Gegenstand der konsularischen Beziehungen kann nicht immer von dem materiellen Gegenstand der diplomatischen Beziehungen scharf abgegrenzt werden: Die Grenze zwischen hochpolitischen und nichthochpolitischen Angelegenheiten ist fließend.

I_3 Ein- und dieselbe Materie kann sowohl Gegenstand diplomatischer als auch Gegenstand konsularischer Tätigkeit sein.

B_3 Kulturelle Beziehungen:
Abschluß eines Kultur- (Austausch-) Vertrages durch diplomatische Vertreter;
Pflege kultureller Beziehungen aufgrund des Vertrages durch konsularische Vertreter.

I_4 Konsularische Beziehungen werden **ausschließlich von den Staaten,** also nicht von Internationalen und Supranationalen Organisationen, gepflogen.

Ob **Mitgliedstaaten im Bundesstaat** konsularische Beziehungen mit auswärtigen Staaten pflegen dürfen, richtet sich – ebenso wie beim Gesandtschaftsrecht – nach dem innerstaatlichen Recht des Entsendestaates („Abriegelung“ oder keine „Abriegelung“).

B_4 Für die BRD:
Art. 32 I GG (Die Pflege der Beziehungen zu auswärtigen Staaten ist Sache des Bundes) und das Bundeskonsulargesetz von 1867 (nur Konsuln des Bundes).

F_4 Kann das Land Nordrhein-Westfalen in New York ein Konsulat errichten?

A_4 Nein. Das Land Nordrhein-Westfalen kann in New York kein Konsul errichten: Die Pflege der Beziehungen zu auswärtigen Staaten – wozu auch die konsularische Vertretung gehört – ist Sache des Bund und unterfällt damit schon der Sperrklausel des Art. 32 I GG; auch das Bundeskonsulargesetz läßt nur Konsuln des Bundes zu.

2.2 Aufnahme und Abbruch konsularischer Beziehungen

I_5 Die **Ausübung** des Konsularrechts erfolgt durch die Pflege konsularischer Beziehungen.

Die Entscheidung, ob zwei Staaten konsularische Beziehungen zueinander aufnehmen wollen,
steht im Ermessen der beiden beteiligten Staaten.

Die Entscheidung, ob ein Staat konsularische Beziehungen **abbrechen will,**
steht ebenfalls in seinem Ermessen.

B_5 Aufnahme der konsularischen Beziehungen der BRD zu Syrien 1959. Abbruch der konsularischen Beziehungen zur BRD durch Syrien 1966.

I_6 Die **Aufnahme der konsularischen Beziehungen selbst erfolgt im Wege gegenseitigen Einvernehmens** (Art. 2 Abs. I der Wiener Konvention über konsularische Beziehungen von 1963).

Eine **konsularische Vertretung kann im Hoheitsgebiet des Empfangsstaates nur mit dessen Zustimmung errichtet werden** (Art. 4 Abs. I Wiener Konvention über konsularische Beziehungen).

F_6 Wenn Sie an die konsularischen Aufgaben (z.B. an die Erteilung von Einreisevisen und die Ausübung standesamtlicher Befugnisse) denken – warum kann eine konsularische Vertretung im Hoheitsgebiet des Empfangsstaates nur mit dessen Zustimmung errichtet werden?

A_6 Eine konsularische Vertretung kann im Hoheitsgebiet des Empfangsstaates nur mit dessen Zustimmung errichtet werden, weil die konsularische Vertretung Hoheitsakte ihres Entsendestaates im Hoheitsgebiet des Empfangsstaates vornimmt, d.h. Staatsgewalt auf fremdem Hoheitsgebiet ausübt.

I_7 Abgesehen von anderweitiger Vereinbarung **beinhaltet die Zustimmung zur Aufnahme diplomatischer Beziehungen auch die Zustimmung zur Aufnahme konsularischer Beziehungen** (Art. 2 Abs. II Wiener Konvention über konsularische Beziehungen).

Die **konsularischen Beziehungen** (auf Verwaltungsebene) **stehen eigenständig neben den** (hochpolitischen) **diplomatischen Beziehungen** (auf Regierungsebene).

Zwei Staaten können also konsularische Beziehungen zueinander unterhalten, ohne gleichzeitig diplomatische Beziehungen zueinander zu pflegen.

F_7 Hat umgekehrt der Abbruch der diplomatischen Beziehungen zu einem anderen Staat notwendig zugleich den Abbruch der konsularischen Beziehungen zu diesem Staat zur Folge?

A_7 Nein. Der Abbruch der diplomatischen Beziehungen hat nicht notwendig zugleich den Abbruch der konsularischen Beziehungen zur Folge: Der Fortbestand der konsularischen Beziehungen auf Verwaltungsebene setzt nicht notwendig den Fortbestand der hochpolitischen diplomatischen Beziehungen auf Regierungsebene voraus. Beide stehen selbständig nebeneinander.

I_8 Ein Staat kann also seine **diplomatischen Beziehungen** zu einem anderen Staat **abbrechen** und seine **konsularischen Beziehungen** zu diesem Staat **aufrechterhalten** (Art. 20 Abs. III Wiener Konvention über konsularische Beziehungen);
die konsularischen Beziehungen werden bei Abbruch der diplomatischen Beziehungen sogar besonders wichtig.

B_8 Fortbestand der konsularischen Beziehungen zwischen der BRD und Jugoslawien in der Zeit, als die BRD die diplomatischen Beziehungen zu Jugoslawien abgebrochen hatte (1957-1968).

I_9 Mit dem Abbruch der diplomatischen Beziehungen können aber auch die konsularischen Beziehungen abgebrochen werden.

B_9 Abbruch der konsularischen und der diplomatischen Beziehungen Syriens zur BRD durch Syrien nach Anerkennung Israels durch die BRD 1966.

I_{10} Dagegen dürfte es kaum vorkommen, daß umgekehrt ein Staat seine konsularischen Beziehungen zu einem anderen Staat abbricht, aber seine diplomatischen Beziehungen zu diesem Staat aufrechterhält; denn es wird schwerlich ein Grund vorliegen, Beziehungen auf Regierungsebene zu pflegen, auf Verwaltungsebene dagegen nicht.

2.3 Konsularisches Personal

I_{11} Die **Leiter der konsularischen Vertretungen** sind in vier Rangklassen eingeteilt (Art. 9 der Wiener Konvention über konsularische Beziehungen):

a) **Generalkonsuln,**
b) **Konsuln,**
c) **Vizekonsuln,**
d) **Konsularagenten.**

Die Rangklassen spielen nur bei Protokollfragen eine Rolle.

I_{12} Die Einstufung der konsularischen Vertretung wird – ebenso wie Sitz und Konsularbezirk (= Amtsbezirk) – vom Entsendestaat bestimmt; sie bedarf der Genehmigung des Empfangsstaates (Art. 4 Abs. II der Wiener Konvention über konsularische Beziehungen).

B_{12} Entscheidung der USA und Genehmigung der BRD, ein Generalkonsulat der USA in Düsseldorf mit dem Amtsbezirk Nordrhein-Westfalen (mit Ausnahme der Stadt und des Landkreises Bonn) zu errichten.

F_{12} Kann der Entsendestaat ein Konsulat ohne Genehmigung des Empfangsstaates in den Rang eines Generalkonsulates erheben?

A_{12} Nein. Der Entsendestaat kann ein Konsulat nicht ohne Genehmigung in den Rang eines Generalkonsulates erheben.

I_{13} Die Konsuln werden ferner unterschieden nach **Berufskonsuln** und **Wahlkonsuln.**

Berufskonsuln werden vom Entsendestaat **besoldet und hauptberuflich** in den Empfangsstaat entsandt. Als Angehörige des Auswärtigen Dienstes können sie von einem Posten auf einen anderen versetzt werden. Sie **besitzen stets die Staatsangehörigkeit des Entsendestaates.**

Konsulate in besonders wichtigen Städten werden in der Regel von Berufskonsuln geleitet.

B_{13} Generalkonsulat der BRD in New York.
Generalkonsulat der USA in Düsseldorf.

I_{14} **Wahlkonsuln** (auch Honorarkonsuln genannt) versehen das Konsularamt **ehrenamtlich und als Nebenbeschäftigung;**
sie werden vom Entsendestaat aus dem Kreis der im Empfangsstaat ansässigen Personen (vor allem: angesehene Kaufleute) ausgesucht und ernannt;
sie **brauchen nicht die Staatsangehörigkeit des Entsendestaates zu besitzen.**

I_{15} Die Tatsache, daß ein Wahlkonsul die Staatsangehörigkeit nicht des Entsendestaates, sondern des Empfangsstaates haben kann, hat den Vorteil, daß er im Empfangsstaat kein Fremder (Ausländer) ist und daher unter Umständen von den Behörden und der Bevölkerung des Empfangsstaates mehr akzeptiert wird als ein Berufskonsul. Der Nachteil liegt darin, daß er unter Umständen in Gewissenskonflikte kommt, wenn widerstreitende Interessen des Entsendestaates, den er konsularisch vertritt, und seines Heimatstaates vorliegen.

F_{15} Wodurch unterscheiden sich Berufskonsuln von Wahlkonsuln?

A_{15} Berufskonsuln unterscheiden sich von Wahlkonsuln dadurch, daß sie besoldet und hauptberuflich in den Empfangsstaat entsandt werden und stets die Staatsangehörigkeit des Entsendestaates besitzen.

I_{16} Die Unterscheidung zwischen Berufskonsuln und Wahlkonsuln spielt insbesondere für die **Vorrechte und Befreiungen** eine Rolle. Die **Wahlkonsuln haben geringere persönliche Vorrechte und Befreiungen.**

I_{17} Der Leiter – unter Umständen auch ein anderes Mitglied – einer konsularischen Vertretung bedarf einer **Ernennung durch den Entsendestaat** und einer **Zulassung durch den Empfangsstaat** (Art. 10, 19 Abs. Abs. IV Wiener Konvention über konsularische Beziehungen).

Die Zulassung (Erteilung des sog. **Exequatur** = „er möge ausüben") steht im **Ermessen** des Empfangsstaates und kann ohne Angabe von Gründen verweigert werden (Art. 12 Abs. II Wiener Konvention über konsularische Beziehungen).

I_{18} Der Empfangsstaat kann den Leiter oder ein anderes Mitglied einer konsularischen Vertretung zur „persona non grata" (d.h. zur nicht mehr genehmen Person) erklären und die Beendigung seiner dienstlichen Tätigkeit verlangen. Erklärt der Empfangsstaat den Leiter oder ein anderes Mitglied einer konsularischen Vertretung zur persona non grata, weigert der Entsendestaat sich aber, ihn abzuberufen, so kann der Empfangsstaat folgende Maßnahmen ergreifen:

1. Der Empfangsstaat kann ihm das Exequatur entziehen (Art. 23 Abs. II der Wiener Konvention über die konsularischen Beziehunge[n]
2. der Empfangsstaat kann es ablehnen, ihn weiterhin als Mitglied der konsularischen Vertretung zu betrachten (Art. 23 Abs. II) und ihm die konsularischen Vorrechte und Befreiungen nach einer angemessenen Frist entziehen (Art. 53 Abs. III);
3. der Empfangsstaat kann ihn ausweisen, es sei denn, daß es sich um einen Wahlkonsul handelt, der die Staatsangehörigkeit des Empfangsstaates besitzt, und die Verfassung des Empfangsstaates die Ausweisung verbietet.

2.4 Vorrechte und Befreiungen

I_{19} Um die **Funktionsfähigkeit der konsularischen Vertretung zu gewährleisten,** werden der konsularischen Vertretung Vorrechte und Befreiungen gewährt (Art. 28 ff. der Wiener Konvention über konsularische Beziehungen), z.B.:

Unverletzlichkeit ihrer Räumlichkeiten,

Unverletzlichkeit ihrer Archive und Schriftstücke,

Freiheit des Nachrichtenverkehrs mit dem Entsendestaat,

Freiheit des Verkehrs mit den Staatsangehörigen des Entsendestaates.

I_{20} Konsularisches Kuriergepäck darf grundsätzlich vom Empfangsstaat weder geöffnet noch zurückgehalten werden (Unverletzlichkeit des Kuriergepäcks).

F_{20} Angenommen, die zuständigen Behörden des Empfangsstaates haben triftige Gründe zur Annahme, daß das Gepäck nicht konsularische Schriftstücke und Gegenstände enthält, sondern zu unzulässigen Zwecken verwendet wird (z.B. Entführung einer Person in Kiste mit Luftloch; Einschmuggeln von Waffen) –

welche rechtmäßige Maßnahme des Empfangsstaates in bezug auf das Kuriergepäck bietet sich Ihrer Meinung nach zur Lösung dieser Situation an?

A_{20} Bei begründeter Annahme einer mißbräulichen Benutzung des Kuriergepäckes würde sich als sinnvolle Maßnahme anbieten: Der Empfangsstaat kann vom Entsendestaat verlangen, das Kuriergepäck durch einen Vertreter des Entsendestaates in Gegenwart eines Vertreters des Empfangsstaates zu öffnen. Lehnt der Entsendestaat dieses Verlangen ab, so kann der Empfangsstaat das Gepäck an seinen Ursprungsort zurückbefördern (Art. 35 Abs. III Wiener Konvention über konsularische Beziehungen).

I_{21} **Die Vorrechte und Befreiungen des konsularischen Personals gehen nicht so weit wie die Vorrechte und Befreiungen im Gesandtschaftsrecht.**

Die Immunität von der Gerichtsbarkeit und von Akten der Verwaltungsbehörden bezieht sich nur auf Handlungen in Wahrnehmung konsularischer Aufgaben, nicht aber z.B. auf Schadensersatzklagen aus Verkehrsunfällen.

WF 1. Was unterscheidet die konsularischen Beziehungen von den diplomatischen Beziehungen?

....

....

2. Können Internationale und Supranationale Organisationen konsularische Beziehungen pflegen?

Ja ☐ Nein ☐

3. Können die Länder der BRD konsularische Beziehungen mit auswärtigen Staaten pflegen?

Ja ☐ Nein ☐

4. Steht die Entscheidung über Aufnahme und Abbruch konsularischer Beziehungen im Ermessen der Staaten?

Ja ☐ Nein ☐

5. Beinhaltet die Zustimmung zur Aufnahme diplomatischer Beziehungen grundsätzlich auch die Zustimmung zur Aufnahme konsularischer Beziehungen?

Ja ☐ Nein ☐

6. Kann ein Staat seine diplomatischen Beziehungen zu einem anderen Staat abbrechen, aber seine konsularischen Beziehungen zu ihm aufrechterhalten?

Ja ☐ Nein ☐

7. Wodurch unterscheiden sich Berufskonsuln von Wahlkonsuln?

1. ....
2. ....
3. ....

8. Genießen die Wahlkonsuln im Verhältnis zu den Berufskonsuln

größere ☐ oder geringere ☐

persönliche Vorrechte und Befreiungen?

9. Kann der Empfangsstaat die Erteilung des Exequatur verweigern?

Ja ☐ Nein ☐

10. Bezieht sich die Immunität des konsularischen Personals nur auf Handlungen in Wahrnehmung konsularischer Aufgaben?

Ja ☐ Nein ☐

Konsularrecht

AWF 1. Was unterscheidet die konsularischen Beziehungen von den diplomatischen Beziehungen?
Pflege auf Verwaltungs- (nicht: Regierungs-) Ebene
Nicht hochpolitischer Inhalt (I_7)

2. Können Internationale und Supranationale Organisationen konsularische Beziehungen pflegen?
Ja [ ] Nein [×] (I_4)

3. Können die Länder der BRD konsularische Beziehungen mit auswärtigen Staaten pflegen?
Ja [ ] Nein [×] (A_4)

4. Steht die Entscheidung über Aufnahme und Abbruch konsularischer Beziehungen im Ermessen der Staaten?
Ja [×] Nein [ ] (I_5)

5. Beinhaltet die Zustimmung zur Aufnahme diplomatischer Beziehungen grundsätzlich auch die Zustimmung zur Aufnahme konsularischer Beziehungen?
Ja [×] Nein [ ] (I_7)

6. Kann ein Staat seine diplomatischen Beziehungen zu einem anderen Staat abbrechen, aber seine konsularischen Beziehungen zu ihm aufrechterhalten?
Ja [×] Nein [ ] (I_8)

7. Wodurch unterscheiden sich Berufskonsuln von Wahlkonsuln?
   1. **Besoldete, nicht ehrenamtliche Tätigkeit**
   2. **Hauptberufliche, nicht nebenberufliche Tätigkeit**
   3. **Stets Staatsangehörigkeit des Entsendestaates** (A_{15})

8. Genießen die Wahlkonsuln im Verhältnis zu den Berufskonsuln

größere [ ] oder geringere [×]

persönliche Vorrechte und Befreiungen? (I_{16})

9. Kann der Empfangsstaat die Erteilung des Exequatur verweigern?
Ja [×] Nein [ ] (I_{17})

10. Bezieht sich die Immunität des konsularischen Personals nur auf Handlungen in Wahrnehmung konsularischer Aufgaben?
Ja [×] Nein [ ] (I_{21})

1. Geschichtliche Entwicklung

V Das Konsularwesen hat seinen Ursprung in der Wahl und Bestellung von Vertrauensmännern, die von der an ausländischen Handelsplätzen ansässigen Kaufmannschaft zu Sprechern bei den örtlichen Behörden bestimmt wurden. Auf diesen historischen Ursprung weist die Bezeichnung „Wahlkonsuln“ noch heute hin, wobei sie in der Gegenwart insofern nicht mehr zutrifft, weil die Wahlkonsuln nicht mehr von Staatsangehörigen des Entsendestaates gewählt, sondern vom Entsendestaat ernannt werden.

Eine besondere Ausgestaltung erfuhr das Konsularwesen in den afrikanischen, orientalischen und asiatischen Staaten dadurch, daß die Konsuln der christlichen Staaten hier die Gerichtsbarkeit über ihre eigenen Staatsangehörigen ausübten (sog. **Konsulargerichtsbarkeit**; Jurisdiktionskonsuln). Diese Abweichung vom Territorialprinzip zugunsten des Personalprinzips war in sog. **Kapitulationsverträgen** (nach der Einteilung der Verträge in Abschnitte – capitula) festgelegt. Diese Einrichtung war zunächst religiös motiviert (Unmöglichkeit für das islamische Recht, Streitigkeiten unter Christen zu entscheiden); später wurde die – heute nichtmehr existente – Konsulargerichtsbarkeit Ausdruck politischer und wirtschaftlicher Überlegenheit.

2. Aufnahme, Abbruch und Beendigung konsularischer Beziehungen

Die **Aufnahme** konsularischer Beziehungen erfolgt durch eine entsprechende **Vereinbarung,** häufig in einem Konsular- oder Handelsvertrag.

Der **Abbruch** konsularischer Beziehungen wird in der Regel durch eine Note des Entsendestaates an den Empfangsstaat erklärt.

Absolute Gründe für die **Beendigung der konsularischen Beziehungen** sind **Kriegsausbruch und Untergang des Entsendestaates oder des Empfangsstaates.**

3. Konsularische Aufgaben

Die Aufgaben der konsularischen Vertretungen sind in Art. 5 der Wiener Konvention über konsularische Beziehungen vom 24. April 1963 (BGBl 1969 II, S. 1587 ff.), in Konsularverträgen oder Handelsverträgen sowie in der BRD durch das Bundeskonsulargesetz von 1867 festgelegt.

Ü

Konsularische Aufgaben

– Art. 5 der Wiener Konsularischen Konvention von 1963 –

„Die konsularischen Aufgaben bestehen darin,

a) die Interessen des Entsendestaates sowie seiner Angehörigen, und zwar sowohl natürlicher als auch juristischer Personen, im Empfangsstaat innerhalb der völkerrechtlich zulässigen Grenzen zu schützen;
b) die Entwicklung kommerzieller, wirtschaftlicher, kultureller und wissenschaftlicher Beziehungen zwischen dem Entsendestaat und dem Empfangsstaat zu fördern und zwischen ihnen auch sonst nach Maßgabe dieses Übereinkommens freundschaftliche Beziehungen zu pflegen;
c) sich mit allen rechtmäßigen Mitteln über Verhältnisse und Entwicklungen im kommerziellen, wirtschaftlichen, kulturellen und wissenschaftlichen Leben des Empfangsstaates zu unterrichten, an die Regierung des Entsendestaats darüber zu berichten und interessierten Personen Auskünfte zu erteilen;
d) den Angehörigen des Entsendesstaats Pässe und Reiseausweise und den Persone die sich in den Entsendestaat zu begeben wünschen, Sichtvermerke oder entsprechende Urkunden auszustellen;
e) den Angehörigen des Entsendestaats, und zwar sowohl natürlichen als auch juristischen Personen, Hilfe und Beistand zu leisten;
f) notarielle, standesamtliche und ähnliche Befugnisse auszuüben sowie bestimmte Verwaltungsaufgaben wahrzunehmen, soweit die Gesetze und sonstigen Rechtsvorschriften des Empfangsstaats dem nicht entgegenstehen;
g) bei Nachlaßsachen im Hoheitsgebiet des Empfangsstaats die Interessen von Angehörigen des Entsendestaats, und zwar sowohl natürlicher als auch juristischer Personen, nach Maßgabe der Gesetze und sonstigen Rechtsvorschriften des Empfangsstaats zu wahren;
h) im Rahmen der Gesetze und sonstigen Rechtsvorschriften des Empfangsstaats die Interessen minderjähriger und anderer nicht voll geschäftsfähiger Angehörig des Entsendestaats zu wahren, insbesondere wenn für sie eine Vormundschaft oder Pflegschaft erforderlich ist;
i) vorbehaltlich der im Empfangsstaat geltenden Gepflogenheiten und Verfahren die Angehörigen des Entsendestaats vor den Gerichten und Behörden des Empfangsstaats zu vertreten oder für ihre angemessene Vertretung zu sorgen, um entsprechend den Gesetzen und sonstigen Rechtsvorschriften des Empfangsstaa vorläufige Maßnahmen zur Wahrung der Rechte und Interessen dieser Staatsangehörigen zu erwirken, wenn diese wegen Abwesenheit oder aus einem ander Grund ihre Rechte und Interessen nicht selbst rechtzeitig verteidigen können;
j) gerichtliche und außergerichtliche Urkunden zu übermitteln und Rechtshilfe-

ersuchen zu erledigen soweit dies geltenden internationalen Übereinkünften entspricht oder in Ermangelung solcher, mit den Gesetzen und sonstigen Rechtsvorschriften des Empfangsstaats vereinbar ist;

k) die in den Gesetzen und sonstigen Rechtsvorschriften des Entsendestaats vorgesehenen Rechte zur Kontrolle und Aufsicht über die See- und Binnenschiffe, welche die Staatszugehörigkeit des Entsendestaats besitzen, und über die in diesem Staat registrierten Luftfahrzeuge sowie über die Besatzungen dieser Schiffe und Luftfahrzeuge auszuüben;

l) den unter Buchstabe k bezeichneten Schiffen und Luftfahrzeugen sowie ihren Besatzungen Hilfe zu leisten, Erklärungen über die Reise dieser Schiffe entgegenzunehmen, Schiffspapiere zu prüfen und zu stempeln, unbeschadet der Befugnisse der Behörden des Empfangsstaats Erhebungen über Vorfälle während der Reise durchzuführen und, soweit dies nach den Gesetzen und sonstigen Rechtsvorschriften des Entsendestaats zulässig ist, Streitigkeiten jeder Art zwischen Kapitän, Offizieren und Mannschaften beizulegen;

m) alle anderen der konsularischen Vertretung vom Entsendestaat zugewiesenen Aufgaben wahrzunehmen, die nicht durch Gesetze und sonstige Rechtsvorschriften des Empfangsstaats verboten sind oder gegen die der Empfangsstaat keinen Einspruch erhebt oder die in den zwischen dem Entsendestaat und dem Empfangsstaat in Kraft befindlichen internationalen Übereinkünften erwähnt sind."

Der Unterschied der konsularischen Beziehungen zu den diplomatischen Beziehungen liegt darin, daß die konsularischen Beziehungen grundsätzlich nicht hochpolitische, sondern vor allem **kommerzielle Aufgaben** betreffen, weitgehend **im unmittelbaren Interesse der Staatsangehörigen des Entsendestaates** (und damit nur mittelbar in dessen Interesse selbst) liegen, und nicht auf Regierungsebene, sondern **auf Verwaltungsebene** gepflogen werden.

Die Trennungslinie zwischen diplomatischen und konsularischen Aufgaben ist nicht immer scharf zu ziehen. So ist z.B. die Pflege wirtschaftlicher und kultureller Beziehungen auch ein Politikum. Die Unterscheidung wird zusätzlich dadurch erschwert, daß in der Praxis häufig die konsularischen Aufgaben von den diplomatischen Vertretungen mitwahrgenommen werden, etwa durch eine konsularische Abteilung einer Gesandtschaft, wenn kein Konsulat besteht. Umgekehrt kann der Entsendestaat mit Zustimmung des Empfangsstaates einen Konsul mit der Wahrnehmung diplomatischer Aufgaben beauftragen, wenn der Entsendestaat im Empfangsstaat durch keine eigene oder als Schutzmacht tätige fremde diplomatische Mission vertreten ist.

Konsularrecht

Die Hilfe und der Beistand für die Staatsangehörigen des Entsendestaates werden z.B. im Fall der **Verhaftung** durch Behörden des Empfangsstaates und im Fall der **sozialen Bedürftigkeit** (z.B. Heimschaffung Mittelloser) wichtig. Jede Verhaftung eines Staatsangehörigen des Entsendestaates muß dessen konsularischer Vertretung auf Verlangen des Betroffenen unverzüglich gemeldet werden; der Konsul ist berechtigt (aber nicht verpflichtet), den Verhafteten aufzusuchen und für seine Vertretung vor Gericht zu sorgen (Art. 36 Wiener Konvention über konsularische Beziehungen).

Zu den konsularischen Aufgaben gehört auch die **Betreuung von Seeleuten**, die die Staatsangehörigkeit des Entsendestaates haben, und **von Schiffen**, welche unter der Flagge des Entsendestaates fahren. So kann ein Konsulat der BRD Kapitäne deutscher Handelsschiffe anweisen, Seeleute in die BRD mitzunehmen (heimzuschaffen), die hilfsbedürftig (mittellos, arbeitslos oder krank) sind, oder die an Bord eines deutschen Schiffes eine Straftat begangen haben; ferner kann er standesamtliche Befugnisse ausüben und muß Leichenpässe ausstellen.

B **Beispiel einer konsularischen Aufgabe**

– Anweisung an Schiffskapitän zur Mitnahme eines hilfsbedürftigen Seemannes –

Konsulat
der
Bundesrepublik Deutschland

. . . . , den . . . . 195. . .

MITNAHMEANWEISUNG

Der . . . .
(Name und Stand des mitzunehmenden Seemannes)

geboren am . . . . in . . . .
(Ort, Land und Kreis)

erreichbar unter der Anschrift . . . .
(Nähere Anschrift an dem ständigen oder gewöhnlichen Wohnort, u. U. Absteigequartier in den deutschen Hafenplätzen usw.)

. . . .

zuletzt wohnhaft gewesen in . . . .
(Ort, Land und Kreis)

Sohn de . . . .
(Name, Stand und nähere Anschrift der Eltern oder Name, Stand und nähere Anschrift sonstiger nächster Verwandter unter Angabe des Verwandtschaftsgrades)

. . . .

ist am . . . . in . . . .

vom . . . . . . Dampfer / Motorschiff . . . . Unterscheidungszeichen. . . . . .
(Flaggenstaat)

Heimathafen . . . . infolge . . . .
(Grund des Zurückbleibens, bei Krankheit Angabe ob Geschlechtskrankheit)

. . . . zurückgeblieben.

Der . . . .

wird als hilfsbedürftiger Seemann heimgeschafft.

Der Genannte ist nach § 7 Absatz 1 des Heimschaffungsgesetzes verpflichtet, die Heimschaffungskosten zu erstatten.

. . . .
(Unterschrift des Heimzuschaffenden)

Auf Grund des Gesetzes vom 2. 6. 1902, betreffend die Verpflichtung deutscher Kauffahrteischiffe zur Mitnahme heimzuschaffender Seeleute, werden Sie hierdurch ergebenst ersucht, den Genannten nach. . . . . mitzunehmen. Er ist Ihrer Disziplinargewalt unterworfen und hat auf gleiche Kost und Unterkunft Anspruch wie die Schiffs mannschaft. / offiziere. Bei Ihrer Ankunft wollen Sie den Mitgenommenen dem zuständigen Seemannsamt überweisen, das Ihnen gegen Aushändigung dieser Anweisung eine Entschädigung von . . . . . . DM für jeden Tag des Aufenthalts an Bord auszahlen wird.

Das Seemannsamt

Abdruck nach Kraske-Nöldeke, aaO., S. 348 f.

B **Beispiel einer konsularischen Aufgabe**

– Anweisung an Schiffskapitän zur Mitnahme eines straffälligen Seemannes –

Konsulat
der
Bundesrepublik Deutschland
. . . . , den . . . . 195. . .

MITNAHMEANWEISUNG

Der . . . .
(Name und Stellung des mitzunehmenden Seemannes)
geboren am . . . . in . . . .
(Ort, Land und Kreis)
Staatsangehörigkeit: . . . .

zuletzt wohnhaft gewesen in . . . .
(Ort, Land und Kreis)
Sohn de. . . . .
(Name, Stand und nähere Anschrift der Eltern oder Name, Stand und nähere Anschrift sonstiger nächster Verwandter unter Angabe des Verwandtschaftsgrades)
. . . .

vom . . . . . . (Flaggenstaat) Dampfer / Motorschiff . . . . Unterscheidungszeichen . . . . . .

Heimathafen . . . . ist der Straftaten de. . . . .

. . . .
(Genaue Bezeichnung der strafbaren Handlung)
hinreichend verdächtig und soll zum Zwecke der Strafverfolgung an die Staatsanwaltschaft in . . . . abgeliefert werden.

Auf Grund des Gesetzes vom 2. 6. 1902, betreffend die Verpflichtung deutscher Kauffahrteischiffe zur Mitnahme heimzuschaffender Seeleute, werden Sie hierdurch ergebenst ersucht, den Genannten unter Beobachtung der erforderlichen Sicherheitsmaßregeln als Straffälligen nach . . . . mitzunehmen. Er ist Ihrer Disziplinargewalt unterworfen. Bei ihrer Ankunft wollen Sie den Mitgenommenen der Polizeibehörde in . . . . mit dem Ersuchen übergeben, ihn zum Zwecke der Strafverfolgung an die Staatsanwaltschaft in . . . . abliefern zu lassen.
Das Seemannsamt in . . . . wird Ihnen gegen Aushändigung dieser Anweisung auf Grund von § 5b und § 6 des Gesetzes vom 2. 6. 1902, betreffend die Verpflichtung deutscher Kauffahrteischiffe zur Mitnahme heimzuschaffender Seeleute, eine Entschädigung von . . . . DM auszahlen.

Das Seemannsamt

Abdruck nach Kraske-Nöldeke, aaO., S. 349 f.

B

Beispiel einer konsularischen Aufgabe

– Ausstellung eines Leichenpasses –

Leichenpaß

Die nach Vorschrift eingesargte Leiche de . . . . am . . . . ten . . . .

19 . . . . in . . . . an . . . .
(Todesursache)

verstorbenen. . . . . jährigen . . . .
(Alter) (Stand)

. . . .
(Vor- und Zuname des Verstorbenen)

. . . .
(bei Kindern Stand der Eltern)

soll auf dem Land-, See-, Luftwege von . . . .

über . . . . nach . . . .

zur Bestattung befördert werden. Nachdem diese Überführung der Leiche genehmigt worden ist, werden sämtliche Behörden, deren Bezirke durch den Transport berührt werden, ersucht, ihn ungehindert und ohne Aufenthalt weitergehen zu lassen.

. . . ., den . . . . ten. . . . . 19 . . . .

. . . .

(Stempel) (Unterschrift)

Abdruck nach Kraske-Nöldeke, aaO, S. 163.

4. Konsularisches Personal

Das konsularische Personal der BRD hat keine eigene Laufbahn; das bedeutet, daß die mit diplomatischen Aufgaben befaßten Beamten in ein konsularisches Amt überwechseln können und umgekehrt: der Generalkonsul in Oslo z.B. kann zum Botschafter in Tokio ernannt werden, der Botschafter in Addis Abeba zum Generalkonsul in New York. Dies gilt jedoch nur für die Berufskonsuln.

Die Wahlkonsuln sind keine Berufsbeamten, sondern Ehrenbeamte, und besitzen häufig nicht die Staatsangehörigkeit des Entsendestaates. Einige Staaten, z.B. die UdSSR, lassen eigene und fremde Wahlkonsuln nicht zu.

Die BRD unterhält (Stand 1. Juli 1971) 60 Generalkonsulate, 16 Konsulate, 5 Handelsvertretungen, 224 Wahlkonsulate und 7 Wahlvizekonsulate.

Der Unterschied zwischen Generalkonsulaten und Konsulaten liegt praktisch lediglich darin, daß die Generalkonsulate einen größeren (wichtigeren) Amtsbezirk haben (Bsp.: die BRD unterhält in Italien Generalkonsulate in Mailand, Genua und Neapel, ein Konsulat in Palermo); die Aufgaben sind dagegen die gleichen.

5. Ernennung (Bestallung) und Zulassung (Exequatur)

Die Leiter konsularischer Vertretungen werden vom **Entsendestaat ernannt** („**bestallt**"). Die Ernennungsurkunde („Bestallungsurkunde") wird vom Empfangsstaat übersandt.

B Ernennungsurkunde (Bestallungsurkunde) eines Generalkonsuls

The President of the United States of America

To all who shall see these presents, Greeting:

Know ye, that reposing special trust and confidence in the abilities and integrity of Frederic A. Fisher, a Consul of the United States of America, I do assign him as Consul of the United States of America at Milan, Italy, for Milan and its prescribed district; and do authorize and empower him to have and to hold the said office, and to exercise and enjoy all the rights, privileges and immunities thereunto appertaining, during the pleasure of the President of the United States; and I do hereby enjoin all Captains, Masters and Commanders of ships and other vessels, armed or unarmed, sailing under the flag of the United States, as well as all other of their citizens, to acknowledge and consider him the said Frederic A. Fisher accordingly; and I do hereby pray and request the Government of Italy, its Governors and Officers to permit the said Frederic A. Fisher fully and peaceably to enjoy and exercise the said office, without giving, or suffering to be given unto him, any molestation or trouble; but, on the contrary, to afford him all proper countenance and assistance; I offering to do the same for all those who shall in like manner be recommended to me by the said Government.

In testimony whereof, I have caused these Letters to be made Patent and the Seal of the United States to be hereunto affixed.

Done at the City of Washington this sixteenth day of June, in the year of our Lord one thousand nine hundred and sixty-six, and of the Independence of the United States of America the one hundred and ninetieth.

Lyndon B. Johnson

By the President:

Dean Rusk

Secretary of State.

Konsularrecht

Der **Empfangsstaat läßt** die Leiter der konsularischen Vertretungen **zur Wahrnehmung ihrer Aufgaben zu.** Die Zulassung (Ermächtigung) wird als „**Exequatur**" (lateinisch: „er möge ausüben") bezeichnet und durch (Verbal-) Note dem Entsendestaat übermittelt.

B **Erteilung des Exequatur**

AUSWÄRTIGES AMT
Prot 2 SM 21/91.36

V E R B A L N O T E

Das Auswärtige Amt beehrt sich, der Botschaft der Vereinigten Staaten von Amerika auf ihre Verbalnote vom 26. März 1968 – No. 140 – mitzuteilen, daß die Bundesregierung dem zum Generalkonsul der Vereinigten Staaten von Amerika in Düsseldorf ernannten Herrn Charles E. Hulick am 3. April 1968 das Exequatur erteilt hat.

Der Amtsbezirk des Generalkonsulats umfaßt das Land Nordrhein-Westfalen mit Ausnahme der Stadt und des Landkreises Bonn.

Die Bestallungsurkunde wird nach Kenntnisnahme anliegend zurückgereicht.

Die zuständigen Behörden und die amtliche Presse haben von der Erteilung des Exequaturs Mitteilung erhalten.

Das Auswärtige Amt benutzt diesen Anlaß, die Botschaft der Vereinigten Staaten von Amerika erneut seiner ausgezeichneten Hochachtung zu versichern.

Bonn, den 3. April 1968

An die
Botschaft der Vereinigten Staaten
von Amerika

Bonn-Bad Godesberg

Dienstsiegel
des Auswärtigen Amtes
der Bundesrepublik Deutschland

Bis zur Erteilung des Exequaturs kann der Leiter einer konsularischen Vertretung zur Wahrnehmung seiner Aufgaben **vorläufig zugelassen** werden.

B **Ankündigung der vorläufigen Zulassung des Leiters einer konsularischen Vertretung**

„S o n s t i g e s
A u s w ä r t i g e s A m t
Österreichisches Generalkonsulat in Hamburg

Das Auswärtige Amt gibt bekannt:

Die Bundesregierung hat der zur österreichischen Generalkonsulin in Hamburg ernannten Frau Dr. Helga Klein am 30. November 1967 die vorläufige Zulassung erteilt.

Der Amtsbezirk des Generalkonsulats umfaßt die Länder Hamburg, Niedersachsen und Schleswig-Holstein.

Das dem bisherigen Leiter des Generalkonsulats, Konsul Erich Oberst, am 17. Dezember 1964 erteilte Exequatur ist erloschen."

Abdruck nach BAnz Nr. 228 vom 6.12.1967, S. 2

Es besteht **kein Rechtsanspruch auf Erteilung des Exequatur** (vgl. BVerwG E 15, S. 59 - 63). Die Erteilung des Exequatur steht vielmehr im freien Ermessen des Empfangsstaates; sie kann ohne Angabe von Gründen verweigert werden (Art. 12 Abs. II Wiener Konvention über konsularische Beziehungen).

6. Vorrechte und Befreiungen

Die Vorrechte und Befreiungen für die konsularische Vertretung (vgl. Art. 28 ff. der Wiener Konvention über konsularische Beziehungen) entsprechen in etwa den Vorrechten und Befreiungen für diplomatische Missionen.

Im Konsulatsgebäude darf **kein Asyl** gewährt werden. Wird es dennoch gewährt, so begeht der Entsendestaat ein völkerrechtliches Delikt.

Abweichend von der Wiener Diplomatischen Konvention, die den Fall des Zutritts bei **Feuer und anderem Unglück** nicht regelt, sieht die Wiener Konsularische Konvention (Art. 31 II) vor, daß in diesen Fällen – wenn sofortige Schutzmaßnahmen erforderlich sind – **die Zustimmung des Leiters der konsularischen Vertretung unterstellt werden kann.**

Die Vorrechte und Befreiungen für die Mitglieder des konsularischen Personals sind dagegen **geringer als die diplomatischen Vorrechte und Befreiungen.** Immunität und Zeugnisverweigerungsrecht gelten nur in bezug auf Amtshandlungen.

L F. Berber, Lehrbuch des Völkerrechts, Bd. 1, 1960, S. 289-295;
G. Dahm, Völkerrecht, Bd. 1, 1958, S. 359-375;
E. Menzel, Völkerrecht, 1962, S. 244-248;
I. Seidl-Hohenveldern, Völkerrecht, 2. Aufl. 1969, S. 165-169;
A. Verdroß, Völkerrecht, 5. Aufl., 1964, S. 341-346;
R. Freudenberg, Konsularrecht, in Strupp-Schlochauer, Wörterbuch des Völkerrechts, Bd. 2, 1961, S. 281-288;
K. Herndl, Die Wiener Konsularische Konferenz 1963, ArchVR 11 (1963/64), S. 417-458;
H. Ohlendorf - H. Lottig, Konsularrecht. Sammlung von Bestimmungen über Rechte und Befugnisse in der Bundesrepublik Deutschland. Dokumente Bd. XXXIII, 1960.

Einführung

Nachdem im vorangegangenen Abschnitt die konsularischen Beziehungen besprochen worden sind, die für die Handelsbeziehungen zwischen den Staaten eine große Rolle spielen, sollen nunmehr die Grundzüge des Internationalen Wirtschaftsrechtes skizziert werden. Kernfragen des Internationalen Wirtschaftsrechtes betreffen die wirtschaftliche Betätigung im Ausland, den Schutz von Vermögen im Ausland und die Regeln über den internationalen Handel.

GLIEDERUNG

des 3. Abschnittes

3.1 Wirtschaftliche Betätigung im Ausland

3.1.1 Inländerbehandlung

I_1 Das innerstaatliche Recht gewährt Ausländern bei wirtschaftlicher Betätigung im Inland geringere Rechte als Inländern bzw. legt ihnen größere Pflichten auf.

B_1 Art. 12 GG: Grundrechtsschutz der Berufsfreiheit nur für Deutsche; Art. 19 III GG: Grundrechtsgeltung nur für inländische juristische Personen; § 12 GewO: Genehmigungspflicht für Gewerbebetrieb ausländischer juristischer Person; § 55 d GewO: Einschränkbarkeit der Ausübung des Reisegewerbes durch Ausländer.

I_2 Es besteht **keine allgemeine Völkerrechtsregel, die eine Ungleichbehandlung der Ausländer verbietet.**

I_3 Um die Ungleichbehandlung der Ausländer zu beseitigen, wird häufig in völkerrechtlichen Verträgen vereinbart, daß **Ausländer hinsichtlich ihrer wirtschaftlichen Betätigung die gleichen Rechte wie Inländer haben sollen (Grundsatz der Inländerbehandlung).**

B_3 Freundschafts-, Handels- und Schiffahrtsvertrag zwischen der BRD und den USA (Art. VII): „Den Staatsangehörigen und Gesellschaften jedes Vertragsteils wird in dem Gebiet des anderen Vertragsteils Inländerbehandlung hinsichtlich der Ausübung jeder Art von geschäftlicher, industrieller, finanzieller oder sonstiger gegen Entgelt vorgenommener Tätigkeit gewährt."

F_3 Kann ein völkerrechtlicher Vertrag, dem der Bundestag durch Gesetz (Zustimmungsgesetz) zugestimmt hat,
a) die Art. 12 I und Art. 19 III GG, die das Grundrecht der Berufsfreiheit bzw. die Geltung der Grundrechte auf „Alle Deutschen" bzw. „Inländische juristische Personen" beschränken, ausdehnen?
b) einfache Gesetze, die Sondervorschriften für Ausländer vorsehen, ergänzen?

A_3 Ja. Ein völkerrechtlicher Vertrag, dem der Bundestag durch Gesetz zugestimmt hat, kann

a) die Art. 12 I GG und 19 III GG ausdehnen: Art. 12 I GG bzw. 19 III GG gewähren Grundrechte an „Deutsche" bzw. „inländische juristische Personen", verbieten aber nicht, daß diese Grundrechte auch Ausländern gewährt werden;

b) einfache Gesetze ergänzen: Einfache Gesetze können durch das Zustimmungsgesetz zum Vertrag, d.h. durch eine lex posterior, geändert und ergänzt werden.

I_4 Die **Inländerbehandlung wird in den völkerrechtlichen Verträgen heute regelmäßig gegenseitig gewährt (Grundsatz der Gegenseitigkeit,** Reziprozität).

Vom Grundsatz der Inländerbehandlung werden häufig **Ausnahmen für einzelne wirtschaftliche Betätigungen** gemacht (z.B. für innerstaatlichen Luftverkehr, Bankgewerbe), bei denen die Staaten ein Interesse daran haben, daß diese Betätigungen nur von Inländern vorgenommen werden.

3.1.2 Meistbegünstigung

I_5 In völkerrechtlichen Verträgen wird häufig „Meistbegünstigung" vereinbart.

Meistbegünstigung ist die Behandlung, die der günstigsten Behandlung entspricht, die der Vertragspartner in anderen Verträgen dritten Staaten unter den gleichen Voraussetzungen zukommen läßt.

B_5 Die BRD hat in einem Vertrag mit Japan japanischen Staatsangehörigen geringfügige Steuervorteile bei wirtschaftlicher Betätigung in der BRD zugesichert; die BRD hat ferner in einem Vertrag mit Kanada kanadischen Staatsangehörigen große Steuervorteile bei wirtschaftlicher Betätigung in der BRD zugesichert. Gewährt die BRD nunmehr in einem späteren Vertrag mit den USA Meistbegünstigung, so kommen die Staatsangehörigen der USA in den Genuß der meist begünstigenden Regelung, d.h. hier der deutsch-kanadischen.

I_6 Die Meistbegünstigung bedeutet also einerseits die Einräumung der günstigsten Regelung, die irgendeinem dritten Staat früher gewährt wurde,
andererseits die Unterlassung der Benachteiligung gegenüber einem dritten Staat;
sie bedeutet jedoch nicht gleiche Behandlung wie für Inländer, also nicht Inländerbehandlung.

F_6 Die vertragliche Vereinbarung der Meistbegünstigung wäre überflüssig, wenn welches Grundrecht der Staaten sie zu welcher Behandlung untereinander verpflichten würde?

A_6 Die vertragliche Vereinbarung der Meistbegünstigung wäre überflüssig, wenn das Grundrecht auf Gleichheit der Staaten diese zur Gleichbehandlung verpflichten würde.

I_7 Je mehr Staaten sich gegenseitig Meistbegünstigung zusichern, umsomehr wird das Ziel der allgemeinen Gleichbehandlung erreicht.

Allerdings werden häufig Ausnahmen zur Meistbegünstigung vorbehalten.

B_7 Freundschafts-, Handels- und Schiffahrtsvertrag zwischen der BRD und den USA (Art. XXIV): „Die Meistbegünstigungsbestimmungen dieses Vertrages gelten nicht für Vergünstigungen, die von einem der beiden Vertragsteile benachbarten Ländern zur Erleichterung des Grenzverkehrs gewährt werden" (Ziff. 3). „Die Bestimmungen des Vertrages über die Meistbegünstigung finden keine Anwendung auf Sondervergünstigungen, die auf Grund des Allgemeinen Zoll- und Handelsabkommens (GATT) eingeräumt werden."

3.1.3 Doppelbesteuerung

I_8 Die Steuerhoheit der Staaten ergreift nach innerstaatlichem Recht die Gewinne der eigenen Staatsangehörigen aus wirtschaftlicher Betätigung im Inland und im Ausland sowie die Gewinne der Ausländer im Inland.

I_9 Die Frage der Doppelbesteuerung stellt sich deshalb, weil im internationalen Steuerrecht (d.h. den Völkerrechtsnormen, die bei einer durch internationale Steuertatbestände verursachten Zuständigkeit mehrerer Steuergewalten und der mit Überwirkungen dieser Steuergewalten auf andere Staaten gegebenen Mehrheit von Steueransprüchen deren gegenseitiges Verhältnis regeln) sowohl das Personalitätsprinzip als auch das Territorialitätsprinzip (gleichzeitig) gelten.

Das **Personalitätsprinzip** (Besteuerung nach der Person, d.h. der Gewinne der Person, gleichgültig, ob sie im Inland oder im Ausland erzielt sind), gilt für die Staatsangehörigen des besteuernden Staates; das **Territorialitätsprinzip** (Besteuerung von Ausländern in bezug auf Gewinne, die sie auf dem Territorium des besteuernden Staates erzielt haben), gilt für Ausländer.

B_9 Die BRD kann das VW-Werk sowohl hinsichtlich seines Gewinnes in der BRD als auch hinsichtlich seines Gewinnes aus dem Tochterunternehmen in Brasilien besteuern.

Die BRD kann ein brasilianisches Unternehmen, das in der BRD tätig ist, hinsichtlich seines Gewinnes in der BRD besteuern.

F_9 Welcher Gewinn könnte in dem Beispiel des VW-Werkes doppelt besteuert werden und warum?

A_9 Im Beispiel des VW-Werkes und seines Tochterunternehmens in Brasilien könnte der Gewinn des VW-Werkes aus dem Tochterunternehmen doppelt besteuert werden, nämlich gegenüber der BRD und gegenüber Brasilien.

I_{10} Die Doppelbesteuerung mit ihren wirtschaftlich negativen Folgen kann entweder durch innerstaatliche Regelungen oder durch völkerrechtliche Vereinbarungen ausgeschlossen werden.

Innerstaatliche Maßnahme ist die Anrechnung der im Ausland bezahlten Steuer auf die inländische Besteuerung oder die Aufteilung der zu versteuernden Gewinne zwischen dem Sitzstaat der Gesellschaft und dem Ursprungsstaat der Gewinne.

Völkerrechtliche Vereinbarung ist
ein sog. **Doppelbesteuerungsabkommen,**
das die Gewinne aus der wirtschaftlichen Betätigung im Ausland von der inländischen Besteuerung ausnimmt, und zwar entweder durch Anrechnung oder Aufteilung, also einen **Ausschluß der Doppelbesteuerung vereinbart.**

3.2 Schutz von Vermögen im Ausland

3.2.1 Zulässigkeit von Nationalisierungen

I_{11} **Aufgrund seiner Gebietshoheit kann ein Staat** nicht nur inländisches, **sondern auch auf seinem Gebiet belegenes, ausländisches Privatvermögen enteignen (Territorialitätsprinzip,** nicht: Personalitätsprinzip).

Die Enteignung ausländischen Vermögens bezeichnet man als **Nationalisierung.**

B_{11} Nationalisierung der Anglo-Iranian Oil Company im Iran 1951.

Nationalisierung der Suezkanal-Gesellschaft durch Ägypten 1956.

Nationalisierung der niederländischen Tabakplantagen in Indonesien 1958.

I_{12} **Die Nationalisierung** ist – sofern ihr nicht ausdrückliche vertragliche Vereinbarungen entgegenstehen – völkerrechtlich zulässig, jedoch **nur, wenn sie gegen Entschädigung erfolgt** (str.).

Völkerrechtlich unzulässig ist also eine entschädigungslose Enteignung (sog. **Konfiskation**) (str.).

F_{12} Da aufgrund völkerrechtlicher Verträge den Ausländern in der Regel höchstens die gleiche Behandlung wie Inländern gewährt wird, ist das völkerrechtliche Konfiskationsverbot in welchen Staaten problematisch?

A_{12} Das völkerrechtliche Konfiskationsverbot ist in den Staaten problematisch, deren innerstaatliches Recht – wie z.B. das Recht der sozialistischen Staaten – eine Konfiskation zuläßt; hier führt das völkerrechtliche Konfiskationsverbot zu einer Privilegierung der Ausländer gegenüber den Inländern.

I_{13} Diese Privilegierung wird mit der (umstrittenen) Theorie vom **Mindeststandard** gerechtfertigt.

Die Theorie vom Mindeststandard besagt, daß das Völkerrecht Ausländern das Mindestmaß an Rechten gewähre, das in einem geordneten Staatswesen üblich sei, und zwar auch dann, wenn der betreffende Staat – im Fall der Konfiskation also der konfiszierende Staat – seinen eigenen Staatsangehörigen weniger Rechte gewährt.

3.2.2 Anerkennung von Nationalisierungen

I_{14} Teile oder Produkte des nationalisierten Vermögens befinden sich zuweilen im **Gebiet anderer Staaten**, nämlich entweder des Staates, dessen Staatsangehörigkeit die Enteigneten besitzen, oder im Gebiet dritter Staaten;
häufig werden auch Teile oder Produkte des nationalisierten Vermögens exportiert.

B_{14} Indonesien exportiert in die BRD (nach Bremen) Tabak, der von Tabakplantagen stammt, die niederländischen Staatsangehörigen gehörten, aber von Indonesien 1958 nationalisiert worden sind (Fall des Bremer Tabak-Streites).

Ein Tanker (Rose Mary) mit Öl, das aus den vom Iran nationalisierten Ölfeldern der Anglo-Iranian Oil Company stammt, läuft den Hafen Aden an (Rose Mary-Fall).

I_{15} In derartigen Fällen versuchen die früheren Eigentümer häufig, durch eine Klage auf Herausgabe des nationalisierten Eigentums dieses wiederzuerlangen.

Eine solche Klage hat keine Aussicht auf Erfolg, wenn die Nationalisierung gegen Entschädigung erfolgt ist, also keine Konfiskation vorliegt, oder wenn die Nationalisierung wegen ihrer Eigenschaft als Hoheitsakt eines fremden Staates von dem Staat, dessen Gerichte angerufen worden sind, trotz Völkerrechtswidrigkeit völkerrechtlich anerkannt ist.

F_{15} Die früheren Eigentümer im Bremer Tabakstreit bzw. im Rose Mary-Fall klagen auf Herausgabe des Tabaks bzw. des Öles.

Welche zwei Voraussetzungen müssen vorliegen, damit die Klagen Aussicht auf Erfolg haben?

A_{15} Die Herausgabeklagen der früheren Eigentümer können nur dann Aussicht auf Erfolg haben, wenn

1. der Staat des Gerichtsstandes die Nationalisierung nicht völkerrechtlich anerkennt,
2. die Nationalisierung ohne Entschädigung erfolgte, d.h. als Konfiskation völkerrechtswidrig war.

I_{16} **Die Frage, ob dritte Staaten Nationalisierungen völkerrechtlich anerkennen müssen oder nicht, ist umstritten.**

Nach der sog. Act of State-Doktrin dürfen Behörden und Gerichte eines dritten Staates nicht über Staatsakte eines fremden (d.h. hier: des nationalisierenden) **Staates zu Gericht sitzen.** Die Act of State-Doktrin hat also zur Folge, daß die Nationalisierungen anerkannt werden müssen, und zwar auch dann, wenn der dritte Staat die Nationalisierung materiell (inhaltlich) mißbilligt.

Dagegen besagt der Rechtsgrundsatz des ordre public, daß eine ausländische Rechtsnorm oder Rechtsmaßnahme wegen Unvereinbarkeit mit der innerstaatlichen Rechtsordnung für unanwendbar erklärt werden kann.

F_{16} Ist für den Staat, dessen Nationalisierungsmaßnahme vor einem ausländischen Gericht angefochten wird, günstiger die Anwendung der Act of State-Doktrin oder die Anwendung des ordre public?

A_{16} Die Act of State-Doktrin ist für den Staat, dessen Nationalisierungsmaßnahme vor einem ausländischen Gericht angefochten wird, günstiger als der ordre public: Nach der Act of State-Doktrin muß das Gericht die Nationalisierung als rechtswirksam behandeln, währen bei Anwendung des ordre public das Gericht die Nationalisierung als nicht rechtswirksam betrachten kann.

I_{17} Die Act of State-Doktrin wird heute mehr und mehr vom Grundsatz des ordre public verdrängt, so daß die inländischen Behörden und Gerichte Hoheitsakten (insbesondere in Form der Konfiskationen), die ein fremder Staat vorgenommen hat, die Rechtswirksamkeit im Inland versagen können.

3.3 Internationaler Handel

3.3.1 Grundsätze des Internationalen Handels

I_{18} **Umstritten** ist, ob es ein **Grundrecht der Staaten** auf **Teilnahme am internationalen Handel** (ius commercii) **gibt**.

B_{18} Grundrecht der Volksrepublik China auf Handelsaustausch mit der BRD?

I_{19} Dem geltenden Recht ist ein solches ius commercii **nicht** zu entnehmen, obgleich es rechtspolitisch erwünscht wäre.

Es steht also im **Ermessen** der Staaten, ob und in welchem Umfang sie einen Handel mit fremden Staaten zulassen wollen.

F_{19} Wodurch kann jedoch eine völkerrechtliche Verpflichtung zum Handel mit einem oder mehreren bestimmten Staaten entstehen?

A_{19} Durch Abschluß eines völkerrechtlichen Vertrages kann eine völkerrechtliche Verpflichtung zum Handel mit einem oder mehreren bestimmten Staaten entstehen.

I_{20} Verträge auf bilateraler Ebene
sind die **Handelsverträge** (gelegentlich auch „Freundschafts-, Handels- und Schiffahrtsvertrag" genannt),
auf multilateraler Ebene die sog. **Handelsabkommen** (auch Wirtschafts-abkommen) genannt; als Handelsabkommen werden aber häufig auch bilaterale Regierungsabkommen bezeichnet, die den Warenaustausch regeln.

B_{20} Für einen bilateralen Vertrag:
Freundschafts-, Handels- und Schiffahrtsvertrag zwischen der BRD und den USA von 1954.

Für einen multilateralen Vertrag:
Allgemeines Zoll- und Handelsabkommen
(General Agreement on Tariffs and Trade – GATT – von 1947)

I_{21} Inhalt einer handelsvertraglichen Regelung kann z.B. sein:

Grundsatz der Inländerbehandlung.
Grundsatz der Meistbegünstigung.
Freizügigkeit für Gewerbetreibende und Arbeitnehmer.
Schutz ausländischen Vermögens.
Freiheit der Einfuhr, Ausfuhr und Durchfuhr.
Verbot wirtschaftlicher Diskriminierung.
Fragen des Dumping.
Behandlung von Warenzeichen, Patenten usw.

3.3.2 Zollrecht

I_{22} **Zölle sind Steuern, die bei Überführung bestimmter Waren über die Zollgebietsgrenze zu entrichten sind.**

B_{22} Einfuhrzoll auf Alkohol.

Einfuhrzoll auf Autos.

Ausfuhrzoll auf Antiquitäten.

I_{23} Das Zollrecht entspringt der sog. **Zollhoheit**, die wiederum **Teil der Gebietshoheit** ist.

Im Zollrecht gilt also das Territorialitätsprinzip, da die Verzollung an den Grenzübertritt anknüpft, unabhängig davon, welche Staatsangehörigkeit der Zollpflichtige besitzt.

I_{24} Zölle können den Zweck haben

a) Einkünfte zu erzielen (Finanzzölle),
b) inländische Waren zu schützen (Schutzzölle),
c) fremde Zölle zu vergelten (Kampfzölle),
d) Einfuhren auszuschalten (Prohibitivzölle).

F_{24} Die Folgen der innerstaatlichen Zollgesetzgebung sind für den internationalen Handel oft hinderlich.

Welche Maßnahme wird deshalb in völkerrechtlichen Verträgen in bezug auf Zölle vereinbart werden?

A_{24} Um hinderliche Folgen der innerstaatlichen Zollgesetzgebung für den internationalen Handel zu vermindern, wird in völkerrechtlich Verträgen häufig eine Herabsetzung oder ein vollständiger Abbau von Zöllen vereinbart.

B_{24} Abbau der Zölle innerhalb der EWG.

Herabsetzung der Zölle durch das GATT im Rahmen der „Kennedy-Runde".

WF 1. Was bedeutet „Grundsatz der Inländerbehandlung"?

. . . .

. . . .

2. Nach welchem Grundsatz wird die Inländerbehandlung heute in völkerrechtlichen Verträgen regelmäßig gewährt?

. . . .

3. Was bedeutet „Meistbegünstigung"?

. . . .

. . . .

. . . .

4. Die Frage der Doppelbesteuerung stellt sich, weil im internationalen Steuerrecht welche Prinzipien gleichzeitig gelten?

1. . . . .
2. . . . .

5. Vereinbaren Doppelbesteuerungsabkommen
den Ausschluß ☐ oder die Zulässigkeit ☐
der Doppelbesteuerung?

6. Welches Prinzip berechtigt Staaten dazu, ausländisches Privatvermögen zu enteignen?

. . . .

7. Mit welcher Theorie wird die Privilegierung von Ausländern gegenüber Inländern in bezug auf Konfiskation gerechtfertigt?

. . . .

8. Ist für den Staat, dessen Nationalisierungsmaßnahme vor einem ausländischen Gericht angefochten wird, günstiger die Anwendung
der Act of State-Doktrin ☐ des ordre public ☐ ?

Internationales Wirtschaftsrecht

AWF 1. Was bedeutet „Grundsatz der Inländerbehandlung"?
Ausländer sollen hinsichtlich ihrer wirtschaftlichen Betätigung die gleichen Rechte haben wie Inländer (I_3)

2. Nach welchem Grundsatz wird die Inländerbehandlung heute in völkerrechtlichen Verträgen regelmäßig gewährt?

Grundsatz der Gegenseitigkeit (I_4)

3. Was bedeutet „Meistbegünstigung"?

Behandlung, die der günstigsten Behandlung entspricht, die der Vertragspartner in anderen Verträgen dritten Staaten unter den gleichen Voraussetzungen zukommen läßt. (I_5)

4. Die Frage der Doppelbesteuerung stellt sich, weil im internationalen Steuerrecht welche Prinzipien gleichzeitig gelten?

1. Das Personalitätsprinzip
2. Das Territorialitätsprinzip (I_9)

5. Vereinbaren Doppelbesteuerungsabkommen den Ausschluß [×] oder die Zulässigkeit [ ] der Doppelbesteuerung? (I_{10})

6. Welches Prinzip berechtigt Staaten dazu, ausländisches Privatvermögen zu enteignen?

Das Territorialitätsprinzip (I_{11})

7. Mit welcher Theorie wird die Privilegierung von Ausländern gegenüber Inländern in bezug auf Konfiskationen gerechtfertigt?

Theorie vom Mindeststandard (I_{13})

8. Ist für den Staat, dessen Nationalisierungsmaßnahme vor einem ausländischen Gericht angefochten wird, günstiger die Anwendung der Act of State-Doktrin [×] des ordre public [ ] ?

(A_{16})

1. Gegenstand des Internationalen Wirtschaftsrechts

V Das internationale Wirtschaftsrecht regelt alle Formen grenzüberschreitender wirtschaftlicher Betätigung. Es ist eine besondere Art der **Wirtschaftslenkung**, die in einer Zeit wachsender wirtschaftlicher Zwischenabhängigkeit (Interdependenz) der Staaten immer wichtiger wird.

2. Wirtschaftliche Betätigung von Ausländern

Die Regelung wirtschaftlicher Betätigung von Ausländern ist ein Ausschnitt aus dem sog. **Fremdenrecht**. Der Inhalt dieser Regelung ist verschieden, nämlich je nachdem, ob es sich um einen fremdenfreundlichen oder fremdenfeindlichen Staat handelt und je nachdem, ob der Staat die wirtschaftliche Betätigung von Ausländern in seinem Staatsgebiet für politisch und wirtschaftlich vorteilhaft oder unvorteilhaft ansieht.

Da es noch keinen allgemeinen Völkerrechtssatz gibt, der eine Ungleichbehandlung von Ausländern gegenüber Inländern verbietet, steht es im (nur durch die Verfassung begrenzten) gesetzgeberischen Ermessen der Staaten, wie sie die wirtschaftliche Betätigung von Ausländern regeln wollen. Um die hieraus resultierende Unsicherheit für Ausländer und die damit verbundene Behinderung des internationalen Wirtschaftslebens zu beseitigen, werden in völkerrechtlichen Verträgen häufig bestimmte Regelungen vereinbart.

3. Inländerbehandlung

Eine Möglichkeit derartiger Regelung ist die Vereinbarung der sog. Inländerbehandlung. „Inländerbehandlung" bedeutet die innerhalb des Staatsgebietes eines Vertragsteiles gewährte Behandlung, die nicht weniger günstig ist als diejenige, die dort unter gleichartigen Voraussetzungen den Staatsangehörigen und inländischen Gesellschaften, sowie Erzeugnissen, Schriften und sonstigen Objekten jeglicher Art dieses Vertragsteils gewährt wird. Die Inländerbehandlung wird heute durchweg im Wege der **Gegenseitigkeit** vereinbart, d.h. jeder Vertragsteil gewährt den Staatsangehörigen usw. des anderen Vertragsteiles die gleiche Behandlung wie seinen eigenen Staatsangehörigen.

B Beispiel einer Vertragsklausel betr. Inländerbehandlung

– Freundschafts-, Handels- und Schiffahrtvertrag zwischen der BRD und den USA vom 29. Oktober 1954 –

Artikel VII: 1. Den Staatsangehörigen und Gesellschaften jedes Vertragsteils wird in dem Gebiet des anderen Vertragsteils Inländerbehandlung hinsichtlich der Ausübung jeder Art von geschäftlicher, industrieller, finanzieller oder sonstiger gegen Entgelt vorgenommener Tätigkeit gewährt. Dabei ist es unerheblich, ob sie diese selbständig oder unselbständig und ob sie sie unmittelbar oder durch einen Vertreter oder durch juristische Personen jeder Art ausüben. Dementsprechend dürfen diese Staatsangehörigen und Gesellschaften innerhalb des genannten Gebiets

a) Zweigstellen, Vertretungen, Büros, Fabriken und andere zur Führung ihrer Geschäfte geeignete Betriebe errichten und unterhalten,

b) nach dem Gesellschaftsrecht des anderen Vertragsteils Gesellschaften gründen und Mehrheitsbeteiligungen an Gesellschaften des anderen Vertragsteils erwerben,

c) von ihnen errichtete oder erworbene Unternehmen kontrollieren und leiten.

Auch wird den von ihnen kontrollierten Unternehmen, seien es solche von Einzelkaufleuten oder Gesellschaften oder sonstige Unternehmen, in allen mit ihrer Betätigung zusammenhängenden Angelegenheiten keine ungünstigere Behandlung gewährt als gleichartigen Unternehmen, die von Staatsangehörigen oder Gesellschaften des anderen Vertragsteils kontrolliert werden.

2. Jeder Vertragsteil behält sich das Recht vor, die Errichtung oder den Betrieb von Unternehmen durch Ausländer oder die Beteiligung von Ausländern an Unternehmen zu beschränken, sofern diese Unternehmen sich auf den folgenden Gebieten betätigen: Nachrichtenübermittlung, Verkehr zu Wasser und in der Luft, Nutzung von Land, Ausbeutung von Boden- und Naturschätzen, Übernahme und Ausübung von treuhänderischen Funktionen, auch soweit sie bankmäßiger Art sind, und Bankgeschäfte, die mit der Annahme von Depositen verbunden sind. Erläßt jedoch ein Vertragsteil neue Bestimmungen, die in seinem Gebiet die Inländerbehandlung von Ausländern hinsichtlich derartiger Betätigungen einschränken, so finden diese Beschränkungen keine Anwendung auf die im Eigentum oder unter Kontrolle von Staatsangehörigen und Gesellschaften des anderen Vertragsteils stehenden Unternehmen, die sich dort im Zeitpunkt der Vornahme dieser Beschränkungen betätigt haben. Außerdem darf ein Vertragsteil einem Unternehmen des Verkehrsgewerbes, der Nachrichtenübermittlung oder des Bankgewerbes des anderen Vertragsteils das Recht nicht versagen, in Übereinstimmung mit den gesetzlichen Vorschriften und Bestimmungen Zweigstellen oder Vertretungen für die Tätigkeiten zu unterhalten, welche erforderlich sind, um ihre vorwiegend internationalen Aufgaben durchzuführen.

3. Die Bestimmungen des Absatzes 1 sollen einen Vertragsteil nicht daran hindern, besondere Formalitäten für die Errichtung eines von Ausländern kontrollierten Unternehmens in seinem Gebiet vorzuschreiben. Diese Formalitäten dürfen aber nicht den Wesensgehalt der in Absatz 1 aufgeführten Rechte beeinträchtigen.

4. Den Staatsangehörigen und Gesellschaften jedes Vertragsteils sowie den von ihnen kontrollierten Unternehmen wird für die in diesem Artikel behandelten Angelegenheiten mindestens Meistbegünstigung gewährt.

Abdruck nach BGBl 1956 II, S. 491.

4. Meistbegünstigung

Vom Grundsatz der Inländerbehandlung zu unterscheiden ist der Grundsatz der Meistbegünstigung.

Meistbegünstigung ist die innerhalb des Staatsgebietes eines Vertragsteiles gewährte Behandlung, die nicht weniger günstig ist als diejenige, die dort unter gleichartigen Voraussetzungen den Staatsangehörigen, Gesellschaften, Erzeugnissen, Schriften und sonstigen Objekten jeglicher Art irgendeines dritten Landes gewährt sind. Rechtsinhalt der Meistbegünstigung ist also die gleiche Behandlung mit den Staatsangehörigen, Gesellschaften usw. eines **dritten** Staates, **nicht** dagegen unbedingt **gleiche Behandlung mit den Inländern.** Für das Verhältnis von Meistbegünstigung zu Inländerbehandlung kommen drei Möglichkeiten in Betracht: 1. Die Meistbegünstigung bleibt hinter der Inländerbehandlung zurück, weil die günstigste Regelung in bezug auf Staatsangehörige eines dritten Staates immer noch ungünstiger ist als die Regelung in bezug auf Inländer; 2. die Meistbegünstigung gewährt eine günstigere Regelung als die Inländerbehandlung, weil den Staatsangehörigen eines dritten Staates mehr Rechte als den Inländern gewährt werden (z.B. Steuervorteile, um ausländisches Kapital in das Land zu ziehen); 3. die Meistbegünstigung führt zu identischen Rechten wie die Inländerbehandlung.

Ist Meistbegünstigung vereinbart, so gilt diese jedoch nicht immer schrankenlos. Ausnahmen betreffen z.B. Vergünstigungen im Rahmen von Zollunionen, Wirtschaftsgemeinschaften, zu Gunsten von Kolonien oder anderer abhängiger Gebiete. Vereinbart z.B. die BRD mit den USA Meistbegünstigung, so können die USA die günstigste Behandlung verlangen, welche die BRD einem dritten Staat gewährt, jedoch nicht die besonders günstige (spezielle) Behandlung, welche die BRD den EWG-Staaten aufgrund des EWG-Vertrages zuteil werden läßt.

5. Doppelbesteuerungsabkommen

Der Abschluß von Doppelbesteuerungsabkommen zur Vermeidung von doppelter Besteuerung liegt sowohl im Interesse der beteiligten Staaten, die ausländisches Kapital anziehen wollen als auch im Interesse der einzelnen betroffenen natürlichen und juristischen Personen. Die Anzahl der Doppelbesteuerungsabkommen wächst von Jahr zu Jahr. Zwischen den Staaten, die der Organisation für wirtschaftliche Zusammenarbeit und Entwicklung (OECD) angehören, waren 1955 rund 50 Doppelbesteuerungsabkommen geschlossen, 1963 schon 85. Von den Mitgliedstaaten der OECD haben nur Portugal und die Türkei keine Doppelbesteuerungsabkommen geschlossen.

Inhaltlich verwenden die Abkommen entweder das (kontinentaleuropäische) Aufteilungsprinzip oder das (anglo-amerikanische) Anrechnungssystem oder eine Kombination beider Systeme.

6. Schutz von Vermögen im Ausland

Der Schutz von Vermögen im Ausland ist ein Problem von großer praktischer und rechtlicher Bedeutung.

Die praktische Bedeutung ergibt sich daraus, daß die Höhe der Auslandsinvestitionen in der ganzen Welt Ende 1966 rd. 90 Billionen Dollar betrug. Etwa die Hälfte aller privaten Auslandsinvestitionen in den unterentwickelten Ländern ist in der Ölindustrie angelegt.

Seit dem Ende des ersten Weltkrieges (Enteignungen in der Sowjetunion), vor allem aber nach dem Ende des zweiten Weltkrieges (Enteignungen in den Ostblockstaaten und in den ehemaligen Kolonien, aber auch in Südamerika) ist in steigendem Maße ausländisches Vermögen nationalisiert worden.

Eine Enteignung ausländischen Vermögens („Nationalisierung“) ist völkerrechtlich **zulässig, wenn sie in öffentlichem Interesse ohne ungerechtfertigte Diskriminierung und gegen Zahlung einer vollen, sofortigen und effektiven Entschädigung erfolgt.** Die Frage, ob tatsächlich eine volle, sofortige und effektive Entschädigung vorliegt, ist häufig nicht leicht zu beantworten, z.B. wenn der nationalisierende Staat die Entschädigung in langfristigen, gegen Währungsverfall nicht gesicherten Staatsanleihen zahlt, oder wenn Aktionäre auf der Basis des Börsenwertes kurz vor oder zum Zeitpunkt der Nationalisierung entschädigt werden, d.h. in einem Zeitpunkt, in dem die Ankündigung der Nationalisierung einen Kurssturz des Börsenwertes herbeigeführt hatte. Nach dem zweiten Weltkrieg sind zwischen westlichen

Staaten und Ostblockstaaten sog. **Globalentschädigungsabkommen** geschlossen worden, d.h. der nationalisierende Staat hat nicht den enteigneten Ausländern direkt jeweils eine Entschädigung gezahlt, sondern dem Heimatstaat der enteigneten Ausländer eine Gesamtsumme (Globalsumme) überwiesen, die dieser dann auf seine enteigneten Staatsangehörigen zu verteilen hatte. Es ist fraglich, ob die Globalentschädigungsabkommen dem Grundsatz voller, sofortiger und effektiver Entschädigung entsprechen oder ob sich vielleicht in ihrem Abschluß ein Völkerrechtswandel dahin andeutet, daß die Entschädigung eben nicht voll, sofort und effektiv zu leisten ist.

B Beispiele für Nationalisierungsgesetze

– Ägyptisches Gesetz Nr. 285 über die Verstaatlichung der Suezkanal-Gesellschaft vom 26. Juli 1956 –

Im Namen der Nation.
Der Präsident der Republik verkündet
unter Bezugnahme auf die zwei Firmane vom 30. November 1854 und 5. Januar 1856 betreffend die Konzession zur Durchfahrt in den Suezkanal und betreffend die Errichtung einer ägyptischen Aktiengesellschaft zu diesem Zweck;
unter Bezugnahme auf Gesetz Nr. 192 vom Jahre 1947 betreffend die Konzession öffentlicher Dienste;
unter Bezugnahme auf Gesetz Nr. 317 vom Jahre 1952 betreffend einzelne Dienstleistungsverträge;
unter Bezugnahme auf Gesetz Nr. 26 vom Jahre 1954 betreffend Aktiengesellschaften, Kommanditgesellschaften und Gesellschaften mit beschränkter Haftung;
nach Anhörung des Staatsrates das folgende Gesetz:

Arikel 1: Die „Compagnie Universelle du Canal de Suez – S.A.E." wird verstaatlicht. Eigentum, Rechte und Verpflichtungen gehen auf den Staat über. Alle Direktionsausschüsse und -organe, denen augenblicklich die Verwaltung der Gesellschaft obliegt, werden aufgelöst. Die Zahlung von Entschädigungen an Aktionäre und Inhaber von Gründeraktien erfolgt auf der Basis des vor Inkrafttreten des vorliegenden Gesetzes an der Pariser Effektenbörse notierten Kurses. Die Entschädigung wird erst nach erfolgter Übertragung allen Besitzes und aller Guthaben der verstaatlichten Gesellschaft auf den Staat gezahlt.

Artikel 2: Die Leitung des durch den Suezkanal gehenden Transitverkehrs wird einer Körperschaft übertragen, die den Charakter einer juristischen Person trägt und dem Handelsministerium angegliedert ist. Die Zusammensetzung der Körperschaft und das Entgelt für ihre Mitglieder wird durch Dekret des Präsidenten festgelegt. Diese Verwaltungskörperschaft verfügt über die notwendigen Befugnisse und ist Regierungsverfügungen und -bestimmungen nicht unterworfen. Die Körperschaft wird einen eigenen Haushalt haben, der nach den für Handelsunternehmen üblichen Gesichtspunkten aufgestellt wird. Das Haushaltsjahr läuft vom 1. Juli bis Ende Juni eines jeden Jahres. Das erste Haushaltsjahr wird nach Inkrafttreten dieses Gesetzes beginnen und bis Ende Juni 1957 laufen. Haushalt und Bilanz werden durch ein Dekret des Präsidenten gebilligt. Diese Körperschaft wird ein oder mehrere ihrer Mitglieder mit der Durchführung der von ihr befaßten Beschlüsse oder der ihr übertragenen Aufgaben beauftragen können. Sie wird auch aus ihren Mitgliedern oder anderen Personen technische Ausschüsse bilden können, von denen sie sich beraten läßt. Der Präsident der Körperschaft wird sie bei den Justiz- und anderen Behörden der Regierung sowie dritten Personen gegenüber vertreten.

Artikel 3: Die Guthaben der verstaatlichten Gesellschaft sowohl in der ägyptischen Republik wie im Ausland werden gesperrt. Ohne Zustimmung der in Art. 2 erwähnten Körperschaft dürfen Banken, Organisationen und Privatpersonen in keiner Weise über diese Guthaben verfügen, irgendeine Summe zahlen oder irgendwelche Forderungen und Verpflichtungen regeln.

Artikel 4: Die Körperschaft wird die derzeitigen Angestellten, Beamten und Arbeiter der verstaatlichten Gesellschaft beibehalten; sie müssen ihre Arbeit fortsetzen und dürfen ohne vorausgegangene Zustimmung der in Art. 2 erwähnten Körperschaft ihre Tätigkeit nicht aus irgendeinem Grunde einstellen.

Artikel 5: Übertretungen der in Art. 3 erwähnten Regelungen werden mit Gefängnis und einer Geldstrafe, die dreimal so hoch ist wie der Betrag, der zur Übertretung Anlaß gab, geahndet. Übertretungen von Art. 4 werden mit Gefängnis und der Entziehung jeglichen Anspruches auf Entgelt oder Pension bestraft.

Artikel 6: Dieser Erlaß wird nach seiner Veröffentlichung im Staatsanzeiger rechtskräftig und gültig. Der Handelsminister wird die für seine Anwendung notwendigen Beschlüsse treffen. Der Erlaß trägt das Siegel des Staates und wird wie jedes andere Gesetz Anwendung finden.

Gamal Abdel Nasser

Abdruck nach ArchVR 7 (1958/59) S. 146 f.

– Indonesisches Gesetz Nr. 86 über die Nationalisierung der niederländischen Betriebe vom 31. Dezember 1958 –

Artikel 1: Die sich auf dem Territorium der Republik Indonesien befindenden niederländischen Betriebe werden nationalisiert und zu uneingeschränktem und freiem Eigentum der Republik Indonesien erklärt. Die betroffenen Betriebe werden durch Regierungsverordnung näher bezeichnet.

Artikel 2: (1) Den Eigentümern der in Artikel 1 genannten Betriebe wird eine Entschädigung gewährt, deren Höhe von einem Ausschuß, dessen Mitglieder von der Regierung angewiesen werden, festgesetzt wird.
(2) Gegen die Entscheidung des in Absatz 1 erwähnten Ausschusses kann sowohl der Eigentümer des Betriebes wie auch die Regierung beim Obersten Gerichtshof Berufung einlegen, der in einem Berufungsverfahren zwischen dem Eigentümer des Betriebes und dem Staat der Republik Indonesien als prozessierende Partei in letzter Instanz ein Urteil verkündet.
(3) Die Bezahlung der oben erwähnten Entschädigung wird in einem einzelnen Gesetz weiter geregelt.
....
Artikel 3: (2) Die allgemeinen Bestimmungen hinsichtlich der Durchführung und der weiteren Folgen der in Artikel 1 erwähnten Erklärung werden durch Regierungsverordnung festgestellt.
....
Artikel 5: Alle bürgerlichen Verträge oder Rechtsgeschäfte, die der in Artikel 3 Abs. 2 erwähnten Regierungsverordnung entgegenstehen, sind von Rechts wegen nichtig.
....
Artikel 7: Dieses Gesetz tritt am Tage seiner Verkündung rückwirkend vom 3. Dezember 1957 in Kraft.

Abdruck nach ArchVR 9 (1961/62) S. 323

Nach klassischem Völkerrecht ist die **Konfiskation** ausländischen Eigentums (= entschädigungslose Nationalisierung) als ein Delikt gegen den Heimatstaat des von der Konfiskation betroffenen Ausländers völkerrechtswidrig. Mit Hilfe des sog. Mindeststandards wird das völkerrechtliche Konfiskationsverbot sogar für solche Staaten angenommen, deren innerstaatliches Recht die Konfiskation von Inländervermögen zuläßt. Der Mindeststandard führt also zu einer Privilegierung der Ausländer, die damit begründet wird, daß der Ausländer nicht wie der Inländer mit dem nationalisierenden Staat in einer so engen Schicksalsgemeinschaft verbunden ist, daß ihm ein entschädigungsloser Verlust seines Eigentums zuzumuten ist.

In neuerer Zeit ist das völkerrechtliche Konfiskationsverbot umstritten. Gegen seine Geltung wird vorgebracht, die normalen Völkerrechtsregeln über die Nationalisierung könnten nicht für Fälle tiefgreifender und umfassender gesellschaftlicher Veränderungen gelten; in Fällen der Dekolonisation wird auch vorgebracht, das nationalisierte Vermögen sei von den Ausländern durch koloniale Ausbeutung erlangt worden.

Heute werden häufig völkerrechtliche **Kapitalschutzverträge (Investitionsschutzabkommen)** zwischen den Staaten abgeschlossen, in denen eine konfiskatorische Nationalisierung für unzulässig erklärt wird. Die dennoch vorhandenen Risiken werden in der BRD innerstaatlich durch die sog. „Hermes-Deckung" versicherungsmäßig abgedeckt, indem die BRD über die Hermes-Versicherungsgesellschaft durch Bürgschaften die Fälle abdeckt, in denen deutsche Investitionen im Ausland nationalisiert werden.

B **Beispiel eines Kapitalschutzvertrages**

– Vertrag zwischen der Bundesrepublik Deutschland und der Republik Sambia über die Förderung und den gegenseitigen Schutz von Kapitalanlagen vom 10. Dezember 1966 –

Die Bundesrepublik Deutschland
und
Die Republik Sambia,

in dem Wunsch, die wirtschaftliche Zusammenarbeit zwischen beiden Staaten zu vertiefen,
in dem Bestreben, günstige Bedingungen für Kapitalanlagen von Staatsangehörigen oder Gesellschaften des einen Staates im Hoheitsgebiet des anderen Staates zu schaffen und
in der Erkenntnis, daß eine Förderung und ein vertraglicher Schutz dieser Kapitalanlagen geeignet sind, die private wirtschaftliche Initiative zu beleben und den Wohlstand beider Völker zu mehren,
haben folgendes vereinbart:

Art. 1: Jede Vertragspartei wird in ihrem Hoheitsgebiet Kapitalanlagen von Staatsangehörigen oder Gesellschaften der anderen Vertragspartei nach Möglichkeit fördern und diese Kapitalanlagen in Übereinstimmung mit ihren Rechtsvorschriften zulassen. Sie wird Kapitalanlagen in jedem Fall gerecht und billig behandeln.

Art. 2: (1) Jede Vertragspartei wird in ihrem Hoheitsgebiet Kapitalanlagen, die im Eigentum oder unter dem Einfluß von Staatsangehörigen oder Gesellschaften der anderen Vertragspartei stehen, nicht weniger günstig behandeln als Kapitalanlagen der eigenen Staatsangehörigen und Gesellschaften oder Kapitalanlagen von Staatsangehörigen und Gesellschaften dritter Staaten.

(2) Jede Vertragspartei wird in ihrem Hoheitsgebiet Staatsangehörige oder Gesellschaften der anderen Vertragspartei hinsichtlich ihrer Betätigung im Zusammenhang mit Kapitalanlagen nicht weniger günstig behandeln als ihre eigenen Staatsangehörigen und Gesellschaften oder Staatsangehörige und Gesellschaften dritter Staaten.

Art. 3: (1) Kapitalanlagen von Staatsangehörigen oder Gesellschaften einer Vertragspartei genießen im Hoheitsgebiet der anderen Vertragspartei vollen Schutz und Sicherheit.

(2) Kapitalanlagen von Staatsangehörigen oder Gesellschaften einer Vertragspartei dürfen im Hoheitsgebiet der anderen Vertragspartei nur zum allgemeinen Wohl und gegen Entschädigung enteignet werden. Die Entschädigung muß dem Wert der enteigneten Kapitalanlage entsprechen, tatsächlich verwertbar und frei transferierbar sein sowie unverzüglich geleistet werden. Spätestens im Zeitpunkt der Enteignung muß in geeigneter Weise für die Festsetzung und Leistung der Entschädigung Vorsorge getroffen sein. Die Rechtmäßigkeit der Enteignung und die Höhe der Entschädigung müssen in einem ordentlichen Rechtsverfahren nachgeprüft werden können.

(3) Staatsangehörige oder Gesellschaften einer Vertragspartei, die durch Krieg oder sonstige bewaffnete Auseinandersetzungen, Revolution, Staatsnotstand oder Aufruhr im Hoheitsgebiet der anderen Vertragspartei Verluste an Kapitalanlagen erleiden, werden von dieser Vertragspartei hinsichtlich der Rückerstattungen, Abfindungen, Entschädigungen oder sonstigen Gegenleistungen nicht weniger günstig behandelt als ihre eigenen Staatsangehörigen oder Gesellschaften. Solche Zahlungen sind frei transferierbar.

(4) Hinsichtlich der in diesem Artikel geregelten Angelegenheiten werden die Staatsangehörigen oder Gesellschaften einer Vertragspartei im Hoheitsgebiet der anderen Vertragspartei nicht weniger günstig behandelt als Staatsangehörige oder Gesellschaften dritter Staaten.

Art. 4: Jede Vertragspartei gewährleistet in bezug auf Kapitalanlagen den Staatsangehörigen oder Gesellschaften der anderen Vertragspartei den freien Transfer des Kapitals, der Erträge und, im Falle der Liquidation, des Liquidationserlöses.

Art. 5: Leistet eine Vertragspartei ihren Staatsangehörigen oder Gesellschaften Zahlungen auf Grund einer Gewährleistung für eine Kapitalanlage im Hoheitsgebie der anderen Vertragspartei, so erkennt diese andere Vertragspartei, unbeschadet der Rechte der erstgenannten Vertragspartei aus Artikel 11, die Übertragung aller Rechte oder Ansprüche dieser Staatsangehörigen oder Gesellschaften kraft Gesetzes oder auf Grund Rechtsgeschäfts auf die erstgenannte Vertragspartei sowie deren Eintritt in alle diese Rechte oder Ansprüche (übertragene Ansprüche) an, welche die erstgenannte Vertragspartei in demselben Umfange wie ihr Rechtsvorgänger auszuüben berechtigt ist. Für den Transfer der an die betreffende Vertragspartei auf Grund der übertragenen Ansprüche zu leistenden Zahlungen gelten Artikel 3 Absätze 2 und 3 und Artikel 4 sinngemäß.

Art. 6: (1) Soweit die Beteiligten nicht eine abweichende, von den zuständigen Stellen der Vertragspartei, in deren Hoheitsgebiet sich die Kapitalanlage befindet, zugelassene Regelung getroffen haben, erfolgen Transferierungen nach Artikel 3 Absatz 2 oder 3, nach Artikel 4 oder Artikel 5 unverzüglich und zu dem für laufende Geschäfte am Tage des Transfers gültigen Kurs.

(2) Der für laufende Geschäfte gültige Kurs beruht auf dem mit dem Internationalen Währungsfonds vereinbarten Paritätswert (par value) und muß innerhalb der nach Artikel IV Abschnitt 3 des Abkommens über den Internationalen Währungsfonds zugelassenen Schwankungsbreite beiderseits der Parität (parity) liegen.

(3) Besteht in bezug auf eine Vertragspartei im Zeitpunkt der Transferierung kein Umrechnungskurs im Sinne von Absatz 2, so wird der amtliche Kurs angewandt, den diese Vertragspartei für ihre Währung im Verhältnis zum US-Dollar oder zu einer anderen frei konvertierbaren Währung oder zum Gold festgelegt hat. Ist auch ein solcher Kurs nicht festgelegt, so lassen die zuständigen Stellen der Vertragspartei, in deren Hoheitsgebiet das Kapital angelegt ist, einen Umrechnungskurs zu, der gerecht und billig ist.

Art. 7: (1) Ergibt sich aus den Rechtsvorschriften einer Vertragspartei oder aus völkerrechtlichen Verpflichtungen, die neben diesem Vertrag zwischen den Vertragsparteien bestehen oder in Zukunft begründet werden, eine allgemeine oder besondere Regelung, durch die den Kapitalanlagen der Staatsangehörigen oder Gesellschaften der anderen Vertragspartei eine günstigere Behandlung als nach diesem Vertrag zu gewähren ist, so geht diese Regelung dem vorliegenden Vertrag insoweit, als sie günstiger ist, vor.

(2) Jede Vertragspartei wird jede andere Verpflichtung einhalten, die sie in bezug auf Kapitalanlagen von Staatsangehörigen oder Gesellschaften der anderen Vertragspartei in ihrem Hoheitsgebiet übernommen hat.

Art. 8: (1) Der Ausdruck „Kapitalanlagen" umfaßt alle Vermögenswerte insbesondere, aber nicht ausschließlich:

a) Eigentum an beweglichen und unbeweglichen Sachen sowie sonstige dingliche Rechte wie Hypotheken, Pfandrechte oder dergleichen;
b) Anteilsrechte an Gesellschaften und andere Arten von Beteiligungen;
c) Ansprüche auf Geld oder Leistungen, die einen wirtschaftlichen Wert haben;
d) Urheberrechte, Rechte des gewerblichen Eigentums, technische Verfahren, Handelsnamen und good will;
e) öffentlich-rechtliche Konzessionen, einschließlich Aufsuchungs- und Gewinnungskonzessionen.

Eine Veränderung in der Form, in der Vermögenswerte angelegt werden, läßt ihre Eigenschaft als Kapitalanlage unberührt.

(2) Der Ausdruck „Erträge" bezeichnet diejenigen Beträge, die auf eine Kapitalanlage für einen bestimmten Zeitraum als Gewinnanteile oder Zinsen entfallen.

(3) Der Ausdruck „Staatsangehörige" bezeichnet
a) in bezug auf die Bundesrepublik Deutschland:
Deutsche im Sinne des Grundgesetzes für die Bundesrepublik Deutschland;
b) in bezug auf die Republik Sambia:
Sambier im Sinne der Verfassung von Sambia und der sambischen Vorschriften über die Staatsangehörigkeit für die Republik Sambia.

(4) Der Ausdruck „Gesellschaften" bezeichnet
a) in bezug auf die Bundesrepublik Deutschland:
jede juristische Person sowie jede Handelsgesellschaft oder sonstige Gesellschaft oder Vereinigung mit oder ohne Rechtspersönlichkeit, die ihren Sitz im Hoheitsgebiet der Bundesrepublik Deutschland hat und nach den Gesetzen zu Recht besteht, gleichviel ob die Haftung ihrer Gesellschafter, Teilhaber oder Mitglieder beschränkt oder unbeschränkt und ob ihre Tätigkeit auf Gewinn gerichtet ist oder nicht;
b) in bezug auf die Republik Sambia:
jede Gesellschaft, die nach den Vorschriften der Verordnung über Gesellschaften der Gesetze von Sambia oder anderer Gesetze, die diese abändern oder ersetzen, errichtet worden ist, und jede gesetzmäßige Vereinigung von Personen mit oder ohne Rechtspersönlichkeit, deren Hauptverwaltung und Kontrolle sich im Hoheitsgebiet von Sambia befinden.

Art. 9: Diesem Vertrag unterliegen auch Kapitalanlagen, die Staatsangehörige oder Gesellschaften der einen Vertragspartei in Übereinstimmung mit den Rechtsvorschriften der anderen Vertragspartei in deren Hoheitsgebiet am oder nach dem Tag der Unterzeichnung vorgenommen haben.

Art. 10: Jede Vertragspartei gewährt die Inländerbehandlung im Rahmen dieses Vertrages auf Grund der Tatsache, daß die Inländerbehandlung in den gleichen Angelegenheiten auch von der anderen Vertragspartei eingeräumt wird.

Art. 11: (1) Streitigkeiten über die Auslegung oder Anwendung dieses Vertrages sollen, soweit möglich, durch die Regierungen der beiden Vertragsparteien beigelegt werden.
(2) Kann eine Streitigkeit auf diese Weise nicht beigelegt werden, so ist sie auf Verlangen einer der beiden Vertragsparteien einem Schiedsgericht zu unterbreiten.
(3) Das Schiedsgericht wird von Fall zu Fall gebildet, indem jede Vertragspartei ein Mitglied bestellt und beide Mitglieder sich auf den Angehörigen eines dritten Staates als Obmann einigen, der von den Regierungen der beiden Vertragsparteien zu bestellen ist. Die Mitglieder sind innerhalb von zwei Monaten, der Obmann innerhalb von drei Monaten zu bestellen, nachdem die eine Vertragspartei der anderen mitgeteilt hat, daß sie die Streitigkeit einem Schiedsgericht unterbreiten will.

. . .

Art. 12: Die Bestimmungen dieses Vertrages bleiben auch für den Fall von Auseinandersetzungen zwischen den Vertragsparteien in Kraft, unbeschadet des Recht zu vorübergehenden Maßnahmen, die auf Grund der allgemeinen Regeln des Völkerrechts zulässig sind. Maßnahmen solcher Art werden spätestens zum Zeitpunkt der tatsächlichen Beendigung der Auseinandersetzung aufgehoben, unabhängig davon, ob die diplomatischen Beziehungen wiederhergestellt sind.

. . .

Art. 14: (1) Dieser Vertrag bedarf der Ratifikation; die Ratifikationsurkunden sollen so bald wie möglich in Bonn ausgetauscht werden.
(2) Dieser Vertrag tritt einen Monat nach Austausch der Ratifikationsurkunden in Kraft. Er bleibt fünf Jahre lang in Kraft und verlängert sich auf unbegrenzte Zeit, sofern er nicht ein Jahr vor seinem Ablauf von einer der beiden Vertragsparteien schriftlich gekündigt wird. Nach Ablauf von fünf Jahren kann der Vertrag jederzeit gekündigt werden, bleibt jedoch nach erfolgter Kündigung noch ein Jahr in Kraft.

(3) Für Kapitalanlagen, die bis zum Zeitpunkt des Außerkrafttretens des Vertrages vorgenommen worden sind, gelten die Artikel 1 bis 13 noch für weitere zwanzig Jahre vom Tage der Beendigung dieses Vertrages an.

Geschehen zu Lusaka am 10. Dezember 1966
in vier Urschriften, zwei in deutscher, zwei in englischer Sprache, wobei jeder Wortlaut gleichermaßen verbindlich ist.

Für die Bundesrepublik Deutschland

H. Michelsen
Erich Elson

Für die Republik Sambia

E. H. K. Mudenda

Abdruck nach BGBl 1968 II, S. 34 ff.

7. Anerkennung von Nationalisierungen

Umstritten ist auch das Problem der Anerkennung von Nationalisierungen durch den Heimatstaat des enteigneten Ausländers oder durch dritte Staaten. Exportiert der nationalisierende Staat Erzeugnisse aus einem nationalisierten Unternehmen in andere Staaten und verlangen die früheren Eigentümer der nationalisierten Unternehmen diese Erzeugnisse heraus, so können die Gerichte entweder die Nationalisierungen anerkennen (dann keine Herausgabe) oder sie nicht anerkennen (dann Herausgabe). Nach der im anglo-amerikanischen Rechtskreis lange Zeit herrschenden Act of State-Doktrin (auch „Rule of Decision" oder „principle of abstention" genannt) darf kein ausländischer Staatsakt von einem inländischen Gericht auf seine Rechtsgültigkeit hin nachgeprüft werden: „The courts of one country will not sit in judgement on the act of the government of another done within its own territory". Die Act of State-Doktrin wird heute jedoch mehr und mehr aufgegeben (in den USA seit der Entscheidung des Supreme Court im Fall Banco Nacional de Cuba v. Sabbatino [Sabbatino-Fall]; Fundstelle ArchVR 12 [1964/65], S. 437-448), so daß die Gerichte die Frage heute überwiegend nach der Regel des ordre public entscheiden (vgl. § 30 EGBGB).

Als grobe Regel kann das sog. positive und negative Territorialitätsprinzip festgestellt werden: Das **positive Territorialitätsprinzip** bedeutet, daß Nationalisierungen, deren Auswirkung sich auf das Staatsgebiet des nationalisierenden Staates beschränken, d.h. dort belegenes Vermögen ergreifen, anzuerkennen sind. Dagegen besagt das **negative Territorialitätsprinzip**, daß Nationalisierungen, deren Auswirkungen sich nicht auf das Staatsgebiet des nationalisierenden Staates beschränken, d.h. in einem anderen Staat belegenes ausländisches Vermögen ergreifen, nicht anzuerkennen sind. Nach der sog. **Spaltungstheorie** wird also die von einer Nationalisierung betroffene Gesellschaft in der Weise gespalten, daß die im nationalisierenden Staat belegenen Gesellschaftsrechte verlorengehen, dagegen die in einem anderen Staat belegenen Gesellschaftsrechte erhalten bleiben, wobei es hierfür auf die tatsächliche Belegenheit, nicht auf gesellschaftsrechtliche, warenzeichenrechtliche usw. Fiktionen (Belegenheit am Sitz der Gesellschaft) ankommt. Die Gesellschaft wird also gespalten (BGHZ 25, 134; 33, 195; str.).

8. Zölle

Der internationale Handel wird von den einander entgegengesetzten Prinzipien der Handelsbeschränkungen und der Liberalisierung bestimmt. Handelsbeschränkungen können in mannigfaltigen Formen vorkommen, z.B. durch Zölle, Lizenzenpflicht, mengenmäßige Einfuhrbeschränkungen, Diskriminierungen und Verhängung eines Embargos. Die moderne Entwicklung läuft demgegenüber auf eine verstärkte Liberalisierung hinaus, vor allem durch Herabsetzung der Zölle, Schaffung zollfreier Räume durch Bildung von **Zollunionen** (d.h. einheitlicher Zollgebiete mit gemeinsamem Außentarif gegenüber den der Zollunion nicht angehörenden Staaten; vgl. Art. XXIV Abs. 4 GATT) oder durch Bildung von **Freihandelszonen** (d.h. Gebieten, innerhalb derer die Zölle abgebaut werden, bei denen jedoch die Mitgliedstaaten gegenüber den der Freihandelszone nicht angehörenden Staaten ihre eigenen Außentarife beibehalten).

Das Zollgebiet ist grundsätzlich mit dem Staatsgebiet identisch. Ausnahmen von diesem Grundsatz bilden die Zolleinschlüsse (Teile eines fremden Staatsgebietes, die wie Zollinland behandelt werden; Bsp.: Mittelberg [Klein-Walsertal] ist österreichisches Staatsgebiet, aber deutsches Zollgebiet) und die Zollausschlüsse (Teile des eigenen Staatsgebietes, die aus dem inländischen Zollgebiet ausgeschlossen und einem fremden Zollgebiet angeschlossen sind). Zollfreigebiete sind Teile des Hoheitsgebietes, die weder zum inländischen noch zum ausländischen Zollgebiet gehören (Bsp.: Schiffe auf Hoher See; Helgoland; Freihäfen).

Für das Verhältnis zwischen DDR und BRD gilt folgendes: Gemäß § 2 I Zollgesetz der BRD vom 14. Juni 1961 (BGBl 1961 I, S. 737, i.d.F. vom 22. Juli 1969 BGBl 1969 I, S. 879) ist Zollgebiet „das deutsche Hoheitsgebiet". Da diese weite Formulierung sich nicht – wie Art. 23 GG – auf den Geltungsbereich des GG beschränkt, ist für die BRD das Staatsgebiet der DDR Zollinland, d.h. die Grenze zwischen BRD und DDR ist keine Zollgrenze. Dagegen besagt § 1 I des Gesetzes über das Zollwesen der DDR vom 28. März 1962 (GBl DDR 1962 I, S. 42): „Das Territorium der DDR bildet ein Zollgebiet, das von der

Zollgrenze umschlossen wird. Die Zollgrenze stimmt mit der Staatsgrenze der DDR gegenüber der Volksrepublik Polen, der Tschechoslowakischen Sozialistischen Republik und der Westdeutschen Bundesrepublik . . . überein." Die in der DDR-Verfassung von 1949 enthaltene Bestimmung „Deutschland bildet ein einheitliches Zoll- und Handelsgebiet, umgeben von einer gemeinschaftlichen Zollgrenze" (Art. 118 Abs. I) fehlt in der DDR-Verfassung von 1968. Dennoch behandelt auch die DDR den Warenverkehr mit der BRD nicht als zollpflichtigen Verkehr; anderenfalls würde sie erhebliche wirtschaftliche Nachteile erleiden. Im übrigen gilt für den Handel zwischen der BRD und der DDR das „Abkommen über den Handel zwischen den Währungsgebieten der Deutschen Mark (DM-West) und den Währungsgebieten der Deutschen Mark der Deutschen Notenbank (DM-Ost)" vom 20. September 1951 in der Fassung vom 16. August 1960 (sog. Interzonenhandelsabkommen; Text: BAnz Nr. 32 vom 15. Februar 1961, Beilage).

9. Rohstoffabkommen

Die internationale Güterverteilung von Rohstoffen, deren Märkte durch scharfe Trennung von Erzeuger- und Verbraucherstaaten, durch Konjunkturempfindlichkeit und durch Mißverhältnisse zwischen Erzeugung und Verbrauch gekennzeichnet sind, wird in multilateralen Rohstoffabkommen geregelt. Diese Instrumente internationaler Wirtschaftslenkung legen Erzeugerstaaten und Verbraucherstaaten bestimmte Verpflichtungen auf, z.B. Verpflichtungen zur Ausfuhr (Einfuhr) bestimmter Gütermengen zu bestimmten Preisen, Unterhaltung von stabilisierenden Vorratsreserven usw.

Zur Durchführung dieser Maßnahmen wird in den Rohstoffabkommen meist eine Internationale Organisation mit eigenen Organen (Rat, Direktorium) geschaffen; diese Organisationen weisen die Besonderheit auf, daß die Stimmenzahl der Mitglieder nach der Höhe der Ausfuhr- (Einfuhr-) Menge festgesetzt wird, also unterschiedlich groß ist.

Die BRD ist z.B. Mitglied der Internationalen Getreide-Übereinkunft von 1967 (BGBl 1969 II, S. 615 ff.) und des Internationalen Kaffee-Übereinkommens von 1968 (BGBl 1968 II, S. 666 ff.).

B **Beispiel eines Rohstoffabkommens**

– Internationales Kaffee-Übereinkommen von 1968 –

„Präambel

Die Vertragsregierungen dieses Übereinkommens –
in Anerkennung der außergewöhnlichen Bedeutung des Kaffees für die Wirtschaft vieler Länder, deren Ausfuhrerlöse – und damit die Fortführung ihrer Entwicklungsprogramme auf sozialem und wirtschaftlichem Gebiet – weitgehend von diesem Erzeugnis abhängig sind,
in der Erwägung, daß eine enge internationale Zusammenarbeit im Bereich des Kaffeeabsatzes die Umgestaltung und Entwicklung der Wirtschaft der Kaffee-Erzeugerländer fördern und damit zu einer Stärkung der politischen und wirtschaftlichen Bande zwischen Erzeugern und Verbrauchern beitragen wird,
in der begründeten Annahme, daß stets eine Neigung zu einem Mißverhältnis zwischen Erzeugung und Verbrauch besteht und daß dies zur Anhäufung drückender Vorräte und zu ausgeprägten Preisschwankungen führen wird, die sowohl für die Erzeuger als auch für die Verbraucher schädlich sein können,
in der Überzeugung, daß ohne internationale Maßnahmen dieser Zustand nicht durch die üblichen Marktfaktoren gebessert werden kann, und
in Kenntnis der Neuaushandlung des Internationalen Kaffee-Übereinkommens 1962 durch den Internationalen Kaffeerat –
sind wie folgt übereingekommen:

Art. 1: Zielsetzung
Ziel dieses Übereinkommens ist es,
(1) einen vernünftigen Ausgleich zwischen Angebot und Nachfrage zu erzielen, der den Verbrauchern eine ausreichende Versorgung mit Kaffee und den Erzeugern den Absatz von Kaffee zu angemessenen Preisen sichert und auf lange Sicht zu einem Gleichgewicht zwischen Erzeugung und Verbrauch führt;
(2) die großen Härten zu mildern, die aus drückenden Überschüssen und übermäßigen Preisschwankungen bei Kaffee erwachsen, welche sowohl für die Erzeuger als auch für die Verbraucher schädlich sind;
(3) zur Entwicklung der Produktivkräfte sowie zur Förderung und Aufrechterhaltung der Beschäftigung und der Einkünfte in den Mitgliedländern beizutragen und dadurch gerechte Löhne, einen höheren Lebensstandard und bessere Arbeitsbedingungen herbeizuführen;
(4) zur Erhöhung der Kaufkraft der Kaffee-Ausfuhrländer dadurch beizutragen, daß die Preise in angemessener Höhe gehalten werden und der Verbrauch gesteigert wird;

(5) den Kaffeeverbrauch auf jede mögliche Weise zu fördern und
(6) angesichts der Beziehungen zwischen Kaffeehandel und wirtschaftlicher Stabilität der Märkte für industrielle Erzeugnisse die internationale Zusammenarbeit auf dem Gebiet der Welt-Kaffeeprobleme allgemein zu fördern.

. . . . .

Art. 7: Sitz und Aufbau der Internationalen Kaffee-Organisation

(1) Die nach dem Übereinkommen von 1962 gegründete Internationale Kaffee-Organisation besteht zur Durchführung des vorliegenden Übereinkommens und zur Überwachung seiner Anwendung fort.

(2) Sitz der Organisation ist London, es sei denn, daß der Rat mit beiderseitiger Zweidrittelmehrheit etwas anderes beschließt.

(3) Die Organisation übt ihre Funktionen durch den Internationalen Kaffeerat, ihr Exekutivdirektorium, ihren Exekutivdirektor und ihr Personal aus.

. . . .

Art. 12: Stimmen

(1) Die Ausfuhrmitglieder und die Einfuhrmitglieder haben insgesamt jeweils 1000 Stimmen, die innerhalb jeder Mitgliederkategorie – d.h. unter den Ausfuhr- und Einfuhrmitgliedern – nach Maßgabe der folgenden Bestimmungen verteilt werden.

(2) Jedes Mitglied hat fünf Grundstimmen, sofern die Grundstimmen in jeder Mitgliederkategorie insgesamt 150 nicht übersteigen. Sind mehr als 30 Ausfuhrmitglieder oder mehr als 30 Einfuhrmitglieder vorhanden, so wird die Anzahl der Grundstimmen jedes Mitglieds innerhalb der betreffenden Mitgliederkategorie so ausgeglichen, daß die Anzahl der Grundstimmen in jeder Mitgliederkategorie höchstens 150 beträgt.

(3) Die übrigen Stimmen der Ausfuhrmitglieder werden auf diese Mitglieder im Verhältnis ihrer Ausfuhr-Grundquoten verteilt; bei der Abstimmung über Angelegenheiten, die sich aus Artikel 5 Absatz 2 ergeben, werden jedoch die übrigen Stimmen einer Mitgliedergruppe auf die Gruppenangehörigen im Verhältnis ihres jeweiligen Anteils an der Ausfuhr-Grundquote der Mitgliedergruppe verteilt. Ein Ausfuhrmitglied, dem eine Grundquote nicht zugeteilt worden ist, erhält keinen Anteil dieser übrigen Stimmen.

(4) Die übrigen Stimmen der Einfuhrmitglieder werden auf diese Mitglieder im Verhältnis ihrer durchschnittlichen Kaffee-Einfuhrmenge während der vorangehenden drei Jahre verteilt.

(5) Vorbehaltlich des Absatzes 6 wird die Verteilung der Stimmen vom Rat zu Beginn eines jeden Kaffeejahres festgelegt und gilt für die Dauer dieses Jahres.

(6) Der Rat nimmt eine Neuverteilung der Stimmen nach Maßgabe dieses Artikels vor, sobald sich die Mitgliedschaft in der Organisation ändert oder wenn einem

Mitglied nach den Artikeln 25, 38, 45, 48, 54 oder 59 das Stimmrecht entzogen oder zurückgegeben wurde.
(7) Ein Mitglied darf nicht mehr als 400 Stimmen haben.
. . . . .

Art. 27: Allgemeine Verpflichtungen der Mitglieder
(1) Die Mitglieder verpflichten sich, ihre Handelspolitik so zu betreiben, daß die in Artikel 1 und insbesondere in dessen Absatz 4 genannten Zwecke verwirklicht werden können. Sie sind sich in dem Wunsch einig, dieses Übereinkommen so anzuwenden, daß das Realeinkommen aus der Kaffeeausfuhr nach und nach gesteigert werden kann, um es mit ihrem Bedarf an ausländischen Devisen zur Förderung ihrer sozialen und wirtschaftlichen Aufbaupläne in Einklang zu bringen.
(2) Um diese Ziele durch die Festsetzung von Quoten, wie in diesem Kapitel vorgesehen, sowie durch die sonstige Durchführung dieses Übereinkommens zu erreichen, sind sich die Mitglieder über die Notwendigkeit einig, das allgemeine Niveau der Kaffeepreise nicht unter das allgemeine Niveau dieser Preise von 1962 herabsinken zu lassen.
(3) Die Mitglieder sind sich des weiteren in dem Wunsch einig, den Verbrauchern Preise zuzusichern, die angemessen sind und eine wünschenswerte Steigerung des Verbrauchs nicht behindern.
. . . . .

Art. 30: Festsetzung der jährlichen Ausfuhrquoten
(1) Spätestens 30 Tage vor Beginn jedes Kaffeejahres nimmt der Rat mit Zweidrittelmehrheit eine Schätzung der gesamten Welteinfuhren und -ausfuhren für das folgende Kaffeejahr und eine Schätzung der voraussichtlichen Ausfuhren aus Nichtmitgliedländern an.
(2) An Hand dieser Schätzungen setzt der Rat unverzüglich für alle Ausfuhrmitglieder jährliche Ausfuhrquoten fest. Mit Ausnahme derjenigen Ausfuhrmitglieder, deren jährliche Quoten sich nach Artikel 31 Absatz 2 bestimmen, werden diese jährlichen Ausfuhrquoten nach demselben Hundersatz der in Anlage A angegebenen Ausfuhr-Grundquoten berechnet.
. . . . . .

Art. 42: Untersuchung der Marktbewegungen
Der Rat beobachtet ständig die Bewegungen auf dem Kaffeemarkt, um eine entsprechende Preispolitik empfehlen zu können, wobei die durch das in diesem Übereinkommen vorgesehene Quotensystem erzielten Ergebnisse zu berücksichtigen sind.
. . . . . .

Art. 45: Regelung der Einfuhren
(1) Um zu verhindern, daß Ausfuhrländer, die nicht Mitglieder sind, ihre Ausfuhren auf Kosten der Mitglieder erhöhen, beschränkt jedes Mitglied seine jährlichen Einfuhren von in Ausfuhrländern, die nicht Mitglied sind, erzeugtem Kaffee auf eine Menge, die seine durchschnittlichen jährlichen Kaffee-Einfuhren aus diesen Ländern während der Kalenderjahre 1960, 1961 und 1962 nicht übersteigt.
. . . . . .

Art. 48: Produktionspolitik und Beschränkung der Produktion
(1) Jedes Erzeugermitglied verpflichtet sich, seine Kaffee-Erzeugung auf eine Menge abzustimmen, welche die für den einheimischen Verbrauch, die zulässigen Ausfuhren und die in Artikel 49 bezeichneten Vorräte benötigte Menge nicht übersteigt.
. . . . . .

Art. 49: Politik in bezug auf Kaffeevorräte
(1) Der Rat kann zur Ergänzung des Artikels 48 mit beiderseitiger Zweidrittelmehrheit eine Politik in bezug auf die Kaffeevorräte in den Erzeuger-Mitgliedsländern festlegen.
. . . . . ."

Abdruck nach BGBl 1968 II, S.667 ff.

L G. Dahm, Völkerrecht, Bd. 2, 1961, S. 261-274, 503-520, 579-641;
I. Seidl-Hohenveldern, Völkerrecht, 2. Aufl. 1969, S. 240-242, 244-247, 259-267;
G. Erler, Grundprobleme des internationalen Wirtschaftsrechts, 1956;
G. Erler, Wirtschaftsrecht, internationales, in Strupp-Schlochauer, Wörterbuch des Völkerrechts, Bd. 3, 1962, S. 862-874;
R. Stödter, Völkerrecht und Weltwirtschaft, ZaöRV 13 (1950/51), S. 67-97;
G. Jaenicke, Meistbegünstigungsklausel, in Strupp-Schlochauer, Wörterbuch des Völkerrechts, Bd. 2, 1961, S. 497-502;
O. Bühler, Steuerrecht, internationales, in Strupp-Schlochauer, Wörterbuch des Völkerrechts, Bd. 3, 1962, S. 377-390;
W. Birke, Die Konfiskation ausländischen Privatvermögens im Hoheitsbereich des konfiszierenden Staates nach Friedensvölkerrecht, 1960;
K.H. Böckstiegel, Die allgemeinen Grundsätze des Völkerrechts über Eigentumsentziehung, 1963;
J. Burth, Die Enteignung von Aktionärsrechten durch ausländische Staaten, 1963;
M. Domke, Enteignung, in Strupp-Schlochauer, Wörterbuch des Völkerrechts, Bd. 1, 1960, S. 428-430;

Internationales Wirtschaftsrecht

R. Preiswerk, La protection des investissements privés dans les traités bilateraux, 1963;
G. Schwarzenberger, Der Schutz von Auslandsinvestitionen. Multilaterale Kodifikationsversuche, 1969;
I. Seidl-Hohenveldern, Investitionen in Entwicklungsländern und das Völkerrecht, 1963;
G. White, Die Enteignung von Aktionärsrechten durch ausländische Staaten, 1963
H. Steinberger, GATT und regionale Wirtschaftszusammenschlüsse, 1963;
G. Jaenicke - R. Wiethölter, Zur Frage des internationalen ordre public, Berichte 7 (1967), S. 77-132, S. 133-177.

Einführung

Nach den Grundzügen des internationalen Wirtschaftsrechts soll nun das internationale Seerecht erörtert werden, das für die internationalen Wirtschaftsbeziehungen, aber nicht nur für diese, von großer Bedeutung ist. Es gibt verschiedene Teile der See; sie werden in der Reihenfolge der Nähe zum Anliegerstaat und der Intensitätsstärke der staatlichen Hoheitsrechte behandelt, d.h. zunächst die Eigengewässer, in denen die staatlichen Hoheitsrechte am stärksten sind, sodann die Küstengewässer, die Anschlußzone und schließlich die Hohe See, für die der Grundsatz der Freiheit der Meere gilt. Ein Sonderfall ist der sog. Festlandsockel, der am Ende des Abschnittes erörtert wird.

GLIEDERUNG

des 4. Abschnittes

4.1 Eigengewässer

4.1.1 Abgrenzung der Eigengewässer

I_1 Das internationale Seerecht trifft unterschiedliche Regelungen je nachdem, ob es sich handelt um

1. **Eigengewässer,**
2. **Küstengewässer,**
3. **Anschlußzone,**
4. **Hohe See,**
5. **Festlandsockel.**

Eigengewässer sind:

1. **Binnengewässer,**
2. **Häfen,**
3. **Flußmündungen und Buchten**
   bis zu 24 Seemeilen (sm) Breite.

B_1 Für Flußmündungen und Buchten bis zu 24 Seemeilen (sm) Breite: Elbmündung; Jadebusen.

I_2 Die rechtliche Abgrenzung der Eigengewässer von den Küstengewäss verläuft auf der sog. **Grundlinie** (Basislinie).

Die Grundlinie kann entweder dort gezogen werden, wo das Meer auch bei Ebbe gerade noch das Land berührt (**Niedrigwasserlinie, Ebbe-Methode**), oder als gerade Verbindungslinie zwischen den Spitzen der Landzungen (**Methode der markanten Punkte**).

Ebbe-Methode

Methode der markanten Punkte

F_2 Die Küste Norwegens ist sehr zerklüftet und hat daher viele herausragende Landzungen.

Welche der beiden Methoden für die Abgrenzung der Eigengewässer von den Küstengewässern ist für Norwegen günstiger?

A_2 Für Norwegen ist die Methode der markanten Punkte günstiger: Diese Methode dehnt wegen der herausragenden Landzungen die norwegischen Eigengewässer aus.

I_3 Da infolge des Wechsels der Gezeiten nicht ohne weiteres ersichtlich ist, wo das Meer bei Ebbe gerade noch das Land berührt, hat die Ebbe-Methode gegenüber der Methode der markanten Punkte den Nachteil geringerer Klarheit.

Dagegen hat die Methode der markanten Punkte den Nachteil, daß sie den Raum der Eigengewässer ausdehnt, was für den anliegenden Staat zwar vorteilhaft, für alle anderen Staaten aber ungünstig ist.

Das Genfer Abkommen über das Küstenmeer und die Anschlußzone bestimmt als normale Ausgangslinie für die Messung der Breite der Küstengewässer die Niedrigwasserlinie (Ebbe-Methode), läßt jedoch für Gegenden, in denen die Küste tief eingebuchtet und eingeschnitten ist oder in denen sich entlang der Küste in deren unmittelbarer Nähe eine Inselkette erstreckt, die Methode der markanten Punkte zu (Art. 3, 4 Abs. I).

4.1.2 Rechte des Küstenstaates in Eigengewässern

I_4 Die **Eigengewässer sind Staatsgebiet des Küstenstaates.**

Über die Eigengewässer hat der Küstenstaat daher die **volle Gebietshoheit** mit allen daraus folgenden Rechten (Art. 1 des Genfer Abkommens über das Küstenmeer und die Anschlußzone).

B_4 Polizeirecht.

Zollrecht.

Gerichtsbarkeit.

F_4 Schiffe auf Hoher See gelten als Staatsgebiet des Flaggenstaates („schwimmende Inseln"; „île flottante").

Diese Regel wird problematisch, wenn die Schiffe sich wo befinden?

A_4 Die Regel, daß Schiffe als Staatsgebiet des Flaggenstaates gelten, ist problematisch, wenn Schiffe sich im Hafen eines fremden Staates befinden; denn bei Geltung dieser Regel würden sich ständig wechselnde exterritoriale Räume im Hafengebiet befinden, da die Gebietshoheit des Schiffseignerstaates mit der Gebietshoheit des Hafenstaates konkurrieren würde.

I_5 Schiffe unter fremder Flagge – ausgenommen Staatsschiffe (z.B. Kriegsschiffe) – unterliegen grundsätzlich der Hoheitsgewalt des Hafenstaates.

Die Hafenstaaten können von ihrer Hoheitsgewalt jedenfalls dann Gebrauch machen, wenn die „**gute Ordnung**" **des Hafens**, d.h. dessen öffentliche Sicherheit und Ordnung, beeinträchtigt wird.

F_5 Können die Behörden des Hafenstaates einschreiten, wenn

a) in einem dänischen Hafen Matrosen eines sowjetischen Handelsschiffes Passagiere, die aus der UdSSR fliehen wollen, gewaltsam daran hindern, von Bord zu springen,

b) ein schwedisches Handelsschiff, das auf der Fahrt in die UdSSR unterwegs Flüchtlinge aus der UdSSR aufgenommen hat, einen sowjetischen Hafen anläuft,

c) Matrosen eines deutschen Kriegsschiffes, das in einem brasilianischen Hafen liegt, an Land gehen, um einen desertierten Matrosen zu suchen und an Bord zurückzubringen (Panther-Fall 1906),

d) ein im Hafen von Genua befindliches Schiff der Volksrepublik China durch Lautsprecher und Plakate an den Schiffswänden Mao-Parolen verbreitet,

e) an Bord eines im Hafen von Marseille liegenden deutschen Kriegsschiffes ein Mord begangen wird?

A_5 a) Ja. Die dänischen Behörden können einschreiten, wenn in einem dänischen Hafen Matrosen eines sowjetischen Handelsschiffes Passagiere, die aus der UdSSR fliehen wollen, gewaltsam daran hindern wollen, von Bord zu springen: Das Schiff unterliegt der Hoheitsgewalt des Hafenstaates. Freiheitsberaubung verstößt gegen die öffentliche Sicherheit und stört daher die gute Ordnung des Hafens.

b) Ja. Die sowjetischen Behörden können Flüchtlinge aus der UdSSR von Bord eines schwedischen Handelsschiffes in einem Hafen der UdSSR holen: Schiffe können im Hafen eines fremden Staates kein Asyl gewähren.

c) Ja. Die brasilianischen Behörden können einschreiten, wenn Matrosen eines deutschen Kriegsschiffes in einem brasilianischen Hafen nach einem Deserteur suchen: Die Suche ist ein unzulässiger (deutscher) Hoheitsakt auf fremdem (brasilianischen) Staatsgebiet.

d) Ja. Die italienischen Behörden können einschreiten, wenn ein Schiff der Volksrepublik China im Hafen von Genua Mao-Parolen verbreitet: es handelt sich um eine unzulässige Einmischung in die politischen Angelegenheiten Italiens.

e) Nein. Die französischen Behörden können nicht einschreiten, wenn an Bord eines im Hafen von Marseille liegenden deutschen Kriegsschiffes ein Mord begangen wird: Staatsschiffe unterliegen nicht der Hoheitsgewalt des Hafenstaates.

4.2 Küstengewässer

4.2.1 Abgrenzung der Küstengewässer

I_6 An die Eigengewässer schließen sich die Küstengewässer an. Die **Grenze zwischen Eigengewässern und Küstengewässern liegt auf der sog. Grundlinie**, d.h. der Ebbe-Linie bzw. der Linie der markanten Punkte.
Die **Grenze zwischen Küstengewässern und Hoher See war früher die 3-Seemeilen-Grenze**, d.h. die Linie, die 3 Seemeilen (1 sm = 1,85 km) vom Beginn der Eigengewässer ab lag.

Die 3 Seemeilen-Breite entsprach der Reichweite von Kanonen im 18./19. Jahrhundert. Der Gedanke, die Breite der Küstengewässer und damit die staatliche Gebietshoheit nach der Kanonenschußweite zu bemessen, war, daß die Gebietshoheit so weit reicht wie die Kraft der Waffen des Küstenstaates (potestas terrae finitur, ubi finitur armorum vis).

Der Gedanke der Bemessung der Küstengewässer nach der Reichweite der Waffen kann beim heutigen Stand der Waffenentwicklung kein brauchbares Kriterium sein, weil die Reichweite der Waffen heute nahezu unbegrenzt ist.

B_6 Interkontinentale Raketen.

I_7 Mehrere Staaten beanspruchen, vor allem um sich Fischbereiche zu sichern, extrem breite Küstengewässer.

Die Genfer Konvention von 1958 über die Küstengewässer und die Anschlußzone sieht vor, daß die **Küstengewässer äußerstenfalls 12 Seemeilen** breit sein dürfen, wobei die Bestimmung der Breite der Küstengewässer innerhalb dieser Grenzen im Ermessen der Staaten liegt.
Natürliche Inseln haben auch Küstengewässer.

F_7 Bohrungen nach unterseeischen Öl- und Erdgasvorkommen werden von künstlichen Inseln (Plattformen aus Stahl) niedergebracht. Haben diese künstlichen Inseln Küstengewässer?

A_7 Nein. Künstliche Inseln haben keine Küstengewässer: Nur natürliche Inseln haben Küstengewässer.

I_8 Bloße Felsen, Kliffs und unbedeutende Mini-Inseln haben trotz ihrer Eigenschaft als natürliche Inseln keine Küstengewässer.

4.2.2 Rechte des Küstenstaates in Küstengewässern

I_9 **In den Küstengewässern gilt grundsätzlich die Gebietshoheit des Küstenstaates.**

B_9 Recht auf Fischfang.

Funkhoheit (Verbot von „Piratensendern").

Recht auf Ausbeutung von Bodenschätzen des Meeresbodens und Meeresuntergrundes.

Verbot der Cabotage (Passagier- und Frachtverkehr, der auf die Linie zwischen zwei Häfen des Küstenstaates beschränkt ist) für Schiffe fremder Staaten.

Maßnahmen gegen Schmuggel.

I_{10} Die Gebietshoheit des Küstenstaates ist in den Küstengewässern jedoch **ausnahmsweise beschränkt.**

B_{10} Recht fremder Kriegs- und Handelsschiffe auf **friedliche Durchfahrt** („innocent passage").

I_{11} Der Küstenstaat darf gegenüber Schiffen fremder Flaggen, die von dem Recht auf friedliche Durchfahrt Gebrauch machen, gegen deren Willen grundsätzlich keine Hoheitsgewalt ausüben.

F_{11} Welche Fälle sind denkbar, in denen ausnahmsweise Behörden des Küstenstaates in den Küstengewässern Hoheitsgewalt gegenüber durchfahrenden fremden Schiffen ausüben dürfen?

A_{11} Die Fälle, in denen ausnahmsweise Behörden des Küstenstaates in den Küstengewässern gegenüber fremden durchfahrenden Schiffen Hoheitsgewalt ausüben dürfen, können sein:

1. wenn von dem Schiff eine Bedrohung der Ordnung in den Küstengewässern ausgeht („unfriedliche Passage“);

2. auf Bitte des Kapitäns („volenti non fit iniuria“).

B_{11} Für eine „unfriedliche Passage“:
Schmuggler-Schiff.

Für eine Bitte des Kapitäns:
Meuterei an Bord eines Schiffes.

4.3 Anschlußzone

4.3.1 Abgrenzung der Anschlußzone

I_{12} An die Küstengewässer schließt sich die sog. Anschlußzone (contiguous zone; zone contiguë) an.

Die Anschlußzone **beginnt auf der meerwärts gerichteten Grenze der Küstengewässer und endet äußerstenfalls in 12 sm Entfernung von der Küste** (Art. 24 Abs. II des Genfer Abkommens über das Küstenmeer und die Anschlußzone.)

Die Breite der Anschlußzone ist also unterschiedlich je nach der Breite der Küstengewässer.

B_{12} Großbritannien: 3 sm Küstengewässer
9 sm Anschlußzone

Italien: 6 sm Küstengewässer
6 sm Anschlußzone

F_{12} Wie breit darf die Anschlußzone sein

a) von Mexiko, dessen Küstengewässer 9 sm breit sind,

b) der UdSSR, deren Küstengewässer 12 sm breit sind?

A_{12} a) Die Anschlußzone Mexikos darf 3 sm breit sein (12 sm insgesamt minus 9 sm Küstengewässer).

b) Die UdSSR darf überhaupt keine Anschlußzone beanspruchen, da schon ihre Küstengewässer 12 sm breit sind, also die höchste zulässige Ausdehnung erreichen.

4.3.2 Rechte des Küstenstaates in der Anschlußzone

I_{13} Die Anschlußzone ist eine **Schutzzone, in der der Küstenstaat keine Gebietshoheit, sondern nur einzelne Kontroll- und Eingriffsrechte besitzt.**

Der Küstenstaat kann in der Anschlußzone die erforderliche Kontrolle ausüben, um

(a) Verstöße gegen seine Zoll-, Finanz-, Einwanderungs- oder Gesundheitsvorschriften auf seinem Hoheitsgebiet oder in seinem Küstenmeer zu verhindern;

(b) Verstöße gegen diese Vorschriften, die auf seinem Hoheitsgebiet oder in seinem Küstenmeer begangen worden sind, zu ahnden
(Art. 24 Abs. I des Genfer Abkommens über das Küstenmeer und die Anschlußzone).

B_{13} Kontrolle eines Schiffes, dessen Besatzung und Passagiere seuchenverdächtig sind und das den Küstenstaat anlaufen will.

I_{14} Der Gedanke einer Schutzzone wurde von den USA in der Prohibitionszeit (1920-1933) entwickelt, um den Alkoholschmuggel auf schnellen kleinen Schiffen zu unterbinden; diese Schmuggelschiffe konnten im Fall ihrer Entdeckung durch Küstenwachboote aus den Küstengewässern leicht auf die Hohe See entfliehen, wo eine Verfolgung unzulässig war.

F_{14} Ist

a) für den Küstenstaat

b) für die anderen Staaten

ein breites Küstengewässer und eine enge Anschlußzone günstig?

A_{14} a) Ja. Für den Küstenstaat ist ein breites Küstengewässer und eine enge Anschlußzone günstig: er hat im Küstengewässer mehr Rechte als in der Anschlußzone.

b) Nein. Für die anderen Staaten ist umgekehrt ein breites Küstengewässer und eine enge Anschlußzone ungünstig: sie haben im Küstengewässer des Küstenstaates weniger Rechte als in der Anschlußzone.

4.4 Hohe See

4.4.1 Freiheit der Hohen See

I_{15} Die **Freiheit der Hohen See** („Freiheit der Meere") umfaßt gemäß Art. 2 des Genfer Abkommens über die Hohe See von 1958

die Freiheit der **Schiffahrt,**

die Freiheit der **Fischerei,**

die Freiheit des **Überfliegens,**

die Freiheit des **Legens von unterseeischen Kabeln und Pipelines.**

I_{16} Das Gebiet der Hohen See ist **nicht okkupationsfähig.**

Ein originärer Besitzerwerb kann daher auch an Teilen der Hohen See nicht eintreten.

F_{16} Ist die Hohe See eine res nullius oder eine res omnium communis?

A_{16} Die Hohe See ist eine res omnium communis:
Wäre die Hohe See eine res nullius,
so könnte jeder Staat sie sich aneignen.

I_{17} **Vereiste Meere** – wie z.B. die Arktis – werden durch die Vereisung zwar faktisch begehbar, bleiben aber völkerrechtlich Seegebiet;

sie sind also **nicht okkupationsfähig.**

4.4.2 Schranken der Freiheit der Hohen See

I_{18} Die Freiheit der Hohen See wird häufig durch **Rechtsmißbräuche** beeinträchtigt.

B_{18} Ablagerung von Abfällen.

I_{19} Die **Erklärung eines Seegebietes zum Sperrgebiet** mit der Folge, daß fremde Schiffe das Sperrgebiet nicht befahren dürfen, ist auch in Friedenszeiten völkergewohnheitsrechtlich **zulässig**, wenn das Sperrgebiet nicht übermäßig groß ist, keinen Hauptschiffahrtsweg blockiert und die Sperrung nicht willkürlich erfolgt.

F_{19} a) Die USA erklären ein 12 qkm umfassendes Seegebiet im Pazifik, das abseits von Schiffahrtswegen liegt, für 24 Stunden zum Sperrgebiet, weil dort Weltraumfahrer landen werden – zulässig?

b) Die UdSSR erklärt ein 12 qkm umfassendes Seegebiet im Pazifik, das abseits von Schiffahrtswegen liegt, für 24 Stunden zum Sperrgebiet, weil sie dort Raketenversuche durchführen will – zulässig?

A_{19} a) Ja. Da es sich nur um eine zeitlich begrenzte Sperrung eines verhältnismäßig kleinen und abgelegenen Seegebietes handelt, ist die Sperrung zulässig.

b) Ja. Auch diese Sperrung ist aus den Gründen wie zu a) zulässig; allerdings ist dieser Fall deshalb problematischer, weil verirrte Raketen die Schiffahrt auch außerhalb des Sperrgebietes gefährden können.

I_{20} Ausnahmsweise können die Staaten auch **Hoheitsgewalt auf Hoher See** ausüben, nämlich

auf eigenen Schiffen,

gegenüber Piratenschiffen,

gegenüber flaggenlosen Schiffen,

im Fall der Nacheile (Verfolgung; „hot pursuit"),

im Fall des Selbstschutzes.

B_{20} Für Hoheitsgewalt auf eigenen Schiffen:
Kapitän als Inhaber der Polizeigewalt und als Standesbeamter.

Für Hoheitsgewalt gegenüber Piraten- und flaggenlosen Schiffen:
Aufbringung solcher Schiffe.

Für Nacheile:
Verfolgung eines fremden Schiffes, das die Gesetze des nacheilenden Staates in dessen Hoheitsgebiet verletzt hat.

Für Selbstschutz:
Inbrandsetzen eines leckgewordenen fremden Tankers, dessen auslaufendes Öl die Küsten zu verseuchen droht.

4.5 Festlandsockel

4.5.1 Abgrenzung des Festlandsockels

I_{21} Der Festlandsockel („Kontinentalschelf") ist
die **natürliche Fortsetzung des Landes** (Kontinents)
unter Wasser.

Der Festlandsockel umfaßt den Meeresboden und den Meeresuntergrund;
er reicht so weit,
wie die Wassertiefe über dem Meeresboden 200 m nicht übersteigt
oder soweit eine Ausbeutung der Naturschätze im Festlandsockel
technisch möglich ist
(Art. 1 des Genfer Abkommens über den Festlandsockel von 1958).

F_{21} Welches Bedenken besteht gegen die Abgrenzung
nach der technischen Möglichkeit der Ausbeutung?

A_{21} Gegen das Kriterium der Abgrenzung des Festlandsockels nach der technischen Möglichkeit der Ausbeutung der Naturschätze spricht, daß dieses Kriterium unbestimmt ist und bei fortschreitender technischer Entwicklung die Grenzen des Festlandsockels immer weiter in die Hohe See ausdehnt.

I_{22} Das Kriterium der technischen Nutzbarkeit wurde in die Genfer Konvention über die Hohe See von 1958 aufgenommen, weil es Staaten gibt, deren Festlandsockel unmittelbar vor der Küste jäh abbricht;
diese Staaten hätten bei ausschließlicher Geltung der 200 m-Wassertiefe überhaupt keinen oder nur einen sehr kleinen Festlandsockel.

B_{22} Norwegen (sog. norwegischer Graben).

Westküste Südamerikas.

F_{22} Ist die Ausdehnung des Festlandsockels identisch mit der Breite der Küstengewässer und der Anschlußzone, oder ist sie davon unabhängig?

A_{22} Die Ausdehnung des Festlandsockels ist nicht identisch mit der Breite der Küstengewässer und der Anschlußzone, sondern ist von ihr unabhängig: Der Festlandsockel kann über die Küstengewässer und die Anschlußzone hinausgehen, er kann aber auch dahinter zurückbleiben, je nach Wassertiefe oder technischer Nutzungsmöglichkeit.

I_{23} Umstritten ist die Seiten-Abgrenzung zwischen den Festlandsockeln der verschiedenen (neben– bzw. gegenüberliegenden) Staaten.

Art. 6 des Genfer Abkommens von 1958 über den Festlandsockel bestimmt, daß **bei fehlender vertraglicher Vereinbarung und wenn keine andere Grenzziehung auf Grund besonderer Umstände** („special circumstances") **gerechtfertigt ist**, das Prinzip der **Äquidistanzlinie** gelten soll.
Die Äquidistanzlinie ist die Linie der gleichen Entfernung von den nächstgelegenen Punkten der Ausgangslinie, von denen aus die Breite der Küstengewässer der betreffenden Staaten gemessen wird, also die Senkrechte auf der Ausgangslinie, errichtet über dem Endpunkt der Landgrenzen.

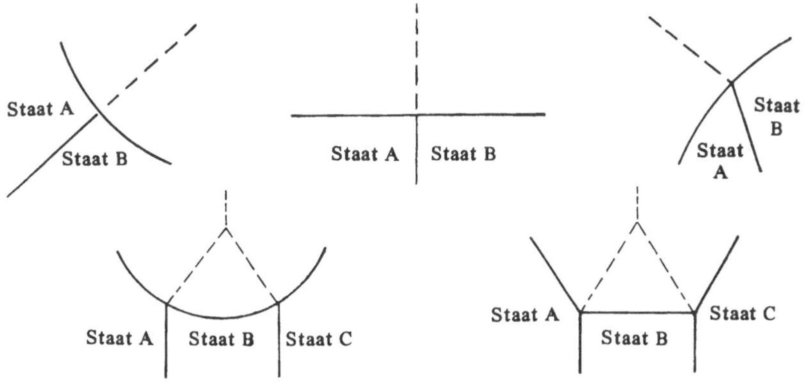

F_{23} Zwischen zwei Staaten, die das Genfer Abkommen über den Festlandsockel ratifiziert haben, fehlt eine spezielle vertragliche Vereinbarung über die seitliche Abgrenzung ihrer Festlandsockel. Die Äquidistanzlinie ist für einen von beiden ungünstig. Welchen in dem Abkommen enthaltenen Gesichtspunkt würde dieser Staat in einem Rechtsstreit mit dem anderen Staat zur Geltung bringen?

A_{23} Der vom Äquidistanzprinzip benachteiligte Staat wird in dem Rechtsstreit über die seitliche Abgrenzung des Festlandsockels den Gesichtspunkt der „besonderen Umstände“ zur Geltung bringen.

I_{24} Als besondere Umstände können z.B. ein extrem ungünstiger Küstenverlauf und die Gesamtlänge der Küste angesehen werden.

4.5.2 Rechte des Küstenstaates am Festlandsockel

I_{25} Der Küstenstaat hat bestimmte Hoheitsrechte am Festlandsockel.

Das Genfer Abkommen über den Festlandsockel gewährt in Art. 2 und Art. 5 das Recht auf
Nutzung der Bodenschätze,
Errichtung von Bohrinseln,
Grundfischerei (Fang von Lebewesen, die auf dem Meeresgrund bleiben).

B_{25} Für Nutzung von Bodenschätzen:
Förderung von Erdöl und Erdgas.

Für Grundfischerei:
Hummerfang; Perlenfischerei.

I_{26} Bohrinseln dürfen mit einer Sicherheitszone von 500 m Durchmesser umgeben werden;
es steht jedoch den Staaten nicht das Recht zu,
darüber hinaus Eigen- und Küstengewässer rund um die Bohrinseln zu beanspruchen.

Hochseeschiffahrt, Hochseefischerei, Legen von Kabeln und Pipelines sowie das Überfliegen dürfen nicht gehindert werden.

F_{26} a) Welche Freiheit darf also die Ausübung der Hoheitsrechte am Festlandsockel nicht beeinträchtigen?

b) Worin besteht der Unterschied bezüglich der Rechte an den Küstengewässern und der Rechte am Festlandsockel?

A_{26} a) Die Freiheit der Hohen See darf durch die Ausübung der Hoheitsrechte am Festlandsockel nicht beeinträchtigt werden.

b) Der Unterschied bezüglich der Rechte an den Küstengewässern und der Rechte am Festlandsockel liegt in der unterschiedlich starken Intensität der Hoheitsbefugnisse des Küstenstaates.

I_{27} **Die Hoheitsrechte am Festlandsockel beziehen sich nur auf den Meeresboden und den Meeresuntergrund** (soweit der Festlandsockel reicht),
nicht dagegen auf die darüberliegende See.

WF 1. Welche Seegebiete mit unterschiedlichen völkerrechtlichen Regelungen kennen Sie?

1. . . . .
2. . . . .
3. . . . .
4. . . . .
5. . . . .

2. Die Abgrenzung der Eigengewässer von den Küstengewässern (Grundlinie) kann nach welchen Methoden bestimmt werden?

1. . . . .
2. . . . .

3. Haben Küstengewässer auch

die natürlichen Inseln? Ja ☐ Nein ☐
die künstlichen Inseln? Ja ☐ Nein ☐

4. Die Freiheit der Hohen See umfaßt 4 Freiheiten, nämlich

1. . . . .
2. . . . .
3. . . . .
4. . . . .

5. Ist die Hohe See

res nullius? ☐ oder res omnium communis? ☐

6. Staaten können Hoheitsgewalt auf Hoher See ausüben:

1. . . . .
2. . . . .
3. . . . .
4. . . . .
5. . . . .

7. Wie weit reicht der Festlandsockel?

. . . .
. . . .
. . . .

8. Welche Rechte hat der Küstenstaat am Festlandsockel?

1. . . . .
2. . . . .
3. . . . .

Internationales Seerecht

AWF 1. Welche Seegebiete mit unterschiedlichen völkerrechtlichen Regelungen kennen Sie?

1. **Eigengewässer**
2. **Küstengewässer**
3. **Anschlußzone**
4. **Hohe See**
5. **Festlandsockel** (I_1)

2. Die Abgrenzung der Eigengewässer von den Küstengewässern (Grundlinie) kann nach welchen Methoden bestimmt werden?

1. **Niedrigwasser-Linie (Ebbe-Methode)**
2. **Methode der markanten Punkte** (I_2)

3. Haben Küstengewässer auch

die natürlichen Inseln? Ja [×] Nein [ ]
die künstlichen Inseln? Ja [ ] Nein [×] (I_7 , A_7)

4. Die Freiheit der Hohen See umfaßt 4 Freiheiten, nämlich

1. **Freiheit der Schiffahrt**
2. **Freiheit der Fischerei**
3. **Freiheit des Überfliegens**
4. **Freiheit des Legens von Kabeln und Pipelines** (I_{12})

5. Ist die Hohe See

res nullius [ ] oder res omnium communis [×] (A_{16})

6. Staaten können Hoheitsgewalt auf Hoher See ausüben:

1. **Auf eigenen Schiffen**
2. **Gegenüber Piratenschiffen**
3. **Gegenüber flaggenlosen Schiffen**
4. **Im Fall der Nacheile**
5. **Im Fall des Selbstschutzes** (I_{20})

7. Wie weit reicht der Festlandsockel?

So weit wie die Wassertiefe 200 m nicht übersteigt oder eine Ausbeutung der Naturschätze im Festlandsockel technisch möglich ist. (I_{21})

8. Welche Rechte hat der Küstenstaat am Festlandsockel?

1. **Nutzung der Bodenschätze**
2. **Errichtung von Bohrinseln**
3. **Grundfischerei** (I_{25})

1. Rechtsgrundlagen

V Das internationale Seerecht, das früher weitgehend auf Gewohnheitsrecht beruhte, ist seit der Mitte des 19. Jahrhunderts mehr und mehr vertraglich kodifiziert worden. Die wichtigsten Kodifikationen sind die vier Genfer Abkommen vom 29. April 1958 über das Küstenmeer und die Anschlußzone (Text: UNTS Bd. 516, S. 205 ff.), über die Hohe See (Text: UNTS Bd. 450, S. 82 ff.), über die Fischerei und die Erhaltung der lebenden Schätze der Hohen See (Text: ArchVR 7, [1958/59] S. 320 ff.), sowie über den Festlandsockel (UNTS Bd. 499, S. 311 ff.). Andere wichtige multilaterale Verträge sind das Internationale Übereinkommen zur einheitlichen Feststellung einzelner Regeln über die vorsorgliche Beschlagnahme von Seeschiffen vom 10. Mai 1952 (UNTS Bd. 439, S. 193 ff.), das Internationale Übereinkommen zur Verhütung der Verschmutzung der See durch Öl (Londoner Ölverschmutzungsabkommen) vom 12. Mai 1954 (BGBl 1956 II, S. 381) und das Internationale Übereinkommen zum Schutz des menschlichen Lebens auf See vom 17. Juni 1960 (BGBl 1965 II, S. 480). Außerdem gibt es zahlreiche bilaterale Verträge (z.B. Handels-, Freundschafts- und Schiffahrtsverträge), die Fragen des internationalen Seerechts regeln.

2. Eigengewässer

Die **Intensität der Gebietshoheit der Staaten** ist in den verschiedenen Seegebieten (Eigengewässer, Küstengewässer, Anschlußzone, Festlandsockel, Hohe See) **unterschiedlich stark**. Die Eigengewässer (Binnengewässer) sind von den verschiedenen Seegebieten die Gebiete mit stärkster Gebietshoheit; sie unterliegen wie das Landgebiet der uneingeschränkten Gebietshoheit des Küstenstaates.

Die Abgrenzung der Eigengewässer zum Land hin ist unproblematisch, weil mit dem tatsächlichen Beginn des festen Landes zusammenfallend; Schwierigkeiten ergeben sich dagegen bei der Abgrenzung zur See hin. Die Abgrenzung nach der Ebbe-Methode benachteiligt Staaten mit Steilküste, bei denen auch bei Ebbe kein Land freigegeben wird. So hat z.B. der Internationale Gerichtshof in seinem Urteil vom 18. Dezember 1951 im britisch-norwegischen Fischereistreit, in dem es um die Ausdehnung der norwegischen Gewässer ging, zugunsten Norwegens die Methode der markanten Punkte anerkannt (ICJ Reports 1951, S. 116 ff.; so jetzt auch Art. 4 des Genfer Abkommens von 1958 über Küstengewässer und Anschlußzone). An sehr zerklüfteten Küsten kann diese Methode jedoch problematisch werden, weil die unterschiedliche Wahl von markanten Punkten zu unterschiedlichen Grenzziehungen führt.

Beispiel für zwei Möglichkeiten markanter Punkte bei gleichem Küstenverlauf:

Um eine mißbräuchliche Grenzziehung zu verhindern, bestimmt das Genfer Abkommen, daß die Grenzlinie sich nicht vom Verlauf der Küste zu weit entfernen darf.

Bei vollständig von Land umschlossenen **Binnengewässern**, die mehrere Staaten als Anlieger haben, ist die Grenze in der Regel die **Mittellinie, bei schiffbaren Flüssen der sog. Talweg** (= die Linie der größten Flußtiefe, d.h. die Flußrinne). Die Grenzziehung nach dem Prinzip des Talweges hat den Sinn, beiden Anliegern die Schiffahrt zu ermöglichen, was bei einer Grenzziehung nach dem Prinzip der Mittellinie dann nicht der Fall ist, wenn die eine Hälfte des Flusses wegen zu geringer Wassertiefe oder aus sonstigen Gründen nicht schiffbar ist.

Für den Bodensee war früher strittig, ob er unter gemeinsamer Gebietshoheit („Kondominium“) der Anliegerstaaten steht oder – wie heute überwiegend angenommen wird – real geteilt ist (vgl. dazu Bayer. VGH ArchVR 12 [1964/65] S. 218 ff.).

Buchten und Flußmündungen sind Eigengewässer, wenn ihre Öffnungsbreite 24 sm nicht überschreitet (Bsp.: Jadebusen; Elbmündung; Wesermündung); vgl. Art. 7 Abs. IV des Genfer Abkommens über das Küstenmeer und die Anschlußzone.

In Ausnahmefällen können sog. **historische Buchten**, d.h. Buchten, die – wie z.B. die Conception-Bay (Neufundland), die Hudson-Bay (Kanada) und der Vaeranger-Fjord (Norwegen) – schon immer als Eigengewässer eines Staates betrachtet wurden, trotz einer weiteren Öffnungsbreite als Eigengewässer beansprucht werden.

Da die Eigengewässer der vollen Gebietshoheit des Küstenstaates unterliegen, ist die **Einfahrt oder Durchfahrt von Schiffen in Eigengewässer(n)** ohne Zustimmung des Küstenstaates eine Grenzverletzung. Die Staaten können die Einfahrt oder Durchfahrt fremder Schiffe in ihre(n) Eigengewässer(n) grundsätzlich untersagen.

Jedoch haben die Staaten sich in zahlreichen Verträgen – z.B. im Übereinkommen und Statut über die internationale Rechtsordnung der Seehäfen von Barcelona vom 9. Dezember 1923 (RGBl 1928 II, S. 23 ff.) – verpflichtet, fremden Schiffen das Anlaufen der Eigengewässer, insbesondere auch der Häfen, zu gestatten; unabhängig davon muß das Anlaufen von Häfen den Schiffen gestattet werden, die sich in Seenot befinden.

Freihäfen unterliegen der vollen Gebietshoheit des Küstenstaates; sie werden lediglich zollrechtlich gesondert behandelt (Zollausschluß).

3. Rechtsstellung der Schiffe

Schiffe gelten grundsätzlich als **schwimmendes Staatsgebiet des Flaggenstaates.** Diese Regel gilt jedoch **nicht** für Schiffe (ausgenommen die Staatsschiffe), die sich in **Eigengewässern eines fremden Staates** befinden. Schiffe in fremden Eigengewässern sind also nicht exterritorial. Daraus folgt, daß sie der Gebietshoheit des Küstenstaates unterliegen, d.h. insbesondere der Polizeigewalt und der Gerichtsbarkeit.

Die Küstenstaaten machen jedoch von ihrer Hoheitsgewalt nur Gebrauch, wenn die **„gute Ordnung" des Hafens**, d.h. die Sicherheit und Ordnung im Hafen, beeinträchtigt wird. Historisches Beispiel aus der Zeit vor dem Sezessionskrieg ist das Anlaufen von britischen Häfen durch amerikanische Schiffe mit Sklaven an Bord; die britischen Behörden haben in diesen Fällen die Sklaven von Bord geholt, weil Sklavenhandel in Großbritannien strafbar war.

Immunität genießen unbestritten **nur Staatsschiffe**, d.h. Kriegsschiffe, Polizeiboote, Zollboote, Lazarettschiffe usw. Dagegen ist umstritten, ob auch **Staatshandelsschiffe** (d.h. Handelsschiffe, die im Eigentum eines Staates oder eines staatlichen Handelsunternehmens stehen) Immunität genießen. Die Ostblockstaaten, die ausschließlich Staatshandelsschiffe besitzen, bejahen die Immunität, während die westlichen Staaten, die kaum Staatshandelsschiffe besitzen, die Immunität verneinen.

4. Kanäle und Flüsse

Kanäle und Flüsse werden häufig durch völkerrechtliche Verträge **internationalisiert.** Die Internationalisierung bedeutet die Unterstellung unter eine internationale Verwaltung (Bsp.: Rheinschiffahrtskommission, Donaukommission) und/oder die Gewährung freier Durchfahrt für Schiffe aller Nationen (Bsp.: Panama-Kanal;

früher durch Vertrag [Konvention von Konstantinopel vom 20. Oktober 1888], seit 1957 durch einseitiges Versprechen der Suezkanal). Der Nord-Ostsee-Kanal („Kieler Kanal“) wurde durch den Versailler Vertrag internationalisiert. Durch einseitige Erklärung vom 14. November 1936 (RGBl 1936 II, S. 361) kündigte das Deutsche Reich die Internationalisierung. Nach deutscher Auffassung (a.A. polnische Autoren) ist die Internationalisierung des Nord-Ostsee-Kanals spätestens nach 1945 aufgrund stillschweigender Zustimmung der Vertragspartner zur Kündigung oder aufgrund Gewohnheitsrechtes beendet worden; deshalb hat der Bundesgerichtshof die an Bord eines ausländische Schiffes im Kieler Kanal von den deutschen Behörden vorgenommene Verhaftung eines wegen Mordes gesuchten griechischen Terroristen für rechtmäßig erklärt, da der Kieler Kanal deutsches Hoheitsgebiet sei (Skantzas-Fall, BGHSt Bd. 8, S. 59 ff vgl. auch OLG Schleswig, JIR 7 [1958] S. 405, im Ari-Fall).

5. Küstengewässer und Anschlußzone

Auch die Küstengewässer (das Küstenmeer) unterliegen der **Gebietshoheit des Küstenstaates** (Art. 1 Abs. I des Genfer Abkommens über Küstenmeer und Anschlußzone); jedoch gelten hier gewisse **Einschränkungen**. So hat der Küstenstaat den Schiffen aller Staaten das Recht auf **friedliche Durchfahrt** durch die Küstengewässer zu gestatten („innocent passage“); die Durchfahrt gilt als friedlich, solange sie nicht den Frieden, die Ordnung oder die Sicherheit des Küstenstaates beeinträchtigt; Unterseeboote haben über Wasser zu fahren und ihre Flagge zu zeigen (Art. 14 Abs. I, IV, VI des Genfer Abkommens über Küstenmeer und Anschlußzone). Eine nicht friedliche Durchfahrt kann der Küstenstaat mit allen erforderlichen Maßnahmen verhindern (Art. 16 Abs. I des Genfer Abkommens über Küstenmeer und Anschlußzone). Der Küstenstaat ist verpflichtet, für die **Sicherheit des Schiffsverkehrs** in den Küstengewässern zu sorgen, z.B. aus einem Krieg stammende Minen zu räumen.

In bezug auf die **Strafgerichtsbarkeit** bestimmt Art. 19 Abs. I des Genfer Abkommens über Küstenmeer und Anschlußzone: „Die Strafgerichtsbarkeit des Küstenstaates soll an Bord eines das Küstenmeer durchfahrenden fremden Schiffes nicht ausgeübt werden, um im Zusammenhang mit einer während der Durchfahrt an Bord des Schiffes begangenen strafbaren Handlung eine Person festzunehmen oder eine Untersuchung durchzuführen, außer wenn a) sich die Folgen der strafbaren Handlung auf den Küstenstaat erstrecken, oder b) wenn die strafbare Handlung geeignet ist, den Frieden des Landes oder die Ordnung im Küstenmeer zu stören, oder c) wenn die Hilfe der örtlichen Behörden vom Kapitän des Schiffes oder vom Konsul, dessen Flagge das Schiff führt, erbeten worden ist, oder d) wenn dies zur Unterdrückung des unerlaubten Handelns mit

Rauschgiften erforderlich ist." Schiffe fremder Staaten sollen also auf der Durchfahrt durch die Küstengewässer vor Zugriffen des Küstenstaates so weit wie möglich geschützt werden; kommt dagegen das fremde Schiff aus den Eigengewässern des Küstenstaates, so gilt es bei der Durchfahrt durch die Küstengewässer nicht in gleichem Maße für schutzwürdig, weshalb in diesem Fall strafrechtliche Festnahme- und Untersuchungsmaßnahmen und zivilrechtliche Vollstreckungs- und Sicherungsmaßnahmen zulässig sind (vgl. Art. 19 Abs. II, 20 Abs. III des Genfer Abkommens über Küstenmeer und Anschlußzone).

Die **Rechtsnatur der Gebietshoheit** des Küstenstaates in den Küstengewässern war früher streitig; nach der **Servitutentheorie** waren die Küstengewässer ein Teil der Hohen See, der mit einer Servitut zugunsten des Küstenstaates belastet ist; nach der heute herrschenden **Souveränitätstheorie** fallen die Küstengewässer in die Gebietshoheit des Küstenstaates, die nur gewisse Beschränkungen (z.B. Pflicht zur Gewährung friedlicher Durchfahrt) enthält.

Die Frage der **Breite der Küstengewässer** ist heute eines der Hauptprobleme des internationalen Seerechts. Auf der Genfer Seerechtskonferenz von 1958 konnte darüber keine Einigung erzielt werden. Indem Art. 24 Abs. II des Genfer Abkommens über Küstenmeer und Anschlußzone bestimmt, daß die Anschlußzone nicht breiter als 12 sm sein darf, ist aber zugleich auch (mittelbar) die Ausdehnung der Küstengewässer auf maximal 12 sm festgelegt.

Um die Fischgründe der eigenen Fischerei vorzubehalten, aber auch aus militärischen Sicherheitsgründen haben zahlreiche Staaten die klassische 3 sm-Grenze (zu der sich – wenn auch in verklausulierter Form [„in Übereinstimmung mit dem Völkerrecht"] – die BRD bekennt) aufgegeben; mehr und mehr setzt sich die 12 sm-Grenze durch. Einige Staaten, vor allem Südamerikas, beanspruchen darüber hinausgehende exzessive Grenzen. Im Jahre 1954 haben peruanische Seestreitkräfte die Walfangflotte Onassis' mehr als 100 sm vor der peruanischen Küste aufgebracht, unter Einsatz von Waffengewalt in einen peruanischen Hafen gebracht und erst nach Zahlung einer Geldstrafe von 3 Millionen Dollar freigelassen (vgl. Urteil des Hafenkapitäns von Paita / Peru, ArchVR 6 [1956/57] S. 105 f.).

Die einseitige Ausdehnung der Küstengewässer ist ein schwerwiegender Eingriff in die Freiheit der Hohen See. Sozioökonomisch betrachtet ist es verständlich, daß Staaten mit großen Handelsflotten und großen Fischfangflotten auf der 3 sm-Grenze bestehen (Bsp.: Japan, Großbritannien, USA, BRD), während Entwicklungsländer und Länder, die – wie z.B. Island – vom Fischfang in ihren Küstengewässern leben, geneigt sind, die Küstengewässer auszudehnen.

Ü

Übersicht über die verschiedenen Teile der See

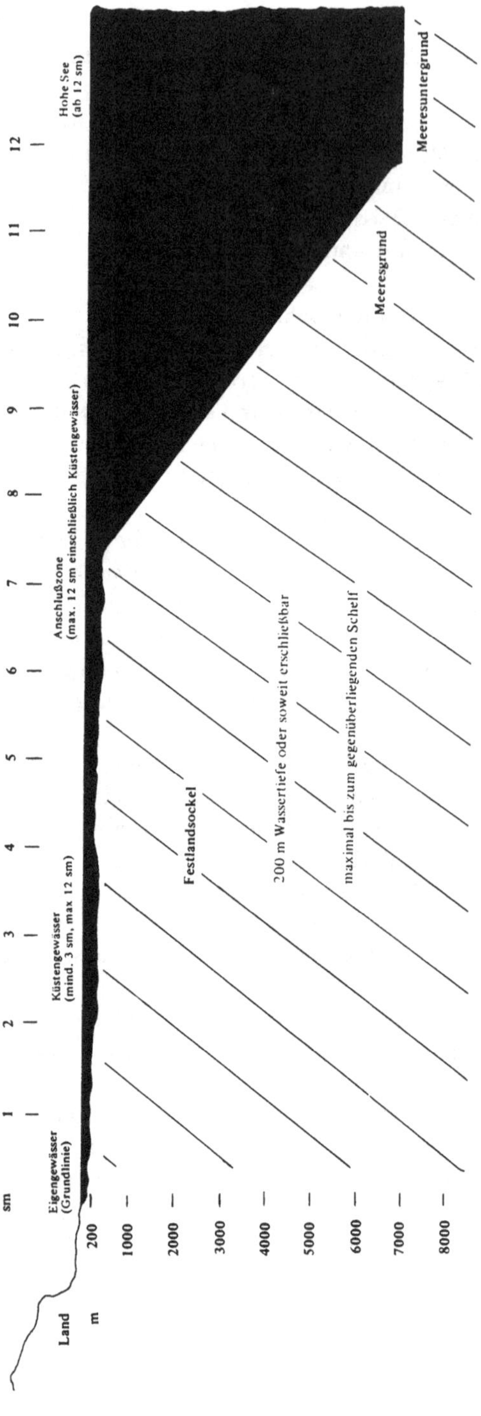

Ü Übersicht über die Ausdehnung der Küstengewässer und der Anschlußzonen

(Erste Spalte: Außengrenze der Küstengewässer
Zweite Spalte: Außengrenze der Anschlußzone)

Äthiopien	12	–	Elfenbeinküste	6	12
Albanien	12	–	Jamaika	3	–
Algerien	12	–	Japan	3	–
Argentinien	200	–	Jordanien	3	–
Australien	3	12	Jugoslawien	10	–
Belgien	3	12	Kambodscha	5	–
Brasilien	6	12	Kamerun	6	–
Bulgarien	12	–	Kenya	3	–
Burma	–	12	Kolumbien	3	12
Canada	3	12	Kongo (B)	3	–
Ceylon	12	–	Korea (Süd-)	20 - 200	
Chile	27	200	Kuweit	12	–
China (F)	3	–	Libanon	–	6
Costa Rica	3	200	Liberia	3	–
Cuba	3	–	Libyen	12	–
Cypern	12	–	Madagaskar	12	–
Dahomey	12	–	Malediven	6	–
Dänemark	3	3-12	Malta	3	–
Deutschld. (BRD)	3	12	Malaysia	3	–
DDR	12	–	Mauretanien	12	–
Dominik.Rep.	3	–	Mauritius	3	–
Ecuador	200	–	Mexico	9	12
El Salvador	200	–	Monaco	12	–
Finnland	4	–	Marokko	–	12
Frankreich	3	12	Niederlande	3	12
Gabun	12	–	Neuseeland	3	12
Gambia	3	–	Nicaragua	–	200
Ghana	12	–	Nigeria	12	–
Griechenland	6	–	Norwegen	4	12
Großbritannien	3	12	Pakistan	12	–
Guatemala	12	–	Panama	200	–
Guinea	130	–	Peru	–	200
Guyana	3	–	Polen	3	12
Haiti	6	–	Portugal	–	12
Honduras	12	–	Rumänien	12	–
Island	–	12	Saudi-Arabien	12	–
Indien	12	–	Senegal	6	12
Indonesien	12	–	Sierra-Leone	12	–
Iran	12	–	Somalia	6	–
Irak	12	–	Sowjetunion	12	–
Irland	3	12	Spanien	12	12
Israel	6	–	Sudan	–	12
Italien	6	–	Südafrika	6	12

Schweden	4	12	Türkei	6	12
Syrien	12	–	USA	3	12
Tanzania	12	–	Uruguay	200	200
Thailand	12	–	VAR	12	–
Togo	12	–	Venezuela	12	–
Trinidad/Tobago	3	–	Vietnam (Süd)	3	–
Tunesien	6	12			

Abdruck nach AdG 1970, 15210 C (dort ohne DDR); 1970, 16051 B.

Die Einrichtung der sog. **Anschlußzone** war ein Kompromiß zwischen dem Bestreben, einerseits an der 3 sm-Grenze festzuhalten, andererseits Maßnahmen zur Bekämpfung des Schmuggels und zum Schutz von Fischbeständen vorverlegen zu können.

6. Hohe See

Die Hohe See (das Hohe Meer), d.h. die Gewässer, die nicht Küsten- oder Binnengewässer sind, steht allen Nationen offen, und kein Staat kann das Recht für sich in Anspruch nehmen, einen Teil der Hohen See seiner Souveränität zu unterstellen. Dieser in Art. 2 des Genfer Abkommens über die Hohe See ausgesprochene Grundsatz ist eine alte Norm des Völkergewohnheitsrechtes. Der Grundsatz der **Freiheit der Hohen See** war schon früh im völkerrechtlichen Schrifttum, insbesondere von Hugo Grotius (mare liberum, 1609), vertreten worden; dessen literarische Kontroverse mit John Selden (mare clausum, 1618) ist auf dem politischen Hintergrund des Kampfes der Niederländer gegen die britische Seeherrschaft zu verstehen.

Wichtigste Ausprägungen der Freiheit der Hohen See sind die **Freiheit der Schifffahrt** und die **Freiheit der Fischerei**. Art. 3 Abs. I des Genfer Abkommens über die Hohe See statuiert, daß auch Binnenstaaten (d.h. Staaten ohne eigene Meeresküste) **freien Zugang zum Meer** haben sollen, was ein Durchgangsrecht und ein Recht auf Zugang zu den Häfen der Staaten, die zwischen Meer und Binnenstaat liegen, impliziert. Das Abkommen enthält ferner Pflichten zur **Hilfeleistung bei Seenot und Schiffszusammenstößen** (Art. 12), zur **Verhinderung und Bestrafung von Sklaventransporten** (Art. 13), zur **Verfolgung von Seeräuberei (Piraterie)** (Art. 14-22), zur **Abwendung von Verschmutzung und Verseuchung des Meeres** durch Öl und radioaktive Abfälle (Art. 24, 25).

Die **Nacheile** ist ein Notrecht des Küstenstaates; es ist gegeben, wenn die Behörden des Küstenstaates guten Grund zu der Annahme haben, daß das fremde Schiff die Gesetze des Küstenstaates verletzt hat. Die Nacheile muß beginnen, solange sich das fremde Schiff innerhalb der Eigengewässer, der Küstengewässer oder der Anschlußzone des nacheilenden Staates befindet; sie darf außerhalb der Küstengewässer oder der Anschlußzone nur fortgesetzt werden, wenn sie nicht unterbrochen wurde. Das Recht der Nacheile, das nur von Staatsschiffen oder -flugzeugen ausgeübt werden darf, endet, sobald das verfolgte Schiff die Küstengewässer seines eigenen oder eines dritten Staates erreicht hat (Art. 23).

Problematisch ist das **Anhalten und die Durchsuchung (Aufbringung)** von fremden Schiffen auf Hoher See unter Berufung auf das **Selbsterhaltungsrecht** des aufbringenden Staates. Die Ausübung des Selbsterhaltungsrechts auf Hoher See kann – wenn überhaupt – nur unter engsten Voraussetzungen bestehen; die Aufbringung deutscher und anderer Schiffe im Mittelmeer durch französische Seestreitkräfte während des Algerienkonfliktes war deshalb völkerrechtswidrig.

Eine weitverbreitete mittelbare Beeinträchtigung der Freiheit der Schiffahrt auf der Hohen See ist die Praxis der **Flaggendiskriminierung** durch innerstaatliche Gesetze (z.B. einiger südamerikanischer Staaten), die den Transport bestimmter Güter ganz oder in einer festgesetzten Quote auf Schiffen eigener Flagge vorschreiben und damit die Schiffe fremder Flaggen vom Transport ganz oder teilweise ausschließen. Da es sich um keinen unmittelbaren Eingriff in die Freiheit der Hohen See handelt, wird diese Praxis für völkerrechtsmäßig gehalten, es sei denn, daß sie durch Handels- und Schiffahrtsverträge (Prinzip der Inländerbehandlung; Prinzip der Meistbegünstigung) ausgeschlossen ist.

Viel diskutiert ist auch die Frage der sog. **„billigen Flaggen“** („flags of convenience“). Da in einigen Staaten (Panama, Liberia, Honduras – sog. PANLIBHON-Staaten) die Registrierung von Schiffen einfacher, ihre Besteuerung niedriger und die Arbeitsschutzbestimmungen weniger streng sind als in anderen Staaten, werden häufig Schiffe in jenen „billigen Flaggen“ - Staaten registriert. Das Genfer Abkommen von 1958 über die Hohe See (Art. 5) bestimmt, daß eine **echte Verbindung („genuine link“)** zwischen Schiff und Flaggenstaat bestehen müsse; insbesondere müsse der Flaggenstaat eine effektive Kontrolle in Verwaltungs-, technischen und Sozialangelegenheiten über das Schiff ausüben. Der IGH legt jedoch bei Prüfung der Frage, ob eine solche echte Verbindung zwischen Schiff und Flaggenstaat besteht, keine strengen Maßstäbe an (Rechtsgutachten des IGH vom 8. Juni 1960 betreffend die Zusammensetzung des Komitees für Maritime Sicherheit der Zwischenstaatlichen Beratenden Maritimen Organisation, ICJ Reports 1960, S. 150 ff.).

Übersicht über die Gesamttonnage der Welthandelsflotten

Die wichtigsten nationalen Handelsflotten (ohne Schiffe unter 100 BRT, Segelschiffe und Lastkähne) waren per 1. Juli 1968:

	1968 BRT	1967 BRT
Liberia	25 719 642	22 597 808
Großbritannien	21 920 980	21 716 148
USA [1)]	19 668 421	20 332 626
Norwegen	19 667 441	18 381 867
Japan	19 586 902	16 883 353
UdSSR	12 061 833	10 617 418
Griechenland	7 415 984	7 432 793
Italien	6 623 643	6 219 041
BRD	6 527 946	5 990 395
Frankreich	5 796 360	5 576 500
Niederlande	5 267 681	5 123 237
Panama	5 096 956	4 756 154
Schweden	4 865 365	4 634 648
Dänemark	3 204 040	3 014 094
Spanien	2 820 784	2 570 980
Canada	2 402 983	2 305 502
Indien	1 945 037	1 886 513
Polen	1 341 665	1 209 574
Brasilien	1 294 190	1 304 848
Jugoslawien	1 266 592	1 196 125
Argentinien	1 196 817	1 240 372
Finnland	1 127 986	1 063 810

1) Einschließlich einer Reserveflotte von 6 750 000 BRT

Die Welttonnage vergrößerte sich demnach um 12 052 734 t; die Flotten aller in der Tabelle angeführten Länder vergrößerte sich – mit Ausnahme der USA (Abnahme um 664 205 t), Griechenland (– 16 809 t), Brasilien (– 10 658 t) und Argentinien (– 43 555 t). Die Öltanker-Flotte der Welt belief sich auf 5 644 Schiffe mit insgesamt 69 213 950 BRT, was eine Zunahme gegenüber Mitte 1967 um 117 Schiffe mit insgesamt 5 015 962 t bedeutet. Die größte Öltanker-Flotte besitzt Liberia (630 Schiffe mit insgesamt 14 663 223 t), gefolgt von Norwegen (485 Schiffe / 10 Mill. t), Großbritannien (584 Schiffe / 8,3 Mill. t), Japan (1 237 Schiffe / 6,7 Mill. t), den USA (379 Schiffe / 4,5 Mill. t), der UdSSR (344 Schiffe / 2,9 Mill. t), Frankreich (143 Schiffe / 2,7 Mill. t), Panama (149 Schiffe / 2,6 Mill. t) und Italien (260 Schiffe / 2,4 Mill. t).

Abdruck nach AdG 1969, S. 14516 A.

Entwicklung der deutschen Handelsflotte

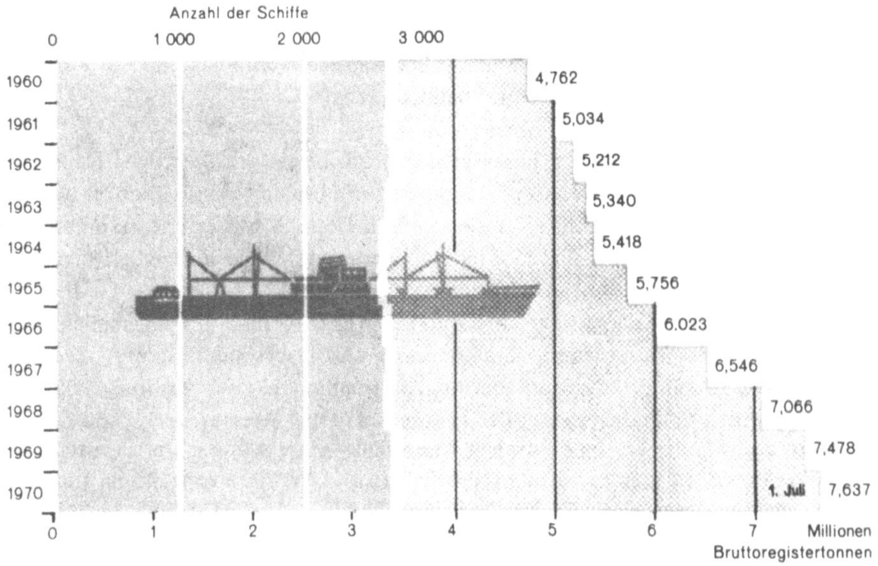

Abdruck nach Verkehrsbericht des BMin. f. Verkehr 1970, Bonn 1971, S. 14.

7. Festlandsockel

Rechte am Festlandsockel (Continental Shelf) sind erstmalig von den USA in der Proklamation von Präsident Truman vom 28. September 1945 (Text: AJIL 40 [1946] Suppl. S. 45 f.) geltend gemacht worden. Nachdem das Genfer Abkommen von 1958 Rechte am Festlandsockel einräumt und sich auch ein entsprechendes Völkergewohnheitsrecht gebildet hat, haben die neueren Proklamationen, z.B. diejenige der BRD von 1964, nur deklaratorischen Charakter.

B **Beispiel einer Regierungsproklamation zum Festlandsockel**

– Proklamation der Bundesregierung über die Erforschung und Ausbeutung des deutschen Festlandsockels vom 20. Januar 1964 –

Die Genfer Konvention über den Festlandsockel vom 29. April 1958 ist am 30. Oktober 1958 von der Bundesrepublik Deutschland und darüber hinaus von 45 weiteren Staaten unterzeichnet worden. Sie ist inzwischen bereits von 21 Staaten ratifiziert oder durch Beitritt angenommen worden und wird nach ihrem Artikel 11 Abs. 1 in Kraft treten, sobald ein weiterer Staat die 22. Ratifikationsurkunde hinterlegt hat. Die Bundesregierung wird den gesetzgebenden Körperschaften in Kürze den Entwurf eines Zustimmungsgesetzes zu dieser Konvention vorlegen, um die verfassungsrechtliche Grundlage für die Ratifikation durch die Bundesrepublik Deutschland zu schaffen.

Um Rechtsunklarheiten zu beseitigen, die sich in der gegenwärtigen Situation bis zum Inkrafttreten der Genfer Konvention über den Festlandsockel und bis zu ihrer Ratifikation durch die Bundesrepublik Deutschland ergeben könnten, hält es die Bundesregierung für erforderlich, schon jetzt folgendes festzustellen:

1. Die Bundesregierung sieht auf Grund der Entwicklung des allgemeinen Völkerrechts, wie es in der neueren Staatenpraxis und insbesondere in der Unterzeichnung der Genfer Konvention über den Festlandsockel zum Ausdruck kommt, die Erforschung und Ausbeutung der Naturschätze des Meeresgrundes und des Meeresuntergrundes der an die deutschen Meeresküsten grenzenden Unterwasserzone außerhalb des deutschen Küstenmeeres bis zu einer Tiefe von 200 m und – soweit die Tiefe des darüber befindlichen Wassers die Ausbeutung der Naturschätze gestattet – auch hierüber hinaus als ein ausschließliches Hoheitsrecht der Bundesrepublik Deutschland an. Im einzelnen bleibt die Abgrenzung des deutschen Festlandsockels gegenüber dem Festlandsockel auswärtiger Staaten Vereinbarungen mit diesen Staaten vorbehalten.

2. Die Bundesregierung sieht alle Handlungen, die im Bereich des deutschen Festlandsockels zur Erforschung und Ausbeutung seiner Naturschätze ohne ausdrückliche Zustimmung der zuständigen deutschen Behörden vorgenommen werden sollten, als unzulässig an. Sie wird gegen solche Handlungen erforderlichenfalls geeignete Maßnahmen ergreifen.

Bonn, den 20. Januar 1964

Erhard Schröder

Abdruck nach BGBl 1964 II, S. 104.

Umstritten ist bisher die Frage der seitlichen **Abgrenzung (Aufteilung)** der Festlandsockel benachbarter Staaten. Da der Festlandsockel große Mengen von Bodenschätzen (insbesondere Erdgas und Erdöl) enthält oder zumindest Bodenschätze in ihm vermutet werden, ist die Abgrenzung für die betreffenden Staaten von größter wirtschaftlicher Bedeutung. Denkbare Aufteilungskriterien sind:

1. Gleiche Größe der Anteile;
2. Aufteilung mit prozentualem Anteil entsprechend der Länge der Küstenlinie;
3. Aufteilung nach Kreissegmenten;
4. Aufteilung nach dem Äquidistanzprinzip.

Auf den deutschen Anteil am Festlandsockel in der Nordsee bezogen hätte dies flächenmäßig bedeutet:

Gleiche Größe der Anteile: BRD, Dänemark, Niederlande je 45.420 km^2; Aufteilung mit prozentualem Anteil entsprechend der Länge der Küstenlinie: BRD 44.440 km^2, Dänemark 40.210 km^2, Niederlande 57.790 km^2; Aufteilung nach Kreissegmenten: BRD 30.500 km^2 , Dänemark 40.000 km^2, Niederlande 36.000 km^2; Aufteilung nach dem Äquidistanzprinzip: BRD 24.600 km^2, Dänemark 56.700 km^2, Niederlande 61.400 km^2 (Zahlenangaben nach Menzel, Gutachten zur Frage des kontinentalen Schelfs in der Nordsee, Kiel 1964; vgl. auch Menzel, JIR 14 [1969] S. 16f.).

Das im Genfer Abkommen von 1958 über den Festlandsockel zum (Ausnahmen zulassenden) **Grundsatz** erhobene **Äquidistanzprinzip** ist also für die BRD extrem ungünstig („deutscher Käfig"). Der IGH hat in seinem Urteil vom 20. Februar 1969 **im Festlandsockelstreit** zwischen der BRD einerseits und den Niederlanden und Dänemark andererseits mit 11 gegen 6 Stimmen **die strenge Anwendung des Äquidistanzprinzips in diesem Fall abgelehnt** (ICJ Reports 1969, S. 1 ff.). Da die BRD das Genfer Abkommen über den Festlandsockel nicht ratifiziert hat, bindet das Abkommen die BRD nicht. Das Äquidistanzprinzip ist auch (noch) keine Regel des Völkergewohnheitsrechtes. Deshalb hat der IGH im Festlandsockelstreit entschieden, die Abgrenzung solle von den Streitparteien ausgehandelt werden unter Berücksichtigung der allgemeinen Küstenform, der Besonderheiten der Küste, der geologischen Struktur des Festlandsockels, seiner Naturschätze und eines vernünftigen Verhältnisses zwischen der Ausdehnung des Festlandsockels und der Gesamtküstenlänge. Eine solche Vereinbarung ist am 28. Januar 1971 zwischen der BRD und den Niederlanden und am gleichen Tage zwischen der BRD und Dänemark durch den Abschluß bilateraler Verträge in Kopenhagen getroffen worden (vgl. AdG. 1971, S. 16030 A), durch welche der deutsche Anteil sich nunmehr auf rd. 36.000 km^2 beläuft. Ein Vertrag zwischen der BRD und Großbritannien wird vorbereitet. Mit dem Inkrafttreten der drei Verträge ist der Festlandsockel unter der Nordsee in seiner Gesamtheit endgültig unter die Anliegerstaaten aufgeteilt.

Anteil der BRD am Festlandsockel nach den Vereinbarungen von Kopenhagen 1971

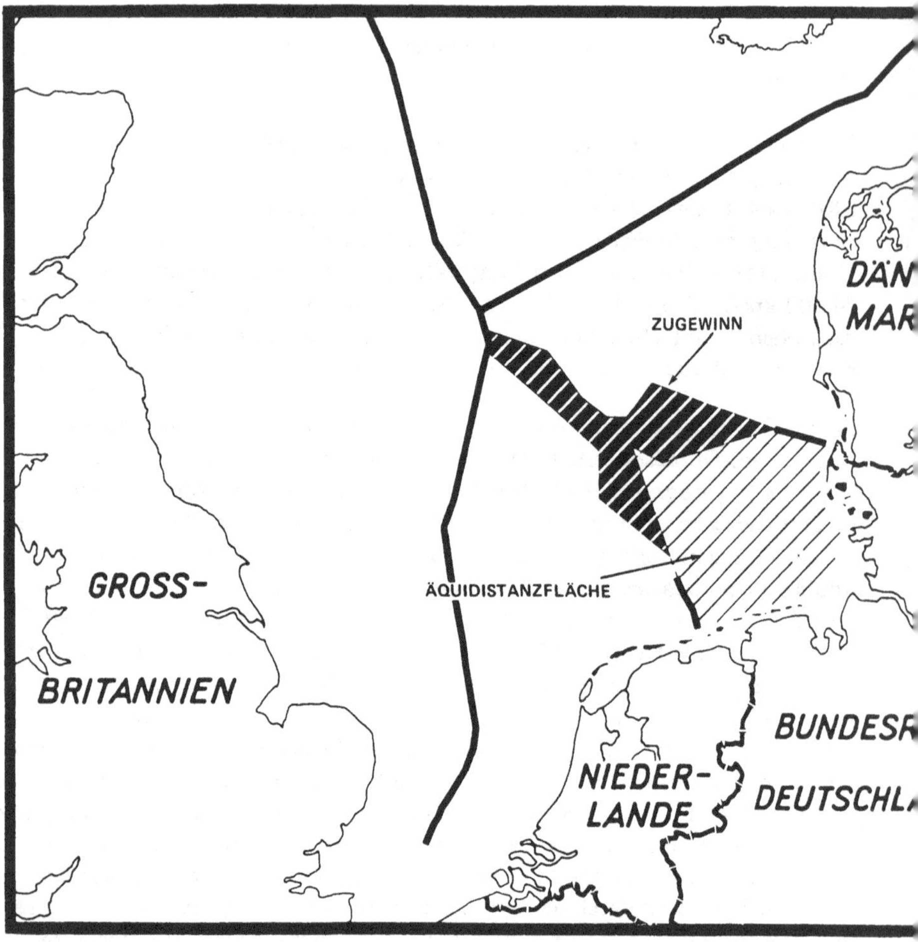

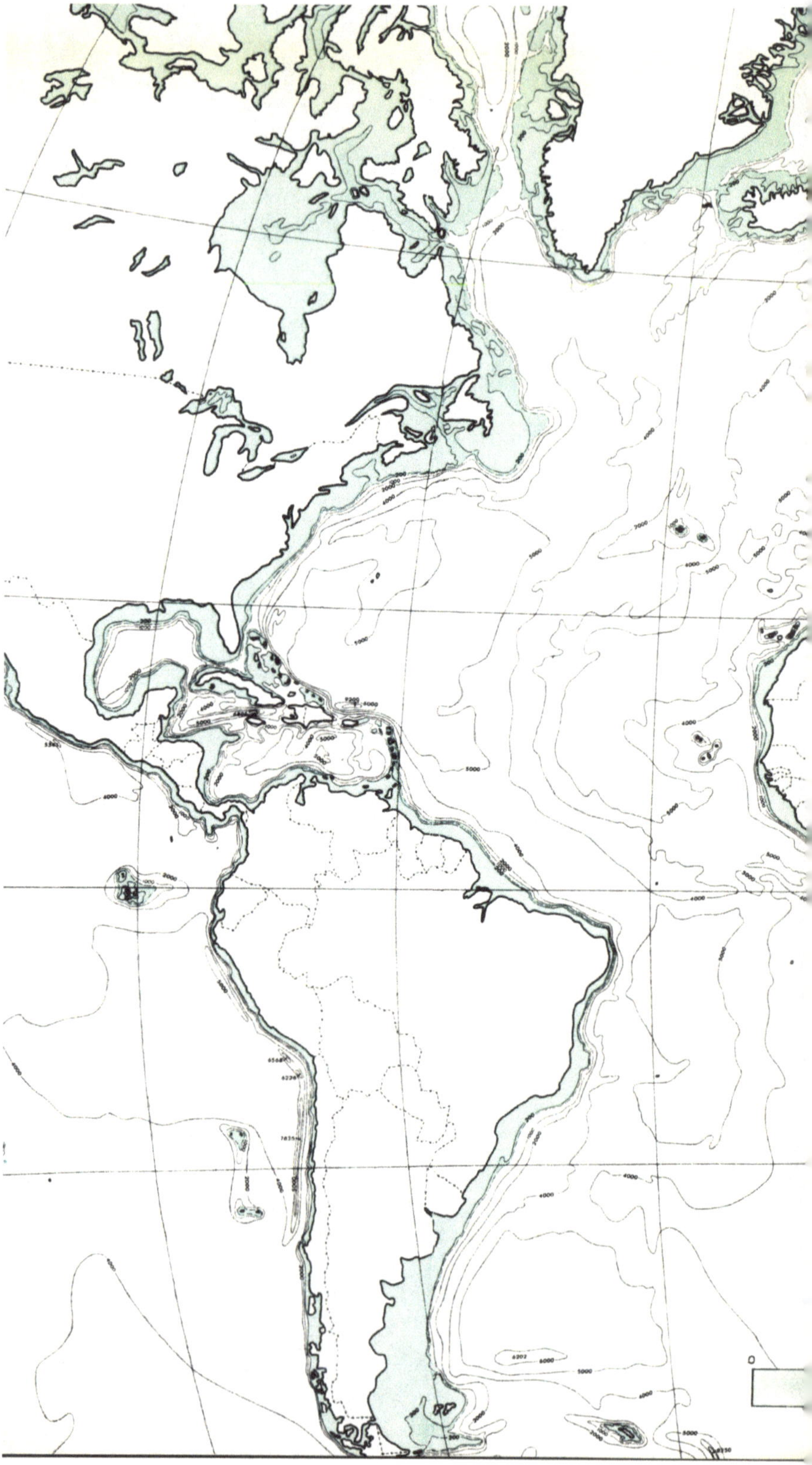

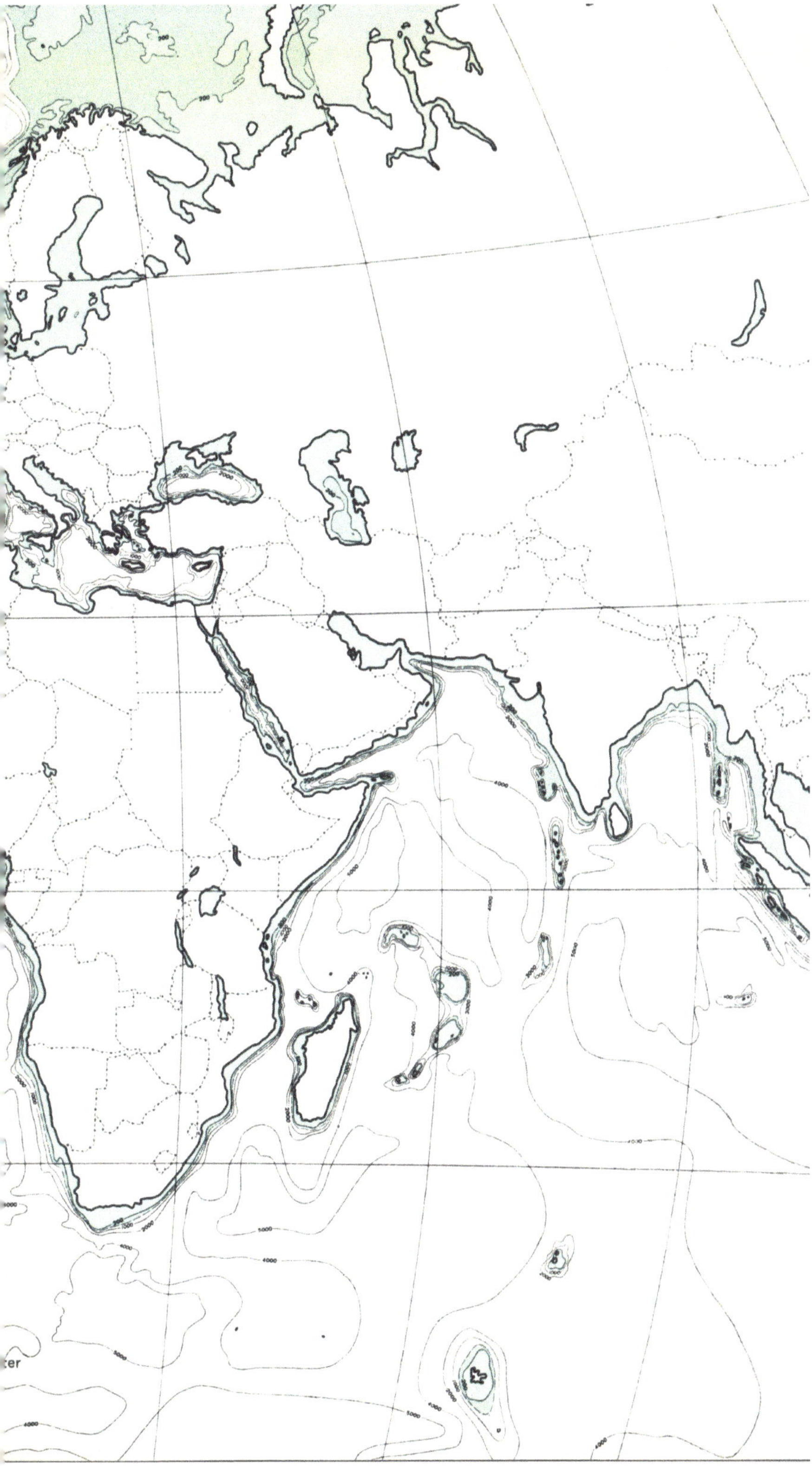

In **Bundesstaaten** (z.B. BRD, USA, Australien) ergibt sich die zusätzliche Problematik, ob der Bund oder die Länder Eigentümer der Küstengewässer und des Festlandsockels sind; nach Art. 89 GG ist der Bund Eigentümer der „Bundeswasserstraßen" (vgl. dazu BGHZ 47, S. 117-127 – Fall der Schlei), worunter nach Ansicht der Länder jedoch nur die Schiffahrtswege (Seewasserstraßen) fallen. Die Kompetenzen in bezug auf den deutschen Festlandsockel sind in dem Gesetz zur vorläufigen Regelung der Rechte am Festlandsockel vom 24. Juli 1964 (BGBl 1964 I, S. 497) nur provisorisch geregelt; danach kann die Aufsuchung und Gewinnung von Bodenschätzen im deutschen Festlandsockel vorläufig erlaubt werden, wobei bis zur endgültigen Regelung der Zuständigkeit die Erlaubnis in bergtechnischer und bergwirtschaftlicher Erlaubnis vom Oberbergamt in Clausthal-Zellerfeld, hinsichtlich der Ordnung und Benutzung der Gewässer und des Luftraumes über dem Festlandsockel vom Deutschen Hydrographischen Institut erteilt wird.

8. Meeresgrund und Meeresuntergrund

Da die Binnenstaaten („land-locked states"), z.B. Österreich, die Schweiz und die Tschechoslowakei, keine Meeresküsten und damit keine Festlandsockel besitzen, viele Staaten (insbesondere die Entwicklungsländer) technisch nicht in der Lage sind, ihre Festlandsockel auszubeuten, es schließlich ungerecht erscheint, wenn nur einige Staaten sich diese Reichtümer zunutze machen, wird heute die Möglichkeit diskutiert, die unermeßlichen Naturschätze (neben Öl und Erdgas auch wertvolle Metalle, wie Molybdän, Nickel usw.) der Festlandsockel, aber auch des Meeresuntergrundes außerhalb der Festlandsockel einem **internationalen Regime** zu unterstellen.

Die Generalversammlung der UNO hat dazu in ihrer Resolution vom 17. Dezember 1970 (ILM Bd. X [1971] No. 1 S. 220 ff.) beschlossen: Meeresgrund und Meeresuntergrund einschließlich deren Naturschätze sollen gemeinsames Erbe der Menschheit sein („common heritages of mankind"); weder Staaten noch natürliche und juristische Personen sollen sich Meeresgrund und -untergrund aneignen können, und kein Staat soll in bezug auf sie Hoheitsrechte geltendmachen oder ausüben; Meeresgrund und -untergrund sollen ohne Diskriminierung allen Staaten zu friedlichen Zwecken offenstehen; die Ausbeutung der Naturschätze soll zum Wohl der gesamten Menschheit („for the benefit of mankind as a whole") erfolgen, wobei die Interessen und Bedürfnisse der Entwicklungsländer besonders zu berücksichtigen sind; alle Erforschungs- und Ausbeutungsaktivitäten sollen einem noch zu errichtenden „international regime" unterstellt werden.

Internationales Seerecht

Ein (begrenztes) Verbot der militärischen Nutzung des Meeresgrundes und Meeresuntergrundes ist in dem in Moskau, Londen und Washington am 11. Februar 1971 unterzeichneten Vertrag betreffend die Freihaltung des Meeresbodens von Kernwaffen und anderen Massenvernichtungswaffen (Text: AdG 1970, S. 15698 D) enthalten, der nach Ratifikation durch 22 Staaten, einschließlich der UdSSR, Großbritanniens und der USA, in Kraft treten wird. Der Vertrag ergänzt den Vertrag über das Verbot von Kernwaffenversuchen in der Atmosphäre im Weltraum und unter Wasser (Moskauer Atomteststopabkommen) vom 5. August 1963, der Versuchsexplosionen und andere nukleare Explosionen unter Wasser einschließlich der Hoheitsgewässer und der Hohen See verboten hatte (Art. I).

L F. Berber, Lehrbuch des Völkerrechts, Bd. 1, 1962, S. 311-332;
G. Dahm, Völkerrecht, Bd. 1, 1958, S. 620-713;
E. Menzel, Völkerrecht, 1962, S. 151-165;
I. Seidl-Hohenveldern, Völkerrecht, 2. Aufl. 1969, S. 184-198;
C.J. Colombos, Internationales Seerecht (Deutsche Übersetzung), 1963;
M. S. McDougal - W. T. Burke, The Public Order of the Oceans, 1962;
G. Schaps - H.J. Abraham, Das deutsche Seerecht, Bd. 1, 3. Aufl., 1959, S. 45-226;
G. Hoog, Die Genfer Seerechtskonferenzen von 1958 und 1960. Vorgeschichte, Verhandlungen, Dokumente, Bd. XXXVI, 1961;
H. Meyer-Lindenberg, Seerechtliche Entwicklungstendenzen auf den Genfer Konferenzen von 1958 und 1960, ZaöRV 21 (1961), S. 38-80;
J.J. Lador-Lederer, Die Debatte um den Rechtsstatus internationaler Meerengen und Kanäle, JIR 11 (1962), S. 213-228;
U. Schluckebier, Internationales Rheinschiffahrtsrecht, 1965;
E. Brüel, Die völkerrechtliche Stellung des Suezkanals und die Nationalisierung der Kanalgesellschaft, ArchVR 7 (1958/59), S. 24-67;
K.F. Steinert, Die internationalrechtliche Stellung des Schiffes im fremden Küstenmeer im Frieden, 1970;
M. Haucke, Piratensender auf See, 1969;
T. Kochu Thommen, Legal Status of Government Merchant Ships in International Law, 1962;
B.A. Boczek, Flags of Convenience, 1962;
H. Schulte, Die „billigen Flaggen" im Völkerrecht, 1962;
K.v. Laun, Diskriminierung in der Seeschiffahrt und völkerrechtliche Diskriminierung, JIR 11 (1962), S. 229-247;
V. Böhmert, Meeresfreiheit und Schelfproklamationen, JIR 5 (1955), S. 1-35, S. 177-195;

J.A. Frowein, Verfassungsrechtliche Probleme um den deutschen Festlandsockel, ZaöRV 25 (1965), S. 1-25;

E. Menzel, Der Festlandsockel der Bundesrepublik Deutschland und das Urteil des Internationalen Gerichtshofs vom 20. Februar 1969, JIR 14 (1969), S. 13-100;

H. Meyer-Lindenberg, Das Genfer Übereinkommen über den Festlandsockel vom 29. April 1958, ZaöRV 20 (1959/60), S. 5-32;

F. Münch, Das Urteil des Internationalen Gerichtshofes vom 20. Februar 1969 über den deutschen Anteil am Festlandsockel in der Nordsee, ZaöRV 29 (1969) S. 455-475;

I.v. Münch, Die Ausnutzung des Festlandsockels vor der deutschen Nordseeküste, ArchVR 11 (1963/64), S. 393-416;

L.B. Sohn, Die Ausbeutung des Meeresgrundes jenseits des Kontinentalschelfs, JIR 14 (1969), S. 101-127;

P. Kausch, Der Meeresbergbau im Völkerrecht, 1970;

S. Oda, International Control of Sea Resources, 1963;

Symposium on the International Regime of the Sea-Bed. Proceedings (hrsg. von J. Sztucki), 1970;

R. Young, The Legal Regime of the Deep-Sea Floor, AJIL 62 (1968), S. 641-653.

Einführung

Der folgende (letzte) Abschnitt soll die Grundzüge des Luftrechts und des Weltraumrechts skizzieren. Die Darstellung erörtert zunächst die staatlichen Befugnisse, die sich aus der Lufthoheit im Luftraum ergeben. Anschließend wird die Abgrenzung zwischen Luftraum und Weltraum behandelt. Schließlich werden die Rechtsfragen diskutiert, die sich aus der Nutzung des Weltraumes in Form der Weltraumfahrt und anderer staatlicher Aktivitäten im Weltraum ergeben.

GLIEDERUNG

des 5. Abschnittes

5.1 Luftraum und Lufthoheit

I_1 Der **Raum über der Erdoberfläche** wird als **Luftraum** bezeichnet.

Die **Lufthoheit ist die Fortsetzung der Gebietshoheit im Luftraum;** sie umfaßt die über dem Staatsgebiet stehende Luftsäule. Die Lufthoheit setzt also voraus, daß der sie beanspruchende Staat die Gebietshoheit über das Gebiet besitzt, das unterhalb des Luftraumes liegt.

B_1 Lufthoheit der BRD im Luftraum über dem Staatsgebiet der BRD.

F_1 Erstreckt die Lufthoheit sich auch auf den Luftraum

a) über den Küstengewässern?

b) über den Gewässern der Anschlußzone?

c) über der Hohen See?

A_1 a) Ja. Die Lufthoheit erstreckt sich auch auf den Luftraum über den Küstengewässern, da die Küstengewässer der Gebietshoheit des Küstenstaates unterliegen.

b) Nein. Die Lufthoheit erstreckt sich nicht auf den Luftraum über der Anschlußzone, da die Anschlußzone selbst auch keiner Gebietshoheit unterliegt, sondern in ihr nur einige wenige Hoheitsrechte ausgeübt werden dürfen.

c) Nein. Die Lufthoheit erstreckt sich nicht auf den Luftraum über der Hohen See, da die Hohe See keiner Gebietshoheit unterliegt.

I_2 **Die Lufthoheit gewährt das Recht, Fremde von der Benutzung des Luftraumes auszuschließen.**

I_3 Im Abkommen über die Internationale Zivilluftfahrt und in der Vereinbarung über den Durchflug im internationalen Fluglinienverkehr von Chikago von 1944 haben die Vertragspartner jedoch gegenseitig die Lufthoheit eingeschränkt, indem sie für Zivilluftfahrzeuge die folgenden „**Freiheiten der Luft**" gewähren:

1. das Recht, **fremdes Hoheitsgebiet ohne Landung zu überfliegen**;

2. das Recht, **zu nichtgewerblichen Zwecken zu landen.**

F_3 a) Darf ein schweizerisches Militärflugzeug ohne Erlaubnis der österreichischen Behörden österreichischen Luftraum ohne Landung durchfliegen?

b) Darf die Lufthansa ohne Erlaubnis der spanischen Behörden einen Linienverkehr nach Mallorca eröffnen, um dort mit Fluggästen und Fracht zu landen?

A_3 a) Nein. Ein schweizerisches Militärflugzeug darf ohne Erlaubnis der österreichischen Behörden österreichisches Staatsgebiet ohne Landung nicht überfliegen: Das Durchflugrecht gilt nur für Zivilluftfahrzeuge.

b) Nein. Die Lufthansa darf ohne Erlaubnis der spanischen Behörden keinen Linienverkehr nach Mallorca eröffnen, um dort mit Fluggästen und Fracht zu landen: Das Landerecht gilt nicht für gewerbliche Zwecke.

I_4 Der **planmäßige internationale Fluglinienverkehr wird in zweiseitigen völkerrechtlichen Verträgen geregelt**, welche Durchflug- und Landerechte gewähren und im einzelnen festlegen.

B_4 Abkommen zwischen der BRD und der Republik Österreich über den Luftverkehr von 1965.

I_5 Luftfahrzeuge haben die Staatsangehörigkeit des Staates, in dem sie eingetragen sind (Flaggenstaat).

Die Eintragung erfolgt jeweils nach den innerstaatlichen Vorschriften des betreffenden Staates; in der BRD werden Luftfahrzeuge in die sog. Luftfahrzeugrolle beim Luftfahrt-Bundesamt in Braunschweig eingetragen.

5.2 Abgrenzung zwischen Luftraum und Weltraum

I_6 Der Luftraum könnte theoretisch nach oben unbegrenzt sein, was zur Folge hätte, daß auch die Lufthoheit sich ad infinitum in das Weltall erstrecken würde.

Luftraum und Weltraum müssen jedoch **rechtlich getrennt** behandelt werden, um die friedliche Nutzung des Weltraumes und der darin befindlichen Himmelskörper für alle Staaten offenzuhalten.

B_6 Freie Durchfahrt für Weltraumfahrzeuge.

I_7 **Ungeklärt und vertraglich nicht geregelt ist bisher** die Frage, wo die – sinnvollerweise an physikalischen Gegebenheiten zu orientierende – **Grenze zwischen Luftraum und Weltraum** zu ziehen ist.

Eine Abgrenzung nach dem Vorhandensein bzw. Nichtvorhandensein des physikalischen Merkmales „Luft" ist **nicht** möglich, weil die Luft in großen Höhen sich zwar immer mehr verdünnt, aber keine feste Grenze zwischen Luft und luftleerem Raum gezogen werden kann.

Als Grenzen sind im völkerrechtlichen Schrifttum bisher vorgeschlagen worden Höhen von:
ca. 30 km (Grenze des tragenden Luftraumes für Luftfahrzeuge);
ca. 80 km (Beginn der Thermo- oder Ionosphäre mit von der Atmosphäre abweichenden Eigenschaften, z. B. Spaltung des molekularen Sauerstoffes durch ultraviolette Strahlung);
ca. 1 500 000 km (Ende der wirksamen Erdanziehung).

Der Vorschlag, auf das Ende der Erdanziehung (Gravitation) abzustellen, ist nicht sinnvoll, weil die Anziehungskraft grundsätzlich unbegrenzt ist und nur von derjenigen anderer Himmelskörper überlagert werden kann; auch würde bei Annahme dieses Vorschlages der Mond sich im Luftraum befinden.

5.3 Nutzung des Weltraumes

I_8 Der Vertrag über die Grundsätze der Tätigkeiten von Staaten bei der Erforschung und Nutzung des Weltraumes von 1967 (Weltraumvertrag) bestimmt, daß der Weltraum, einschließlich des Mondes und anderer Himmelskörper, allen Staaten ohne irgendwelche Diskriminierung auf der Grundlage der Gleichheit und in Übereinstimmung mit dem Völkerrecht zur Erforschung und Nutzung offensteht (Art. I).

B_8 Untersuchung von Mondgestein.

Strahlenmessung im Weltraum.

Wettersatelliten.

Fernsehübermittlungssatelliten („Telstar“).

I_9 Der Weltraum, einschließlich des Mondes und anderer Himmelskörper, ist nicht okkupationsfähig (Art. II).

Der Weltraum ist also res omnium communis, d.h. kein Staat kann im Weltraum Gebietserwerbsansprüche geltendmachen.

F_9 In dieser Eigenschaft als res omnium communis ist der Weltraum völkerrechtlich welchem Bereich auf der Erde vergleichbar?

A_9 In dieser Eigenschaft als res omnium communis ist der Weltraum völkerrechtlich der Hohen See vergleichbar.

I_{10} Die USA und die UdSSR haben bei ihren bisherigen bemannten und unbemannten Landungen Hoheitszeichen auf den betreffenden Himmelskörpern gesetzt.

Da die Himmelskörper nicht aneignungsfähig sind, hat das Setzen der Hoheitszeichen jedoch keine völkerrechtliche Bedeutung.

WF 1. Die Lufthoheit ist die Fortsetzung
der . . . . im Luftraum.

2. Welches Recht gewährt die Lufthoheit?

. . . .

3. Welches sind die sog. Freiheiten der Luft?

1. . . . .
2. . . . .

4. Ist der Weltraum einschließlich der Himmelskörper eine
res nullius ☐ oder res omnium communis ☐ ?

5. Wem ist der Weltraum in dieser Eigenschaft
völkerrechtlich vergleichbar?

. . . .

6. Hat das Setzen der Hoheitszeichen auf Himmelskörpern
eine völkerrechtliche Wirkung?

Ja ☐ Nein ☐

AWF 1. Die Lufthoheit ist die Fortsetzung der **Gebietshoheit** im Luftraum. (I_1)

2. Welches Recht gewährt die Lufthoheit?

Fremde von der Benutzung des Luftraumes auszuschließen. (I_2)

3. Welches sind die sog. Freiheiten der Luft?

1. Das Recht, fremdes Hoheitsgebiet ohne Landung zu überfliegen.
2. Das Recht, zu nichtgewerblichen Zwecken zu landen.
(I_3)

4. Ist der Weltraum einschließlich der Himmelskörper eine res nullius ☐ oder res omnium communis? ☒
(I_9)

5. Wem ist der Weltraum in dieser Eigenschaft völkerrechtlich vergleichbar?

Der Hohen See (A_9)

6. Hat das Setzen der Hoheitszeichen auf Himmelskörpern eine völkerrechtliche Wirkung?

Ja ☐ Nein ☒ (I_{10})

1. Gebietshoheit (Lufthoheit) im Luftraum

V Die Frage nach der Gebietshoheit (Lufthoheit) im Luftraum war zu Beginn der Luftfahrt noch umstritten. Drei Theorien standen sich gegenüber: die Luftfreiheitstheorie, die Luftzonentheorie und die Lufthoheitstheorie.

Die **Luftfreiheitstheorie** beruhte auf der Ansicht, eine Gebietshoheit des Bodenstaates könne mangels effektiver Ausübbarkeit nicht anerkannt werden; der Luftraum sei daher eine res omnium communis, in der dem Bodenstaat nur die zur Wahrung seiner Existenz erforderlichen Abwehrmaßnahmen zu gestatten seien.

Die **Luftzonentheorie** lehnte sich an die Teilung von Küstengewässern und Hoher See an, indem sie den Luftraum in zwei horizontale Zonen teilen wollte, von denen die untere der Hoheit des Bodenstaates unterliegen, die obere dagegen staatsfreies Gebiet sein sollte.

Die **Lufthoheitstheorie** schließlich unterwirft den Luftraum der Gebietshoheit des Bodenstaates. Diese Theorie hat sich durchgesetzt: die Lufthoheit wurde 1911 durch die britische Aerial Navigation Act erstmalig in einem nationalen Gesetz statuiert, 1919 einem völkerrechtlichen Vertrag (dem Pariser Luftverkehrsabkommen) zugrundegelegt und schließlich in das Abkommen über die Internationale Zivilluftfahrt von Chikago vom 7. Dezember 1944 (UNTS Bd. 15, S. 295 ff.) übernommen, dessen Art. 1 lautet: „The contracting States recognize that every State has complete und exclusive sovereignty over the airspace above its territory." Das Abkommen bindet zwar nur die Staaten, die es unterzeichnet haben oder ihm – wie die BRD – später beigetreten sind (BGBl 1956 II, S. 411); aber der Grundsatz der Lufthoheit über dem Staatsgebiet wird heute als Völkergewohnheitsrechtsnorm angesehen, die auch die Staaten bindet, die – wie z.B. die Sowjetunion – nicht Vertragspartner des Chikagoer Abkommens sind.

2. Konsequenzen aus der Lufthoheit

Aus der Lufthoheit des Bodenstaates ergibt sich, daß der Bodenstaat grundsätzlich die **uneingeschränkte Verfügungsgewalt** im Luftraum über seinem Staatsgebiet besitzt. Die Notwendigkeit des internationalen Luftverkehrs hat jedoch dazu geführt, daß die Staaten sich in zweiseitigen und mehrseitigen völkerrechtlichen Verträgen gegenseitig **Rechte zur Benutzung fremden Luftraumes** eingeräumt haben. Allerdings wirken sich Erwägungen militärischer Sicherheit, wirtschaftliche Gründe und politische Spannungen auch hier hinderlich aus; die jahrelangen Verhandlungen zwischen der BRD und der UdSSR über die Gewährung gegenseitiger Landerechte im planmäßigen gewerblichen Linienverkehr und über die Festlegung der Flugrouten sind ein Beispiel für solche Schwierigkeiten. Auch können Interessengegensätze zwischen den großen luftfahrttreibenden Staaten und den Staaten, in denen nur kleine Fluggesellschaften betrieben werden, nicht ausbleiben. Dennoch läßt sich feststellen, daß auf Grund einer großen Zahl von bilateralen Luftverkehrsabkommen ein dichtes internationales Flugliniennetz besteht; im Jahre 1969 beförderten die Luftverkehrsgesellschaften der 117 Mitgliedstaaten der Internationale Zivilluftfahrtorganisation (ICAO) im Linienverkehr 287 Millionen Fluggäste – 10% mehr als im Vorjahr. Die Anzahl der geleisteten Passagierkilometer betrug 348 Milliarden; der Luftfrachtverkehr stieg gegenüber dem Vorjahr um 20% auf 10,3 Milliarden Tonnenkilometer.

Wichtigste Rechtsfolge der Lufthoheit ist, daß in fremden Luftraum nicht unbefugt eingeflogen werden darf. Das Überfliegen sowjetischen Gebietes durch das US-Aufklärungsflugzeug U-2, das am 1. Mai 1960 in rd. 20 km Höhe abgeschossen wurde, war daher ein völkerrechtliches Delikt. Gleiches gilt für das planmäßige Treibenlassen von Ballons mit Propagandamaterial in fremden Luftraum. Dagegen läßt sich der an Wellen gebundene **Funkverkehr** nicht auf bestimmte Lufträume begrenzen (sog. **Ätherfreiheit**). Die Lufthoheit schließt also fremden Funkverkehr nicht aus; insoweit gelten besondere Regeln des internationalen Funkrechtes, insbesondere die internationalen Vereinbarungen über die Zuteilung von Frequenze

3. Flugzeugentführungen

Die zunehmende Zahl von Flugzeugentführungen („highjacking") und die nicht ausreichenden Maßnahmen, die einzelne Staaten dagegen ergriffen haben (die Entführung eines amerikanischen Passagierflugzeuges nach Beirut am 9. Januar 1970 wurde von den libanesischen Behörden mit einer „Strafe" in Höhe von umgerechnet etwa 20,– DM geahndet), haben dazu geführt, daß völkerrechtliche Regelungen der Flugzeugentführungen angestrebt wurden. Ein erster Schritt hierzu war das Abkommen von Tokio vom 14. September 1963 über strafbare Handlungen an Bord von Flugzeugen (BGBl 1969 II, S. 122). Das Abkommen hatte jedoch keine praktischen Erfolge, da viele Staaten (insbesondere Kuba und damals auch die Ostblockstaaten) kein Interesse an der Verhinderung von Flugzeugentführungen hatten und deshalb (anders als z.B. die Westmächte und die BRD) nicht Vertragspartner wurden. Daraufhin ist am 16. Dezember 1970 in Den Haag ein neues Übereinkommen über die Bekämpfung der widerrechtlichen Inbesitznahme von Flugzeugen abgeschlossen worden, in dem die Vertragsstaaten sich verpflichten, Flugzeugentführungen „mit schweren Strafen zu ahnden".
(Art. 1; Text: ZLR 20 [1971] S. 101ff.).

4. Abgrenzung zwischen Luftraum und Weltraum

Die Grenze zwischen Luftraum und Weltraum ist rechtlich bisher nicht festgelegt. Dies hat seinen Grund darin, daß diese Grenze auch physikalisch nicht eindeutig ist, und daß die Staaten sich angesichts der im einzelnen noch nicht übersehbaren Möglichkeiten und Auswirkungen der Weltraumfahrt nicht festlegen wollen.

Als nächstliegendes Kriterium für den Beginn des Weltraumes könnte das Ende des Luftraumes genannnt werden. Eine genaue Abgrenzung im Sinne des Nichtvorhandenseins von Luft ist jedoch nicht möglich, da die Luft kontinuierlich in die Materielosigkeit des Weltraumes übergeht. Auch in sehr großen Höhen ist also noch Luft vorhanden, wenn auch in ganz geringer Dichte; so enthält z.B. 1 cbm Raum in 600 km Höhe 10^{12} mal weniger Luftmoleküle als am Erdboden.

Brauchbarer erscheint eine Abgrenzung, die darauf abstellt, ob Luftschichten vorhanden sind, die herkömmliche Luftfahrzeuge tragen können. Ist die Luftdichte so gering, daß Gewicht (Masse) nicht mehr vom Luftauftrieb getragen wird, wird also das Tragwerk von Luftfahrzeugen unwirksam und reagiert das Leitwerk nicht mehr auf Luftdruck, so ist eine Luftfahrt nicht mehr möglich. Nach dem gegenwärtigen Stand der Forschung liegt die Grenze zwischen überwiegender Wirkung des Auftriebs (Luftfahrt) und überwiegender Ausnutzung der Zentrifugalkraft (Raumfahrt) bei rd. 83 km (**aerodynamische Grenze**; auch – nach einem amerikanischen Forscher ungarischer Abstammung – als **von Karman-Linie** bezeichnet). Diese Höhe liegt weit oberhalb der Grenze, die bisher von herkömmlichen Luftfahrzeugen erreicht worden ist (Höhenrekord eines Flugzeuges 35 km (sowjet. Flugzeug am 28. April 1961); eines bemannten Ballons 32 km (US-Ballon am 19. August 1957); sie läßt also technischen Fortschritten auf dem Gebiet der herkömmlichen Luftfahrt genügend Raum.

5. Entwicklung der Weltraumfahrt

Obwohl schon vor Ende des zweiten Weltkrieges Raketen Höhen von über 100 km erreichten, gilt als Beginn der Weltraumfahrt der Aufstieg des von der UdSSR am 4. Oktober 1957 gestarteten, rd. 83 kg schweren Erdsatelliten „Sputnik I", der von einer Mehrstufenrakete auf eine elliptische Bahn um die Erde getragen wurde; seine mittlere Bahnhöhe belief sich auf rd. 600 km Abstand von der Erdoberfläche, die Maximalhöhe rd. 900 km, die Minimalhöhe rd. 300 km. Der zweite erfolgreiche Start eines sowjetischen Erdsatelliten („Sputnik II") erfolgte am 3. November 1957; in dem rd. 500 kg schweren Satelliten befand sich neben Meß- und Sendegeräten eine lebende Polarhündin („Laika"). Der erste erfolgreiche Start eines künstlichen Erdsatelliten der USA fand am 31. Januar 1958 statt („Explorer I"). Seitdem sind zahlreiche Weltraumstarts – bis Juni 1971 mindestens 1200 – erfolgt. Die erste Landung von Menschen auf dem Mond gelang den USA am 21. Juli 1969 mit den Astronauten Armstrong und Aldrin.

6. Begriff und systematische Einordnung des Weltraumrechts

Das Weltraumrecht umfaßt diejenigen **hoheitlichen Rechtsbeziehungen, die sich zwischen Staaten** (als den in Gegenwart und wohl auch in Zukunft hauptsächlichen Trägern der Weltraumfahrt) **im Zusammenhang mit der Bewegung von Fahrzeugen innerhalb des Weltraumes ergeben.** Rechtssystematisch ist das Weltraumrecht schwierig einzuordnen. Man wird es weder als ein Teilgebiet des – auch innerstaatliches Recht umfassenden – Luftrechts noch als eine völlig selbständige Rechtsdisziplin ansehen können; deshalb bietet sich eine systematische Einordnung an, die das Weltraumrecht als ein (neues) Teilgebiet des Völkerrechts versteht, in das u.a. Gedanken des **Seerechts** und des **Luftrechtes** Eingang gefunden haben.

7. Vertragliche Regelung und friedliche Nutzung

Das Weltraumrecht ist noch nicht umfassend, wohl aber in wichtigen Grundzügen vertraglich kodifiziert worden. Nach vorausgegangenen Resolutionen der UNO ist am 27. Januar 1967 der Vertrag über die Grundsätze der Tätigkeiten von Staaten bei der Erforschung und Nutzung des Weltraumes, einschließlich des Mondes und anderer Himmelskörper, geschlossen worden (Text: BGBl 1969 II, S. 1968 ff.). Die früher umstrittene Frage, ob der Weltraum ebenso wie der Luftraum der Gebietshoheit des darunterliegenden Staates unterworfen sei (so die Weltraumhoheitstheorie) oder nicht (so die Weltraumfreiheitstheorie), hat Art. 1 des Vertrages zugunsten der **Weltraumfreiheit** entschieden. Der Weltraum steht also allen Staaten zur Erforschung und Nutzung offen; alle Teile von Himmelskörpern sind frei zugänglich (Art. 1 Abs. 2). Angesichts des ungeheuren technologischen und finanziellen Aufwandes (Ausgaben der USA allein im Jahre 1970 3,8 Milliarden Dollar), den die Weltraumfahrt erfordert, können aber nur die Supermächte und einige wenige andere Staaten von dieser Freiheit tatsächlich Gebrauch machen. Deshalb haben 12 europäische Staaten (Belgien, die BRD, Dänemark, Frankreich, Großbritannien, Italien, die Niederlande, Norwegen, Österreich, Schweden, die Schweiz und Spanien) die europäische Weltraumforschungsorganisation (European Space Research Organization – ESRO) gegründet, und sechs Staaten (Australien, Belgien, die BRD,

Frankreich, Großbritannien, Italien und die Niederlande) haben sich in der Europäischen Organisation für die Entwicklung und den Bau von Raumfahrzeugen (European Launcher Development Organisation – ELDO) zusammengeschlossen.

Art. 2 des Weltraumvertrages zieht eine wichtige Folgerung aus der Freiheit des Weltraumes, in dem diese Vorschrift den Weltraum, einschließlich des Mondes und anderer Himmelskörper, für **nicht aneignungsfähig** (d.h. nicht okkupierbar) erklärt. Die Mitnahme von Gesteinsproben und die Errichtung bemannter und unbemannter Forschungsstationen werden dadurch nicht ausgeschlossen. In bezug auf die **militärische Nutzung** differenziert der Vertrag zwischen dem Mond und den Himmelskörpern einerseits und dem Weltraum andererseits: auf dem Mond und den Himmelskörpern ist die Errichtung militärischer Stützpunkte, Anlagen und Befestigungen, die Erprobung jeder Art von Waffen sowie die Abhaltung militärischer Manöver verboten. Militärisches Personal darf nur für wissenschaftliche Forschung oder andere friedliche Zwecke verwendet werden (Art. 4 Abs. 2); dagegen haben die Vertragsstaaten sich in bezug auf den (übrigen) Weltraum nur verpflichtet, Objekte, die Kernwaffen oder sonstige Massenvernichtungswaffen tragen, nicht in eine Umlaufbahn um die Erde zu bringen oder auf andere Weise im Weltraum zu stationieren (Art. 4 Abs. 1). Kernwaffenversuche im Weltraum waren im übrigen schon durch das Moskauer Teststopabkommen von 1963 verboten worden.

Art. V Abs. 1 des Weltraumvertrages bezeichnet die **Astronauten** als „Abgesandte der Menschheit im Weltraum“, denen die Vertragsstaaten bei Unfall, Notlage oder Notlandung jede mögliche Hilfe gewähren müssen. Einzelheiten hierzu regelt der Vertrag über die Rettung und Rückführung von Astronauten und die Rückführung von in den Weltraum geschossenen Objekten vom 19. Dezember 1967 (Text: ZLR 17 [1968] S. 140ff.).

8. Rechtsstellung der Weltraumfahrzeuge

Solange die Weltraumfahrzeuge sich im Luftraum befinden, weil sie diesen nach dem Start oder vor der Landung durchqueren, unterliegen sie den internationalen und nationalen luftrechtlichen Vorschriften (vgl. § 1 Abs. II des Luftverkehrsgesetzes der BRD, wonach die Vorschriften dieses Gesetzes auch für „Raumfahrzeuge, Raketen und ähnliche Flugkörper“ gelten). Im Weltraum kann die Rechtsstellung der Weltraumfahrzeuge mit der Rechtsstellung der Schiffe auf Hoher See verglichen werden: die Weltraumfahrzeuge und deren Besatzungen unterstehen der **Hoheitsgewalt des sie entsendenden Staates**, d.h. des Staates, in dem die Weltraumfahrzeuge **registriert** sind. An Bord der Weltraumfahrzeuge gilt das betreffende nationale Recht, z.B. das Strafrecht. Das **Eigentumsrecht** an Objekten, die in den Weltraum gebracht wurden (z.B. Antennen und automatische Kameras) verbleibt bei dem Staat, in dem sie registriert sind; Objekte oder ihre Bestandteile, die außerhalb der Grenzen des Staates, in dem sie registriert sind, gefunden werden, sind an diesen Staat zurückzugeben (Art. VIII des Weltraumvertrages). Für **Schäden**, die durch einen Weltraumstart eintreten, gleichgültig, ob auf der Erde, im Luftraum oder im Weltraum, haften sowohl der Staat, der den Start durchführt oder veranlaßt, als auch der Staat, von dessen Hoheitsgebiet der Start erfolgt ist (Art. VII). Tätigkeiten nichtstaatlicher Stellen im Weltraum bedürfen der Erlaubnis und Überwachung staatlicher Stellen. Werden Tätigkeiten im Weltraum von einer Internationalen Organisation durchgeführt, so tragen sowohl die Internationale Organisation selbst als auch die Mitglieder der betreffenden Organisation die Verantwortung für die Befolgung des Weltraumvertrages (Art. VI).

Die Nutzung des Weltraumes durch Nachrichtensatelliten regelt u.a. das Übereinkommen zur Vorläufigen Regelung für ein Weltweites Kommerzielles Satelliten-Fernsehsystem vom 21. September 1964 (BGBl 1965 II, S. 1499 ff.).

L G. Dahm, Völkerrecht, Bd. 1, 1958, S. 713-730;
F. Berber, Lehrbuch des Völkerrechts, Bd. 1, 1960, S. 332-335;
E. Menzel, Völkerrecht, 1962, S. 165-169;
I. Seidl-Hohenveldern, Völkerrecht, 2. Aufl. 1969, S. 198-200;
A. Verdroß, Völkerrecht, 5. Aufl. 1964, S. 273-274, S. 300-305;
R. Schleicher - F. Reymann - H. J. Abraham, Das Recht der Luftfahrt, 3. Aufl., Bd. 1, 1960;
P. Creola, Raumfahrt und Völkerrecht, 1967;
E. Fasan, Weltraumrecht 1965;
I.v. Münch, Grundfragen des Weltraumrechts, ArchVR 8 (1959/60), S. 151-179;
P.M. Sontag, Der Weltraum in der Raumordnung des Völkerrechts, 1966;
A. Zarges, Die Grenze des Staatsgebietes im Luftraum unter Berücksichtigung von Fragen des Weltraumes, 1959.

SACHVERZEICHNIS

Sachverzeichnis

FSC
www.fsc.org
MIX
Papier | Fördert
gute Waldnutzung
FSC® C083411

Kolibri 360 GmbH
Ferdinand-Jühlke-Straße 7
99095 Erfurt, Deutschland
produktsicherheit@kolibri360.de